「産む性」と現代社会

—お産環境をめぐる民俗学—

佐々木 美智子 著

岩田書院

目次

はしがき

本書は現代社会を生存環境として生きる「産む性」の声なき声に耳を傾け、お産環境としての現代を考察しようと試みたものである。「産む性」とは、「子というものを自身の身体を通して意識しつつ、お産環境に向きあう女性」と定義した。自身の身体を通して子産みという意識を持つ女性を表現したものなので、妊産婦のみならず、産まないことを選択する女性、産めない女性はもちろんのこと、将来、子を産むかどうかと思案する女性も含まれる。

序章では、「「産む性」と現代社会」という括りをかけたが、主役はあくまでも「産む性」であって、現代社会ではない。なぜなら、お産環境は客体として存在するわけではなく、「産む性」が主体的に行動する中で知覚する何かの総体がお産環境となるからである。人的な環境や物理的な環境、法律として定めた制度的な環境など、客観的な環境に対する働きかけといった作用や知覚によって、内なる環境を作りあげる。繰り返しになるが、現代社会という客観的環境は現代人の生存する舞台に過ぎない。人はその舞台で行動し意味を持たない客体に意味を持たせて、内なる環境を構築する。

本書では、これまで民俗学が研究対象としてこなかった妊産婦やその介助者の目線から、著者の視角を構築するということに力点をおいた。現代社会に生きる「産む性」が感得した内なるお産環境の声、つまり声なき声に耳を傾け、「産む性」にとって現在の状況がいかなるものかを考えたいというのが、その動機だからである。

第二章で詳細に報告するが、二〇〇〇年(平成一二)に起こった男性助産師導入問題では、法律の改正によって、お産環境が大きく変わることを実感した。

また、近年の目覚ましい生殖医療技術の進歩は、「産む性」に大きな希望と複雑な悩みをもたらした。「子は授かりもの」という伝統的な考え方に加えて、「子は作るもの」という考え方が加わった。その結果、「子どもを産むか、産まないか」の選択を様々な場面で強いられるようになったのである。不妊治療を受けるか否か、はたまた出生前検査によって胎児の異常が疑われた場合に「産むか、産まないか」の選択に迫られる。生殖医療技術による「産むか、産まないか」の典型的な選択肢はこの二点に集約される。

現代は、生命の誕生そのものが科学技術によって操作される時代である。ひと時代前の社会生活では考えられなかった、子どもを産む前から様々な問題を抱える社会に様変わりした。科学技術の進歩によって生じた複数の選択肢の中から、何をどのように選択するのかに戸惑い、立ちすくむ人々も少なくない。

現代社会には、「産む性」とお産環境のような、多くの人に関わる社会的課題が多数存在する。しかも今日の社会的課題には近代化との関わりによるものが少なくない。

そうした意味において、産育に関わる習俗が近代化を推進した高度経済成長期という空間の中で、いかなる理由によって、どのように変化変容し、あるいは消滅したかという視点は、より一層重要なものとなるであろう。さらに言えば、その空間を通過して初めて見えてくる近代化の功罪がある。現代の私たちが抱える社会的課題の多くは、近代化の歪みによって引き起こされたといっても過言ではない。近代化という価値の転換を促進した、その原動力としての高度経済成長期をいかに生活者の目で捉えるかということが、現代を対象とする民俗学の背負うべき課題のようにも思える。

西欧発の近代化という洗礼を受け、高度経済成長期を経て私たちの前に現出した現代社会は、国民の大多数を占めていた「極く普通の農民(1)」と、その生活基盤である伝統的な村落共同体を喪失した。

前近代社会すなわち伝統社会から現代社会へという研究環境の変化は、研究方法を見直すということにつながる。人は社会的な存在であり、その社会関係のあり方によって様々な役割を持っている。一人の女性を例にとっても、家族や親族における子ども、きょうだい、妻、母親、叔母、祖母といった関係だけではなく、近隣や町内会など地域における住民、生業に関わる組織の成員など多岐にわたる。また、生きるという側面から見れば、身分や階層、社会的地位とは関係なく生活者であるということになる。民俗とはそうした多面的な役割や側面を持つ人間の、生活者としての意識や行為のうち、伝承性を持ちかつ社会的な集団の承認を受けている慣習や儀礼、そして、技術などを指す。当然、そこには什器など、民具と呼ぶ物質的な用具類も含まれる。それらは生活文化と総称することが可能となり、民俗学の研究対象は人の生活者としてのありようと、生活者が紡ぎ出し伝承する生活文化のありようということになる。

早い時期から「生活者」という言葉に注目したのは天野正子である。(2)「生活者」という言葉は一九八〇年代末から九〇年代にかけての政治家の発言や企業の広告として頻繁に、いわば時代のキーワードのように広く使われるようになったという。天野正子はそうした「生活者」という言葉には、その時代の人々の願望や期待が込められており、新しい人間類型のラベルと見るべきだとして、戦前期、敗戦から一九五〇年代への時期、一九六〇年代以降の高度経済成長期、そして、ベ平連を一つの事例とする「新しい社会運動」期という四つの時期の生活者像を追い求めたのである。『「生活者」とはだれか―自律的市民像の系譜―』(中公新書、一九九六)という著書の表題そのものに、その時代の人々の思いをこの言葉から読み解こうとする天野の姿勢が明確に示されている。

しかし、著者の提唱する民俗学の定義や分析目的に使用する「生活者」という概念は、天野正子の追い求めたものとは異なる。著者の場合は、眼前の人々の生活の現実から構想する方法論によって設定した分析概念である。社会的存在である人間は、たとえば国家に帰属すれば「国民」としての生活と同時に、生命活動の維持としての日常生活を営む一人の生活者という側面を持つ。人はその属性や帰属によって様々な役割や機能を担っているが、「生命活動の維持を中心とする日常生活を営む人」である生活者という側面はすべての人に共通するものといえる。柳田國男の「常民」という概念に該当する「極く普通の農民」が激減した現代社会。それに変わるものとして、「日常性を生きる人々」を想定した「生活者」という概念を設定した上で、民俗の再定義や民俗学の研究対象を考えてきた。(3)

先に、民俗学の研究対象として「人の生活者としてのありよう」を挙げたが、研究者自身が一人の生活する主体として、現代社会というものをどのように感じ、考えるのかということが、現代を対象とする民俗学の基本になると考えている。(4)

近代化によって、これまで民俗学が研究対象としてきたイエやムラが消失した。しかし、今を生きる人々と時代を共有できる現代を研究環境とする民俗学は、ヒトを直視することから始まると考える。都市型の民俗やこれまで未開拓であった分野を研究対象とするだけでは、現代を対象とする民俗学の提唱にはならない。そこにこれまでの民俗学が軽視しがちであったヒトへの確固たるまなざしがあるかが問われるからである。現代社会を研究環境とする民俗研究の指針は、地域に生きる生活者の視点を共有しながら、現代社会という生存環境をどのように感じ考えるかということになると考える。

本書は、現代社会に存在する社会的課題の問題解決に、民俗学の立場から寄与する可能性を示す試みでもある。

序章　「産む性」と現代社会

第一節　近代民俗学と現代社会
——民俗研究の立ち位置をめぐって——

はじめに

民俗学は、文書記録を主な資料とするそれまでの史学に対抗して、人々の口頭による伝承を重んじることによって、史学の補助学科としての独立の道を歩んできた。したがって、現在の時点から過去の生活を記録するために、ヒトの口を通して民俗というモノの変遷を追究するという歴史的志向が強かったのである。そうした調査・研究の姿勢を貫くための前提として、前代の伝承を継承しているイエとムラというフィールドがあった。

しかし、一九六〇年代の高度経済成長によって、日本の近代化が全国に普及することになった。その結果、前代の民俗を色濃く伝承していた前近代社会すなわち伝統社会が急速に近代社会として生まれ変わっていく。極端な言い方をすれば、近代化によって前近代社会に機能していたイエとムラが喪失したのである。こうした光景を目の前にしてこれからの民俗学はどうあるべきか、様々な議論や研究がなされている。

本節では、調査や研究の前段階として、前近代社会すなわち伝統社会と、近代社会の本質的な違いを示し、近代化の流れと民俗学会の様相を重ね合せた上で、新たな環境に対する研究者の立ち位置を考えることを目的とする。そのために説明事項を極力単純化して、図式的なイメージを打ち出すことに力を注いだ。それぞれの内容について、簡単にまとめたい。

1「近代化と現代社会」では、日本の近代化の概略を述べ、多様な近代社会の混在状態が、現代社会の実態であることを指摘した。また、西欧の近代化の過程で生じた「近代家族」という概念を紹介する。

2「社会観念と民俗事象」では、民俗学はその始めから研究対象が伝統社会であったことを明確にした上で、伝統社会の慣習や規範の基盤を成立させていたのは神霊を中心とする「霊魂観」であるという発見認識が、当時の学会的な業績であることを確認する。

3「伝統社会と社会観念」では、その時代の社会観念を的確に捉えれば、多くの儀礼の意味や規範のあり方を明らかにできるという持論を述べる。具体的には「枕飯」と「産飯」という全く趣旨の異なる儀礼に潜む伝統社会の考え方を示すことで証明する。

4「現代社会と民俗研究」では、本節の主題となる「研究者の立ち位置」について述べる。伝統社会そのものや、伝統社会と近代社会の違いについては本節の3までに述べてきた。ここでは、日本の近代化の流れを高度経済成長期を中心にして、「前期近代化」「中期近代化」「後期近代化」と三区分し、それに民俗学の様相を表現した三つの区分である「民俗学の開拓期」「民俗学の隆盛期」「民俗学の再生期」を重ね合せた。すると、近代化の流れの節目と、民俗学会の動向の節目とが微妙に一致することに気づく。そうした時代の潮流を確認することは、今後の研究の立ち位置を定める指針として役立つのではないかと考えた。

これまで研究環境としてきた時代と社会、そこで研究という知的冒険を試みてきた研究者の立ち位置を検証することは、次へとつながるものであろう。自らの研究に問題意識を明確に持つことは、当然のことであるが、その研究成果が社会に貢献できるものであれば民俗学の存在価値がより確かなものになると確信している。

1　近代化と現代社会

本項では、日本の近代化がそれ以前の前近代社会すなわち伝統社会の、社会構造を変化させて近代社会を形成する状況を述べ、現代社会の実情を把握することを目的とする。

「近代化」が、日本の近現代の社会状況に最も大きな変化をもたらしたということは周知のことである。前代から継続してきた村落共同体を中心とする伝統的な社会生活が、次々と変化しているからである。「近代化」については、かつて方法論を述べる中で多少触れたことがあるが(1)、一般的な捉え方に基づいて再度まとめておきたい(2)。

通常日本の「近代化」は、幕藩体制や身分制社会が崩壊し、近代国家の建設に向けて歩み出した明治初年期に始まるとされる。外圧によるものという点に注目すれば、ペリーの黒船来航をその契機とすることもできる。その上で、総括的には、身分制の崩壊から資本制的な産業の発達を背景にして、「大衆社会」を生み出す過程が日本の「近代化」であったといえよう。

そうした過程において、初期の近代化は国家の富国強兵や脱亜入欧といった方針に従って国民に大きな制約を課するものであった。たとえば、一八七二年(明治五)には新暦(グレゴリオ暦)が採用された。明治五年の一二月三日を、新暦の明治六年一月一日にしたのであるが、この採用には、旧暦の暦注に記載された伝統的な風習を迷信や蛮行とする国家の視点があった(3)。そのため、禁止令などを発布する。しかし、それを不満とした民衆が、各地で暴動を起こすという事態も招いている。一方、その後に続く国民レベルの近代化は都市部など進行の早い地域はあったものの、一般的には高度経済成長期を境に、個人の自由な生活活動の領域が拡大して加速度的に進行することになった。

著者は「近代化」とは価値観の転換への変化、言い換えれば近代的な状態への移行の過程を表現する説明概念であると捉えている。欧米では工業化・都市化と同一視されることが多い。その影響を受け、日本においても同様の考え方となっているようである。日本の「近代化」を大きく促進させた要因が、一九六〇年代に始まる高度経済成長だとされるのもそうした考え方から来ている。

この時期、他国に例のなかったほどの経済成長率を維持し、石炭から石油へのエネルギー革命、家電などを中心とする技術革新、スーパーマーケットの大幅な進出による流通革命といった諸現象が顕著に現出している。そして、一九七三年(昭和四八)の石油危機によって高度経済成長期は終焉を迎えたと位置付けられる。しかし、一九八〇年代後半から九〇年代初頭にかけて起こったバブル経済によって、「近代化」は全国津々浦々に波及していくことになる。「近代化」をひと言で表現するならば、それまでの社会状況を構造的に変化させる社会変動といえる。社会変動による変化は穏やかな移行ではなく、地域における遅速の差異はあっても、生活様式を根本から変えてしまうものであった。

先に「近代化」は、近代的な状態への移行の過程と述べた。しかし「近代的」という言葉には、より適切な定義は見当たらず、それぞれの学問分野や研究者の立ち位置によって多様な観点が存在する性質のものであろう。民俗学的な領域でいえば、急激な工業化による勤務労働者の増加と都市への移住、農山漁村に至る貨幣経済の浸透、村落共同体中心の生活から個人の生活優先などという観点が重視されるのではないかと考える。

いずれにしても近代化というりねりによって、それまでの伝統社会が次第に変化し、広範囲にわたって近代社会が形成されることになった。しかし、早い時期から近代化が進んだ地域や反対に近代化がゆっくり進んだ伝統的な色彩の濃い地域があるなど均一な社会が形成されたわけではない。総じて、多様な近代社会が混在しているのが現代社会の実態であろう。なお、現代社会とは「私」を含めた今に生きる人々の生存環境と定義できる社会をいう。「私」とは、民俗学に関わる研究者の比喩である。

近代社会であっても前近代社会であっても社会の最小単位は家族である。近代化に先立つ産業革命に伴う都市への人口集中などによって大きな変化を遂げたのが家族であった。「近代家族」という概念はこうした状況を受けて生まれたものといえる。この概念が現代の日本の家族にあてはまるものかどうか、関係分野からの検証が求められる。

落合恵美子は、その著書の中で「我々がこれこそ「家族」と感じるような性質を備えた家族を、歴史的なひとつの類型だという自覚をこめて、〈近代家族〉と呼ぶことにしよう」と呼びかける。(4) そして、近代家族の類型的な特徴として、次の八点を掲げた。

(1)家内領域と公共領域の分離
(2)家族成員相互の強い情緒的関係
(3)子ども中心主義
(4)男は公共領域・女は家内領域という性別分業
(5)家族の集団性の強化
(6)社交の衰退
(7)非親族の排除
(8)核家族

その上で、この概念は西欧の中産階級をモデルとして抽出されたものなので、日本や第三世界などでの使用は多少変更が必要であろうと注意を喚起する。しかし、著者の日本における今日的な家族に関する狭い見聞においても、(1)・(2)・(3)・(5)・(8)の項目との一致が認められる。「近代家族」論は欧米から渡来して四半世紀になるというが、(5) 人間の事象を研究対象とする人文科学において、今後はより重要な概念として、その役割を果たすに違いない。

2　社会観念と民俗事象

本項では、日本民俗学の創始者柳田國男を中心とする民俗研究が伝統社会に立脚していることを確認した上で、社会の慣習や規範の土台となっている観念がどのようなものかを明らかにすることを目的としている。

柳田の民俗研究を中心に見ると、昔話など初期の伝承文芸の研究においては、当時の史学などで盛んであった起源論の影響を受けた感もある。しかし、その後は一貫して伝統社会における古くからの仕来りや慣習、すなわち生活文化の「変遷」の追究が根幹を成すものであった。

初期の民俗調査の対象となる当時のムラとヒトの実情は、どういった状況にあったのであろうか。

田舎はもう久しい以前から、我々の想像したような伝統の宝庫では無くなつて居る。都会に比べると只少しばかりおくれて、どしどし新しい生活に入つて来ようとして居る。地方をあるきさへすれば、いつでも国の昔風に出逢はれると思ふことの誤りは、民謡蒐集などの場合にもよく分つた。（「民謡覚書」定本柳田國男集第一七巻一〇一頁）

この記述は一九二五年(大正一四)九月に「民謠の末期」という題名を掲げて発表されたものである。「民謠蒐集などの場合にも」という「など」という表現に、その他の民俗収集の際にも、かなり早い時期からムラの生活全般に変化が起こっていたと実感していたのではないかということが想像される。

ここで問題にしたいのは、社会状況の変化の実態である。柳田を中心とする当時の調査の対象は明治大正期のムラとそこから遡れる範囲の伝承であった。「伝統の宝庫」とは、近代生活以前に営まれていた伝統社会に息づく生活文化を意味している。なぜなら都会に少し遅れてどしどし入ってくると柳田が感じている新しい生活とは、近代化に伴う近代生活だったからである。この記述から、民俗学はその始めから伝統社会を研究対象としていたということが理解できる。そのことを言い換えれば民俗学は誕生のときから近代化に対する危機感を背負っていたということであろう。題名の「末期」というのは、民謡に限られたことではなく、民俗学全般の研究項目にあてはまる事態に対する危機感であった。

では、伝統社会の生活状況を伝える被調査者、民俗学でいう「話者」の実情はどうだったのか、柳田はこの点についても危機感を募らせている。

実際よき記憶力と前代に対する敬意と、是を精確に伝へたいといふ心掛とを、合せ備へて居る人に逢ふといふことは、めつたに得がたい機会であつたのである。(「民謡覚書」定本柳田國男集第一七巻一〇三頁)

社会生活の変化に応じて前代の生活文化を伝える話者も減少している現実があった。伝統的な社会生活を営むムラが列島のほぼ全域に存在していた時代でさえ、すでに近代化の波が迫りくる気配を感得していた。

それからおよそ九〇年になるという現在、近代化が速度を増して、近代国家として生まれ変わった日本の現代社会にあって、都市に住む者の目には伝統的な社会生活を営む地域や地方は喪失したかに見える。

高度経済成長期と軌を一にするかのように、都道府県や文化庁、各種団体による民俗調査が盛んに実施された時期があった。少し遅れてそうした調査に加わった者の一人として、近代社会に覆われつつある時代における伝統社会の伝承を求める作業だと痛感したものである。

柳田民俗学はその初めから、柳田國男の卓越したリーダーシップによって、民俗の採集と発見を目的とした調査が相当な意気込みで行われていた。活気あふれる当時の調査や研究によって認識されたのが、カミすなわち神霊を中心とする「生命観」であった。民俗学でいう「霊魂観」という社会観念である。「霊魂観」は自然界の万物はすべて霊的な存在であり、様々な場面で人が遭遇する諸現象はその作用によるものというアニミズムに通じるとされる。それが伝統社会の規範や慣習などを形成する基盤であった。日常は特にそうしたことを意識することなく過ごすが、生死の際における儀礼などには否応なしに顔をのぞかせる。

3　伝統社会と社会観念

本項では、「霊魂観」を象徴する事例の意味を考えることによって伝統社会を把握する。近代社会は、伝統社会とは社会構造そのものが異なっているということを認識するための手続きである。

的確にその時代の社会観念を捉えれば、ある程度の儀礼や規範の意味を明らかにすることができる。そうした考えに則って、「枕飯」と「産飯」を考察する。

枕飯・産飯は基本的に死の直後・出産の直後に、死者や、赤子あるいは産婦の枕元に供えられるひと碗限りの米の飯をいう。生と死という対極的な儀礼なので、その趣旨は当然異なっているが、儀礼の形式そのものは瓜二つといえるほど、似ているのである。

資料については、伝統社会に立脚する『葬送習俗語彙』（一九三七＝一九七五）と『日本産育習俗資料集成』（一九七五）および『産育習俗語彙』（一九三五＝一九七〇）を使用する。

> 会津地方では人が死にかゝつた時、其家の屋根棟に登つて一斗枡を伏せ、棒切れなどを以て敲く。是を枡打ちと名けて魂の抜け去るのを抑へ、元へ戻す意味だと謂つて居るが、多くの場合は死の予告である為に、其音は哀れに聴えるといふ。（『葬送習俗語彙』二頁）

死は肉体から魂が抜け去るものと考えていたことがわかる。出産時にも同様の考えに基づく事例がある。

（著者注―福井県三方郡では）出産時の流血が止まらず人事不省に陥る時に屋上で（著者注―妊婦の名を）大声で叫ぶ

とよい。(『日本産育習俗資料集成』三〇九頁)

いずれの場合も桝を敲く音や名を呼ぶ声によって、抜け去りつつある魂を呼び戻すと解されている。その一方で、出産時に産が重いと夫が立臼を背負って家のまわりを回るといった事例はよく知られている。これは、死を迎える際の魂の抜け去りとは反対に、赤子となるべき魂の訪れが遅れて難産となっているときの所作である。霊魂が好むとされる窪みのある臼を背負って家の周辺をめぐるのは、赤子に入るはずの霊魂の訪れを迎える行為と解釈できる。

次に、枕飯について見ていきたい。

豊前築上郡では、病人が息を引取るとすぐに北向きに寝せ、同時に家人は早オゴク(著者注―食物の敬語)と謂って、白飯を炊いてその枕元に供へる。(『葬送習俗語彙』二一頁)

早オゴクはこの場合枕飯のことだが、そうしたものと一緒に死床に刀や鎌を置く風習は広い地域で行われており、魔払いと呼んでいる地方もある。

家に死人が出ると、直ちに三角の紙を神棚の榊に立てかける。それを伊予の北宇和郡の山村ではカミ隠しと呼ぶ。(『葬送習俗語彙』三五頁)

日本のカミは穢れを厭うという伝承による風習の一つである。なお、表口にも、以下のようなものを取り付けたりする。

津軽地方に於ては、喪のある家の表口には、二本の木を斜十文字に組んで立てゝ置く、是をモガリといふさうである。(『葬送習俗語彙』三二頁)

「この×形にはシンボリックな意味があった」(『葬送習俗語彙』三二頁)という一文が添えられているが、南西諸島では多く見られた魔除けの呪具の形状である。こうした事例によって、家屋の周囲や枕元の魔除けに守られて枕飯が供えられていることがわかる。

ここで、出産に関わる民俗を、死に際した民俗と対比していくことにする。

筑前大島では、先づ産気づくと、其年の方位を見て床を敷き、ウブメシと云つて荒神様に白米一升を高く盛つて上げ、産が終えると之を炊いてあげる。（『産育習俗語彙』四〇頁）

枕飯も産飯も、死後・産後の直後に炊くが、多くの場合、枕元に供えるという共通点があった。さらにいえば、どちらも一碗限りのものである。まず、産室や家の表口の様子を見てみよう。

（著者注―群馬県群馬郡では）神の間で産することは汚れるとして避ける。（『日本産育習俗資料集成』一八一頁）

これは葬儀のときと同様、穢れを厭う日本のカミに対する防御を示す事例だが、こうした中にあって産神だけが例外的に出産に立ち合うとされてきた。次の事例は、産神を迎えるものである。

（著者注―岐阜県養老郡では）出産と同時に御飯を炊き産神に供えるが、産神といっても明瞭なものはないので、供える場所は床の間および戸棚である。（『日本産育習俗資料集成』二一一頁）

という場合や、

（著者注―長野県では）産神様だといって産時にわらを一束産室の隅に立てておく。（『日本産育習俗資料集成』二二九頁）

のように、収穫祭などにわら一束をカミに見立てる形式と同様のものもある。

（著者注―岐阜県恵那郡では）川から美しい石を三つ盆にのせて産神とする。三日目、七夜にはその石三つ、団子三つ供えて祀る。（『日本産育習俗資料集成』二一二頁）

産神は多くの場合、神位にあるものとして日常的に祀っているのではない。河原石などが産神の依り代と解されてきた。この事例では、お七夜など出産後の「ウブ入れ」行事の際にも、河原石を供えている。しかし、死の忌・産の忌といった穢れを厭う日本のカミにあって、ひとり産神だけが穢れを厭わず訪れるというのは、不自然である。しかも、日常的に祀られてはおらず、地方によっては産土神や荒神、氏神などに取って代わっている。小石は産神の依り代といったものではなく、井之口章次が指摘するように、赤子の肉体に入るべき魂、すなわち赤子の霊魂の象徴と解するとそうした不自然さが消失する。(6) なお、河原の石など、とりわけ野外のものであることを強調するのは、外部から赤子の身の内に入るということを物語っている伝承といえる。

話題を産室や家の周囲などに戻すと、

（著者注―石川県江沼郡では）産室には何も置かない、置くものはテガス（イトソを綯《な》って輪にしたもの）二、三すじ、おしめ、コハラオビ、のこぎり、鎌・縄などである。（『日本産育習俗資料集成』一八三頁）

「おしめ」と「コハラオビ」を除くと、喪室で見た魔除けの材料と同一である。また、

（著者注―沖縄県八重山群島では）産室の清めとしては家の周囲に縄を張り、各雨戸にはカヂアヂといって竹あるいはすすきを十字形にくくったものをかける。（『日本産育習俗資料集成』一九三頁）

このカヂアヂの十字形という形状が、先に見た喪家につけるモガリと酷似している。これも呪具の役割を担っているると見るべきであろう。

柳田國男は『葬送習俗語彙』の「枕飯」の項目に先立って、死に際して最も重要な作法が遺骸および喪室のしつらいと、死者に供える供物だと述べている。前者については誕生に際しての赤子や産婦の枕元、産室そして家の周囲などの様子と対比してきた。その結果、大方の局面で共通していた。後者の供物、つまり「枕飯」と「産飯」とについ

ても、比較という視点によって事例を見ていくことにする。

筑前の大島などは、枕飯は戸外に石か瓦で簡単な竈を築き、是で炊いて仏前に供へる。(『葬送習俗語彙』一三頁)

いわゆる別火による炊き方である。隠岐の中村では、血縁のない人に頼んで飯碗に一杯分の少量の米を炊いてもらうという(『葬送習俗語彙』一三頁)。

別火は喪中の状態であることを示す風習の一つであるが、

陸前九戸郡山形村などでは、死者の出た家の火をシニビと謂ひ、これを恐れる気持は今でもかなり濃厚であつて、葬家で茶を飲まず、煙草の火も自分の隣寸を用ゐるやうな人がある。(『葬送習俗語彙』三二頁)

というほどのものであった。

(著者注—長崎県壱岐郡では)昔は産婦の飯は別火で炊いた。この飯を一碗だけウブメシといってついでおく。(『日本産育習俗資料集成』二一七頁)

「枕飯」・「産飯」の別火はともに時代を遡るほど盛んだったと推測される。しかし、石のおかずと称される「産飯」に添えた小石は(7)、「枕飯」には見られない。一方、ホトケは死ぬと長野の善光寺に行くので、「枕飯」は帰ってくるまでに作っておかねばならないといった広い地域でささやかれる伝承は(8)、「産飯」にはない。

こうした相違は確かにあるものの、両者の儀礼の形式は、明確な相似をなしていた。これはどういうことを意味するのか。

まず、考えねばならないのは、枕飯・産飯を供える対象である。いずれも供える場所すなわち祭場が多くの場合、枕元である。前述のように、産飯の場合、産神に供えるという伝承は少なくない。しかし、産神とは称しても河原の小石を添えるなど一時的なもので、神位を備える産神の実態が伴っていないことが多い。したがって、赤子の肉体に入るべき霊魂の象徴と考えた方が、穢れを厭うという日本の神霊のあり方からいえば自然なものとなる。そのように考えると供える対象ははっきりしてくる。遺体や生まれたばかりの赤子に食物を供えるのではなく、枕飯は遺体から抜け出す霊魂、産飯は赤子に入るべき霊魂に対する供え物だったということになる。

前述の「石のおかず」や「善光寺参り」という伝承の相違は、生死の際に去来する霊魂の捉え方の違いといえる。また、枕飯や産飯に立てる箸は、「すぐに召し上がってください」という趣旨のもので、祭礼などの際にも用いられることがある。

前代からの伝承、「霊魂観」によれば、死は肉体から霊魂が分離することだとされる。誕生は肉体に魂が入り込んで融合することだとされる。そうした観念に導かれれば、枕飯と産飯の両者に共通していた魔除けは、去来の際に生じる霊魂の一瞬の不在を狙って肉体に入り込もうとする邪霊や悪霊に対するものであったと考えられる。

産育儀礼としての産飯と、葬送儀礼としての枕飯とは、どちらも霊魂の去来伝承を背景とする共通の形式を有する民俗事象であった。赤子に入るべき霊魂に供える産飯と死者から抜け去る霊魂に供える枕飯からは、「霊魂観」という社会観念があったことが説明される。民俗学が認識した「霊魂観」という社会観念は、こうした伝統社会における生活文化上の謎を解き明かしてくれるものとなっていた。

これまで、「枕飯」や「産飯」を素材として、人の霊魂に対する考え方について述べてきた。それが伝統社会の基盤をなす観念だったからである。しかし、伝統社会では人の場合だけでなく、森羅万象ことごとく、カミすなわち神霊の働きと解してきた。それが人に幸いはもちろんのこと、災いをもたらすものだとしてもである。たとえば、疱瘡すなわち天然痘は一九八〇年（昭和五五）五月に世界保健機構から根絶宣言が出されたが、それまでは最も恐ろしい伝染病であった。

（著者注―群馬県勢多・多野・北甘楽の諸郡では）初めて種痘をした時に、家の戸口に赤いしめ縄を張り神棚に赤幣を立てて疱瘡神を祀る。平癒の後に疱瘡祝いといってわら馬を作り赤飯を担わせて産神にこれを送り、社殿の前で村童に分け与える。（『日本産育習俗資料集成』四九八頁）

そうした恐ろしい病気に対して、一方では現実的な対策や治療を受けつつ、他方では「疱瘡神」という「神」に祀り上げて、その災厄から逃れようという生き方をしてきたのである。(9) 換言すれば、幸いあるいは災厄、そうしたものをもたらす現象の背後に神霊の姿を認めようとする観念が、霊魂観ということになる。

近代社会が形成されると、出産や葬儀といった忌や喪に該当する儀礼やその処置を肩代わりする委託業種が生じた。医療施設や葬儀社である。また、儀礼に即応した部屋がないなどという実情も含めて、セレモニーセンターなどが利用されるようになった。したがって近代社会における儀礼の伝承は、業者による画一的なものとなってくる。葬儀に関していえば祭壇・棺とその上に置かれた魔除けの短刀・焼香・清めの飲食の様子といった印象に残るものが中心になってしまう。

先に疱瘡を例に採ったが、過去に大きな影響を与えた伝染病などでも、近代医学などによって根絶すれば、それに付随する俗信や行事などが消滅することになる。伝統社会の伝承を調査基準にすると、近代社会における民俗調査は年々困難になるという現実が生じているのである。

4　現代社会と民俗研究

本項では、伝統社会とは異なる近代社会を眼前にして、調査・研究における立ち位置を築くにはどのような配慮が必要かということについて考えたことを述べる。

まず、現代社会における民俗研究の立ち位置を模索する必要から、近代化の動向を参考にしつつ、民俗学の軌跡を顧みることにする。

著者は日本の近代化を一九六〇年代の高度経済成長期を中心に据えて考える場合には、次の三区分が有効的であると考えている。それらを便宜上、「前期近代化」(～一九五〇年代)、「中期近代化」(一九六〇年代～一九八〇年代)、「後期近代化」(一九九〇年代～)とする。これらに民俗学的な様相を表現した「民俗学の開拓期」、「民俗学の隆盛期」、「民俗学の再生期」を重ね合せてみた。すると、「近代化」と「民俗学」という二つの動向の内容が、開拓に始まり、隆盛期を迎え、新たな方向を見出そうとする再生期に至るという点で一致する。

前期近代化・民俗学の開拓期(～一九五〇年代)

「前期近代化」とは、明治政府の欧化政策に従って、国家が主導する近代化である。一方、「民俗学の開拓期」とは、柳田國男の活動から、民俗学研究所の解散までの柳田が主導していた柳田民俗学の期間と考えている。国民中心の近代化が加速度的に進行した高度経済成長期の直前の一九五〇年代を節目として設定するのである。多くのムラでは、まだ近代化以前の伝統社会による生活が営まれていた。前述のように、柳田國男は優れた嗅覚によって、大正期に迫り来る「新しい生活」、すなわち近代生活を看取していた。

この時代の民俗学の動きは、柳田國男の活動が中心となる。ノスタルジアが研究動機となるフォークロアを、記録を資料とする従来の史学の補助学科と位置付け、伝承資料の収集に努力を重ねた。そうした柳田に魅力を感じて集まった人々、後の民俗学研究所のメンバーを中心とする一群を、民俗学徒の第一世代としておきたい。世にいう戦中派世代と共通する世代である。

この時期の特徴は、伝統社会の中でも伝承密度の高いとみなしたムラを選定し、全国偏りのないように気を配りつつ、民俗調査に膨大なエネルギーが消費されたことである。そうした調査の代表的な成果が、一九三七年（昭和一二）に刊行された『山村生活の研究』（岩波書店）であった。

第一世代の開拓精神に基づく活動は、前述の「霊魂観」という伝統社会の慣習や規範の形成基盤となる社会観念の発見という大きな成果を生み出したという点についても指摘しておきたい。

また、全国に存在する、いわゆる郷土史家といわれる人々や民俗学に関心を持つ人々との連携を強化する。具体的には、一九三五年に全国規模の学会組織「民間伝承の会」が設立され、機関誌『民間伝承』の発行が決定された。そうした人々の力を引き出し、調査や研究に大きな成果を収めたことが第二の特徴である。後の出版ではあるが、都道府県を網羅した『日本の民俗』シリーズ（全四七巻、第一法規、一九七一～七五年）は、こうした地元の人々の協力のもとに刊行される。

柳田に直接指導を受けた第一世代の多くは、大学や研究機関に所属していない人々によって構成されていた。まだ民俗学関連の講座を持つ大学などがなかったという事情もあったのであろう。そうした事情から、当時のフォークロアは、後の大学に研究拠点をおいた「アカデミック民俗学」に対応して、「野の学問」と称される。

戦後間もない一九四七年に、柳田の「日本民俗学の前途」が、一人の国文学者への反論として発表された。(10) その論中における民俗資料の見出しが「分類民俗語彙」であるという指摘は、きわめて重要な意味を持っている。

つまり、「分類民俗語彙」シリーズとその後に刊行された『日本産育習俗資料集成』は、伝統社会における伝承資料が大成した宣言と受け取れるものだったからである。一九五八年に刊行が始まった『日本民俗学大系』(11)（全一三巻、平凡社、一九五八～六〇年）は、そうした資料集に対して理論や方法、研究成果をまとめたものである。ここに伝統社会における伝承資料の集成と研究の体系が、「前期近代化・民俗学の開拓期」の成果として一応整ったことになる。

中期近代化・民俗学の隆盛期（一九六〇年代～一九八〇年代）

物事の情勢には必ず前兆らしきものがある。近代化を促進させる主要因が一九六〇年代に始まる高度経済成長であったにしても、胎動はその前から起こっていたはずである。生活実感としてのそれは一九五〇年代からであろうか。中期近代化を一九六〇年代からとしたが、その胎動はすでに五〇年代後半に始まっていた。

この時期は社会にとっても学会にとっても大きな変動を受けることになる。一九六〇年代に始まる高度経済成長によって、近代化は加速度的に進み、全国規模で伝統社会から近代社会へと社会構造が変化していく。国民レベルでの近代化とはいえ、新しい生活に追いつくのに人々は必死になっていた。

一方、民俗学会では「民間伝承の会」（一九三五年〈昭和一〇〉設立）が「日本民俗学会」に改組されると同時に民俗学研究所が設立される。しかし、その研究所も一九五七年に解散することになった。そして翌年の一九五八年には、成城大学と東京教育大学の二校において、専門教育としての民俗学が学科として設置されたのである。柳田國男を中心とする第一世代が担ってきた野の学問から、大学を研究拠点とするアカデミック民俗学へ移行し、第二世代を養成するという出来事である。

第二世代は第一世代の教えを受けたいわゆる団塊の世代とその前後の人々であった。柳田に直接指導を受けた人はほとんどいない。社会は近代化によって社会変動が起こり、民俗学会は民俗学研究所の解散によって、学問変動を起こした時期である。その結果、社会変動によって「近代社会」が広く形成され、学問変動によって「近代民俗学」が生み出される。

在野の学問[12]として形成された「民俗学」は、アカデミックな環境によって、学会組織や機関誌の整備、研究拠点の設置、学術用語の統一化、引用に伴う敬称の省略、学術論文の充実など、研究環境の制度化が進んだ。その結果、それなりの時間を要したが、新たな形式を整えた「近代民俗学」に生まれ変わった。学問も近代化したのである。したがって、民俗学研究所が中核となっていた在野の学問「民間伝承の学」を「柳田民俗学」とすることに対し、著者は、それ以降のいわゆる「アカデミック民俗学」を「近代民俗学」とすることを提唱したいと考えている。さらに、これらを合わせて「日本の民俗学」として総称とすることになれば、各論考の内容把握もより容易になるであろう。

この時期の特徴といえば、地方の研究会が盛んに活動していたことである。一九四八年に第一回例会を開いた女性民俗学研究会の芽生えは瀬川清子と伊藤(山口)最子が読書会を持ったという一九三六、七年に始まるといわれるが、近年六〇〇回記念例会を開催するに至った。機関誌『女性と経験』の発行を中心に現在も活動している。また、一九五一年に始まる西郊民俗談話会は能田多代子から最上孝敬を経て現在の大島建彦に至るまで、月一回の研究会、機関誌『西郊民俗』の二〇〇号・二〇一号の合併号の発行など、今なお盛んに活動を続けている。全国各地の研究会活動の全盛期は高度経済成長期と重なっているが、前述の二つの会に限らず、全盛期が過ぎても、熱心な有志によって維持され活動を続けている研究会は少なくはない。

また、学生による調査報告書の刊行も特徴の一つとして挙げられる。國學院大學の民俗学研究会は、年二回春夏のフィールド調査を『民俗採訪』にまとめて、一九五一年度から続いている。その他、東京女子大学や東洋大学でも毎年優れた報告書が刊行されていた。指導教員の労を多とすべきであるが、必然的にこうしたグループからは多くの研究者が輩出された。

「中期近代化・民俗学の隆盛期」、すなわち高度経済成長期を背景にしたこの時期の成果といえば、これまでにない大規模な事業として文化庁編『日本民俗地図』(文化庁)の制作・刊行があった。六〇年代の全国的な民俗資料緊急調査に基づいて行われた。年中行事(一九六九年)から住生活(二〇〇三年〈平成一五〉)の九項目の分布地図を刊行したものである。文化庁の事業の一貫として、民俗事象の分布状況やその所在地の確認に重点がおかれている。一目でわかる分布図という企画力は高く評価される。

また、柳田國男生誕百年を記念して作成されたのが、『日本民俗学文献総目録』(日本民俗学会編、弘文堂、一九八〇年)である。文化庁編の『日本民俗地図』と同様、大型プロジェクトによる大規模な事業であった。民俗学における文献目録については、日本学術会議編『文学・哲学・史学文献目録Ⅴ—日本民俗学編』や『日本民俗学大系』の一三巻など、いくつかの類書はすでにあった。しかし、本書はそれまでにない明治以降の文献や隣接分野の業績を加えた、日本民俗学会挙げての大掛かりな事業である。こうした大型事業の背景には高度経済成長の余波があったのであろう。いずれにしても、その後の民俗学に大きな貢献をすることになった。

なお、このころから「都市の民俗」というフレーズが勢いを持つことになる。しかし、内容は都市住民と郷土とのつながりや、都市の中に生きる伝統社会の民俗事象を追究するというスタンスが多くとられた。一九八五年に刊行した著者自身の『日光街道千住宿民俗誌—宿場町の近代生活』(名著出版)は、伝統都市をフィールドとしたため、当該地域に居住する一人ひとりに面談する必要に迫られた。その上、「近代生活」というテーマに重点をおいたために、これまでの伝統社会の調査項目は通用せず、別に考案した基準によってまとめた報告書である。その後、芸能や口承文芸においては、その担い手に注目した現在につながる研究も報告されるようになっている。

さらにこの時期の特記事項は第一世代や第二世代の人々を中心にした精力的な活動によって、世間に「民俗学」の知名度を高めたことである。

後期近代化・民俗学の再生期(一九九〇年代〜)

一九八〇年代からのバブル経済がはじけ、近代化への動きが次第に落ち着き安定へと進んだ時期である。にもかかわらず、一九九五年(平成七)一月には阪神・淡路大震災、二〇一一年三月には東日本大震災といった大きな災害に見舞われた。ことに東日本大震災を契機として多くの国民が経済の成長ではなく、家族や日常生活の大切さを再確認するという経験をした時期でもあった。日本の近代化の歩みからいえば「安定期」、日本の民俗学の歩みからいえば「再生期」といえるかもしれない。次代の方向性を模索する期間ということで一致するからである。

バブル経済が起こる一九八〇年代の後半から、博物館員の活躍が目立つようになる。前期近代化の時代から中期近代化にかけて大きな役割を果たしていた郷土史家の高齢化などによる退潮が目立つが、博物館に勤務する学芸員などが、その活動を通して各地の民俗学研究会に参加し、その主要メンバーとして活躍している。この背景の一つには、国立歴史民俗博物館の設立(一九八三年〈昭和五八〉)などが挙げられよう。

先に述べたように神霊を中心とする「生命観」すなわち「霊魂観」という社会観念の発見は、「前期近代化・民俗学の開拓期」の民俗学の大きな業績だと指摘した。

では、その後の「中期近代化・民俗学の隆盛期」や「後期近代化・民俗学の再生期」の社会観念はいかなるものかと問われた場合、現在のところ答えるすべがない。「中期近代化・民俗学の隆盛期」の後半、高度経済成長期以降における第一世代や第二世代は、資料集や辞書、目録などの研究環境の整備をもとに残存する伝統社会を選定して調査の実を上げ、大きな成果を収めた。そこに潜む社会観念は、多少は希薄になっていたとはいえ、研究対象からいえば伝統社会のものである。つまり、「民俗学の開拓期」「民俗学の隆盛期」と位置付けた中期近代化までの民俗研究は、伝統社会を対象としていた。したがって、「霊魂観」に対応する社会観念は近代社会に生まれ変わった後期近代化の中にその有無を問うことになる。

「後期近代化・民俗学の再生期」を担っているのは、第三世代の研究者である。新人類と呼ばれた世代以降の人々である。民俗学会の中枢を担う研究者から若手研究者に至るまで年齢層は広い。後期近代化の期間が短いこともあって、近代社会に底流する社会観念をつかみ取るまでには至っていない。それとも「霊魂観」に対応する社会観念は、近代化によって必要性を喪失したと考えるべきなのかも知れない。

しかし、神中心から人間中心へという西欧近代化のスローガンが普遍性を持つものならば、それに従って、考えてみる意味もある。これまで繰り返し述べてきたように、伝統社会の社会観念は、カミ中心の「生命観」、つまり「霊魂観」であった。すると、次に迎えた近代社会の社会観念は、「カミ」に対する「ヒト」と、「霊魂」に対する「身体」がキーワードとなる。つまり、ヒト中心の「身体観」である。ヒトを中心とする身体に対する意識や考えということになるので、そうした側面から社会現象を注視したり、民俗調査などを通したりして、検証する必要性があろう。

一九九〇年代以降の「後期近代化・民俗学の再生期」には、近代社会の普及によって調査地選定の困難さと、それに伴う研究の困難さが顕著になってきた。後述するが、ここに調査・研究における立ち位置の問題が生じるのである。村落共同体中心の伝統社会と個人や家族を中心とする近代社会では、社会構造が全く異なっていることが明らかになった。伝承の断絶や希薄化などによって、前代からの連続性の要素が失われているからである。また、近代社会の人々は一律の生活をしているわけではない。したがって、個人を中心とする調査方法および近代民俗学による研究方法の必要性が高まってくると考えている。

一九九六年には、「村落研究を基本とした民俗学研究の諸分野も再検討されなければならない、というのが、本書の出発点である」とする佐野賢治他編の『現代民俗学入門』（吉川弘文館）が刊行されている。いわばこの時点で伝統社会から近代社会への変化とその対応の必要性が認識されていたのである。また、二〇〇八年には現代民俗学会が発足し、新たな民俗学のあり方を構築し始めた。

さらに二〇一四年には『〈人〉に向きあう民俗学』（森話社）が、七人の若い民俗学徒によって刊行された。論考の趣旨内容はそれぞれではあっても、大きな意味を持つと考えている。民俗の変遷すなわち歴史を意識し過ぎたかつての民俗学は、かえってヒトの歴史すなわちヒトの物語を置き去りにしてしまった。この著書は個人中心の近代社会を背景に、ヒトを取り戻そうとする調査・研究の立ち位置を模索しているように感じられるからである。

なお、一九九五年に発売されたウィンドウズ95によってパソコンが次第に普及する。新たなツールの出現は新たな需要を生み、今や学問の進歩にも大きな役割を果たしている。

立ち位置について

近代化は伝統社会から近代社会へというフィールドの変化、野の民俗学から近代民俗学へという学問形態の変化をもたらした。研究環境そのものが変われば、研究方法を検討しなければならない。研究方法の変更が必要となれば、それに先立って研究対象の定義が求められることになる。研究の環境と学問そのものの近代化という変化によって、研究者の立ち位置は再構築されねばならなくなった。

かつて民俗学の停滞や混迷が語られたのは、こうした研究環境の認識、研究方法の検討、再定義などの模索の期間だったからであろう。現在は方法論に関する著述や発表の割合が増加傾向にあったり、グローバルな視野に日本民俗学の意義を見出そうとする動きが活発化している(13)。このような動きは新たな研究活動の胎動といえる。

近代化による価値観の変化によって、伝統社会の生活を支えてきた多くの伝承は意味を失うことになる。言い換えれば、近代社会の形成によって、人々は地域に根差した村落共同体を中心とする伝統的な慣習や規範から解放されたのである。しかし、その反面、村落共同体に変わって個人や家族の考えに基づく生活が中心になる。その結果、近代生活を構築する家庭文化や、地域交流に関する新たな秩序などを整えねばならなくなった。生業面でも、それぞれの人が様々な業種に就いている。一律の条件による労働や休日というこれまでの生活のリズムは各家庭によって異なってしまったのである。村落共同体から個人の生活への変化に従って、生活様式は根幹から変わり、新たな秩序が必要になる。

したがって、前代から伝承されてきた生活上の古い仕来りを求め、その変遷を追究するというような伝統社会に対する柳田國男以来の調査に多少の創意・工夫を加えただけでは困難になり、研究のあり方も基本的に変えざるを得なくなる。

民俗研究のこれからの実践はヒトへのまなざしを重視した方法論の構築を志しつつ、新たな定義を打ち出し、文化科学としての近代民俗学を武器に、ヒトに近づく歴史学的路線を築くか、同じ時代の人々をめぐる社会学的路線を歩むか、あるいはこれまでの民俗学の成果を近代民俗学によって検証するか、それとも他の学科と組んで新しい領域を形成するか。いずれにしても、その出発点は立ち位置に基づくテーマに沿った調査にある。

本来学問の環境は、あらゆる視角から研究できる可能性を有する。ただ、そこに、研究者の主体性、つまり立ち位置がはっきりと定まっていなければ、明確な分析結果を得ることはできない。

本節では、学問環境の特徴を把握するために、近代化と民俗学会の動向を重ね合せるという方法を試みた。その結果、立ち位置を定める要素は、研究者の研究に対する主体性の自覚と近代生活およびそれを営むヒトを見つめる意志であると考えるに至った。つまり、近代民俗学は、研究者の立ち位置の自覚と、生活者の当事者意識を掬い上げ分析しようとする意志によって成り立つという発想が浮かび上ったのである。

独自の立ち位置を定め、民俗学を基礎にした新たな学問を創造する意欲が、特に第三世代を中心に生じていることに期待している。

むすびに

二〇一四年（平成二六）、八月二五日の朝日新聞夕刊の一面に、「柏でお試し未来の街」という新しい都市計画の記事が掲載された。千葉県柏市の郊外に位置する「柏の葉スマートシティ」は、省エネや快適さに加え、世界的なビジネスや新商品を生み出す仕掛けも用意されている未来都市であるという。一方都心部では、再開発が盛んに行われている。たとえば渋谷駅周辺では、地下から地上まであちらこちらで工事が行われ、かつての風景ががらりと変わる予定だと報じられている。

著者は、東京オリンピックの行われた一九六四年（昭和三九）までの一二年間を渋谷駅周辺で過ごした。幼少期の駅前広場は赤土で、東横デパートを中心としたターミナルビルと、現在のヒカリエの位置にあったプラネタリウムと映画館の入った大きなビルディングがあっただけで、他にはロータリーの周辺にパチンコ屋がならんでいるという光景が目に浮かぶ。渋谷駅にほど近い小学校へ通うころになると、駅前ロータリーの整備や東京オリンピックへ向けての首都高速道路の建設が始まった。東急プラザなどのビル建設が次々と行われ、まさに高度経済成長を眼前にして過ごした。多くの日本人の生活もこの高度経済成長を機に大きく変化したといっても過言ではない。地域共同体中心の社会から核家族を中心とした社会へと移行する時期であったといってもよい。

本節では、そのような時代とともに変容した社会環境と近代民俗学によって、研究という知的冒険を試みる民俗学研究者の立ち位置の問題を考えてみた。儀礼や習俗、事象などの変遷を追いかけていくだけではなく、それを行う人々の暮らす社会変化や生活意識をも見る必要性に迫られたからである。今後は民俗学が蓄積した歴史認識を一つの目安として、眼前の人々を見つめ、ヒトそのものを考察するといった現在そのものを研究対象とすることも考えねばならない。

近代化という時代の動向が民俗学に反映していたのか、民俗学が近代化という時代の投影だったのか、いずれにしても人の事象を研究対象とする学問には、付いて回る問題なのかもしれない。こうした時代と学問の相関関係を念頭においた民俗学の研究を進める必要性を感じる。社会変化と民俗との関わりをヒトを中心に追究し、これからの民俗学や社会が抱える課題に立ち向かう努力をしたい。第一章から第四章に至る論考は、そのささやかな実践である。

第二節　お産に関する研究の成果と課題

はじめに

本節の小研究史を個別的に述べる前に、その流れと著者の立ち位置の概略を述べておきたい。

お産については民俗学が他学問に先んじて注目してきたことは、誰もが知るところである。主に出産を中心とする一連のお産をめぐる儀礼や民俗事象に焦点を当てていたのである。「人の一生」や「通過儀礼」といった視点から霊魂信仰の影響や、そこから派生する生活文化の重層性を求めたと言ってもよいであろう。日本民俗学におけるお産に関する研究は、一九七五年(昭和五〇)前後の約二〇年間の研究に象徴されるように、柳田國男が着目した産育儀礼や民俗事象に関する語彙に沿った研究が中心となっていた。

一九八〇年代後半から一九九〇年代にかけては、歴史学や文化人類学など多方面からのお産に関する報告や論考が盛んに上梓された。その多くは、産婆などのお産の介助者を通してその時代やお産のあり方を問うものであった。これに対して、民俗学では聞き取り調査・報告は続けられていたもののお産に関する研究の進展はほとんど見られなかった。

また他の学問分野では、ライフヒストリーという手法を用いてお産の介助者の話を聞きつつ制度の改変による歴史的検証を試みたり、お産の文化と社会変化を検証したりするといった民俗学ではそれまで扱ってこなかった調査研究を行っていた。ただし、「産む性」そのものを見つめるという研究志向を持ったものは皆無に等しい。「はしがき」でも述べたが、「産む性」とは、子というものを自身の身体を通して意識しつつ、お産環境に向き合う女性の総称である。したがって、妊産婦のみならず、産めない女性、産まないことを選択した女性等も含まれる。

著者自身は、一九九〇年代後半より、「産む性」に関わるフィールド調査による研究成果を民俗学関係誌に発表することを継続してきた。その目的は、「産む性」が現代社会という生存環境にどのように関わるかを凝視するというものである。

先にも述べたように、周辺領域の学問分野では、お産に関する調査研究が介助者などを通して、お産の文化のあり方を明らかにする傾向が続いている。近年の民俗学における産育研究においてもそうした傾向が見られる。しかし、妊産婦を含む「産む性」、ことに妊産婦の声に耳を傾けて、お産環境の課題を考えようとする著者の視点はそれらの研究とは大きく異なる。

本書のもととなったそれぞれの各論は、フィールドワークを通して「産む性」から直接的に産育儀礼やお産環境など、声なき声すなわち「産む性」の内部環境のあり方を浮き上がらせることによって、今後のお産の方向性を模索するものである。

本項では、はじめに他の学問に先駆けて民俗学がお産に関わる事例を研究対象としてきたことを示す。その手順として、民俗学者がお産に関する研究をどのような視点で行ってきたのかを時系列に振り返る。次に、他分野の研究者たちが自らの研究課題究明のために助産に関わることをテーマとしてきたことを指摘する。そうした作業を行った上で、著者の調査研究が現代社会に生きる人々をテーマとする新しい民俗学的視点、つまり立ち位置によるものであることを示す。

1　柳田國男の視点

はじめに、日本民俗学の礎を築いた柳田國男が産育についてどのように考えていたのかを見ることにする。柳田の産育習俗研究の骨子を述べた最初のものとされるのが、一九三五年（昭和一〇）七月八日に恩賜財団愛育会において講演した「我が国人の産育習俗について」である。(14) この柳田の講演筆記原稿における産育儀礼の位置付けで目を引くのは、「小児の生存権」という点である。生まれる前に里方の者がやって来て宴会をするといった「デブルマイ」などの習俗を取り上げ、これにより子どもの生存権が承認されたことになるという。柳田は「子供を生かす子供の生存を承認すると云う事が、殊に依りますと、元服の少年を一人前にする時の社会的儀式より尚重大であったかもしれない」と述べ、「育てる子ども」(15) としての承認の習俗として最も意味のあるものであったことを示唆している。一方で、「一人前」「元服」「婚礼」「叔母呉れ褌」「烏帽子親」「名付け親」「産屋の忌」「産飯」「産神」「取上婆」といった日本各地の産育習俗を示し、「斯んなものを一つずつ調べて行きたいのが私の計画であります」と抱負を述べているように、この時期に産育儀礼全般を俯瞰しようとする柳田の意欲がうかがわれる。

柳田民俗学の歴史の中では比較的早い時期から「産婆」に注目していた。「産婆」については、『民族』三巻一号（一九二七年）に掲載された柳田國男の「産婆を意味する方言」がある。「トリアゲババ」「コトリ」「コナサセ」「コズエババ」などの日本各地に伝わる産婆を意味する言葉に注意を払っている。産婆の問題は、『民族』三巻六号にも「狐の難産と産婆」で婚礼とお産の関係性に触れているが、当時の柳田の産育儀礼の研究は「誕生といふ事實をどう考えていたか」という問題意識に沿うものであった。

「誕生」については、『郷土生活の研究法』の民俗資料の分類に項目がある。柳田は、そこで産の忌と繰り返し行われる産育儀礼の二つに注目している。まずは「産婆によって人間界に引き上げられたものが、既に人間となっている者と一緒に、共通のものを身体に入れて、そこで人間の仲間に入ったのだ、という承認を得たことになる」とした上で、子どもが誕生した際に赤子の替わりに産婆が飯を食べるなどの習慣が全国的に多いことから「昔の人の霊魂に対する考え方」を知ることができると考えた。[16] まだ、不明な点もあるとしながらも、産の忌と霊魂観の関係に着目している。

柳田が産育儀礼に着目して関心を寄せていた日本人の霊魂観の問題は、その後の民俗学における産育研究の根幹をなすものとなっていく。しかし、出産などに対して、周囲の人々が実際にどのように考えていたのかというところを追究するまでには至らなかった。つまり、産育儀礼や民俗事象を求めた柳田には産育儀礼を営む人々や出産に臨む妊産婦へのまなざしは見当たらない。そうした影響を受けたためか、その後民俗学者たちが、妊産婦をはじめとして「産む性」に直接光を当てることはなかったのである。

この時期、柳田は意欲的に習俗語彙の収集に取り組み、一九三五年に橋浦泰雄との共著として『産育習俗語彙』を上梓する。そして、橋浦を愛育会の嘱託に推薦し、全国道府県の学務課に協力を要請して、全国の「妊娠、出産、育児に関する民俗資料調査」を行うという一大事業を計画する。作業は一九三六年に始まり一九三八年にはカード化が完了していた。しかし第二次世界大戦前後の混乱により編集作業は中断した。企画から四〇年の歳月を経た一九七五年に、橋浦泰雄・大藤ゆきらの手によって恩賜財団母子愛育会より刊行されたのが『日本産育習俗資料集成』である。

その発行にあたり橋浦が「全国道府県残らずに対して、一定の採集すべき要項を示し、全国一斉に調査し回答を得んとする」「我が国学界未曾有の大規模のものだった」と記しているように、全国の妊娠・出産・育児に関する貴重な資料が記載されている大著であり、産育を研究する者にとって欠かせぬ資料集となっている。

2 大藤ゆきの『児やらひ』

大藤ゆきによる『児やらひ』が三國書房より出版されたのは一九四四年(昭和一九)五月である。その二四年後の一九六八年には民俗民芸双書として岩崎美術社より、以前の内容に加筆・訂正された『児やらい』が出版された。それぞれが出版された時代を反映している。

一九四四年刊行の『児やらひ』(以下、初版とする)の出版背景には、近代化に伴う村落共同体生活の消滅傾向と、出産の医療管理に対する不安をうかがい知ることができる。と同時に、新たな時代の指針の書をという使命感が感得されるのである。自序によれば、この書の意義は昭和の育児の新たな出発としての叩き台にあるとしている。そのため序説では「現在の新しい方法の一時代前にどのやうなことをしていたかの知識が必要」とし、「児やらひ」という言葉が子どもを追いたてて育てるという日本人の伝統的な子育ての心持ちを適切に伝えていると指摘する。

本文の記述について、「私はこの書物では最初から議論をしたり、意見を吐いたりすることはしない積りでした。ただ事実とその変遷過程を明かにして我が国の出産育児の習俗がどんな風であるかを多少でも明かにすることを念として来ました」というスタンスを保とうとしている。しかし、「結び」においては、前述した不安や使命感がほとばしったのであろうか。自説が情熱的に展開されている。すなわち、出産・育児については「虚弱児童を方法をつくして育て上げるのがよいか、或はこれを自然淘汰にまかして丈夫な子供だけ育てるがよいか」という問題に帰結するという。また、「子供には成可く早く自立出来る精神的訓練を与へる必要があ」るという。この二点に関してこれまでの産育習俗を顧みると、前者に対しては「子供の成長に対して自然淘汰にまかして置いた処が多かった」のであり、後者については「昔はそれが期せずして与へられるやうに社会の仕組がなってい」たという。そして、出産の医療管理という社会の現実を前にして、「出産を全くの医学的事実としか考へない様な人達には改めて、この問題(著者注、産に関した民俗)を検討して頂きたい」と警告する。

資料に語らせるという当時の民俗学の基本姿勢を自らのスタンスとしたものであったが、「昭和の育児の新たな出発」という使命感から、止むに止まれず「結び」の自説展開となったのだろうと考えれば納得できる。一九六八年刊行の『児やらい』(以下、新版とする)においては、初版の「自序」「序説」「結び」という項目は削除される。ことに自説を展開された「結び」の内容は、その痕跡すらうかがうことができない。おそらく、時代の要請した「昭和の育児の新たな出発」は、初版においてその役割を果たしたと考えたからであろう。

新版のまえがきの大要は、前代の出産・育児の心がまえの伝承という点にあるようだ。出産・育児の風習の根底にひそむ日本の母たちの知恵をつかもうとする意図を三点ほど挙げている。その一つは、毎日の生活の中でちょっとした助言がなくなっている今日では、人を一人前に仕立て上げてゆく心がまえが必要ということ。次に、緊密な共同体生活の歴史を知っておかねば新しいものも正しい成長をとげることができないということ。第三は、急速な近代化の中に古い民俗は消滅しようとしているので、今調べなければわからなくなってしまうものも多いということである。いわば前の時代の知恵を認識した上で、新しい時代や社会に生かしてほしいというメッセージとしての役割を強調することになった。そのため新版では自説を削除して、資料の語るところを読者に委ねるという形にしたのであろう。

一見趣きを異にしたように見える初版と新版ではあるが、その根幹は変わっていない。それは、「習慣というものは無意識に存在するものではない」から、民俗慣行としての産育習俗に底流する精神生活としての知恵を次代に生かすべきというものであった。「四鳥の別れ」という柳田國男の序文を、新版に再度掲載した理由として「日本古来の子育ての心持ちと次代の母親たちへの期待を明快に描いている」と述べている。専門家のみならず、一般読者を意識してのことであろう。

『児やらい』の読者層は幅広く、たとえば母子保健を担う専門家が子育ての相談を受ける際の参考文献として「みんなバイブルのように活用していた」という。一九四一年生まれの保健師の話である。

『児やらい』は柳田の『産育習俗語彙』に準じたものであり、項目に従いそれぞれの習俗の変遷と位置付けをはかった内容となっている。いわば、柳田の命題を大藤が引き継いだかたちとなった。

3 『日本産育習俗資料集成』完成前後の動向

『日本産育習俗資料集成』の刊行された一九七五年（昭和五〇）は、『日本民俗学』の研究動向に関する特集号の企画を開始した年でもある。『日本民俗学』の一〇〇号は、『日本民俗学大系』の刊行（一九五八～六〇年）から、一九七四年末までのおよそ一五年間の主要な研究動向をまずは振り返り、研究課題を示すことを目的としている。また、一九五八年は、『日本民俗学大系』の刊行の始まった年であるが、東京教育大学と成城大学、二つの大学において民俗学の専門教育が開始された注目すべき年でもあった。いわゆる民俗学研究が大学を拠点にするというアカデミズム化がこれを契機に進められることになったからである。この時期は、日本経済が急速に成長を遂げた高度経済成長期とほぼ一致することも指摘しておきたい。

大学の研究会や行政などを主体とした各方面での民俗調査が盛んに行われていた時期でもある。以下、その後の民俗学における産育研究史を概観し、民俗学が「産む性」に対しどのようなまなざしを向けていたのかを確認することにしたい。

産育儀礼に限ってみれば、一九七五年前後の約二〇年間は、柳田が着目した儀礼や語彙に沿った研究がなされた時期である。前述のように柳田は産育儀礼を通して日本人の霊魂観を見ようとしたのであった。

柳田の注目した産の忌が死の忌より重いということについて問題提起をしたのは、大藤ゆきである。(17)神奈川県相模湾沿岸を調査していて、「チボクはシボクより重い」という事例にたびたび出会い疑問を持ったという。

石塚尊俊は、「産の忌」で、従来の産の忌に関する研究を踏まえ、妊娠中の忌と出産後の忌とは区別すべきだとした。(18)この指摘は多くの研究者の目に留まるところとなった。

河上一雄も産の忌について追究した一人である。「一人前の人生へ・年祝いと少年期・成年式と若者組・婚姻・年祝い」で、シラフジョウのシラは産むことを意味し、産にあたっては忌みがきびしいとする。(19)また、「ウブユ」「ウブメシ」など「ウブ」とつく事例に注目し、ウブメシには産神の依り代と考えられる小さな石を添える事例を示した。

丸山久子の「石のおかず」は、生児の出産から生育に至るまでの祝いの際に食膳に添えられる石について詳細な報告を行い、この石を産神の依り代と考えている。(20)石を神霊の象徴としたのである。

「ウブ」については、谷川健一「産屋の砂」においても、産屋の床に砂を敷く事例に産屋の原形を求め、この砂をウブスナと呼ぶことから産土神の由来としていることに着目している。(21)『産屋の民俗―若狭湾における産屋の聞書―』所収の「産屋考」「槻の小屋」は、先の論考で述べたウブスナ説の正当性を主張したものである。(22)

この時期、「産神」に関する論考も多い。倉石あつ子「便所神と家の神(23)」、大藤ゆき「産神と産屋(24)」などがある。井之口章次の「産神そして厠神」では、通説の再検討を標榜してきた井之口が、「どんな神が祖霊だと言ってみても、これだけでは何を解明したことにもならない」として、穢れを厭わない神という例外的、それだけに説明困難であった産神を、赤子の体に入るべき霊魂と位置付けた。(25)霊魂信仰について事例を整理し、体系化した示唆に富む論考である。これにより、霊魂信仰が日本人の意識の基層をなしていたことが理解される。

『西郊民俗』一〇〇号「産神特集(26)」で、大藤は「神奈川の産神」を執筆している。その前後、『西郊民俗』九八号には大島建彦「産神研究の諸問題」が掲載され、同一〇〇号には最上孝敬「産神としての火の神(上)」が、同一〇一号には「同(下)」が掲載されている。

こうした産神研究が進む中、波平恵美子の『ケガレの構造(27)』の「通過儀礼におけるハレ・ケガレの観念の分析」で産の忌の問題が取り上げられ、産の忌の問題がますます活発に論議される。小森揺子「誕生の周辺」[28]、倉石あつ子「産屋・産神」[29]、佐々木美智子「産神と穢れ―小森・倉石論文を読んで―」[30]などがそれである。

その他、産育習俗に関わる多数の調査報告や研究に加え、大藤ゆき「生と死の儀礼」は、出産と葬送の儀礼の類似性に注目して、研究領域の拡大を図った。また、木下忠の「縄文と弥生」は、月経小屋や産屋の全国的分布地図とともに、胎盤処理の綿密な分布図を作り、胎盤を戸口に埋める呪術の分布状況を明らかにし、胎盤を戸口に埋める呪術の意外な古さを示した[31]。これまでの民俗学研究にはなかった方法である。

いずれにしても一九七五年前後の二〇年間は、産育儀礼に関する調査研究が盛んに行われた時期であり、その多くは「産の忌み」に関わること、「産神」に代表されるお産の際に来臨する神に関わること、「産屋」に関わることであった。それらは個々の論文では重要なテーマも含んでいたが、柳田が着目した儀礼や習俗語彙に関わる範囲の調査報告や論考にとどまっていたといってもよい。出産そのものや産育儀礼に関わる人々を見つめるものではなく、妊産婦の気持ちに添うものでもなかった。

『産屋の民俗―若狭湾における産屋の聞書―』は谷川健一と西山やよいとの共著であるが、ここに所収されている西山の「「産小屋」習俗の中の女たち」は、これまでの報告と異なり、聞き取り調査において妊産婦の声を引き出している点において特筆すべきものがある[32]。なぜなら西山の妊産婦に対するまなざしは、かつて瀬川清子の「舳倉島の海女」[33]を著したまなざし、つまり女性が女性の生活そのものに向ける細やかなものであったと思われるからである。

4　女性への視点

一九八三年(昭和五六)には、期せずして女性の視点に立った出産のあり方を考える契機となる二編の論考が発表された。松岡悦子の「文化と出産―日本の自然分娩運動を中心として―」[34]と吉村典子の「女性の生活と出産慣行の変遷―瀬戸内離島の事例より―」[35]である。

松岡は reproduction をキーワードとし、出産と文化との関連を追究するとともに、この当時起こった女性主体の自然分娩運動とその背後にある問題を考察した[36]。その後、一九八五年には、出産する女性の身体と文化の媒体としての身体を捉えた『出産の文化人類学―儀礼と産婆―』を上梓した[37]。先のテーマをより詳細に追究したものである。

一方の吉村は、自らのお産体験が研究テーマ選択の契機となり、出産する女性たちが自らのお産にどのように関わっているのかを追究するために、瀬戸内海の離島における聞き取り調査を始めている。そして、お産の主役は産婦であることを再確認し、一九八五年に『お産と出会う』を上梓し、現行のお産のあり方に疑問を投げかけた[38]。

このように一九八〇年代には、出産する女性に関わる研究や報告がなされるが、松岡は文化人類学者であり、その学問的立場から出産を文化と捉える切り口で論を展開している。吉村は先にも述べたとおり自らの出産を契機としたお産の聞き書きを始めている。この両者はいずれも出産する女性とその文化を研究対象としているが、お産の当事者である妊産婦の気持ちを掬い上げる研究からは距離のあるものとなっている。

一九八〇年代後半から九〇年代にかけては、女性史や社会学の研究に、次々と産婆の聞き取り調査が活用されるようになる[39]。民俗学においても、中野卓編著『口述の生活史―或る女の愛と呪いの日本近代―』[40]に触発されて、個人の聞き取りを行い、ライフヒストリーを報告書に掲載するということは、すでに一九八〇年代から行われていた。しかし、それは介助者の語りをそのまま記録するというものであり、産む性にまなざしを向けようとしたものではなかった。

一九八六年には、大出春江が「産む文化―ある開業助産婦のライフ・ヒストリー（その一）」[41]を、西崎いづみが「朔北の小島に生きて―中山サワさんの半生」[42]を発表し、助産婦のライフヒストリーを通して、文化や社会を見るという手法を用いている。

一九八九年（平成元）には、西川麦子が『ある近代産婆の物語―能登・竹島みいの語りより―』で、近代医学を修め、資格を取得した産婆を近代産婆と位置付けたが、その功績は大きい[43]。その上で、お産の介助者を通して妊産婦の環境を見るという西川の姿勢を評価したい。ただ、この時期に上梓されたすべてのライフヒストリーがそうであるように、西川の著作もまたお産の介助者を通しての研究となっている。しかし、お産の当事者としての妊産婦自身のものといえるまでには至っていない。

民俗学の実践性を主張する著者の立場から考えると、お産の当事者、すなわち妊産婦自身から彼女の内なるお産環境や身を挺しての出産そのものがどのようなものであるのかを求めることがより重要になるが、一九八〇年代後半から一九九〇年代にかけての報告や論考には、そのような視点は見当たらない。

なお、民俗学的な著書ではないが、助産の歴史を知る上で、忘れてはならないのは、大林道子による『助産婦の戦後[44]』である。大林は米国留学中に、分娩ベッドの形状が、出産介助者の便宜に合わせたものであるなど、当時のアメリカの分娩処置が、産む側の主体性を奪い去るものであることを知る。それを契機として、帰国後、戦後の日本のお産がGHQ（連合国軍最高司令官総司令部）によって変えられてきた経緯や、お産の場が自宅から施設に変わることで、産む側の女性が出産から疎外される経緯を丹念に調べあげた労作である。

一九九〇年代後半には、助産婦自身による自叙伝の類が多く出版されている[45]。なお、一九九〇年の鎌田久子他による『日本人の子産み・子育て―いま・むかし―[46]』は、民俗学と助産に関わる者とによる勉強会を重ねての共著であるという点に注目したい。しかし、鎌田自身はお産の民俗事象に関する解説に終始し、妊産婦と向き合った著作には至らなかった点で惜しまれる。

5　二〇〇〇年からの研究動向と課題

二〇〇〇年（平成一二）以降の研究で、まず目を引くのは、中山まき子による『身体をめぐる政策と個人―母子健康センター事業の研究―』である[47]。中山は、一九五七年（昭和三二）に開始された厚生省労働局による母子健康センター事業を研究対象として、国家政策が個人の身体を規制し、既存の生活を変容させていく様を見事に捉えている。出産の場が自宅から施設内へと移行する過程に母子健康センター事業が存在していたこととその影響を膨大な資料をもとに究明した。

民俗学の分野では、巻末の註・参考文献一覧に提示した多くの論考のほかに[48]、著者によるお産の際の会陰保護術に関わる論考に続いて[49]、鈴木由利子による会陰切開に関わる論考が発表された[50]。

その後、安井眞奈美は二〇一三年に『出産環境の民俗学―〈第三次お産革命〉にむけて』を上梓した[51]。明治政府の行った医療改革の取り組みの中で出産を扱う産婆が制度化されたことに始まり、出産の場が自宅から病院へと移行する過程について整理した著作である。

また、二〇〇〇年からの研究動向の一つとして、「命」をキーワードとした論考が目につく。二〇〇〇年には、鈴木由利子が「選択される命―「育てようとする子ども」と「育てる意思のない子ども」―」を発表し[52]、子どもの命が、かつて柳田が指摘した「育てる子ども」と「育てない、子どもにしない」子どもの分類に対して[53]、見過ごされてきた「育てる意思のない子ども」を研究対象として考察した。

板橋春夫は、「いのちの民俗学」というシリーズの中で、『出産―産育習俗の歴史と伝承「男性産婆」―』を二〇一二年に上梓した[54]。どちらも前近代社会の事例からの考察であるので、今後は、「いのち」に対する現代社会でのありようへの研究に発展することを期待したい。なお、岩田重則の『〈いのち〉をめぐる近代史―堕胎から人工中絶へ―』[55]

は、面談調査による口承資料という民俗学的手法や成果を取り入れてはいないが、堕胎から人工妊娠中絶へという変遷を通して、彼自身の言う「いのちの近代史」に焦点を当てたものである。

その他、産育に関わる人々の意識や儀礼が変化していく様を概観した他学問分野の論考もある(56)。『都市の暮らしの民俗学』というシリーズに所収されている社会学者大出春江の「出産の戦後史」は、そのタイトルが物語るように、戦後の出産の歴史を概観するのに最適な論考である。出産に対する意識の問題や儀礼の変化を含め、一般の読者にも大変わかりやすい。研究対象の時代は遡るが、大出の「性と出産の近代と社会統制」は、大正初期の性と出産の社会統制がどのように進められたかをメディアを通して都市から村落へと伝搬する中で、人々の意識がどのように変化していったのかを詳細な資料分析によって明らかにしている貴重な論考である。ただ、他分野の研究者の場合、フィールドワークを駆使しての論考は少なく、先行研究やかつての刊行物から論じる手法が用いられている。したがって、その多くはお産の当事者の声が反映されていないものとなっている。

一九八〇年代後半から、民俗学においての産育研究は遅々としているように感じる。フィールド調査を基本とし、当事者の声を掬い取り、それを分析した論考を求めるのが民俗学であると考える著者の提言する当事者を見つめる視点は、停滞している産育研究の扉を開くためのものとならないだろうか。

著者が、「産む性」に関わるフィールド調査に専念し始めたのは一九九〇年代後半であった。その聞き取り調査はおおよそ二〇数年に及ぶ。成果はその都度民俗学関係誌に発表してきた。本書ではそれらを整理し、産育に関わる研究を一歩前進させることを目的としている。面談調査などによって、お産の当事者である妊産婦の声なき声、すなわち内なるお産環境を掬い取るという民俗学の新たな立ち位置からの研究実践である。

第三節　「産む性」とお産環境

妊産婦の心のありようを、出産をめぐる諸条件・環境の現実との関係性の中で究明していくというのが、著者のこ二〇年来のテーマである。より良いお産環境づくりの実現を目指して、二〇〇一年(平成一三)に、NPO法人お産サポートJAPANを母親・助産師・研究者とともに立ち上げたのもその一環である。

「産む性」というのは、女性の「子を生す」特性に焦点を当てて概念化したものである。男女を簡単に「性別」と表現しがちだが、実は生物学的な意味におけるセックスと、社会的あるいは心理的な意味でのジェンダーがある。そして、それが一人の人間の中で、必ずしも一致しているとは限らない。いわゆる性同一性障害のことである。人間存在の根幹に関わる性同一性障害の問題は決して看過できるものではない。しかし、ここで、問題にしたいのは、現代の社会状況が、どのようなお産環境として「産む性」の内面に存在するのかを認識する点についてである。

お産環境といっても、客体として女性の周囲に存在しているわけではない。したがって、「産む性」の感得する内なるお産環境は、その女性の生活のあり方と外部的な環境との関わり方とによって変わってくる。当然ながら「お産」という観点に立つと、「産む性」自身も環境を構成する一つであることに気づかされる。単に「女性」ではお産環境になり得ない。女性であっても、「産む性」であることを自覚できない、あるいはしない時期や状態があるからである。自身がお産環境でありながら、外部的なお産環境(あるいは、それによって感得する内なるお産環境)に対しては主体的に向き合う存在として「産む性」という概念がより適切だと判断するに至った。つまり「産む性」とは子というものを自身の身体を通して意識しつつ、お産環境に向き合う女性である。換言すれば、自身が産むという特性をそなえているヒトであると自覚している女性ということになる。

板橋春夫は、かつてトリアゲジイがいたという事実と、ジェンダーの視点から見ると、女性の羞恥心というのは作られて変わってきたものだという点を関連させ、助産師職に男性が入れないのは許されないことだと主張している。[57]これまで未詳であった男性による助産や、ジェンダー的視点による羞恥心の時代的変遷の問題は興味深いものであり、今後の発展に大きな期待を抱いている。しかし、トリアゲジイに関する板橋報告が現在の時点では、普遍性を持つとは言いきれない。したがって、これらの問題と現代の切実な課題となっている男性助産師導入問題を結び付けることには大きな疑問を感じる。それは、今を生きる「産む性」や助産の立場にある人々を見つめることなく、いわば現在に対する分析視点を欠いたまま過去と未来を直線的に結び付けることになるからである。今を生きる人々の気持ちを無視して、過去はこうであったから今後はこうあるべきであるという主張は成り立たない。その上、農山漁村という伝統社会にあったことを社会構造の全く異なる現代社会にそのまま当てはめるという整合性に欠ける手続きがなされている。つまり、現在のヒトへのまなざしの欠如、構造の異なる社会を同一視する一元的な捉え方という問題点が浮かび上がってくる。

お産環境といえば、通常、出産の場をイメージしがちだが、あえて「お産」という表現を用いているのは、著者が「出産」を文字通り、分娩そのものを表す表現として用いるからで、「お産」には母と子を包括する出産前後の一連の流れを含めているからである。そうした意味から、お産とは妊産婦と生まれ出る子の一連の流れの中にある出産を中心とする行為空間ということになる。具体的には、受胎から出産、そして一定の経過期間の女性自身の身体や行為、また、子自身の持つ生まれ出る力もお産に含まれる。なお、医師や助産師といった介助者。さらに受胎祈願や安産祈願、子安祈願の対象となる神仏や民俗宗教。誕生祝いにはじまる産育儀礼なども「お産」をめぐる文化を形成しているといえる。

「産む性」一人ひとりの心に映る内なるお産環境とは別の、目に映る外部的なお産環境を、その内容から「生活環境」「統制管理環境」「当事者環境」の三つの型に分類してみた。

「生活環境」は、妊産婦の出身地域や生活活動の範囲やあり方によって生じるお産環境である。伝統的な地域共同体の一員として生活していれば、その共同体の規範によって行動する局面が多くなる。一方、移住によりそれまで縁のなかった地域の住民になれば、そこでのお産のあり方に創意工夫をせざるを得なくなる。高度経済成長期に伝統的な生活様式が一変したとはいえ、日常の生活の場である生活圏は一定の領域を有して形成される。交通機関の発達や、通信販売といった販売形態の多様化、さらに週末のまとめ買いといった購買方法の変化などによって、従来の生活圏に比べて飛躍的に拡大したとしてもである。伝統社会にあっては、村落共同体の人々が皆一様に一定の地域を生活圏としていた。それに対して、高度経済成長期以降、生活の個人化が進み、一人ひとりあるいは家族ごとに異なる生活圏を持つようになる。つまり、生活圏は、どのような社会であろうとも一定の領域をもって形成されるが、伝統社会では地域の生活住民がほぼ同じくするのに対して、近代社会では個人や家族ごとに形成しているということになる。

こうした日常生活の個人化は、そのままお産環境に跳ね返ると予想される。核家族の増加によって、地域共同体の規範の影響力が弱くなる分、出産育児雑誌などのメディアや母親学級などの出産準備教室などによる情報利用の度合いが高まるといったことなどである。それまでの産育の習俗や儀礼、民俗宗教などに、個人の考えや好みがどのように反映されるものなのか。そうした民俗の変化の根幹にヒトの価値意識を見出そうとするならば、形式的には伝統に即しつつも、内容的には新たな意義を持たせる民俗の非連続性に着目し、その理由を追究することが有効になるであろう。
「統制管理環境」は、地域共同体の決まりや国家の法律など公的なものによって決められる制度的なお産環境のことである。「産む性」が自らの意思によって、産むか否かを自己決定できるようになったのは、最近のことといってよい。明治政府による介助者の国家資格という管理統制、戦時中の「産めよ殖やせよ」の強迫的な掛け声、戦後の助産婦を仲介とする家族計画の推進など、国家や共同体によって強制されてきた歴史がある。近代医療への信頼と一体化した公衆衛生の啓発は、出産の場を医療施設に移行させることになった。こうした公的な統制管理によるお産環境について、従来は制度の事実認識ということに重点をおいて研究されてきたが、「産む性」がそうした所与の制度について、何を感じどう考えてきたかという点、すなわち内なるお産環境については残念ながら問題にされてこなかった。

折しも、二〇〇〇年に男性助産師導入問題が浮上し、寝耳に水状態であった全国の母親たちが立ち上がり、反対運動を巻き起こすことになったのである(58)。男性助産師という新たな外部的な環境になす術を知らなかった「産む性」の止むに止まれぬ環境改善への働きかけという意味合いを持つものとなった。

「生活環境」と「統制管理環境」は、「産む性」を取り巻くお産環境ということで共通性を持つものである。前者においては、伝統的な地域共同体の崩壊やそこからの脱却によって生じた「産む性」の感情や価値意識を、後者においては、公的機関が決定する環境という鏡に向かって映し出された「産む性」の本音を汲み取る必要が出てくるのではないかと考える。

「当事者環境」は妊産婦の身体条件や自己決定能力によるお産環境である。場合によっては、自身の考えに大きな影響をもたらす流行や時代の風潮などを含めてよいかも知れない。いずれにしても、妊娠や避妊に対するバースコントロール、身体的条件や経済的条件、さらに個人的嗜好に対応した出産法の選択などは、妊産婦自身の客観的な条件を伴う外部的な環境といえる。

医療機関との関係についていえば、インフォームド・コンセント（説明と同意）からインフォームド・チョイス（説明と選択）への対応がある。今後は「どういうお産がよいか、あなたの望みをすべて言って下さい」という問いに、選択できる自分、決定できる自分が必要になる。共同体的規範に従っていればよかった時代と異なり、現代社会では自由であるがゆえの情報の収集による選択、自己決定が迫られるのである。それだけに自らの感情や思いを明確に自覚しなければならない状況下におかれることになる。そうした周囲の環境や産む性本人の身体状況といった自身の環境を舞台に、行動する中で知覚する何かの総体が、「産む性」その人の内なるお産環境となるのである。

こうした分野は客観性を重視したこれまでの学問的態度では、事実上等閑視するしか手立てはなかった。今を生きる人々と時代を共有できる現代を研究環境とする民俗学は、こうした「産む性」の直面する内面的な問題を、研究者自身の問題として立ち上げていく可能性を持つ学問領域としても成り立つものであろうと考えている。

第四節　本書の構成と意図

はじめに

本書における主題は、私たちの眼前に次々と展開する現代の社会状況(外部的な環境)が、子を生す女性にとって、いかなるお産環境(内なるお産環境)であるのかを認識することにある。この場合の「環境」については前節で述べたが、ある主体の行動に伴う知覚の対象が、その主体の環境となるのである。そうした内なる環境は主観的なものであるから、主体自身が環境の要素となることも稀ではない。一人ひとりの内なるお産環境の分析には、そうした認識が必須の条件となろう。

その手続きとして女性の「子を生す」特性に焦点を絞って、「産む性」という概念を用意した。「子というものを自身の身体を通して意識しつつ、お産環境に向きあう女性」と定義したものである。自身の身体を通して子を産むということを意識する、すなわち自身が子を生すことを身をもって自覚している女性であるから、妊産婦をはじめ、産まないことを選択する女性、産めない女性、子を産むことを自覚した女性などが含まれることは前述した。つまり、自らも一つの環境でありながら、自身の行動によって立ち現れる内なる環境と関わる存在であることを表現したのである。次に、母子をともに包括し、出産前後の一連の流れを含む「お産」をめぐる外部的な環境を分類した。「当事者環境」「統制管理環境」「生活環境」がそれである。三章から成る章立ては、三つに大別した外部的なお産環境に対する妊産婦の実情や本音を調査し、考察を加えたものである。

第一章 「産む性」と当事者環境

本章は、お産環境の一つ目とした「当事者環境」について考えるものである。通常、「環境」といえば人の周囲に客観的に存在するものをいう。しかし、「子が生まれる」という状況そのものはもちろん、出産前後の妊産婦の身体的な条件や状態を含めると、そのすべてのものが外部的なお産環境の構成要素と考えないわけにはいかなくなる。そして、人が主体的にお産に関して行動する限りにおいて、知覚するすべてのものがその人の内なるお産環境となってしまうのである。身体条件や家族・経済などの状況、そして「産むか、産まないか」の選択する意思など個人の事情を抱える妊産婦自身もお産環境の一つであるという観点を持つことによって初めて、個別的な事情や個人的な心情が現実的な姿となって立ち上がってくるのではないかと考える。

〈第一節 「産む性」の現在〉

本節では、現代社会にはいかなるお産環境が存在するのかという視点を基軸に、現在のお産環境そのものをフィールドとして妊産婦がいかに感じ考え、行動しているのかを追究し、いかにしたらより良いお産環境を得ることができるのかを考察する。

結婚を機に核家族の成員となり、伝統的な村落共同体に伝わるお産の伝承から遊離した妊産婦が産育儀礼にどう向き合い、出産の場に際して、どのような気持ちを抱くのかという点に着目した。

〈第二節 平成のお産環境作り〉

多くの人が医療施設での出産を当たり前とする現代社会にあって、自宅出産を選択する妊産婦が存在する。そうした選択をするのも当事者環境である。都内の一角にあって、自宅出産を支える助産所が人気を博している。現代社会に生きる妊産婦が、自らの意思で選択しているからである。

お産の当事者が求める助産所の今日的意義を、創設者の石村あさ子の語りを中心に考察した。この論考を「当事者環境」の枠の中に収めた理由でもある。

〈第三節　会陰保護術と「産む性」〉

本節では、生活文化を研究対象の中核とする民俗学が、如何にしたら生活者として今を生きる人々や現代社会に有効な学問となり得るのかということを念頭におきつつ、助産における会陰保護術が近代化の中で成立し、技術伝承としてお産を介助する人々によって磨かれてきた過程やその現実を探ることを目的とする。

具体的には近代以降、助産技術として重要視されてきた会陰保護術の変遷を究明する。近年は、かつての産婆教科書による会陰保護術に頼らず、妊産婦自身の身体を整える様々な取り組みがなされている。そうした聞き取り調査の結果も含め、出産を望む人々には様々な選択肢のあることを示した。

〈第四節　アメリカお産事情―異文化圏でのお産に立ち会って―〉

本節では、自分の娘という身内の米国での出産体験を通して産む側の実感に基づく報告をした。それが同時に日本のお産を考えることになると思うからである。

聞き取り調査は、調査者と話者、すなわちインフォーマントによって成り立つ。現在進行形で進む社会的課題を問題にするとき、研究にあたるもの、つまり研究者自身が同時にインフォーマントになることも、あり得る。ことに老いや介護、闘病といった問題は、今後そうした可能性が高いのではないかと考えている。「アメリカお産事情」は、異文化圏での身内の出産体験を、産む側の実感に基づいて報告したものである。その上で、著者の母親、著者自身、著者の娘の三世代のお産のあり方を時代の中に位置付けた。

〈第五節　避妊ということ〉

本節では、民俗慣行としての避妊、人口政策に始まった避妊、戦後の家族計画としての避妊、そして女性自身による自己決定としての避妊を考察し、「避妊ということ」と「妊娠すること」との相関関係を明らかにすることを第一の目的とする。

第二章　「産む性」と統制管理環境

本章は、「統制管理環境」というお産環境に関するものである。人のお産には介助者が求められる。近隣のトリアゲバアなどと呼ばれた介助者に頼る時代が長く続いていたが、明治政府による国家資格制度によって、近代医学を学んだ産婆が誕生する。第二次世界大戦後は、ＧＨＱ（連合国軍最高司令官総司令部）が示した看護制度改革に、産婆（一九四七年〈昭和二二〉からは助産婦）は保健婦や看護婦とともに組み入れられた。一九八一年からは、助産婦・保健婦・看護婦を統合し、男子にもその門戸を開こうとする動きが始まる。近年では、二〇〇〇年に男性にも助産資格を得られるようにとする働きかけがあったが、「産む性」からの反対運動が起こり、「助産婦」から「助産師」へ名称が変更されるに留まった。この章では、行政による介助者の統制管理を通して、妊産婦のおかれた状況を認識するものである。

「男性助産師導入問題と出産観」・「男性助産師導入問題と「産む性」」・「男性助産師導入問題とお産環境」の三節は、男性助産師問題が浮上し、全国の母親や助産婦の方々と交流の機会を持つようになってから考察したものである。男性助産師はお産環境としてどのように考えるべきか、という問題意識がその背景になっている。著者も「産む性」の一人という立場から、「お産サポートＪＡＰＡＮ」という特定非営利活動法人を立ち上げた。事務局を担当している際に、行政の決定がいかに大きな影響をもたらすかということを、今さらながら実感したのである。二〇〇一年(平成一三)には、男性助産師導入問題における事実経過や賛否の声、などといった市民の運動をリアルタイムで知らせるべく『二一世紀のお産を考える―二〇〇〇年男性助産婦導入問題から―』(59)を上梓した。

〈第一節　男性助産師導入問題と出産観〉

本節では、現代社会にあって男性助産師導入問題がどういう意味を持つのかということを、女性の身体観や助産の意義との関わりから考えてみようと試みたものである。

近代化によって医療化を余儀なくされた現在の制度的なお産環境を確認し、男性助産師導入問題の経過をたどった上で、そうした現代のお産に対して求められるのは、女性の身体観の自覚と近代化への反省に立った出産観の形成であると主張した。

〈第二節　男性助産師導入問題と「産む性」〉

本節では、明治以降の助産制度の歴史を見た上で、男性助産師導入問題はどう扱われるべきかを考察する。職業レベルや法律レベルで論じられてきたこれまでの男性助産師導入問題を、「産む性」の声を聞くというスタンスにするために、今日に至る事実経過をまとめ、位置付けたものである。

〈第三節　男性助産師導入問題とお産環境〉

本節は、「産む性」の声に焦点を絞って、男性助産師導入という問題に対するフィールドワークを試みた。「男性助産師導入問題」は現在の大きな社会的課題の一つだが、刻々とその情勢は変化している。この節では、民俗学的視点、すなわち「産む性」の声に焦点を合わせ、同時進行問題に対するフィールドワークを駆使した。

〈第四節　ライフヒストリーに見る助産師〉

本節では、三人の豊かな個性を持ち、また名人と称された近代産婆(60)の人となりや生き方を通して、妊産婦との関わりを見ることにしたものである。

「近代産婆の先駆者」の日暮たきは、著者の聞き取り調査の対象者の中で、最も早い生まれの方である。産婆から助産婦となるが、生前には「助産師」という名称に変わるとは思いもよらなかったであろう。宿場町千住というマチで大正一〇年に開業し、周辺のムラの人々のお産をも介助している。マチとムラという異なる地域と、大正から昭和という激動の時代を歩んだ足跡を見ようとするものである。

「助産婦の現代」では、一九一二年(大正元)生まれの助産婦の語りによって、これまで記録されることのなかった助産技術を跡付けることにした。発表当時この報告を是非欲しいと多くの現役の助産師から要請があった。次の「近代を駆けぬけた助産婦」は、同じ世代の助産婦の戦前・戦後の生き様を語っていただいたものである。戦後のベビーブームのころは、医師が患者を回して欲しいという意を込めて年始に来たというほどの時代。ことに都市部では助産婦の全盛期であった。しかし、間もなく家族計画という名の人口政策を推進する側へと取り込まれてしまう。助産婦の天国と地獄を味わう世代であった。戦後という空間が劇的に作用したのである。こうした時代を通過した二人の語りから、助産婦の技術と生き方を見ることにする。

第三章　「産む性」と生活環境

本章は、「生活環境」に対する妊産婦の関わり方を求めている。日本人は敗戦から高度経済成長期に至る空間に、価値の大きな転換を経験することになった。高度経済成長期における民俗の非連続性は、我々に伝統的な共同体的規範や拘束から解放された日本人の意識や行動を理解するためのチャンスを与えてくれたのではないかと考えている。

通常、「不連続ないし断絶」は連続しないことを表現する語として広く使用される。それに対して、「非連続」は辞書に登場することはなく、あったとしても安定した意味にまで至っていないようである。本章では、「形式的には連続しているように見えながら、本質的には異なるものとなって、実質上の連続ではない」という意味で使用している。つまり古い時代から伝承されてきたと考えられる儀礼や慣行行事も詳細に検討すると、その時代の要請に応じて巧みに変貌を遂げているものが少なくない。戦後、ことに高度経済成長期という空間はその様子や事情が、明確にできる数少ない機会ではないかと思う。伝統的な儀礼―伝統社会から近代社会に続く儀礼―における形式的連続性と内容的不連続性、すなわち儀礼における非連続性の分析は、その時代の人々の気持ちのありようを明らかにしてくれているものと考えている。ここでは、伝統社会と近代社会のお産文化の変化・消滅の分析を課題とした。

〈第一節 「産む性」と産育儀礼―二つの地域から―〉

本節では、まず前半部の「東京都足立区の場合」において、一九六〇年（昭和三五）以降のいわゆる高度経済成長期に生まれ育ってきた女性たちが結婚し、母親となったときに、伝統的な産育習俗や儀礼をどのように考え、どのように行動したかを考察したものである。家族の形態と産育儀礼の継承のあり方について考察する。

「茨城県守谷市の場合」では、大藤ゆきが大いなる期待を込めていた次代の母親たちの産育儀礼の継承という点から、現代の「児やらい」文化、すなわちニュータウンにおいての産育文化の形成を考える。

大藤ゆきの『児やらい』は、誕生前後から成長の様子を儀礼面から捉えた基本的文献である。初版（一九四四年刊行）と、後に民俗民芸双書に加えられたもの（一九六八年刊行）とがある。前者からは、近代化に伴う共同体生活の消滅傾向と、出産の医療管理に対する不安が読みとれる。後者では、前時代の出産・育児の心構えの伝承に力が注がれている。それぞれ時代を反映しているが、「習慣というものは無意識に存在するものではない」から、民俗慣行としての産育習俗に底流する精神生活としての知恵を次代に生かすべきだという根幹にブレはない。「茨城県守谷市の場合」では、大藤ゆきの不安や願いが、新しいスタイルで生活を送る核家族の夫婦にどういう形で継承されているかに焦点を当てた。具体的には茨城県守谷市のニュータウンに入居した、昭和四〇年代前後生れの女性に対する面談調査を分析したものである。

東京都足立区の事例と茨城県守谷市の事例では高度経済成長期に生まれ育った世代が、自身の妊娠・出産と直面したときに、それまでのお産環境や親などの前の世代の人とどう向き合うかということに着目した。

〈第二節　助産婦と儀礼の消長〉

助産婦という介助者から見た産育儀礼について語っていただいたのが、「助産婦と儀礼の消長」である。

本節では、一九三三年に開業して以来、助産婦として分娩介助に携わってきた東京都足立区在住の永沢寿美からの聞き書きをもとに、助産婦と儀礼の関わりを考える。

民俗慣行として遠い時代から今日まで継承されてきた習俗や儀礼は、その時代その時代の人々の要求や要請に応えるものとして存在していたはずである。名称や形式は同じように見えても、内容はその時代や社会、地域の人々に必要と感じさせるものがあった。あるいは人々がその都度生活に合うように改変してきたとも考えられる。合理的に、科学的に説明することが困難であったとしてもである。「腹帯」は、その代表的なものではないだろうか。これは妊産婦の身体感覚や生活者としての実感として普遍性を持つと思われる。

〈第三節　着帯の風習と腹帯論争〉

本節では、脈々と現代まで伝承されている着帯の風習の歴史を紐解き、人々が着帯にどのような眼差しを向けていたのかを考察する。

「着帯の風習と腹帯論争」は、江戸時代後期に賀川流の産科医佐々井茂庵が著した『産家やしなひ草』の腹帯批判を契機に、その推移をたどったものである。着帯の良否はともかく、安産祈願を求める意識に伴い、現在はかえって需要が増えているという心理の分析の必要性を感じている。

〈第四節　女人講と「産む性」〉

本節の目的は、女人講をめぐる女性の意識のあり方を究明することにある。

茨城県龍ヶ崎市の事例をもとにしている。隣接した二地区における三世代の話者の聞き取り調査を通して、今なお続く女人講の今日的意義を考えた。これまで問題にしてきたような新しい世帯が伝統的な産育に関する習俗や儀礼にどのように対処したかという視点とは別に、現代の村落社会の中で今なお続く儀礼に対する視点も不可欠であろう。消滅や廃止から免れたとすれば、近代化以降の現代社会にあって今日的な意味を持つと考えてもおかしくはないからである。そうした視点から現在もなお伝統的な村落社会によって営まれている女人講に、「産む性」がどのような意義を見出しているのかを探った。なお、ジュウゴヤ（ジュゴヤッコ）、子安様（子安講）、観音様、犬供養（イヌメノヒマチ）などを女人講と総称した。

第四章　女性民俗研究のこれから

第一章から第三章までは、三つに分類した外部的なお産環境に関する論考であった。第四章ではこれらの論考を踏まえた上で、今後の方向を探求していく。

〈第一節　お産環境とフェミニズム―ラマーズ法の普及と「お産の学校」―〉

本節では、ウーマンリブの根本にある自己変革の積み重ねが社会を変えていくという思想が、お産に取り組む場合にも反映されていたことを究明する。

ラマーズ法の隆盛の背景には、第二派フェミニズムの影響があった。この論考のモデルとした「お産の学校」は近代化の中で、近代社会とフェミニズムのあり方を象徴していたということを明らかにする。

〈第二節　立ちすくむ女性たち〉

本節では、伝統的な規範を持たない「産む性」が、過剰な選択肢の前で立ちすくむ姿を一つの社会現象と認め、そのありようを模索する。

伝統的な地域共同体の崩壊に伴う規範からの解放、そして個人の自由領域の拡大に伴う多様な選択肢という中で、立ちすくむ現代の「産む性」たちに注目する。こうした状況を一部の女性の異常な行動と見るのではなく、現代社会特有の一種の社会現象として捉えて、社会全体で考えていくという方向が必要であることを主張する。

〈第三節　女性の民俗と女性への視点〉

本節は、女性民俗学研究会の研究姿勢の変遷をたどり、今後の研究の方向性について考察したものである。

著者が所属する女性民俗学研究会の例会が六〇〇回を迎えたことを機にこれまでの報告や研究の軌跡を顧みた上で、今後の進むべき方向性を探求したものである。女性民俗学研究会は小さな会であるが、これまでの長い歴史には、歴史にふさわしい女性の民俗に対する研究の軌跡を残してきた。そうした研究の姿勢から今後の方向を探ったのである。

附論　近代化・民俗・ヒト

講演記録なので終章の前においたが、序章第一節とともに本書の骨組みをなすものである。

第一章　「産む性」と当事者環境

第一節 「産む性」の現在

はじめに

近年、落日を迎えるがごとくささやかれていた日本民俗学が、現代社会にどのように対応していくか、様々な議論がなされている。その突破口を切り開こうと、二〇〇八年(平成二〇)には現代民俗学会が設立された。そして、二〇〇九年の日本民俗学会第六一回年会の公開シンポジウムでは、「民俗の「創造性」と現代社会」がテーマとなった。過去から現在までにおいて民俗がいかに創造されてきたのかを問い直し、学問としての再検証と批判を試みることによって、新たな方向を見出そうと企画されたものであった。

著者は、二〇年来「お産」をテーマとし、フィールド調査を駆使して「産む性」を見つめてきた。お産の当事者の気持ちのありようを、お産環境という状況のありようとの関係性の中で捉えるためである。分娩そのものを表す「出産」ではなく、出産前後の一連の流れの中で母と子を包み込む「お産」という観点に立つと、多様な身体条件や自己決定能力を有する当事者自身もお産環境の主要素であることが認識できる。

これまで産育分野で表現されてきた妊婦、産婦、母は、その時々の女性の身体状況に応じたものであった。そこには「子を授かりたい、子を生みたい」と願っている女性は含まれていない。未婚既婚の区別なく、子を望む望まない如何にかかわらず、妊娠か不妊かを問わず、子というものを自身の身体を通して意識する女性、すなわち女性の精神的状況をも含めたものを「産む性」と捉える必要性を感じている。それは同時に、産育一般を俯瞰して全体を捉えようとする場合はもとより、個人の事情をたどる場合にも同一の表現で有効性を発揮すると考えるからである。

つまり、「産む性」とは子というものを自身の身体を通して意識しつつ、お産環境に向き合う女性と規定することができよう。したがって、たとえばお産環境が整っていないという理由で産まないことを選択する女性にもこうした概念が適応されることになる。

これまでの民俗学の産育における研究は、主に出産をめぐる一連の習俗や産育儀礼に焦点が当てられてきた。しかし、著者は現代社会はいかなるお産環境であるのかという視点を基軸にして、現在のお産環境そのものをフィールドとすることで、民俗学という学問の新たな可能性の一つを見出すことができるように思う。妊産婦自身もお産環境の構成要素と認識しつつ、お産を体験する女性やそれを支える人々のありようを現代社会の中で捉え、分析することによって、それが可能になると考えているからである。

1　研究の方法

今を生きる人々と時代を共有する民俗学を「現代の民俗学」として対象化し、現代社会に山積する社会的課題に対する実践的な方法論を試みた。「現代の民俗学の視点と方法」(1)がそれである。

日本の近代化、ことに高度経済成長期の急激な工業化によって、柳田國男が「常民」と概念化した「極く普通の農民」と、その生活基盤である「地域共同体」が消失することになった。極論すれば、現代社会はこれまで民俗学が研究対象としてきたイエやムラを喪失したのである。研究環境そのものが変われば、研究方法も当然変わっていくことになる。民俗学に対する再定義が今求められているともいえよう。先の方法論において、著者は「民俗とは多面的な役割や側面を持つ人間の、生活者としての意識や行為のうち、伝承性を持ち、かつ社会的な集団の承認を受けている慣習や儀礼、そして技術などを指す。それを生活文化と総称することも可能である。したがって、民俗学の研究対象は人の生活者としてのありようと生活者が紡ぎ出し伝承する生活文化のありようになる」とした。

その上で、これまでの民俗学が歴史認識に主軸をおくがゆえに、軽視せざるを得なかったヒトへのまなざしを確固たるものにする必要を痛感している。今を生きる人々と時代を共有できる現代の民俗学、すなわち近代民俗学は、ヒトを直視することから始まると考えているからである。つまり、歴史認識を柱とするこれまでの民俗学を踏まえつつ、地域生活者と生活者の視点を共有する中で、現代社会という生存環境を見つめるべきであると考えるのである。

口述する主体の主観を濾過して、生活の諸事実という民俗資料を取り出すこれまでの調査方法では、生活者たるヒトに近づくことは難しい。今を生きる人々を凝視するためには、口述する主体そのものを見つめねばならない。口述資料と口述する主体そのものを切り離してはならないと考える。そのために、口述資料を「客観的な現実」に対する「オーラルリアリティ（語られた現実・実感）」として位置付けることが必要となるであろう。

口述された内容を前にして、事実関係については厳正な資料批判を行いつつ、口述する主体の個人的事情や意識、気持ちといった心の部分、主観を有力な資料として掬い上げることができると考えるからである。場合によっては、個人の日記や手紙、映像などもオーラルリアリティとして捉えることができる。オーラルリアリティという概念の操作によって、これまで切り捨てられてきた生活者としての気持ちのありようと、生活文化という状況のありようを見出すための試みが可能になるのである。

本節はそうした方法論に基づいて、現代社会を生存環境とする「産む性」の現在の心境や情況を捉えようとする一つの試みである。

2　伝承について

伝承、ことに生活文化に関わる伝承は、人と土地との結びつきによって維持されているものであった。伝統的な地域共同体、具体的には村落共同体では、そこでの価値規範が代々受け継がれてきた。しかし、急激な工業化に伴う近代化は、勤務労働者の増加と都市への集中的な移住という社会現象をもたらした。ことに第二次世界大戦後は高度経済成長期を経て、そうした現象が加速度的に拡張した。その結果、勤務労働者を中心とする多くの人々が生まれた土地、すなわち郷土から遊離することになり、従来の村落共同体もその多くは弛緩し、都市およびその周辺における共同体はそれまでのものとは異なるものとなっていった。そして、伝統的な規範を失わせることになったのである。

こうした近代化による伝承の希薄化は、「産む性」にも大きな影響を及ぼしている。通常生物における「子を生し育てる」という一連の行為は、本能的な営為によるものであるが、その割合が少なくなった人間の場合には学習によって補うという習性があり、その学習内容は伝承によって成り立っていた。そうした祖母から母へ、母から娘へといった地域に根ざしたお産に関わる伝承は、その母体ともいえる村落共同体の弛緩によって断ち切られることになった。また、科学への信頼と一体化した近代化は、全国各地で営まれていた自宅出産をごく短期間のうちに病院などの医療管理のもとに取り込むことになる。つまり、お産に関していえば、人々の土地からの遊離と出産の場の医療管理統制という二重の意味でそれまでの伝承が断ち切られたといえる。

本節では、これら縦型の伝承が断絶したり希薄化した現代社会において妊産婦が何を参考にして感じ考え、行動しているのかを追究し、いかにしたらより良いお産環境を得ることができるのかを考察することにする。

3　核家族型の産育儀礼

かつて著者は、茨城県守谷市常総ニュータウンにおいて、一九九五年(平成七)から二〇〇二年までのほぼ同時期に入居した女性たちに対し、出産・産育の儀礼についての面談調査を試みたことがある。一九六三年(昭和三八)から一九七四年の間に生まれた七名の女性からの聞き書き調査をもとに、ニュータウンという周辺地域とは隔絶した人工的な町に、様々な地域からほぼ同時入居し新しく世帯を持った夫婦の家庭文化を形成する過程を追究したのである(2)。

ここで、第一の特徴として挙げられるのは、産育儀礼に対する夫の積極的な関わりが見られたことである。安産祈願に始まる産育儀礼に夫が何らかの形で積極的に関わっていた。

〔Aさん〕(一九六九年生まれ、名古屋市出身。夫は大阪出身、長男)　東京の水天宮に夫と二人で戌の日にお参りし、腹帯を購入した。

〔Bさん〕(一九七三年生まれ、大阪府出身。夫は京都出身、長男)　京都の藁神社に夫婦でお参りした。

〔Cさん〕(一九七四年生まれ、埼玉県出身。夫は大阪府出身、次男)　一人目は夫と、二人目は母と安産祈願に行った。

〔Dさん〕(一九六三年生まれ、茨城県出身。夫は山口県出身、長男)　実家の両親が安産祈願で有名な雨引観音に行って腹帯をいただいてきた。お礼参りには夫婦で行った。

〔Eさん〕(一九六五年生まれ、千葉県出身。夫は千葉県出身、長男)　夫が一人で安産祈願をしてきてくれた。

と、夫のみが祈願に行ったという事例を含め、七人中五人の夫が安産祈願に関わり、その他の二人は、夫の親や友人から安産のお守りをもらったという。

その後、子どもが生まれると、七組すべての夫婦が揃ってお宮参りに行っている。子どもと夫婦にそれぞれの両親が加わることも多い。

子宝いぬ（水天宮）

安産子育河童（水天宮）

水天宮入口のひとコマ

〔Cさん〕一ヵ月検診のために実家から帰り、両家の両親と夫婦で行った。初詣のときにも行く水海道の一言主神社に、母方の実家で用意した産着を着せてお参りした。帰宅後のお祝の食事は夫の親が用意してくれた。

〔Dさん〕白のベビー服を着せ、伊奈のお不動様に実家の両親と夫の母、実の兄夫婦の一家と夫婦で行った。帰りに金太郎鮨によって食事をした。

〔Fさん〕（一九六八年生まれ、千葉県出身。夫は東京都出身、長男）安産祈願の際には、夫の母が東京の水天宮へ安産祈願に行ってくれた。お宮参りには、夫の実家の近くの深川富岡八幡宮に夫の両親と夫婦で行った。近所の人が見に来ていた。

東京の水天宮でもお宮参りに付き添う親族の数が、年々増えているという。(3) 守谷市のニュータウンの聞き書き調査でも夫婦に加え、いずれかの両親とともにお宮参りに行ったという事例が大きな割合を占めた。人によって関わり方の違いはあるにしても、お産の立ち会いを希望した夫も多く、その後の祝い事には必ず参加して、産後の手伝いにも積極的に関わっている。

〔Bさん〕一人目は一ヵ月実家に帰って世話になった。二人目は入院中夫の母に上の子を預けたが、産後は自宅で夫に全部やってもらった。

〔Dさん〕オムツ替え以外は、夫が育児に参加した。

核家族の場合には、育児の協力が否応なく夫に求められるという側面もある。お産を経験した女性と夫との関わりを見てきたが、産育儀礼に積極的に参加し、子育てにも協力する夫の姿は核家族の大きな特徴の一つである。

二つ目の特徴としては、儀礼が家族のイベントという趣旨を持つようになってきたことが挙げられる。

〔Aさん〕上の子のときには寒かったので、三ヵ月ぐらい経ってから一言主神社に夫とお参りに行った。下の子のときにはこちらで一ヵ月検診をすませた後、たまたま実家に帰っていたので、熱田神宮にお参りした。

というように、その時々の状況に合わせてお宮参りを行っている。お宮参りは生後何日目といった伝統的な規範にはとらわれていない。安産祈願には夫婦ともに行かなかったが、熊本の親や友人からお守りをもらったというGさんの場合も、

〔Gさん〕(一九六八年生まれ、東京都出身。夫は熊本県出身、次男) 第一子は当時の住まい近くの乃木神社、第二子は住んでいた地域の神社、第三子は水海道の一言主神社に夫婦でお参りした。

とその都度夫婦でお宮参りをしている。氏神とその氏子という意識はなく、子どもの健やかな成長を願う親の思いが、宮参りという儀礼に駆り立てているのである。期日も勤務労働者たる夫の休日、土曜日や日曜日に行われることが多くなっている。

生児の無事な成長への願いはいつの時代も変わらぬものであろうが、産育儀礼にはその時代や社会を反映した表現の変遷がうかがわれる。土地との結びつきやイエ観念が強く意識された村落共同体では、産育儀礼においても氏神氏子信仰や近隣のつき合いといった地縁に基づく関係や、本家分家の慣行や何々家の嫡子などといった血縁に基づく関係が重視された。必然的に、氏神や近隣、そして親族への披露と、生児の社会的承認に重点がおかれた。村落共同体の一員として認められることが、我が子我が孫、すなわちイエの子の無事な成長の必須条件と考えられていたのである。伝統的な産育儀礼のベクトルは、家族の周縁、外部に向いていたといってもよいであろう。

それに対して、核家族におけるイベントには、土地との結びつきを示すものや、イエを象徴とする局面は全くといっていいほど、見ることができない。土地やイエという観念が欠落した儀礼となっている。宮参りや初誕生、七五三など伝統的な形式を踏襲してはいても、あくまでそれは家族のイベントとして営まれている。寺社へ参るにしてもそこに氏神という観念はなく、家族の都合によってよく知られた神社を中心に取捨選択しているのである。我が子の成長祈願という産育儀礼の表現のベクトルは、身内という内部に向かっている。このような儀礼のベクトルの方向の相違は、これまでとは異なる儀礼の誕生を意味するということにはならないだろうか。家族のイベント化としてまとめた二つ目の特徴は、伝統的な民俗の変化と捉えるのではなく、都市型の民俗として再生していると認めてもよいのではないかと考える。

また、三つ目の特徴としては実家との関係が挙げられる。ニュータウンへ移住した夫婦の場合、結婚して男性の戸籍に入るにしても、「嫁をもらう」「嫁にやる」という意識は必然的に弱くなり、双方の実家は基本的には対等に近い立場で、新世帯に接し、その家族のイベントに祖父母として参加している。しかし、その一方で、祖父母が所属する村落共同体においては、そこに住む人々との昔からの付き合いを大切にし、遠く離れた孫の成長を披露するという二重構造が見られた。Dさんの場合には、

〔Dさん〕初誕生には、実家の両親が一升餅を持って来てくれたので風呂敷で背負わせた。山口ではケーキを一個ずつ配ったという。

と初誕生に子どもに背負わせる一升餅は実家から贈ってもらったものだが、守谷市の自宅で背負わせた。他方、山口県の夫の実家では、孫の初誕生の祝いのケーキをその地域の人々に配るという披露を行っていた。

一升餅に限られたことではないが、核家族において産育儀礼を行う際には、多かれ少なかれ友人に聞いたり、育児雑誌などを参考にしたりしている。近年ではインターネットによる情報収集も盛んになりつつある。実家の影響力が希薄になるにしたがって、メディアや商品化された販売ルートによって儀礼の情報を得る機会が増えているのである。

いずれにしても、一つの儀礼が核家族を中心とする新たな家族のイベントと、実家を中心とする従来の村落共同体への披露という、二重構造の儀礼を生み出していた。先のベクトルの比喩でいえば、核家族と実家とでは正反対の方向を示していたということになる。伝統的な地域共同体とは反対のベクトルを指向した核家族に対して、実家の親が従来のベクトルでその点を補ったとも解釈することができるであろう。後者は時間の経過とともに消失すると予想されるが、二重構造の儀礼は伝統社会から近代社会への移行に伴う過渡期的な儀礼としての役割を果しているといえる。また、遠隔地にある実家の伝承は核家族にとって地域共同体の規範として作用することはなく、選択肢の一つとなっている。そこには拘束力は存在せず、何ら規制されるものもない。

なお、産育儀礼そのものについては、およそ次の三つの傾向が見られる。①多くの儀礼は成長祈願という意識によって統一化される、②現在では意味不明なものや理解し得ないものは消滅する、③社会への披露や承認という地域共同体的な要素は喪失する、という三点である。いずれにしても近代化によって郷土から離れた新たな土地で新しく世帯を持つ夫婦の産育儀礼は、家庭文化というべき個人化された新しい文化として形成されつつあることが認められる。

4　現代のお産事情

妊産婦が子を生み出す力を喪失するようになったと指摘されてから久しい。お産が医療の対象とされること、すなわち患者とみなされることによってそれまでとは異なる「産まされるもの・産ませてもらうもの」といったお産観が生じている。医療管理によるお産は近代科学への信頼と一体化したものであったが、それは同時に伝統的な伝承に懐疑的な眼を向けることになった。「昔からの言い伝えは非科学的」「今は今のやり方があるから」、さらには「出産のことは病院に聞いて」という形で祖母や母からの伝承が断ち切られることになったからである。

病院出産は都市部を中心に一九五五年（昭和三〇）ごろから急速に普及し、現在出産を迎える人たちの祖母の世代まで病院出産であることが多数を占めている。その結果、「自らが産む」という本来のお産の語りや伝承が断ち切られることになった。

前述の茨城県守谷市常総ニュータウンでの聞き書きにおいても、お産に関わる情報収集の仕方は様々であった。

〔Eさん〕母も安産だったので、心配しなかった。雑誌は一人目のときに読んだ。本の知識や母親学級で学んだ知識より、その場の指導の方がより実践的でよかった。

〔Fさん〕三人ともお産は楽だったが、母が楽に終わるから大丈夫だよと言っていたので、痛みに襲われたときにその言葉を思い出し、ほっとした。『バルーン』などの雑誌に呼吸法が出ていたりしたが、読んでもやるかな…と思っていた。看護婦さんの「ヒーヒーフーよ」に合わせ「まだだめよ」とか「いきんで」という指示に従った。

と母親や姉に心配事を相談した人や母親が安産だったので心配しなかったという人もいたが、いざお産となるとその場にいるお産を介助する人に頼っている事例が目立つ。

〔Aさん〕親は今の人に聞くように言うので、友人にいろいろ聞いた。

と親が自分の知識や体験を語らずに、同世代の情報を優先するように促している事例もある。こうした事例からは、家庭内でお産が行われていた時代とは異なり、祖母や母からの伝承が希薄になっていることが理解できる。その上、お産の情報を入手していても実際にはお産の場にいる介助者に頼ってしまうことが多いのである。

ところで、著者は、母親・産科医・助産師・研究者たちと、二〇〇一年(平成一三)にNPO法人お産サポートJAPANを立ち上げている。その活動の一環として二〇〇三年一一月二日には、「いいお産の日in滋賀」というイベントに参加し、「癒し・癒されお産体験レポート」を企画実施した。「お産」を語ることで、それぞれの出産を振り返り、互いに癒し癒されることを目的としたものである。(4)

滋賀県内の病院や産婦人科医院などに、イベントのチラシを置かせてもらったこと、午前中に母乳育児についての講演があったことを受け、チラシを見ての来場者が多かった。そして、午前中の受講者のおよそ三分の一にあたる人数が、午後の「癒し・癒されお産体験レポート」に参加した。六〇名を五つのグループに分け、それぞれのグループごとに自分のお産体験の中で「嬉しかったこと」「悲しかったこと、辛かったこと」を順番に語り、その後意見交換を行うという形式を採用した。

著者の担当したグループの最初の語り手(一九四一年〈昭和一六〉生まれ)は、一九七〇年から七五年までに三人の子どもを出産した保健師であった。産院を選ぶときの基準は母子同室と母乳、自然分娩、そして自らが指導していたラマーズ法を実践できるということだった。そうした条件に加えて、夫が立ち会いのできる施設を探したが見つからず、結局自分の勤めている共済組合の総合病院で産んでいる。保健師として関わっていた母親学級の妊婦たちには、当時アメリカから伝えられて間もないラマーズ法を教えるという経験をしていたものの、自らのお産では、

陣痛室で力を抜かなければいけないのに、力が抜けてないと怒鳴りつけられたり、そういう記憶ばっかり…。

と妊産婦を指導する立場にあった保健師であるにもかかわらず、辛いお産を余儀なくされた語りであった。

グループ内での発言は、通常の聞き取り調査とは異なり、他者の語りに触発され、新たな気付きが自身のお産環境を再考する契機にもなる。

二人目の語り手(一九六五年生まれ。一九九一年に男児を、一九九三年に女児を市立病院にて出産)も、

私自身助産婦で、自分の勤めている病院でお産したんです。その病院のやり方しか知らないから、それが当たり前と思って、終わってしまったのが、すごく残念な気がします。たとえば会陰切開するのが当たり前であったりとか。いきむタイミングもわからず、ひとりでただ頑張ったり…。

と自らが助産師でありながら不安を抱えてのお産となった。また、

一人にされるのがすごく不安でしたね。分娩室にほうったらかしでした。じっとしているのが辛かった。

というように、参加者の多くに共通していたのが、「(入院しても)ずっとほうっておかれたので、とても不安だった」ということである。

また、「専門用語で話しかけられてもわからない。「何でも言ってね」と言われても、何がわからないのかさえもわからなかった」という不安や苛立ちを訴える女性(一九七〇年生まれ。二〇〇三年に個人病院にて男児出産)もいた。

病院出産は都市部を中心に一九五五年ごろから急速に普及した。その結果、「自らが産む」という本来のお産の語りや伝承が途切れた。前の世代の人々の体験や知識、つまり伝承が現代の「産む性」にとって力になっていないというのが現状で、妊産婦を不安に陥らせる大きな要因ともなっている。

一方、インターネットや口コミなどを通してあらかじめ産院などの情報を得た上で、自らのお産環境を選択できた人の満足度は比較的高いようであった。

私は助産師さんにずっと妊娠中から携わってもらって、自分の産んだ病院にも入っていただいて、病院の方で了解を得て入っていただいて出産したんですけども。自分が陣痛きたときとかに、足浴ですとか、このツボいいよとかそう言ってさすってくださいました。私にとって、そのことだけが気持ちいいんじゃなくって、近くに味方がいるというのが心強かったので、そういうのが嬉しく、心強かったです。(中略)産まれるまでの何十時間、あの状態で代わる代わるいろんな人が来ていたら頑張れなかったと思います。(一九七〇年生まれ。二〇〇三年に個人病院にて男児出産)

という事例からは、妊産婦に寄り添う介助者の有無がお産の満足度を左右する主な要因であることがわかる。この「寄り添い」は、現行の医療管理下においては最も難しいものであった。

「お産体験レポート」の企画はそれぞれの出産を振り返り、互いに癒し癒されることを目的としたものであったが、実際には一人でいることの不安にさいなまされていたという語りが多数を占め、お産介助のプロである助産師自身も辛い体験をしていることがわかった。お産は新しい家族を迎える喜びのはずである。しかし、医療施設内での流れ作業的な扱いを受ける中で妊産婦が、孤独に耐えているという事実が赤裸々に語られていたのである。また、

今日ここに来て、いろいろな選択肢があることを知ったというぐらい。もうすぐ第二子を産む予定になっていま

すが、今までお産について考えていなかったので、ビックリしている。今からどうしようって…。（一九七一年生まれ。二〇〇三年に個人病院にて男児出産）

というように、癒されるどころか自分の知らない様々な情報の存在に気付き、新たな不安を抱えてしまった参加者もいた。このような場所へ参加して、初めて自分のお産に対して疑問を持った人である。母乳育児については関心があっても、お産そのものについてはこれまでに考える機会がなく、今回も午前中に母乳育児に関する講演会があったために引き続き参加したという。

他者の話を聞くことで、気付くこともあった。他者へ語ることによって、自分のお産を振り返り、新たな気付きが生まれている場合もある。このようなイベントに参加しなければ、自らのお産について考える機会のなかったという人も少なくない。また、医療機関でのお産に何の疑問を持つこともなく、「子どもを産んだ」「子どもが生まれた」と満足していた人も少なくなかった。人には言えないような辛い体験を強いられても、子どもが無事に生まれたことには誰もが感動する。自身の辛い思いは、他者に伝えられることなく、置き去りにされてしまうのである。

いずれにしても、今、出産を迎える人たちにとって、その母、また祖母の世代まで、病院出産であることが多く、「お産」に関する伝承が途切れてしまった結果、自らのお産を客観的に見ることもなく、自らのお産体験を次世代に伝えるという術をなくしてしまうのかもしれない。しかし、こうした語りの場を設定し、「産む性」の生の声を集めることによって、現代の「産む性」のおかれている状況や要求がおのずとわかってくる。

むすびに

人々の土地からの遊離と、出産の場の医療管理統制、という二重の意味で伝承が断ち切られた妊産婦の現在についての報告である。これらのことについてまとめてみたいと思う。

儀礼面においては、茨城県守谷市のニュータウンの事例で示したが、家族のイベントという新たな意義を持つ都市型の産育儀礼として、新しい文化を形成しつつあることが明らかになった。

一方、お産の場では、祖母や母からの伝承が希薄となり、医療行為を必要としない妊産婦までが患者とみなされて、医療管理下に取り込まれていた。

滋賀県で行われた「いいお産の日」で語られた事例からは、介助者が寄り添う体制のないことに不安を抱える医療化されたお産環境が浮き彫りとなった。また、お産に対する情報の過不足に戸惑う様子も見られた。母から娘へといった縦型の伝承が断ち切られると、他の人はどのようにしているのかなど同性や同世代の横型の情報が切実な問題となってくる。

夫の積極的な参加や協力といっても、出産の場では「立ち会い」という形で参加することはあっても、妊産婦が本当に必要とする「寄り添い」という形での協力体制が組み入れられてはいない。治療や処置の場となっている医療施設では寄り添う人の存在が重要であると認識され難いからである。「儀礼」においては核家族による新しい文化が形成されつつあるものの、「出産の場」では医療行為を必要としない産む性まで医療管理下におかれるという近代化のひずみを受けて、産む性が孤立化するという現象が起きていることは見逃せない。

その一方で、二〇〇八年(平成二〇)一〇月には周産期の妊婦が七つの病院から搬送の受け入れを拒否され、最終的に死亡したことが大きな社会問題となった。いわゆる「妊婦のたらい回し事件」である。そのことを契機に、同年一一月から六回にわたり厚生労働省において、「周産期医療と救急医療の確保と連携に関する懇談会」が開催され、いかにしたら救急搬送システムがスムーズに稼働し、妊産婦と新生児の命を守れるかが議論された。著者も傍聴したが、その懇談会において、医療への過度の期待が、人々の足を救急医療の受け入れ先である大病院へと向かわせていることが問題であることも指摘されていた。こうした大病院志向という産む側の問題点も近代化のひずみの一つであると考えられる。

お産の医療管理体制に違和感を抱き、できるだけ医療の介入しないお産を志す産む側の人々の活動は、お産環境に多様性をもたらしている。

現代社会に生きる妊産婦の要望は様々であるが、個人化した現代社会では医療によるもの、すなわち病院出産も含めて、様々な選択肢のあることが望まれている。そして、それに対応できるシステム作りが早急に必要とされるのである。ことに、妊産婦に寄り添い、産婦自身の持つ産む力を引き出せる介助者の整備は早急に求められている。

現代社会を研究環境とする民俗学は、一人ひとりの声に耳を傾け、人々の多様な意識や行動、社会現象の分析や考察を通して、社会的合意を形成したり、社会問題の解決に寄与したりすることが可能となる。こうした社会的課題に対する実践志向も民俗学という学問の存在意義の一つになると考えているのである。

第二節　平成のお産環境作り

はじめに

前節「「産む性」の現在」において、子というものを自身の身体を通して意識する女性、すなわち精神的状況をも含めたものとして「産む性」という概念を設定した。たとえばお産環境が整っていないという理由で産まないことを選択する女性や不本意な妊娠を強いられた女性などにも、適応される概念である。それは、産育一般を俯瞰して全体を捉えようとする場合はもとより、個人の事情をたどる場合にも同一の表現で有効性を発揮するという期待を込めているのである。

これまでの民俗学の産育における研究は、主に出産をめぐる一連の習俗や産育儀礼に焦点が当てられてきたが、著者は産育儀礼などに限定することなく、「産む性」を取り巻く問題について、様々な角度からのアプローチを試みてきた。現代社会はいかなるお産環境であるのかという視点を基軸に、現在のお産環境そのものをフィールドとすることで、民俗学という学問の新たな可能性の一つを見出すことができると思えたからである。そして、「産む性」自身もお産環境の構成要素の一つと認識しつつ、お産を体験する女性やそれを支える人々のありようを現代社会の中で捉え、分析することによって、新たなお産環境作りが可能になると考えている。

本節では、一九九七年(平成九)、東京都江東区に助産所を開設した一人の現役助産師石村あさ子の語りを中核に、近代に活躍した産婆(5)や、より良いお産環境を求めて活動した人々との関わり、その時々のお産を取り巻く状況を明らかにすることを目的とする。そうすることによって、現在のお産環境に求められるものが、何であるのかが浮かび上がるのではないかと考えているからである。

1 助産所の開設まで

石村あさ子は、一九五四年(昭和二九)埼玉県秩父に生まれた。看護職に憧れ大学病院勤務の後、助産師の資格を取得する。一九九七年(平成九)、自宅でのお産を希望する人のための助産所「助産婦石村」を東京都江東区に開設した。総合病院や産院でのお産が普通で、自宅出産を希望する産婦はごく稀な時代であった。開業届を出した保健所の職員には、「今時、家庭分娩をする人はいない」とまで言われたと当時を振り返る。(6)

一九四七年に「助産婦」と改称される以前の「産婆」の時代には、家や地域の中でのお産が一般的であったが、第二次世界大戦後、施設内でのお産へと移行したことは周知のことである。それに伴って医師が異常でないお産も扱い、施設内で医療の管理下におかれたお産が増加するという状況になった。一九五五年ごろから施設分娩が増え続け、一九九〇年にはおよそ九九%が施設内でのお産となる。残りの一%が自宅・その他となり、「助産婦石村」はそのわずかな自宅出産を希望する産婦のための助産所として開設したのである。

その背景には、ほんのひと握りであるが、医療に管理されないお産を実践している人々の存在があり、そうした人々から石村あさ子が受けた影響は計り知れなかった。戦前から開業しているかつての産婆たちに、最初に引き合わせたのは、先輩助産婦の窪田吹子(7)である。その窪田に「主婦をしているのだったら、一緒に来ないか」と誘われ、大田区の青柳助産院や墨田区の福岡助産院、そして「お産の学校(8)」に足を運ぶことになる。結婚後、しばらくは子育てに専念していたが、助産婦として江東区立健康センターのアルバイトをするようになって出会ったのが窪田であった。その当時のことを石村は、次のように語っている。

（先輩助産婦の）皆さんに「お産をとりなさい」と開業を勧められましたが、なかなか踏み切れずにいました。窪田さんの紹介で訪ねた福岡先生に声をかけられ、お産の手伝いをするようになったのがその始まりです。月一五件くらいの割合のお産を介助をしながら三年ほど働きました。そのおかげで「自然なお産は、そう怖いことではない」と思えるようになりました。

東京都助産師会の選挙管理委員を引き受けたときに出会った永沢寿美さん[9]、大塚キクさん、三万人の赤ちゃんを取り上げたという平井（江戸川区）の三平先生、三鷹市牟礼の正野ミドリさんたち大先輩の助産婦にも、早くお産を始めなさいと言われました。

多くの先輩助産師に背中を押されたことが語られている。「お産をとりなさい」と勧めたのは、いずれも産婆の時代から多くのお産に立ち会ってきた「名人」と呼ばれる人たちである。永沢寿美も彼女に助産所の開業を熱心に勧めた一人であった。助産師の資格を持っていても実際に開業し、お産を介助するには経験とそれ相応の決意がいる。助産師には医療行為が許されていない[10]が、ときには命がけでお産を介助するような場面に遭遇することもあり、国家資格を得ても直ちに開業することはできないからである。

また、産む側の立場から自立的な自然なお産を目指す「お産の学校」を主宰していた杉山次子との出会いについても次のように語っている。

お産の学校には五年ほど参加しました。夫も手伝ってくれました。当時は、ほぼ一〇〇％が病院出産の時代で、（家庭分娩を扱う）開業助産婦は化石のような存在でした。その人たちと出会えたこと、また、そうした人たちを応援する杉山さんたちのような人がいたこと、その存在を知ったことが、大きな励みとなりました。

杉山次子は、自らの出産体験と医療一一〇番の運動への参加を契機として「お産の学校」を開設、ラマーズ法の普及に尽力した人物であった。

ラマーズ式出産法が、アメリカから伝えられたのは一九七〇年代前半である。一九七〇年代といえば、同じくアメリカから伝わった女性解放運動が日本においてもウーマンリブとして盛んに盛り上がってきた時期と一致する。杉山次子は自著に、[11]ラマーズ法受容の背景について、次のように記す。

第一に語りたいのは、子産みをする女がお産を自分自身の生理と自覚して、主体的に取り組もうとしたことだと思う。そして女たちが自らそういう気持ちになった時に、そこにあったのがラマーズ法だった。具体的にいえば、アメリカに普及していたラマーズ法を日本のウーマンリブが受け取った―これがラマーズ法日本上陸の風景である。

戦後、お産の場は医療施設内へと移行し、医療管理下でのお産が大半を占めたが、一九七〇年代は、自らの身体について真正面から向き合おうとする「産む性」の存在が認められるようになった時期でもある。市民のお産に関する意識の高まりを象徴する『出産白書―三三六一人の出産アンケートより―』[12]が、国際婦人年大阪連絡会を構成する四二の婦人団体によって上梓されたのが、一九七九年三月である。杉山の主宰する「お産の学校」も一九七九年に準備が始まり、翌一九八〇年の開講から一九九六年の閉校に至るまでの受講者数は七五〇〇人を下らないという。「お産の学校」の運営には、産婆の時代から活躍する多くの助産婦や産科医たちが協力している。その「お産の学校」に参加した石村は、産む側の立場からラマーズ法の普及に努める杉山の活動に多くのことを学んだ。杉山もまた石村に開業を勧め、「自分で開業すれば、一ヵ月に一人のお産でもやっていける」と励ましていた。

一方、石村が助産所を開設する前にアルバイトをしていた健康センターでは、試験的に老人介護を行っていた。すなわち、自宅で亡くなる人たちを看護するという機能を果たしていたのである。そこで出会った人たちからも学ぶ機会を得ることになった。一九八〇年代のことになる。

そのころ、八、九〇代くらいの人たちは、みんな家でお産をしていた人たちで、その人たちからもお産の話をたくさん聞かせてもらいました。自然に生まれてくれれば、自然に死ねると思いました。何よりも親に大事に育てられている。

地域には勝海舟のお手伝いさんだった人や裁縫師や表具師として日本を代表するような人がいて、その道にたけた人は、死に方も一級だなと思いました。

印象深かったのは、勝海舟のお手伝いさんだった人。晩年は、ぼけて子どもの顔もわからないのに、フランス語でしゃべり、和歌をたしなむような人でした。四人の子どもたちが交代で介護し、六年寝たきりだったのに褥瘡もない。子どもたちも「おかあさんには、本当によく見てもらった」と感謝しながら交代で介護をしていました。

と語っている。自宅で生まれ、大切に育てられ、家で死を迎える人々との出会いであった。そして、

昔のお産を見ているから心配ない。だから死ぬことも心配ない。それが福岡さんのところで経験したことと並行していました。

と、健康センターで働いていた当時身体で感じたことと、その後の福岡助産院でのお産の体験とを重ねている。

やがて、石村は当時の東京都助産師会で、同じ年代の助産婦とも出会う。東京都北区で開業している神谷整子である。神谷は大学病院、個人病院、保健所の嘱託業務等々を経て、助産院を開業した実績を持っている人である。一九五五年以降、急激に減少した自宅出産を支える出張専門の開業助産婦であった(13)。母親も助産婦であった神谷に「一緒に家庭出産やらない？」と言われ、開業のいろはを教えてもらいながらのスタートとなる。

　一九九五年に開業届を出し、最初の一年は神谷さんのお産を手伝いました。次の年は神谷さんがアシスタントについてくれました。

　そして、一九九七年に「助産婦石村」として、地域に根ざした助産婦としての活動を開始したのである。

　夫は、子どものことをきちんとみれば、仕事をしてもかまわないと言ってくれました。開業すると予定がたたない、親の葬式にもいけないこともあると聞いていたので、義理も捨てなければいけないかなと思ってスタートしました。


という決意のもとでの助産所開設であった。

「助産婦石村」の入口

2 「助産婦石村」と二〇世紀末のお産環境

　こうして、開業までこぎつけた「助産婦石村」であったが、より良いお産を求めて来所する人ばかりではなかった。前述のように、一九七〇年代に目覚めた「主体的なお産」はすべての女性たちが手にしたわけではなかったからである。むしろ、初期に助産所を訪ねる産婦は貧しさゆえに病院にかかれない人、お金はあっても出産費用を安く済まそうとする人など、自立的なお産とは異なる意識の人々が多かったという。

　話は少し遡るが、一九八〇年代後半から一九九〇年代にかけては、女性たちによる自主グループも次々と立ち上がっている。そうした女性たちが一堂に会したのが、一九九四年（平成六）第一回「いいお産の日」であった。出産医療ライターの河合蘭、マタニティコーディネーターのきくちさかえ、バースエディケーターの戸田律子らが立ち上げた「ＲＥＢＯＲＮ（優しいお産をめざす出産情報紙）」が発起人となって、一一月三日を「いいお産の日」と名づけ実行委員会を発足した。全国から一五の自主グループが参加している。その第一回実行委員のグループきりんの代表者は、著者宛のメールの中で、以下のように当時のことを回想している。

戸田さんときくちさんに初めてお会いしたのは一九九四年の夏。助産婦会館の和室。カンガルーの会やらと楽しく交流会でもと誘われてでかけたのに、ふたを開けたらどうしてか自主グループ・ネットワーク設立の話し合いだった。思えば、あの時まさに日本に新しいお産の風を起こさんとしていたんですねぇ。キラキラ張り詰めて。

一九八八年（昭和六三）にイギリス人ジャネット・バラスカスによる『アクティブ・バース』が翻訳され、ラマーズ法に続く産婦主体のお産として話題を呼んでいたが、この本の訳者の一人が前述のきくちであり、イギリスでこの方法を学び資格を得て帰国したのがやはり前述の戸田であった。

きくちや戸田の「ＲＥＢＯＲＮ」が、人々の注目を集め始めるころ、若い助産婦たちによって「ＪＩＭＯＮ」も結成されている。自宅出産の良さが見直され、医師のもとで働くようになった助産婦たちが、自らのアイデンティティを取り戻すべく活動を始めたころと一致している。

（産む側の立場の人が中心となって始めた）『ＲＥＢＯＲＮ』と（若い助産婦たちが中心となって始めた）『ＪＩＭＯＮ』は、同じ時期に発足。姉妹のように育っていきました。

とは、両者の発会当時から『ＲＥＢＯＲＮ』の編集に携わる熊手麻紀子の証言である。このころから産む側と助産師が一緒になって「いいお産の日」のイベントなどを企画。ともにより良いお産の環境づくりを始めている。

一九九八年六月には、「自宅出産ネットワーク」の創刊号が発行され、自宅出産が多少ではあるが増え始めている。当時のメディアも盛んにそうした動きを伝え、『たまごクラブ』などの出産情報誌も発行された。「産む性」が主体的に情報を集めることが可能となり、様々なお産に関する情報が飛び交い始めた時期である。

東京都内の保健所が主催する「母親学級」においても、一九七五年に検討されたプログラムが、一九八九年には再検討されている。再検討された最大の理由は、お産に関する情報を妊産婦が得やすくなったことにあるという。

最近のお母さんたちは、親や先輩の話を聞かなくてもよいような時代になりました。インターネットを通して悩みを相談する方も多くなりました。

と語ったのは、東京都足立区内の保健所に勤務していた保健婦である。話を伺ったのは一九九七年のことであった。同じ時期に聞き取りを行った別の保健婦からは、
最近は、情報過多。マニュアル世代で、皆さん（お産の情報を）よく知っているので、テキストを読んでもらって質問を受けるような形式にしています。マニュアル世代ではあっても、祖母も頼りない。昔は祖母に当たる人が、指導していたのに。

と、情報の氾濫と親や祖母からのお産の伝承がないことを嘆く声も聞かれた。そして、
母親学級での保健婦の役割は交通整理だと考えています。友だち作りのお手伝いをしています。その後、同窓会を開くグループもできるようになりました。

と語っていたが、情報は溢れる一方で、親からの伝承もなく友だち作りも公的機関に頼るようになってきたともいう。そのような孤立化していく妊産婦たちの環境もまた浮かび上がってきた。

数であった。

一方、統計的にも医療施設でのお産が主流の時代、主体的なお産を目指して家庭分娩を希望する人は、まだまだ少

「助産婦石村」の開設当初は、費用を払えない人が多かったというのは、先に触れた通りである。まずは生活に困窮している人やそれなりに生活していてもお産にお金をかけたくない人たちが訪れた。

お産に民生委員に間に入ってもらうこともしました。親が離婚していてお金をせびられているような妊婦もいました。そういう家には、七分搗きのお米を持って行ったり、健診の待合室で上の子におやつを食べさせたりしていましたが、生後一ヵ月健診の際に、「石村さんにはちょっと我慢して欲しい。まずは車を取り戻したい」と言われました。その後、警察からその人が、上の子に対しご飯を食べさせないなどの虐待をしていたことを聞かされたこともあります。

また、（妊婦の）血圧が高いので、黒豆を煮て持って行ったこともあります。その人は、紹介状を書いても病院に行かないので、嘱託医の先生に診てもらいましたが、自分で一円も払わなかったですね。

というような状況で、妊婦健診の費用などを払えない人の面倒までみていたという。

開業当初は、お産や妊婦健診の費用を払えない人も多かったです。妊婦健診を受けるよう、朝六時半に診察券を出し、妊婦を迎えに行き、待合室では上の子におやつを食べさせ、支払いができないというので、立て替えることもよくありました。

著者はかつて永沢寿美[14]から、定期的に妊婦健診を受ける習慣がなかった時代に、産前の妊婦に健診に来るよう普及活動に努めた話を、よく聞かされたものであったが、平成の時代になってもこのような妊産婦が現実に存在していたのである。

また、産後に健康保険から出産育児一時金の三五万円が支給されても、払ってもらえないこともあったという。いいマンションに住んで車も持っているのに、出産育児一時金の三五万円も使ってしまう。そのような未払いが多かったので、弁護士に相談の上、助産師と本人、それに連帯保証人としての夫との「合意書」を作ったのです。合意書の作成後、払っていない人は一人だけとなった。そこにたどり着くまで、助産所開設からおよそ五年の歳月を費やしている。

多難の船出となった「助産婦石村」であったが、石村あさ子は熱心に一人ひとりの妊産婦に寄り添いつつも、様々な工夫を重ねていた。携帯電話を持つのも早かったという。

すぐに妊産婦のところへ飛んで行けるのがよいが、持ち始めて、三年ぐらいは持っているだけで胃が痛かったです。

開設当初、著者はお産のミニ博物館での産科文献読書会[15]において石村と同席したことがあるが、その折にも石村の携帯電話には絶えず連絡が入っていたし、途中で帰ることもしばしばあった。

携帯電話に限らず、インターネットのホームページも他の助産所に先駆けて開設している。

開業当初は、お金の払えない人ばかり来て、産み逃げや警察のお世話になった人もいましたが、ホームページを開いてからは、自分で産むという意識の高い人たちが家庭出産を希望して来院するようになりました。

主体的なお産を望む人がインターネットのウェブ上で、「助産婦石村」のことを知り連絡をしてくるようになったのである。助産所を選択する人々の意図や意識に変化が生じてきた。その上、立地条件も良かったと語っている。

江東区はマンションが多く、マンションを買ったばかりで、高額な分娩費用は払いたくないという人や、お台場方面のマンションで、病院に行くには遠いといった都会の過疎地に住む人が、家庭分娩を選択するようになったのです。

近年は、江東区内の豊洲や東雲のマンションに住む人の利用も多くなっている。緊急時に救急車を要請して搬送するにも、新しいマンションの場合、エントランスが広くエレベーターなどの体制が整っているという利点もあるという。

3 より良いお産環境を求めて

石村は、東京都江東区に一九九七年（平成九）「助産婦石村」を開設。いち早く携帯電話を購入し、一九九九年にはホームページを開設するが、家庭出産には車が必需品と考えて、自動車の免許を取るのも早かった。覚悟を決めるために免許を取る前に車を購入したが、それもまだ助産所を開設する前のことである。助産所の開設当初からアシスタントとして支えてくれた江藤宏美との出会いもそこにあった。

免許を取ったその日に車を運転し、福岡助産院に行きました。そこで、「車に乗らない？」と誘ったところ喜んで乗ってくれたのが、当時聖路加看護大学の大学院生だった江藤さんでした。免許取り立てのその日に乗ってくれる人なんか普通いないじゃないですか。それがためらいもせずに乗ってくれたのです。アシスタントが必要になったときには迷わず江藤さんにお願いしました。その後、聖路加の教員になってから今日に至るまで続いていますが、（助産学の教員である江藤さんが）自分のやっていることを体系付け、学問化してくれるので助かります。世界各国のお産を見てきて、その様子を教えてくれる一方で、「ここのお産が一番いい」と言ってくれるので、自信にもなります。

また、消毒のことや抗生剤の使い方などを教え、データで示してくれるので、不要な使い方をしないで済みます。

聖路加看護大学に所属する江藤との出会いもまた、石村の助産所開設を後押ししていたのである。

今、「助産婦石村」でシステム化していることは、全助産所でやりたいと思っていることです。とは、自負であると同時に今後の抱負である。

石村は、万が一に備えての準備やそのための努力も怠らない。

家庭出産の場合、医療の場から一番遠いところなので、嘱託医との連携[16]がスムーズにいくよう、超音波などによる正確な誰もが見てわかるものが必要と考えました。客観的なデータを示すことで、嘱託医の指示を得ることや、搬送先に連絡をとることができ、安全につながると思うからです。黄疸も血中ビリルビン値が直接出る良い機械が開発されていて、より正確なデータが出るので、すぐに搬送するといった基準も明確となり、家庭出産もやりやすくなってきました。

開業当初は、エコー診断の仕方を教えてくれる人がいなかったので、妊婦健診には必ず付き添い、「これは何ですか?」と五年ほど毎日のように付き添いながら学びました。その後、日本助産婦会主催の初の講座が徳島大学で開かれ、それにも参加しました。

逆子を治す外回転も前述の永沢寿美に教わり、試みたこともあるという。しかし、

逆子は治っても生活が逆さだとすぐに戻ってしまいます。逆子の場合は夫の都合に合わせ、一緒に健診を受けてもらい、夫婦で子育てをするという意識を持ってもらうようにしています。そうすると不思議と逆子が治るのです。

石村は、ストレスが逆子の原因にもなっていると考えた。助産の技術はかつての名産婆に教えてもらったものの逆子の矯正は熟練を経ないと困難であったと思われる。

一九九四年に、日本助産師会のガイドラインができてからは、逆子のお産は扱わないことになって楽になりました。

と語っている。

石村の語りを聞いていると、常により良いお産環境を自ら模索していたかつての産婆たちと重なる場面が少なくない。

先輩助産婦は、いつも大島の着物着て、すぐに議員に会えるようにしていたといっていましたが、今はそのときの再来のようです。

「駐車許可証」や「医療機器の購入」を実現させるために、江東区長や都議会議員、国会議員に、陳情に行きました。江東区長の母親が開業助産婦であったので、理解を得られやすいということもありました。朝五時半から区長宅の前で張り込み、ごみ出しに来たパジャマ姿の区長に直談判したこともありましたよ。

という語りがそれである。

家庭分娩に出向く際には、車が必要と考え免許を取ったことは前述したが、その車を往診中に路上に駐車しても違反にならないよう、駐車許可証を取るにも議員に陳情しなければならなかった。江東区の区長から都議会議員を紹介してもらい、二〇〇三年(平成一五)に駐車許可証を出してもらえるようにしている。しかし、

これには申請・受け取り・返却と三回の手間がかかります。妊娠三六週以降四二週までが、許可証を使用できる範囲なので、それぞれ三回ずつ警察へ行かなければならない。医師は「駐車除外指定車標章」をもっているので、開業助産師もそれが使えたらと思いますが、まだそこまでは実現していません。

と課題は残る。車には、常に救急物品も積んでいる。小型酸素ボンベ・小児用蘇生器・血管確保のための点滴セット

や胎児心拍モニター[17]まで、安全のためのお守りのように常備しているのだという。

また、助産師には産婆の時代から医療行為は法律で認められていないものの、正常なお産でもより良い医療機器を手元に置きたい必需品もある。

外国から入る医療機器の購入は、医療法で医師以外には認められていませんでした。例えば、水中出産用の（胎児の心音を聞く）ドプラーは、フランスやドイツ製の方が性能がいいので、助産師はほとんどの人が闇ルートで購入するか、海外へ行く友人に頼んで購入してきてもらっていました。それも税関でひっかかると受け取りに行くのにも書類を書く手間がかかります。そこで、厚生省に直接電話して交渉した結果、助産師にも購入できるようになりました。平成一〇年ごろのことです。

と、違法ではない正規のルートを開拓している。

駐車許可証を取るときを契機に、顧問弁護士を雇うことにしたと聞いた。

窪田先生は生前、「助産婦も法律を勉強しなければ」と口癖のように言っていたけれど、私はなんでも相談できる専門家にお願いすることを選択しました。駐車許可証のときに、（弁護士が）「駐車許可証が得られなければ、弁護士会館に持って行き、社会運動にしよう」と言ってくれたことが、たいへん心強かったからです。助産師と本人、それに連帯保証人としての（妊産婦の）夫との「合意書」を作れたのも弁護士のおかげです。

妊婦が受ける健診のうち何回かが無料で受けられるという妊婦健診公費負担の制度が[18]、助産所には適応しないという現実にも、

二〇〇六年一〇月一二日の保健所の母乳教室の打ち合わせの時に話をし、助産院では使えないということなので、弁護士に依頼して陳情書を作成。三日間で署名を集め、一〇月一五日四時五〇分、閉会ぎりぎりに提出。その後

も審議までの一週間で一二〇〇筆の署名を集め、区長にも届けました。区役所も近いので、足しげくロビー活動を行い、議員の理解を求めました。三月には満場一致で可決され、二〇〇七年四月、助産所でも妊婦健診の公費負担が利用できるようになりました。このことは江東区で認められた後、全国にも広がっていきました。

と語るように、行政への働きかけや対策を講じている。まさに、お産環境作りに奔走する現代の助産師の姿である。二〇〇七年には、緊急時に嘱託医を通さずダイレクトに搬送ができるようにと陳情を行っていた。当事者と受け入れてくれる病院とが直接話ができることが望ましいと考えた結果だが、ようやく実現することになった。

4　医療機関との連携

助産所を開業するには、嘱託の医師を依頼する必要がある。一八七四年（明治七）に発布された医制により産婆の業務は正常分娩に限られ、医療行為は医師が行うことになった。その後一九四七年（昭和二二）に産婆から助産婦と改称されてもその業務内容は変わらず、一九四八年に制定された医療法により、助産所開業の際には嘱託医の届出が義務付けられたのである。

（妊娠中に）異常になる人は、一割ぐらいはいました。そういう人には生活指導と食事療法を指導します。周産期になって妊娠中毒症になった人は、嘱託医に紹介しました。

助産婦は医療行為ができないので、必要に応じて医師に依頼していました。昔は行き来しているうちに自然に嘱託医になってもらったものですが、戦後は嘱託医の承諾書を保健所に提出するようになりました。

と前述の永沢寿美は語っていた。

その後、近代医学への信頼を背景に、医療施設内でのお産が急増、医師のもとに妊産婦が集まるようになった。そ

の様子を石村と同じ江東区で助産所を開業していた窪田吹子は、

> 戦後お産がたくさんあったころは、近所の産科医が年始に来たものでしたが、産科医が正常産を扱うようになると立場が逆転しました。

と語っていた。

近年では、助産師が開業する際に嘱託医を引き受けてくれる医師は少ないという。石村の場合も、

> 助産所でのお産は危ないと思われているようで、（緊急時の連携医療機関に）受け入れてもらえないことが多い。神谷さんが、錦糸町にある賛育会病院の川越院長を口説いてくれたので、医療機関との連携がとれ、スタートできました。

と、前述の神谷整子にひと肌脱いでもらうことで、医療機関との連携も確保することができた。連携医療機関には、妊娠初期・二〇週・三〇週・三六週と定期的に診てもらい、後は異常時に診てもらう。そのときの産科部長が「助産婦石村」の嘱託医となってくれたのである。

二〇〇五年（平成一七）に厚生労働省において「医療安全の確保に向けた保健師助産師看護師法等のあり方に関する検討会」が開催された。医療法第一九条において助産所は開業時に嘱託医師を届け出ることが定められているが、形骸化していることが議論された。そして、二〇〇七年の医療法改正では、①嘱託医は産婦人科医師に限る、②新たに救急搬送のできる連携医療機関を定める、ということが義務付けられた。

この医療法の改正によって、それまで内科などの他の診療科の医師が嘱託医となっていた助産所の場合[19]、新たに嘱託医を引き受けてくれる産科医を探さねばならない状況となった。

当時の日本助産師会副会長岡本喜代子が、

医療法改正は画期的なもので、助産所の質の向上に貢献する改革であった。特に重要なのは、第六条関係の安全管理指針の作成の義務化及び第一九条関係の嘱託医の産科への特化・嘱託医療機関の確保の義務化である。

と、二〇〇八年一一月二〇日に厚生労働省で開催された「第二回周産期医療と救急医療との連携に関する懇談会」で発言しているのを著者は聞いている。しかし産科を閉鎖する医療機関が続出する中、現実には医療法改正の移行措置期間である二〇〇八年三月までに、助産所が産科医と医療機関の双方を自助努力で探すことは、困難なことであった。

ＮＰＯ法人お産サポートＪＡＰＡＮ[20]の調査報告では、二〇〇七年九月の時点で全国九〇助産所を調査したところ、嘱託病院を「確保できていない」のは三四％という高い割合で存在し、そのうちの半数は「来春までの確保に向けて交渉中」ということが判明した。

それぞれ都道府県支部ではその対策を行っていましたが、現実には助産師自身が引き受けてくれる医療機関と交渉しなければならないようでした。特に神奈川県支部では難航し、移行措置機関ぎりぎりまで、嘱託医と連携医療機関の両者に依頼することが出来ずにいました。平成二〇年三月二三日の時点で連携医療機関が決まっていたのは四ヵ所。その他の助産院も県議と社民党の議員が動いて、やっと依頼することが出来ましたが、それでも（その医療機関のみではなく）三、四ヵ所にして欲しい、多数の医療機関と連携をして欲しいと無理をいわれたようです。九月までという期限付き（八〇歳以上の高齢助産師という理由）で、日赤医療センターが受け入れたところも二ヵ所ありましたが、その後どちらも廃業しました。

と関係者は語っている。

この医療法改正を契機に、産む側の女性たちも立ち上がっている。

いま、各地でお産できる場所が減っています。「身近で安心して、いいお産がしたい」そんな私たちの想いを国政に伝えましょう。医師も助産師も産む側も、どうしたらあたたかくてやさしいお産環境をつくれるか、行政に提案しながら一緒に考えていきましょう。

というスローガンを掲げ、二〇〇六年三月「お産といのちの全国ネット」を発足させた。二〇〇七年六月までに三〇万筆に及ぶ署名を集め、衆参両院に提出している。この運動の中心となって動いたのは、以前からお産を契機に自主グループを主宰していた産む側の女性たちであった。そのような活動をしていた彼女たちだからこそ、医療法改正によって、かつて世話になった開業助産師たちの危機をキャッチし、「お産といのちの全国ネット」を立ち上げることになったと思われる。

助産師たちと産む側の女性たちとの草の根の活動は、現在も地道に続けられてはいるものの、一般市民には山積するお産の現場の抱える様々な問題は見えにくいものである。こうした動きは新聞紙上などでの扱いも小さく、「産む性」にとってとても理解しがたい状況にあった。

そうした状況の中で、二〇〇八年一〇月、妊娠中の女性が脳出血を起こし、搬送を依頼したものの、七病院からの受け入れを断られた後、最終的に受け入れた東京都立墨東病院で亡くなったということが、連日新聞紙上で大きく報道され、都立墨東病院が総合母子周産期医療センターとして機能していないことが社会問題となった。

当時、たまたま同じ墨田区内の産院に入院していた著者の縁者も、「他人事じゃないね」と妊婦同士で話をしたという。「他人事ではない」という共通の思いは誰もが感じたはずである。「妊婦を救え」といったタイトルの特集番組も制作された。総合母子周産期医療センターとして墨東病院がなぜ機能していなかったか、今後どのような取り組みが模索されるかといった内容のものがメディアを通して多くの人に、「産科医が不足している」「お産を扱う施設が減少している」といったお産環境の不備が、それ以前よりリアルに伝わることになったのである。

以前から都立病院は、総合母子周産期医療センターであるにもかかわらず、搬送を断るケースが多く、「起こるべくして起こった事件」だと思った。

と当時の墨東病院のことを知る関係者たちは口を揃えて語っている。

「助産婦石村」の場合は、都立墨東病院との連携は、都議会を通して都立病院を緊急病院としてもらったが、承諾してもらうまでは大変であった。

助産師会の助産師問題対策委員をやっているのでなんとかなりましたが、(墨東病院には連携医療機関として)受け入れてもらえないことがほとんどです。

厚生労働省は周産期医療充実のために、一九九六年(平成八)に「周産期医療対策整備事業」を打ち出し、二〇〇七年までに「周産期医療ネットワーク体制」(21)を整備するよう各都道府県に通知している。都道府県ごとに、「総合周産期母子医療センター」を一ヵ所以上、それを支える「地域周産期センター」を数ヵ所設置する、地域の開業医や助産所、病院などとの連携することによって、緊急医療に対応することを目的としているのである。しかし、東京都立墨東病院の場合にはそれが機能していなかった。

都立墨東病院で妊婦が死亡したことを契機に、二〇〇八年一一月から六回にわたり「周産期医療と救急医療の確保と連携に関する懇談会」が開催され、如何にしたら妊産婦と新生児の命を守れるかが議論された。

著者も傍聴したが、その懇談会では周産期医療と救急医療との連携のあり方が問われ、スムーズに連携のできている地域を参考に、基本的な枠組みの見直しが検討された。そして、妊産婦を救急で受け入れる周産期緊急医療の現場には、産科医と麻酔医、緊急時に帝王切開などで生まれる未熟児のための新生児集中治療室(NICU)の三つが不可欠であり、それぞれが不足しているということが問題となった。

最終的に「周産期医療と救急医療の確保と連携に関する懇談会」の報告書においては、周産期救急医療を一般救急医療の中に位置付けるよう、医療計画に関する基本方針の改正を行うことが望ましいとまとめられた(22)。

その懇談会においては、医療への過度の期待が、人々の足を救急医療の受け入れ先である大病院へと向かわせていることが、問題であることも指摘されている。それについて、病院の経営上正常なお産についても受け入れているなどの報告はあったが、問題解決へ向けての議論をするまでには至らなかった(23)。本来ならば、高度な医療を必要としない妊産婦が、医療施設外でお産するにはどうしたらよいかが問われても良いのではなかったかと著者は考えている。

5 安産祈願とベビーマッサージ

「助産婦石村」では、お産の少ない月を選び、年に一回の安産祈願を行っている。産婦さんには、強制していないが、「私が信じている神様(神霊教)でよかったら」と呼びかけ、お供物の大豆で豆乳を作ったときに出たおからを入れた手作りのお守りを妊婦に渡している。

二〇〇八年(平成二〇)は、一〇月三一日一一時より神霊教の神主を招いて行われた。参加者は助産院スタッフと一三人の妊婦。仕事をしていて参加できない人もいるが、「助産婦石村」にお産の予約をした妊婦の半数が参加しているということであった。またその約半数が上の子を連れてきた。

二〇〇八年の安産祈願には、著者も参加した。

一人目は、病院で産んだけれども、上の子がいるから、二人目からは自宅で産みたいと思っています。

と語る妊婦が多く、

一人目から家庭出産をしたかったたが、家族に反対され、二人目ならば、と許してくれたので、二人目は家で生むことにしました。

という妊婦もいた。第二子から家庭で産みたいと、「助産婦石村」を選択する女性が多いようである(24)。

ところで、「助産婦石村」では、開設当初から育児相談を兼ねたベビーマッサージも行っている。著者の聞き取り調査中にも、子どもを連れて来所した母親がいた。三七歳で初産。経膣分娩で母乳もよく出ているが、三ヵ月の子どもがすぐ泣くので困っているということであった。その母親は、次のように語る。

まさか自分が結婚し、子どもを産むなんて考えていませんでした。子どもはもちろんのこと結婚もするつもりはなかった。できちゃった結婚です。産む病院も電話で何軒も断られ、やっと見つけたんです。ハンドバッグも持ったことがなかったので、子どもを抱くようになって、腱鞘炎になって痛くてシップを貼っています。

普段は母子二人で過ごしているため、子どもが少しのことに驚き、泣き出したら止まらない。そんな時どうしたらよいのかわからない。哺乳瓶の乳首も、コレクションができるほど買ったけれど、どれも嫌がります。子どもを預けて出かけられないので困るんです。

以前住んでいた港区に比べて江東区はとても住みやすいが、子どもと二人きりの日常生活で、友だちから離れてしまうのが怖い。お乳をあげながらも携帯電話やパソコンでメールをしてしまうという。

石村は、たっぷりのオリーブオイルをつけた手で、子どもに話しかけながら、母親にやり方を伝授し、母親もエプロンをつけて慣れない手つきで実践していた。

みんなからおいていかれるのが寂しくて母乳をあげながら携帯電話やパソコンでメールをしている。

そんな母親に石村は、

それが、いけないのよ。赤ちゃんの目を見て、話しかけながら授乳をしなくては。それから、おかあさんのおっぱいが一番。何処へでも子どもを連れて行かなくてはだめよ。（江東区には）おかあさんたちの集まるところがあるから行くといいわ。そこでなら、遠慮なく授乳もできる。

と江東区にある育児サークルを勧めたが、人と交わるのが苦手だというので、その場で地域のボランティアに電話し、いつでも相談できる人を紹介した。その母子が帰ると、

今は、こういうどうしていいかがわからない母親が多いですね。

と石村はつぶやいていた。

かつて地域共同体が機能していた時代、実家の母親や祖母、近所の人々が寄り集まって、母子の成長を見つめていたころには考えられないことであろう。近年、母乳を推進する産院は多くなったものの、家へ帰り一人で育児をする母親たちの戸惑いの声も少なくない。そうした妊産婦を陰で支えている点においても、地域に根ざす助産所の存在意義があるように思われる。

むすびに

産婆の時代には、産科医が妊産婦を診るのは異常が生じたときという産婆と産科医の棲み分けができていた。しかし、第二次世界大戦後は、連合国軍最高司令官総司令部（ＧＨＱ）公衆衛生福祉局の指導[25]によって、お産を取り巻く環境は大きく変わる。

お産の場が、家庭や地域から医療施設の中へと移行し、妊産婦も当時の社会風潮を受けて、医療施設内でのお産がより安全であると信じるようなった。お産を介助する側の助産婦も大多数が勤務助産婦として医療管理体制のもとで働くことになる。こうしたお産環境の変化すなわちお産の医療管理によって、妊産婦は患者と位置付けられ、子を生

み出す力を自覚できなくなっていく。

産婆の時代から現在に続く愛知県幡豆郡のマルオト助産院は、一九一七年(大正六)に開業し、二代目の鈴木咲子と三代目の鈴木美哉子が担っている。兵庫県神戸市の毛利助産所は、二代目毛利多恵子が母の種子に続き、産婦に寄り添うようになった。日本各地に眼を向ければ、地域に根ざし、妊産婦を支える助産所は、わずかながら存在している。また、そうした助産所は妊産婦によっても支えられている。

毛利助産所を開設した毛利種子は、「赤ちゃんは自分で出てくるから、助産婦は黒子になってお産を支えたい」と語っていた。その種子が産婦にとってはかけがえのない存在であったのであろう。阪神・淡路大震災で毛利助産所が全壊したときに真っ先に駆けつけたのは、そこでお産をした女性たちであったという。

現代の社会は、かつて経験を積んだ産婆が助産所を開業していたころの状況とは異なる。こうした時代に開業した石村あさ子の努力は、平成のお産環境作りを目途としたものとなっていった。

同様に、妊産婦の力を信じてお産の介助をする助産所を新たな工夫を重ねつつ開設する助産師たちもいる。病院のオープンシステム(26)を活用したり、病院勤務の後、院内助産院(27)を経て仲間の助産師と有床助産所を開設する助産師たちである。

それぞれが創意工夫を重ねながら、妊産婦に「産むのはあなた自身」と寄り添い、できるだけ医療の介入しないお産を目指す助産師たちの粘り強い努力が続いている。助産所で産む女性が激減した時代だからこそ、粘り強く創意工夫の努力が続いていたのであろう。

一方、一九九〇年代前後に活動を開始した産む側の自主グループの場合は、消滅したグループもあるが、当時のリーダーたちは現在もなんらかの形でお産と関わりを持ち続けている。多くの女性たちが、次々と子産み子育てを終えグループから離れても、自らのお産体験にこだわりを持っていた彼女たちの思いはことのほか強いものであると感じている。お産が医療管理下で行われることに違和感を持った女性たちである。

昨今の産科医不足を解消すべく、厚生労働省は院内助産所や助産師外来の整備に補助金をつけることを始めた。二〇〇八年(平成二〇)四月からは、都道府県を通して申請を行えば、その建物や備品などの整備についての補助金を国が認めることになった。以来、院内助産所や助産師外来は増加傾向にある。

東京都中央区の聖路加国際病院では、二〇一〇年六月に、聖路加クリニックを同病院の隣に新設した。自然分娩専門の施設で、産科医や小児科の医師もスタッフに加わるが、助産師が中心となってお産を介助するため、産婦に寄り添う手厚いケアを提供できるという。高度な医療施設に比べて出産費用も抑えることもできるというのも特色の一つである。

また、日本助産師会によれば、特に妊産婦の多い大都市とその周辺での助産所の開設が目立っているという。ことに周産期医療ネットワークに助産所が組み込まれている神奈川県や東京都、兵庫県などでは開業が増えている。伝統的な地域共同体が喪失した都市部に、新たに地域に根ざした助産所が開設される—現代社会のお産環境の一つの方向が見えてきたといえる。

助産師たちの助産所開設の経緯とそれをめぐる産む側の支えは、医療に取り込まれたお産環境に対して一石を投じることになったといってもよい。その草の根の活動が、少しずつではあるが、医療管理下におかれたお産環境に変化をもたらしてきた。今年の東日本大震災でも多くの助産師が必死になって妊産婦を支えている姿を見聞きした。

明治以降の国家の近代化に対して、個人の近代化を促進した戦後、あらゆる面で個人化現象が顕著となっている。しかし、その一方でお産環境においては医療管理という方向で一元化されてきたといっても過言ではない。個人の志向が重んじられる近代社会にあっては特定の基準を拡充するよりも、多くの基準を共有することが人々に恩恵をもたらすであろう。お産の場もまた、多様化した個人の嗜好に応じたシステムを作り、そのシステムに基づいて提供されるべきではないかと考えている。

お産の当事者である妊産婦一人ひとりが主体的に自らのお産と向き合えるお産環境の整備とその情報公開によって、「産む性」の当事者環境が豊かなものとなるに違いない。

第三節　会陰保護術と「産む性」

はじめに

柳田國男を創始者とする日本民俗学は、それを専門とする学者と多くの在野の研究者によって支えられ、伝統的な村落共同体をフィールドとした民俗調査の成果を基に構築されてきた。しかし、近年は「民俗学という学問をどのようにしたら存続できるのか」といった議論を度々耳にするようになった。近代化に伴う伝統社会の変化に、従来の調査方法や調査項目では対応できない。問題設定や研究方法にこれまでの民俗学とは大きな落差があることを痛切に感じているからであると推察する(28)。

しかし、時代が変わっても研究対象は人間そのものにあるというのは自明のことである。生活文化を研究対象の中核とする民俗学が、如何にしたら生活者として今を生きる人々や現代社会に有効な学問となり得るのかということを念頭におきつつ、現代社会の抱える問題に向き合わねばならないであろう。

本節では、助産における会陰保護術が近代化の中で成立し、技術伝承としてお産を介助する人々によって磨かれてきた過程やその現実を探ることを目的とする。その会陰保護という考えも、近年の母子の力を生かそうという思想の中に融合されつつある。そうした助産の成立や展開を明らかにした上で、今に生きる人々に選択肢を提供するということが、近代民俗学の一つのあり方であると考えている。

1　パルテノン多摩歴史ミュージアムの特別展から

女性民俗学研究会の例会において、当時の中島恵子代表からパルテノン多摩歴史ミュージアムの特別展「村医者と医者村―多摩の医療奮闘記―」が開催されているという話を伺い、その図録の内容を拝見して大変驚いた。現代の民俗学のあり方の一つを示す展示法であったからである。

二〇〇八年（平成二〇）三月二〇日から五月二五日までの期間に開催された特別展「村医者と医者村―多摩の医療奮闘記―」では、現在の多摩の抱える医療問題をはじめに提示し、近世から近代、そして戦後の資料を展示している。まず地域が抱えている問題をクローズアップして、過去の歴史から市民とともに考えるという企画は、これまでの展示にはなかった試みである。この企画を担う学芸員は、「このテーマは、多摩市の歴史からはずせない。今にひきつけて考えるというのが、パルテノン多摩歴史ミュージアム」という。

パルテノン多摩歴史ミュージアムは、「多摩丘陵の開発[29]」をテーマとした展示室で、多摩ニュータウン区域を中心とする多摩丘陵が開発される過程と、そこに暮らす人々の生活や文化などとの関わりが展示されている。「多摩丘陵の開発のはじまり」「近代化と多摩丘陵」「多摩ニュータウンの誕生」「変わりゆく多摩ニュータウン」と展開する。ことに多摩ニュータウンの建設をめぐっては、そこに暮らす人々の要望やその解決に向けての対策などを含め、市民とともに歩んできた地域の歴史がわかりやすく展示されている。

医療問題を企画したのは、特別展の一年前。①一九七一年（昭和四六）に多摩ニュータウンの団地入居が始まり、最初に入居した人は、七、八〇代となった。住民の高齢化とともに医療への関心が高まっている。②小山家[30]・杉田家[31]・沼田家[32]に膨大な医療に関する資料が残されていた。という二つの理由によるという。

近年、「医師がいない」「救急の搬送先が見つからない」「長期療養型の施設が不足している」といった医療に関する問題が多発しているが、多摩市の場合はより深刻であった。というのも多摩市や多摩ニュータウンの高齢化が東京都や全国の平均よりも急速に進んでいたからである。住民からも不安を訴える声や専門的総合病院を求める声が挙がっている。

一九六五年から都市計画が始まった多摩ニュータウンの建設は、多摩市のほか、八王子・稲城・町田市も含めた広大な地域に及び、長い年月を要している。その間、鉄道・教育・住環境に関わる様々な問題が生じ、その都度住民の側と開発する側とが解決策を求め続けて今日に至る。この過程が常設展示となっている歴史ミュージアムであるからこそ、多摩ニュータウンの抱える今日的な問題として特別展「村医者と医者村―多摩の医療奮闘記―」(33)を企画したのであった。

奇しくも二〇〇八年春の特別展として、国立公文書館では「病と医療―江戸から明治へ―」が、千葉県館山市立博物館では「村の医者どん」が、開催された。いずれも人々の生活を脅かす「病」とそれに関わる資料から、医療の歴史を紐解き、近代医学への道筋をたどるものであった。たまたま複数の医療に関係する特別展が開催されたようだが、近年の医療問題に端を発しているのであろう。いずれにしても、パルテノン多摩歴史ミュージアムの特別展においては、市民の抱える問題をテーマとして企画し、多摩の歴史を丹念に見直すことで、医療の技術や制度の向上だけではなく、医師の奮闘や地域の要望などが医療を支えてきたことが明らかとなった。現代社会の抱えている問題に真正面から向き合い、考えるというこの特別展の企画は、現代の民俗学を模索する上で大きな手がかりとなり得るであろうと思われる。

2　産婆による会陰保護

これまで日本民俗学が豊富に積み上げてきた産育習俗や産育儀礼などの学問的蓄積によって、我が国が豊かなお産文化を営んできたことが明らかとなっている。そうしたお産文化を類型化すると、その多くは日本人の霊魂観に基づくことが理解される[34]。

お産の介助者が、近隣の豊富な経験を積んだ年寄りから、開業資格を得た産婆に移行する過程で、産育習俗や産育儀礼にもまた変化変容があった。お産の場が自宅から医療施設へと移行する過程においては、伝承が途切れた産育習俗や産育儀礼も少なくないが、新たに生まれた習俗・習慣もある[35]。

助産に関わる技術伝承については、これまでの民俗学において欠落していた分野であった。著者は新たな試みとして「助産婦の現代―永沢寿美の記録―」[36]と題し、助産婦の技術を報告した(第二章第四節二所収)。本節では、助産婦がお産を介助する際に行う会陰保護術を取り上げる。会陰保護術は、お産が座位から仰臥位で行われるようになったために、必要となった江戸期からの方法である。会陰保護と会陰切開が近代化の過程で一気に普及したことは、興味深い。ここでは、会陰保護術が行われてきた背景とその意義について探り、会陰保護が近現代の伝承技術として存在していたことを明らかにしたいと考える。

永沢寿美は開業免許を取得した産婆であり、近代医学から得た知識を身につけていた。昭和の初期までは、免許を取得しないまま半ば職業化した産婆も近隣にいたが、近代医学の知識や衛生面では格段の差があったという。昭和初期の農家のお産は座産であったが、永沢寿美は、産後の出血を防ぐために座産から仰臥位に変え、横になってもらうことで産婦を死なせないで済んだと当時を振り返る。

その永沢寿美の得意とした助産術の一つに会陰保護術がある。医療行為が許されていない助産婦がお産を介助する際には、会陰が裂けないように保護しなければならず、そのための様々な技が工夫される。先代[37]は、座産を扱っていた。しかし、急ないきみによって下へ赤子が落ちるようになるので、会陰が切れやすくなる。その点、仰臥位では、会陰保護を上手に行うことができる。側臥位より腰枕[38]をあてがって行う仰臥位が、一番よかった。会陰が切れるとお産の扱いが下手だとされたという。

会陰保護といっても、お産が一人ひとり異なるように、初産婦と経産婦、五年前にお産した人と年子で産む人というように、人によって全く異なる。会陰そのものにも個人差があり、肛門から会陰までの長い人と短い人では違う。会陰の延びの良い人悪い人、分泌物の多い人少ない人と様々であった。人によっては、排臨のときにつるっと出やすいように、卵の白身を赤子の頭に塗ってあげたり、消毒した油を塗ってあげたりしたこともある。毎日毎日お産をやったものでなければ、その呼吸はわからない。頭が出たり入ったりする排臨から発露に移るときには、会陰を脱脂綿で押さえ「ハッハッハッハッ」と助産婦の方でリズムを取ると、産婦も一緒に短息呼吸をする。そうすると会陰は切れない。ここでいきませてしまうと肛門まで切れてしまうこともあるのだという。

永沢寿美は、自宅出産を扱う産婆[39]に弟子入りすることから、その道に入る。見習いから始まり、一年後に東京助産女学校に半年通い、産婆試験の学科を取得している。助産婦学校で基礎を学ぶが、あくまで実際のお産から学んだのだという。先輩につき、助手をしながら覚えた。また、お産をとるのを見てもらい、やり方の悪いところを教えてもらうこともあった。先輩助産婦から学び、工夫を凝らし、実践の中で助産の技に磨きをかけてきたのである。

「今は、ハサミでパチンと縦に切ってしまう。もう少し待ってあげられれば、会陰を切らずに済むのにと思う。後の痛みはお産を経験しない男性(医師)にはわかりませんよ。中には、中央切開してしまい、そこから括約筋が切れてしまうことがある。そうなると産婦さんはかわいそうですよ。ひどいときには便が肛門から出ないで前から出てしま

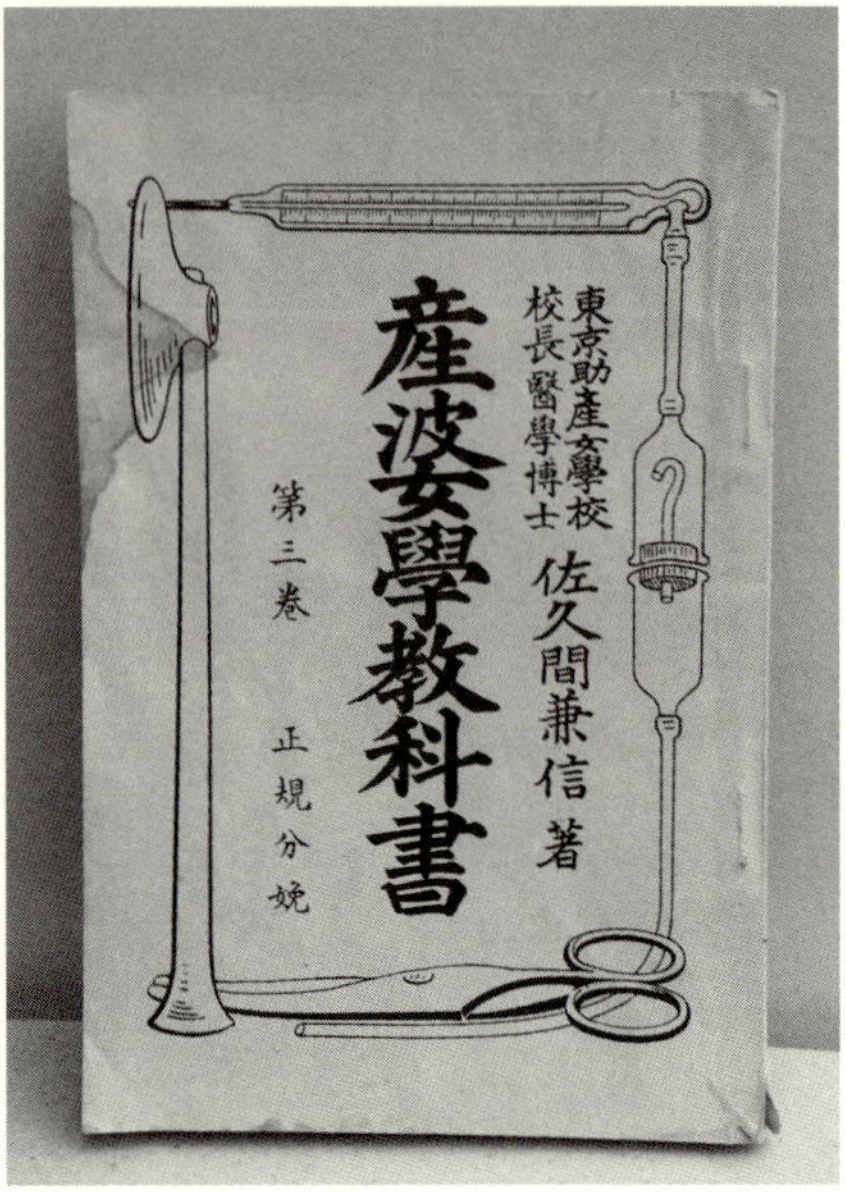

うようになるんですよ。もし、裂けたのが軽ければクレンメ一本か二本で留められる。縫うより産婦さんの負担が少ないですからね。これもできるだけしたくないですけど。お小水をするときチクリとしますから」と語る。

立て膝などの座産や、産綱にすがるお産など、重力の効果を生かして「産み落とす」という意味では、自然なことと思われるが、実際には急激にお産が進むとパニックになって、母体に備わった産み出す力の営みが妨げられることもある。弛緩出血などによって産婦が死亡するということもあった。そうした場合、産婦を仰臥位にしたことは有効的であったが、同時に仰臥位では会陰裂傷が起きやすいという欠点も生じる。座産によるマイナス面を仰臥位にしたことで、会陰裂傷が起きないように保護をすることが、当時の開業助産婦に求められたことの一つとなったと、永沢寿美の語りからも理解できる。医療行為を禁止された産婆は、より安全に介助するために産婦を仰臥位にし、会陰保護を徹底して行う技術を身につけていったのである。

東京高田馬場にあるお産のミニ博物館[40]には、大正から昭和初年にかけての三種類の産婆学校の教科書が所蔵されている。その中に永沢寿美の通った東京助産女学校の教科書もあった。当時の校長佐久間兼信によるもので、初版は一九一八年（大正七）である。七巻からなり、会陰保護術は巻の三「正規分娩」に、その目的と時期、術式について図版を交え丁寧に編集されている。術式の冒頭には「産婦を　仰臥せしめ腰下に腰枕《こしまくら》を挿入《さうにふ》し」とある。永沢寿美が活用していた腰枕についての記述である。大切な語句は太字で記され、重要な記述には傍点が付され、語句によっては読み仮名も記されている。

この校長佐久間兼信による『産婆学教科書』[41]は、静岡県駿東郡の石田きみよも沼津産婆学校にて使用していたものである。そのほか石田きみよが産婆学校で勉強していた当時のノートや『産婆実地試験答案集　一名産婆臨牀講義』[42]も同博物館に寄贈されている。『産婆実地試験答案集　一名産婆臨牀講義』は、問いと解答が交互に記され、実践に役立つよう工夫されているのが特徴である。挿絵が多く、本文中の漢字にはすべて読み仮名が記されている。会陰保護術に関しても七項目にわたり記載されている。几帳面に綴られた石田きみよのノートにも会陰保護術についての記載が数ページにわたっている。一九二七年（昭和二）に産婆試験を受けるまで一生懸命に勉強していた様子が見て取れる。

緒方病院産婆養成所に学んだ窪田吹子[43]は、生前「東の佐久間に西の緒方」と口癖のように言っていた。東の佐久間とは前述の東京助産女学校のことであり、西の緒方とは窪田の通った緒方病院産婆養成所[44]のことである。その窪田がお産のミニ博物館に寄贈した『助産婦学』[45]にも、「会陰保護法は助産婦の行ふべき手技《しゆぎ》の内、最も重要なるものにして、充分に其の方法を会得《ゑとく》し、常に之を練磨《れんま》せざるべからず」として、先の『産婆学教科書』同様、挿絵入りで詳細に記述されている。窪田は緒方病院産婆養成所での実習の際、会陰保護が上手にできないと先輩にその手をぴしゃりと叩かれたとも語っていた。

一九二二年に出版された『白木助産婦学』[46]は、当時白木正博が東京帝国大学医学部産科婦人科学教室にて行った講義を基礎とし、術語は当時最も広く通用されているものを採用したとある。語句には読み仮名が、重要事項には傍点やアスタリスクが施され、必要事項については詳しい説明がなされ、この教科書もまた助産を学ぶものにわかりやすく編集されている。会陰保護術については、「助産婦に最も必要なる技術なるを以て、以下述ぶる方法によりて常に充分に熟練すべし」とし、他の教科書同様丁寧な説明と挿絵がある。

白木正博は、安藤画一慶応大学教授らとともに、母子健康手帳の前身である妊産婦手帳を制度化した瀬木三雄に大きな影響を及ぼす人物であった。白木は、「会陰保護の技術、会陰裂傷を作らないで、子どもを仮死状態にもさせないで取り上げるのは、正に神技だ」と発言し[47]、助産婦の技を高く評価している[48]。

その白木に助産学を学んだ当時厚生省医務局看護課の技官であった伊藤（当時は鈴木）隆子が、保健婦助産婦看護婦法の制定にあたる審議の最中に、「白木教授に理論を学んだが、臨床の出産介助などについて本当に教えてもらったのは産科婦長らの先輩であり、これが実際に役立っている」と発言したという逸話[49]がある。伊藤は、その後一九八四年（昭和五九）から一九九一年（平成三）まで日本助産婦会会長を務めた人物でもある。

大正から昭和初期にかけてのこれらの教科書は、実学として通用するように意識され、丁寧に編集されたものであった。どの教科書においても会陰保護術の重要性が説かれている。しかし、これらの教科書や講義を通して基礎を学ぶが、実際には先輩の助産婦からの学びや実践の中で育まれてきた技であったことが認識できる[50]。

六〇余年の間、助産婦を続けてきた永沢寿美は、日本助産師会の長期研修生を受け入れるなど、後進のためにも尽くしてきた。産科を開業するにあたり、足しげく彼女のもとに通ったという女性医師もいた。近代化の中で、助産院や自宅でのお産に立ち会う助産師たちに受け継がれてきた助産の技が伝承されていたのである。

3　お産の医療化と会陰保護術

近代化とともに医療施設内でのお産が主流となると、会陰保護術は医師による会陰切開の前後に必要とされるようになる。会陰保護術の第二の役割である。すなわち、近代以降、会陰保護は助産術における一義的なものとして展開してきたのに対して、医療出産においては補助的なものとして登場するのである。

一方、会陰切開術の歴史は、一七四二年アイルランドにおいて難産の際に中央切開術が行われた報告に始まり、その術式は、その後ドイツにおいて提唱され、経膣分娩における会陰裂傷発生の予防法として注目される。日本の産科学においては、西洋医学とともに導入され、医療施設内出産への集中化において現在に至る。(51) 会陰切開の是非をめぐっては様々な論争が展開されるが、切開術後の会陰保護は特に必要とされた。病院では会陰保護の上手な人を優先して採用したという話もある。

助産師養成の教育の現場でも、会陰保護については、ファントームという女性の下半身の模型を使って、かなりの時間をかけて学習する。毎年入学してくる学生に、模型を教材として会陰保護を教えていた助産専門学校の教員は、「四、五月はそればっかり。左手で児頭を支え、右の五本指で上手に調節するという側面介助。(52) 両手で共同作業するのよと、一生懸命教えていた」と振り返る。東京大学医学附属助産婦学校に通っていた助産師は、「学校の寮に模型があり夜な夜な練習をした。まずは、手を洗い、手順通りに消毒して、布をかけ、児頭と体幹の娩出をし、保護綿はその辺に置かずにゴミ箱に捨てなければいけないというように、順序に沿っての決まりごとがあった」という。

しかし、会陰切開術のルーチン化は、切開後の縫合や抜糸によって痛みや不快な思いを産婦に強いることとなる。一九九〇年(平成二)九月の『助産婦雑誌』(53)は、会陰切開の特集号であった。一九九〇年といえば、医療化されたお産を自分の手に取り戻そうという動きが日本各地に起こり始め、多くの産院でラマーズ法による呼吸法が定着していた時期でもある。

『WHOの59カ条　お産のケア　実践ガイド』(54)によると、「会陰切開を多用する、または慣例的に行うこと」は不適切であるとされた。しかし、近年は会陰切開をできるだけ行わないとする医療施設も増加傾向にあるが[55]、まだまだ少なく、会陰切開率はその施設方針によって異なる。

聖路加看護大学の堀内成子教授と聖路加看護大学大学院看護学研究科博士後期課程に所属する学生らの研究論文「女性にやさしい助産ケア―会陰切開の適用を再考する―[56]」では、エビデンスレベルの高い論文を検証することで会陰切開の適用を再考する。慣例的な会陰切開は〝会陰(後方)の損傷〟や〝創部治癒過程〟における合併症のリスクや退院時の〝会陰疼痛〟のリスクを増大させる等の結果を導く。その上で、会陰裂傷を最小限に防ぐためのケアとして、会陰マッサージや会陰保護、分娩体位の工夫などを指摘している。

このように細やかな会陰保護術は、世界に例がないという。イギリスに留学した助産師の話によると、日本では会陰保護術を助産婦養成の専門学校で教えていたが、留学してイギリス人にとっては必要のないことがわかり衝撃を受けたと振り返る。「白人は日本人と比較して、身長に対する頭の比率が小さく、イギリスでは児頭ではなくいかに児の肩を出すかが問題となっていた。(会陰保護術は)日本人の場合には児頭が大きいということも関係するのではないか」という[57]。フランスに留学した助産師も「会陰保護もそれに関することは何も行われていなかった。西洋人の骨盤の広さを実感した」と語る[58]。

会陰保護術は、地域に根ざした開業の産婆から助産婦、助産師へと伝承されてきた技であったが、医療行為が行えない空間において培われる一方で、医療施設でのお産の際にも必要とされ、会陰切開後にも施される技術として用いられるようになっていったのである。

4 母体に備わった産み出す力の営みとしてのお産へ

都心の総合病院に一三年間勤務していた経験を持ち、二〇〇七年（平成一九）一一月に有床助産院を開業した助産師に、病院と助産院でのお産の違いについて話を伺う機会を得た。勤務先の病院には会陰切開をせずに待ってくれる医師もいたが、会陰保護をしても、裂傷が起こることが多かった。にもかかわらず助産院では研修をする中では、ほとんど会陰裂傷がないことに驚いたという。なぜ、裂傷が起こりにくいのか。それは、無理ないきみをかけさせない。産婦の体から出てくる自然ないきみに任せる。そして、最後、頭が出てくるときに、産婦の体に触れリラックスさせ、児頭がゆっくり会陰を通過するように調整するのが大きなポイントとなる。いかに、産婦の体をリラックスさせ、児頭をゆっくり通過させるかが、会陰裂傷を起こすかどうかのカギである。そういう意味では、会陰保護の手よりも、児頭が出てくる速度を調整するもう片方の手が、より重要であることを実感している。病院では分娩所要時間が短い方が、「安産」とされる傾向があり、子宮口が全開してから、積極的にいきみをかけさせることが多い。会陰を通過する速度が速いほど、裂傷を起こす率は高いと思われると詳細に語っていた(59)。

こうした会陰保護術も近年流行のアクティブバースでは、ほとんど必要なくなっているという開業助産師もいる。会陰保護術を必要とした仰臥位によるお産からフリースタイルでのお産が見直されるようになってからは、産婦が自由な姿勢をとることで、会陰もより伸びやすくなるため、会陰保護にこだわる必要がなくなったのだという。

かつて教員時代に一生懸命会陰保護を教えていたが、今になってみると児頭を押さえるということはあまり意味のないことであり、むしろ害があるのではないかと思うようになったという助産師は、「会陰保護を含め分娩介助は、引っ張り出すという感じがする。赤ちゃんは自ら回転してくるので、へたに触ることで、回旋が上手くいかず、裂傷がおきたり難産になったりする。産む側からしてもお下を触られるのはいやなことだと思う。頭が少し出たときに、産婦さんに児頭を触ってもらい、このまま力を入れるとお下が切れるのではないかというそのパツパツ感を感じてもらう。そのことで、産婦さんの力が上手に抜ける」と語る。部分的にこだわるのではなく、産婦との信頼関係を築くことが安全性につながるとするのが、一九八〇年代から九〇年代にかけて言われてきたことである。[60]

お産の予約を受けた時点から「会陰保護は始まる」とする助産師もいる。妊娠期から会陰保護をするという話もある。愛知県岡崎市の吉村医院の「お産の家」では、江戸時代の生活をすることで女性の持つ本来の産む力を発揮させるような取り組みをしているが、そこまでしなくとも生活スタイルを見直すことで、より良いお産を導こうとする試みは少なくない。洋式トイレの普及とともに会陰が切れやすくなった感覚があることから、問診では必ず和式のトイレ歴を聞くという助産師もいる。ちなみに一〇年以上の人は会陰が切れる確率が少なかったとか。いずれにしても、産婦を知ることでより良いお産に導くという意識が込められているようだ。

東京都国分寺市の矢島助産院では、二〇〇六年の秋にリアルパンツと和紙製のリアル人形を使ってフィーリングバースのセミナーを行ったところ、全国から依頼が来るようになったという。全国行脚の始まりである。院長の矢島床子は、自身は先輩の行う技を見て学んだが、研修に来る大学院生の中には、実技よりも話を聞かせてほしいという学生もいることに驚いた。お産の介助では、指先がいろんな方向に動いているので、それを簡単に言葉や文字では表せない。全国行脚をすることで、楽しく、心と体を傷つけないお産を伝えていきたいと抱負を語る。

福井県敦賀市の瀧澤助産院では、会陰保護というより、肛門保護をする。「しっかり肛門保護をしていれば、赤ちゃんが会陰保護をしてくれる。それにお母さんがあわせると、赤ちゃんはみんな気持ちよさそうに出てくる。いかに（お産の）最終段階にリラックスした状態に持っていくかである」という。

兵庫県神戸市の毛利助産所は、阪神・淡路大震災で助産所が全壊したが、建て直す際には、家庭の雰囲気を大切にして、小さめの造りにした。木の壁を用いるなど天然素材こだわり、窓も小さく、明るすぎないように間接照明にしたという。この助産所では、一九八〇年代には仰臥位からフリースタイルのお産へと変わり、「赤ちゃんが自分で出てくるから、絶対に助産婦が押さえてはいけない。赤ちゃんの出ようとする力の邪魔をしないことが大切」という。

前述の研究論文「女性にやさしい助産ケア—会陰切開の適用を再考する—」(61)では、女性に優しい助産ケアとして会陰保護についても触れ、「〝児頭に触れず会陰を支えない〟方法において、会陰切開の実施率が低下することが示唆され」ると指摘する。「女性自身が本来の力を発揮し、自分にふさわしいケアを選びとれる主体であることを前提として、助産師はケアを提供していくことが求められる」としている。

会陰を保護するという考え方から、生まれるというリズムを整えるという考え方に変わることによって、母と子のそれぞれの力が自身を護るということの発見へとつながったのである。いかにより良い助産を目指すかというそれまでの姿勢から、いかにしたら産む主体である産婦に寄り添えるかという姿勢に変化し、近年は女性の本能を引き出すことに力点がおかれるようになってきている。

むすびに

著者は、これまで人々の生活の中に伝承文化がどのように息づいているのかを探り、また、どのように変化するのかを捉えたいと、現代社会の抱える今日的な課題に取り組んできた。たとえば、男性にも助産師資格を得ることを認めようとする法律改正が議論された男性助産師導入問題では、お産が政治によって変わることを目の当たりにした(62)。生殖を自身の意志でコントロールできるようになった時代に、避妊という手段を用いることにより、子どもを産みたくても産めないという問題も生じている。子どもを産むことに女性たちが戸惑いを見せるといった事実(63)もまたその一つである。

現代社会の抱える今日的な課題に取り組み、眼前の現象を捉える一方で、前代のお産事情はどうであったかを知りたいと思っているときに出会ったのが、賀川玄悦による『産論』（一七六五年）と賀川玄迪による『産論翼』（一七七五年）であった。賀川玄悦は、イギリスのスメリーとほぼ同時期に胎児の正常胎位を発見した人物で、薬や鍼の術に加え、細やかな按腹の手法や養生・治療の具体例を多く示した。非科学的な慣習による弊害を繰り返し述べ、これまでは助からなかった産婦の命を救うという画期的な産科術を大成している[64]。その巻第二「占房」には次のような記述がある。

産母坐草太ダ早スベカラズ。必ズ其ノ力息重沓シテ倍至スルコト一両次ナルヲ待テ、而後之ヲ坐シメヨ。然ラザルトキ則チ恐ハ産母体気ヲ先ニ倦マシメテ、免後力ヲ失ハシムルナリ。又切ニ産婦ヲシテ強テ努力セシム可ラザルナリ。

「産婦の分娩第二期を拙速に修了させようとしてはならない。必ずその努責が重なってますますはげしくなって来るのを待ってから、後に座位を組めばよい」とし、「ぜったいに産婦に無理を強いてはいけない」という。まさに今、論じられているところのものである。会陰裂傷についても次のように裂傷を起こさぬための保護の方法が示されている。

病候ニ曰ク。分娩シテ陰裂ル者。

測法ニ曰ク。産婆ノ誤ナリ。凡ソ産ヲ佐ル者、当ニ諸ヲ上辺ニ取ルベシ。諸ヲ下辺ニ取ルベカラズ。下辺肉脆ナリ。子顱骨之ニ触レバ、必ズ破ケザル無シ。生肌完膚散之ヲ主ル。

分娩後の会陰裂傷は、「産婆の誤である」とし、「出産の補助者は、会陰の保護手を上方に向けて圧するべきである。

肛門側に押し下げるべきではない。会陰の下辺の組織は脆い。児の頭部が触れると、必ず裂傷を負う」と具体的な手法を示し、裂傷を負った場合には生肌完膚散を裂傷部に塗布することを勧めている。

この産科書によれば、会陰裂傷の原因は本来のリズムではなく無理に急がせた結果や産婆の未熟さに求められていた。その底流には会陰を護らねばならないという考え方があったと思われる。その後、玄悦の『産論』に対し、蛭田克明が新たな産科学を編み出す。自身の著作はないが、その門弟富沢黄良の著した『産科新編』(一八一六年)には、会陰を保護する手法が詳細に記されている。しかも、その術を行う際には産婦を仰臥位にしている。

江戸期においても出産時における会陰の保護という考え方があったのである。しかし、それが顕在化したのは近代以降、助産学を学んだ産婆たちの出現によるものであると考えてよいであろう。その主な要因は、産婦の座位から仰臥位という出産時の姿勢の変化に伴ったものと考えられるからである。仰臥位が先か会陰保護が先かというものではなく、両者の必要性によって統合されていったと思われる。

近代以降、会陰保護術が顕在化した背景には、座位から仰臥位へという出産時の姿勢の変化があった。しかも、こうした姿勢の変化は、産婦の側の要求というよりも介助者のしやすさという点に大きな比重がかけられていた。つまり産婦の安全を優先した助産技術であったが、介助する側のしやすさに基づくという側面をも見逃すことはできない。これに対し、近年は母子の力を信じることが優先されるようになってきた。母の産む力、子の生まれる力を発揮させる環境が整えば、とりたてて会陰保護を問題にしなくても安心安全なお産につながるということもわかってきたのである。

現代は生活者がどのように生きていくかを模索する時代である。したがって、現代人が求めている真意を民俗学的方法を駆使したフィールド調査や分析を行うことで解明し、本来個別的であるはずの人間のあり方を認識するのが最重要課題となる。その上で、そうした人々のオプションの対象となるものの事実関係を提供するのが、現代の民俗学の使命ではないかと思う。

時間をかけても人間らしいお産を、時間を短縮したいから会陰切開を、痛みを回避するために無痛分娩を、難産が予想されるので帝王切開をと、それぞれの事情や嗜好などによって、人々の希望が個別化していく。それを価値の多様化と呼び換えてもよい。本節において、助産における会陰保護術をキーワードとしてその成立と展開を明らかにしてきた。その結果として今に生きる人々に様々な選択肢を提供することができるとするなら、そのこと自体が現代の民俗学の一つのあり方でもあろう。近代民俗学は、こうした現在進行形の問題に情報を提供できる学問としても成り立つのではないだろうかと考えている。

第四節　アメリカお産事情
――異文化圏でのお産に立ち会って――

はじめに

アメリカのお産事情については、これまで少なからぬ人々によって語られてきた。それらは、医療者の側やお産を介助する立場からの視点による観察や分析が主であった。本節では、自分の娘という身内の出産体験を通して産む側の実感に基づく報告をしたい。それが同時に日本のお産を考えることになると思うからである。

アメリカでは、上中下流のそれぞれの消費者を対象としたスーパーマーケットが存在するなど、日常生活においても格差社会という側面が大変顕著である。病院を中心とするお産環境においても同様に見受けられたが、今回の見聞の対象は、中流の知識層が委ねるところという位置付けになろう。

1　アメリカの出産革命

『出産革命のヒロインたち―アメリカのお産が変わったとき―』(65)は、まさにアメリカの出産の現代史ともいえる。出産が医療化される過程において、テクノロジーに囲まれたお産から、血の通った人間らしいお産ができる環境を創り出そうとした七人の出産革命のヒロインたちの活動の様子が詳細に語られている。

筆者の言葉を借りれば、「産科の歴史は、器具と介入行為の歴史である」という。アメリカの医師たちは、予測不可能で扱いにくい出産の質を高めるために、テクノロジーや手術を駆使した。ことに第二次世界大戦後は、出産は、医師の監督のもと、病院内で行われるのが当然と考えていたようである。[66]

そして、出生率の低下と医療訴訟危機という二つの波が、産科テクノロジーの使用をますます増長させる。その結果、古い世代のアドバイスや経験談は時代遅れで見当違いなものとされ、出産自体が生物学的に変わってしまったかのようであるという。女性たちは、それまでの伝統的な知恵よりも医療に身を委ねることを選択し、結果として、お産の伝承文化が医療介入によって断ち切られることになる。

日本の場合は一九五五年（昭和三〇）から施設分娩（助産所・診療所・病院での出産）が急激に増加し、一九六〇年には過半数に達する。現在の産婦の祖母の代まで施設分娩となった。その結果、お産に関する伝承は途絶えたのである。

さらに、『出産革命のヒロインたち―アメリカのお産が変わったとき―』の筆者は、薬品・医療機器メーカーも、出産革命を阻む強力な要素の一つであると指摘する。メーカーは機械をずらりと買い揃える産科業務の世界に既得権益を持ち、企業と医学業界の癒着は、軍隊と軍事産業のように、国の政策を左右するほど手強い同盟を形成。さらに、医療保険システムもこの関係を支えている。この医療保険という支払いシステムは、高価なテクノロジーや手術には厚く、昔ながらの治療法では不利になるようにできているのだと痛烈に批判している。

医療を必要としない女性たちまでをも含めて、ほとんどのアメリカ人女性が病院出産をするようになった。こうした高度な医療が提供される時代に、医療介入行為とは何かという疑問を問い続け、力を振り絞って活動を続けてきた出産革命のヒロインたちに取材を繰り返し、まとめたものである。そして、医学・経済・法学の力によって脅かされながらも、七人のヒロインたちが医療にとらわれない出産観を生かし続けてきたことが、その後のお産を取り巻く環境に少なからず影響を与えていることを示すのである。

『出産革命のヒロインたち―アメリカのお産が変わったとき―』の日本語版は、原著の出版から一三年後に出された。その日本語版に寄せて、国際出産準備教育協会顧問委員であり、バース・エデュケーターのペニー・シムキンは、次のように書いている。

テクノロジーや手術がマタニティ・ケアに取り入れられやすいとはいえ、七人のヒロインたちの見解には、新しい希望もある。それは昨今、いくつかの驚くべき筋から新たな支持を得ているからだ。この本が世に出てからの一二年間、科学の若きリーダーたちは、高価で、検証不十分なテクノロジーや処置(帝王切開、分娩監視装置、人工破膜、陣痛誘発、会陰切開など)は、科学的にきちんと検討し、もし効果がないとわかれば、停止あるいは限定使用とすべきだとしてきた。そしてこのような検証により、テクノロジーや処置の大半は、それが異常妊娠・異常出産の場合には有効であったとしても、すべての妊産婦に対しておこなわれるべきではないことが分かってきた。なぜなら、問題のない女性に対しては、何の利益ももたらさないからである。

マタニティ・ケアの費用が急騰する中で、産科ケア費用削減への努力は、まず基本的サービスを縮小するという形をとったという。正規の看護婦の人数や、入院日数を削減し、経膣出産をした女性が病院に滞在するのは、通常二四時間、帝王切開では四八時間となった。しかし、費用は依然として下がらず、マタニティ・ケアの費用を負担しなければならない政府や保険会社は、医師たちに対して無効な処置はやめるよう働きかけざるを得なくなっているのだ。

また、一定の医師あるいは助産婦(67)に継続して診てもらうことが難しく、お産の介助者に名前も覚えてもらえないという現状から、親しい関係が作れる小規模のグループ診療を営む医師や助産婦を選んだり、小さく家庭的な建物でスタッフは数人だけのバース・センターでの出産を希望したりする女性たちも現れた。出産を助けるための訓練を受け、経験を積んだ「ドゥーラ」(68)を頼むこともある。ドゥーラのケアは女性の満足度も高く、出産の結果にも分娩所要時間の短縮、鎮痛剤や麻酔の使用、鉗子分娩、帝王切開が少なくなるなどの良い影響を与えることが証明されるようになった。

こうした最近の傾向はすべて、「七人のヒロインの見解を支持するものである」と、ペニー・シムキンは評価している。

『出産革命のヒロインたち―アメリカのお産が変わったとき―』が一九八四年(昭和五九)にアメリカで発表され、一九九七年(平成九)に日本版として出版されてさらに一〇年。この間にも、アメリカのお産事情にさらなる変化が起こっている。

たとえば、ロバート・スカーは、一九九四年(平成六)から「マザー・フレンドリー・ホスピタル」の活動を仕掛け、その二年後には「マザー・フレンドリー・ホスピタルの一〇ヵ条」を完成させた。これは、「マザー・フレンドリー＝おかあさんに優しい」病院、助産院、自宅出産サービスについて一〇の条件を掲げ、それを十分に満たした産院をマザー・フレンドリー産院に認定して公表するというキャンペーンである。

アメリカの主立った出産関連団体が集まっている連合体ＣＩＭＳ(キムズ)の役員であるロビー・ディビス・フロイトは、二〇〇二年(平成一四)三月に日本助産学会の招きによって来日している。その際にマザー・フレンドリー産院として地域病院と自宅出産サービスの二ヵ所の認定産院が出たことを報告し、産む人に優しいお産環境の実現に向けて動きだしたことを伝えている。

2 産み場所を探し、産み方を考える

娘夫婦は、一歳八ヵ月の長女を連れて渡米してからおよそ一年の後に、二人目の子どもを授かった。話は遡るが、上の子は日本の助産院で出産している。安心して自分の身を任せられる助産婦にお産を介助してもらうことを希望し

たからである。

かつての日本では、自宅でお産をするのがあたりまえであったが、一九六〇年（昭和三五）を境に自宅より施設内でのお産を希望する人が過半数を超えた。現在では、医療施設内でのお産がそのほとんどを占め、自宅や自宅に近い雰囲気の助産院でのお産は、「贅沢なお産」とまでいわれている。

近年は、各地で「産科医不足」「助産師不足」「産科の閉鎖」が新聞紙上でも報じられ、「お産難民」という言葉まで生まれ、産む女性にとって深刻な事態が迫っている。自分の居住する地域でのお産さえ困難な時代となっているのである。そのような状況下にあって、娘は自宅から遠く離れた助産院で産むことにはなったが、可能な限り医療の介入しないお産がしたいという希望は達成された。その上、助産院の家族的な雰囲気に包まれた食事の場では、一緒に産後を過ごす経産婦たちからの学びも多かったようで、その後の子育てにも良い結果をもたらしている。もともと積極的に産院探しをしていたわけではなく、「安心して産める」ことだけを考えて選んだ助産院でのお産であったが、自分にとって最良の選択であったと後になって気付くことも多かったという。そして、この体験が今回のアメリカでのお産に結果として大変役立つことになったのである。

第二子も第一子と同じようにできる限り医療行為は避けたい、ありのままのお産がしたいと願っていた彼女に相談を受けた著者は、①硬膜外麻酔分娩はリスクを伴う、②テネシー州にはギャスキン(69)というカリスマ助産婦がいて活躍している、③ナッシュビルにはバース・センターもあるらしい、という三つの情報を伝えた。

②についてインターネットで調べた結果、自宅からかなり離れており、二人目のお産には距離的に無理があることが判明。③については、自宅分娩を扱う助産院もあったが、自宅よりも大学病院のオープンシステム(70)を利用したフリースタイルのお産ができる助産院を探した。実際に行ってみると混んでいて話を聞くための予約でさえ一ヵ月先。話を

した助産婦はとても感じの良い人であったが、「最初に予約をとった助産婦が担当となるが、お産の際に勤務時間外だったら他の人が付き添うことになる」といわれた。その上、実際にそこでお産をした人の話を聞くチャンスもなかったために、この助産院でのお産は断念したという。

最終的に、二人は夫の通うヴァンダービルト大学のメディカルセンターを選択した。ちょうど同じ大学に通う日本人の仲間内でも、ちょっとしたベビーブームが起こっていて、夫たちの通う大学のメディカルセンターでお産をする人たちが多かったからである。実際に様々な体験談を聞くことができた上に、バースプランを重視してくれるという情報も得て判断したという。

しかし、そこでは硬膜外麻酔分娩が主流で、実際にどのようなお産を希望するかということを新たに考える必要が生じた。硬膜外麻酔を使うお産は、腰の背骨に針を入れ、硬膜外腔《こうまくがいこう》に細い麻酔液のチューブを挿入し薬液を注入する。九〇%の痛みをやわらげることが可能であり、それまでの麻酔薬に比べて安全性が高いという評価を得て全米で利用されているという。言葉が思うように通じない異国でのお産に不安が募り、「郷に入っては郷に従え。硬膜外麻酔のお産にしようかな」と考えた時期もあったようである。実際に、日本人の仲間内でも「是非、硬膜外麻酔で！」という思いが強く、「せっかくのチャンスだから！」と、ほとんどの人が麻酔分娩を選択していた。

一方、陣痛促進剤と併用するためにリスクを伴うという指摘もあった。普通分娩と比較して、お産が長引くことが多く、吸引分娩や鉗子分娩になる確率が高い。膣から器具を挿入して胎児の娩出を助けるために、会陰裂傷も大きくなりやすいのが難点だという指摘である。

麻酔を使うか否か、悩んだ結果、「麻酔を使って、吐いた」という先輩産婦の情報に、「吐き気」よりも「お産の痛み」を選択することとなった。①基本的に医薬品は使わないこと、②初乳を飲ませること、③母子同室にしてもらう、などの希望を記したバースプランを準備して、お産に臨むことになったのである。

3　テネシー州ナッシュビルの生活

著者は「年内に生まれそう」という連絡を受け、急遽予定を繰り上げて渡米することとなった。二〇〇六年（平成一八）一二月二二日のことである。日本からはナッシュビルまでの直行便はなく、シカゴでの乗り換えとなる。シカゴのオヘア国際空港では、天候が原因で飛行機が遅れ、出発ゲートもときどき変わるとは聞いていたが、まさにそれに巻き込まれ、異国での貴重な体験の始まりとなった。

変更のアナウンスが告げられると、ロビーにいた乗客たちから一斉にブーイングが起こり、ぞろぞろと次に指定された搭乗口へと移動する。それから待つこと一時間あまり、再び変更のアナウンスが流れ、次へ移動する。しかし、ブーイングこそ起こるものの航空会社の職員に詰め寄り抗議する乗客は一人もいない。そして待つこと一時間、やっと搭乗開始の案内となった。すると一斉に歓声と拍手が湧き起こり、「I have a plane!」と叫ぶ若者もいて、一人旅の著者にも仲間意識が生まれた。

テネシー州の州都ナッシュビルは、一八世紀末までは未開拓地であったが、プランテーションの発達とともに都市としての発展をとげ、一九世紀後半には、南部の主要な産業都市となった。カントリーミュージック発祥の地としての面影を残す古き街並みと現代的なビルディングの共存するダウンタウンや、ヴァンダービルト大学を中心にマチが形成され、そのまわりの丘には住宅地がある。

なだらかな斜面を利用して建てられた家を多く見かけた。二階家もあるが、大抵の家が平屋で、大きな木と暖炉のあるのが特徴的である。道路に面した芝生の庭の向うに玄関があり、裏庭もある。子どもたちが遊ぶための木の家や滑り台などの遊具や大木を利用した手作りのブランコが目につく。また、いつでもバーベキューができるようになっている家も多い。

住人のほとんどが勤務労働者であるが、比較的豊かな人々が暮らしている地域で、老後をナッシュビルで過ごすために移住する人々も多いという。老人ホームに住んでいる人々も、自分で車を運転して外出。自由な暮らしを楽しんでいるといった風である。

ナッシュビル空港から、北西に向かってフリーウエイを二〇分ほど行ったエルミントンアヴェニューに、娘家族の住むセキュリティの完備した集合住宅がある。

ちょうどクリスマスの時期で各家の戸口にはリース、室内にはツリーが飾られ、特別派手ではないがイルミネーションをほどこした家も多い。クリスマスをあしらったセーターを着て、自らをデコレーションしている女性も少なくない。

大通りに面した工事中のビルディングの壁では、サンタクロースの赤い帽子をかぶった大勢の職人が、横一列にずらりと並んでレンガの貼り付け作業中。なんとユーモラスな光景！

ナッシュビルの観光名所の一つオープリーランドホテルの広大な屋内庭園も、クリスマスを楽しむ多くの家族連れで賑わっていた。クリスマスは家族で過ごすという。カップルの姿はほとんど見られず、機内でもクリスマスに家へ帰るアメリカ人男性の一人旅が多かったように思う。そもそもナッシュビルの人々は、朝も帰りも早く、家族揃っての夕食を楽しむ家が多いという。

また、たまに犬を散歩させている人はいても、住宅街や幹線道路沿いを歩いている人も子どもの姿も見かけない。車でどこへでも行くからである。通勤はもちろんのこと、学校の送り迎え、友だちの家に行くときも車。ジョギングやウォーキングをする人も公園まで車で行く。勤め帰りにジョギングやウォーキングで一汗流して帰宅する人も多いという。

ナッシュビルのほぼ中央に位置するセンテニアルパークにもそうした人々のためのコースが設けられていた。ラドノアレイクもまたウォーキングを楽しむ人々に利用されている。州立の湖を中心とした自然公園で、ペットや車の立ち入りはもちろんだが、食べ物の持ち込みも禁止されているウォーキングのための施設である。湖のまわりを歩く一時間ぐらいのコースのほか、登り下りのあるコースが複数あって景色の変化も味わえ、野生の鹿やリスとの出会いも楽しめる。クリスマスに使ったもみの木をチップにしたものが敷き詰めてあるために歩きやすくなっている。年明けには、収集されたもみの木が、大きなトラックで次々と運ばれてきた。

年間を通しての気温は東京とほぼ同じだが、一年中湿度が低く、太陽も一年中ギラギラとまぶしい。

アメリカでは、ベビーシャワーといって、出産予定日の一、二ヵ月前に友人や親戚を呼んで出産祝いをする習慣がある。無駄がないように必需品をリクエストすることもあるが、最近は大手スーパーにあらかじめ欲しいものを登録しておき、招かれた人はその中から選んで購入することもあるという。通常プレゼントには必ずレシートを入れる習慣があり返品も可能。男の子が生まれると葉巻を、女の子が生まれるとチョコレートを配っていたが、最近では男女にかかわらずチョコレートを配るようになっているという。

著者の滞在中、プレスクールに通う三歳になった孫が、同じクラスの友だちの誕生日パーティの招待を受けた。招待状は電子メール。地図のアドレスも添付されていて、クリックするとその家までの道順が表示されるようになっていたのには、ちょっとビックリ。

招かれた子どもの両親も付き添い、一緒におしゃべりをして和やかなときを過ごすようセッティングされている。

三時に始まったそのパーティでは、手作りのケーキやお菓子、そのほかには生のブロッコリーにやはり生のニンジンスティックなどが盛られた大皿が出され、大人たちにはビールも振舞われたが、五時にはお菓子やおもちゃの入ったお土産の袋を貰い帰ってきた。普段から長居はしないというが、家族ぐるみで楽しいひと時を過ごすようである。

4　産婦に寄り添って

検診　三七週の検診では、「子宮口が三㎝開いているわ。柔らかくなっているから、次の検診はないでしょう」と告げられていたのに、お産は進まず、三八週の検診も受けることになった。

検診室には、問診をするスペースと検診台の置かれたスペースがあり、更衣室も付いている。検診時には、病院が紹介してくれた日系ブラジル人の通訳シズエさんが付き添う。シズエさんは普段は別の病院で手術専門の看護婦をしているが、空いている時間を利用してボランティアの通訳をしているという。手術は午後が多いので、午前中の検診には付き添えるのだと話してくれた。もちろんお産にも手術がない限り駆けつけることになっている。

主治医は決まっているが、お産の当日には誰が担当するかわからないため、三五週ぐらいからは、ローテーションで他のドクターたちに診てもらうことになっている。三七週と三八週は、クリスマス休暇と重なったので、たまたまナースでドクターの資格を持つ女性が担当し、いつもより丁寧に診てもらえたという。

通常の検診では内診はないが、出産予定日が近くなると、問診後に、検診台の上で、使い捨ての紙製のメジャーで子宮測を計ったあとに、内診をすることになる。検診台にはカーテンはなく、シーツで下腹部を被い、妊婦の顔を見て話をしながら手早く内診する。

三七週の検診で、「次の検診はないでしょう」といった彼女は、娘の顔を見るなり、「まだ生まれなかったのね！

毎日お産した人の名前を見ていたのに、あなたの名前がなかったのよ！」と驚きを隠せない。内診の結果、子宮口は三㎝から四㎝になったものの、「あなたには、もう何時頃生まれるなんて言えないわ」と笑っていた。

案の定、年内に生まれそうとの予測は見事にはずれ、大晦日を迎えることになった。通訳のシズエさんが「みんなで、日本の紅白を見よう！　産まれそうになったら、一緒に病院に行けばいいわ」と自宅に招待してくださった。彼女の世話になった他の日本人家族も一緒である。みんな一品か二品の手作りを持ち寄るポットラックパーティで、「おかあさんもご一緒に」と誘われ、喜んで著者も参加させていただいた。

日米のお産の違いについて　シズエさんのお宅には、著者の家族を含めた四家族が招待されていた。第一子を日本で産み、第二子をナッシュビルに来て産んだ人に、日米のお産の違いを尋ねると「日本の病院は、冷たかったけれど、こちらではドクターもナースもほめ上手！　麻酔で楽だし、お産を楽しめた！」という。インターネットで「アメリカのお産」を検索すると、「硬膜外麻酔でよかった」「硬膜外麻酔を希望しているから、アメリカで産みたい」といった内容のブログも目につく。ちなみに、「臍の緒は？」と尋ねると、「自分のはあるけれど、子どものは日本でも貰わなかったし、保存しなかった」とのことである。

お産までのカウントダウン　大きなお腹を抱えたまま新年を迎えた。それからは、お産をイメージしながら、ウォーキングの毎日。初産では、予定日より二週間も遅れたために毎日歩き続けていたからである。また、「身体が温まるとお産が進む[71]」という言葉を思い出し、足浴も試みた。子宮口が開いているので感染しないようにバスタブにつかることを避け、膝から下を四〇度くらいのお湯に入れること三〇分。不思議と身体も温まり、お腹が張ってくる。それでも、次の検診日(一月五日)まで生まれることはなかった。

そして、三九週の検診から帰った日の夕方、いきなり一〇分おきの陣痛が始まった。病院に電話すると「甘いもの

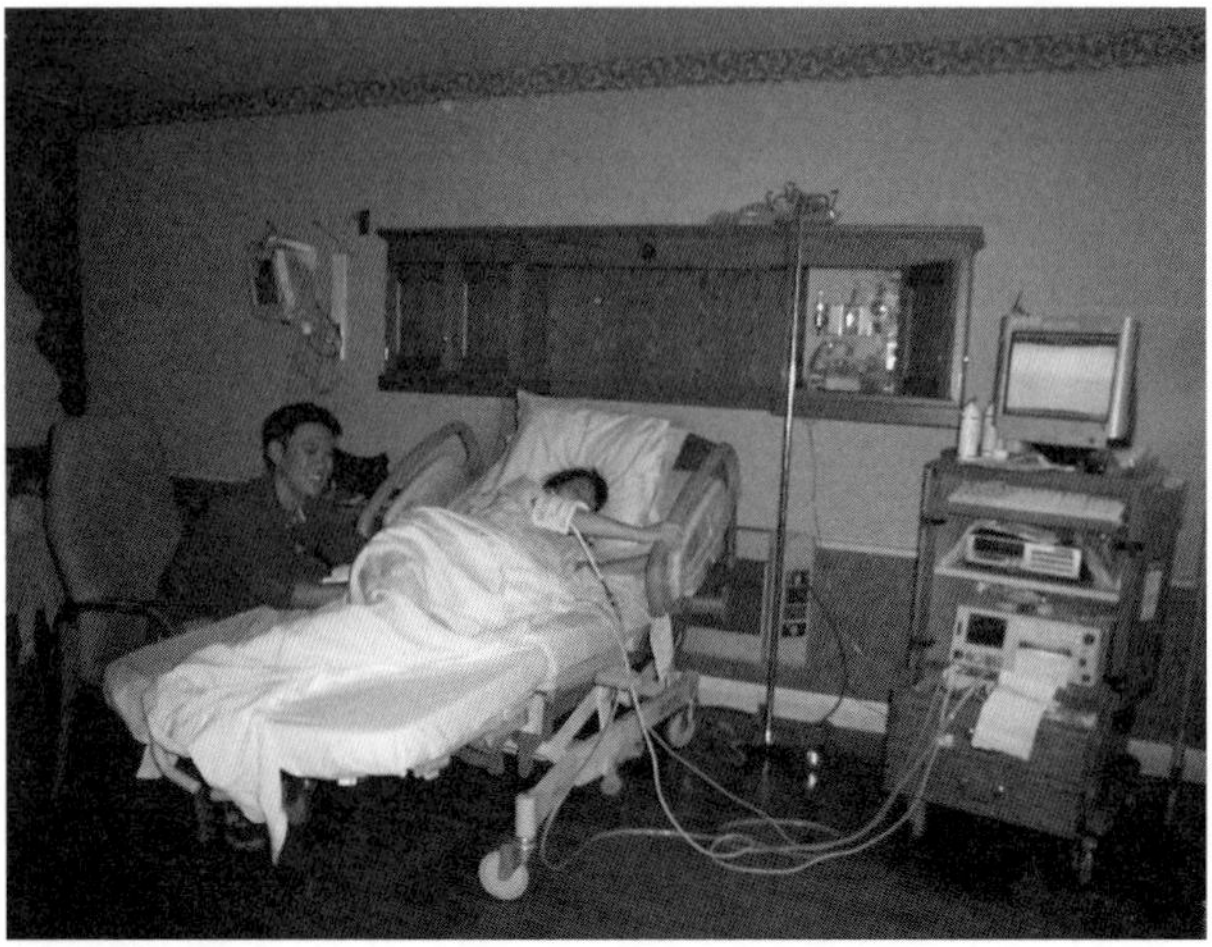

ＬＤＲ内の光景

を食べなさい。甘いジュースでもいいですよ。」という。あいにく甘いものがなく「お米のおむすびでもいいか？」と聞くと、「それでいい。食べて胃の下が三回動いたら、来院するように」とのこと。

　甘いものを食べるとなぜ胃の下が動くのか、帰国後、神戸の毛利助産所の毛利種子さんにうかがってみると「おむすびは、良かったですね。おそらく糖質のものを食べ、消化することで神経が刺激されて、子宮の収縮も促される。そのようなことなのでしょう」と教えてくださった(72)。

　おむすびを食べると、たしかに胃の下が動いた様子。三回動いたかどうか、本人にはよくわからなかったというが、とにかく「もう、我慢できない。生まれそう！」と車で二〇分ほどの病院に行くことになった。

　いよいよお産　午後四時五〇分に陣痛が始まり、五時四〇分には病院に到着、少し待たされてからＬＤＲ（陣痛、分娩、回復室）に入った。木目調の広い個室で、真ん中に産婦のベッド、手前には分娩監視装置と新生児用のベビーベッドがあった。部屋全体の照明は落としてあるが、窓際にはソファーのセットもあって、家族でくつろげるようになっている。トイレつきのシャワールームも備えられてい

誕生の喜び

る。着替えを済ませると、バースプランを渡し、ナースから様々な質問を受けた。

また、一般には事前に男児か女児かを知らされているので、担当のナースたちから、「男の子か、女の子か？　名前は？」などと聞かれていた。産婦をリラックスさせるために聞いたのかもしれないが、娘が「名前は、シークレット」と答えると、爆笑されていた。

六時三〇分に内診を受けると子宮口は七㎝。ドクターは、「もうすぐ生まれるよ！」と励ますとすぐに退室。七時三〇分には八㎝。九時ごろになるとますます痛みが強まる。子どもの立ち会いは四歳からということで、わたしは三歳の孫と、院内にあるマクドナルドで待機することにした。

そして、生まれたのは九時五〇分。通訳のシズエさんが知らせに来てくださった。もちろん夫は立ち会い、妻の腰をさすり続けていた。ナースもドクターも常時ＬＤＲにいるのではなく、分娩監視装置のモニターを参考にタイミングを計っていたようである。

前回は畳の上でのフリースタイルで、最後は夫にしがみつきながらの「たち膝」のお産となった。今回はベッド上で横位となり、助産院でのお産をイメージしながら、呼吸法によって痛みを逃すように心掛けていたという。いよいよ激しい痛みが襲ってきて、上手にいきむことができずにいると「それは効果のないプッシュよ」とか「そうそう上手よ」という具合に、効果的にいきむタイミングを教えてくれたという。産む直前に仰臥位になったが、分娩台に固定されるのではなく、ナースと夫に足を押さえてもらえたのが良かったとも。三五〇〇g、五一㎝とやや大きめの男の子だったが、会陰裂傷もなく、ドクターもナースも「ベリーグッド！」を繰り返していた。やはり励まし上手なのか…。

七時が交代の時間だったようで、お産が始まって間もなく次のナースが来ると、それまで付き添っていたナースは「グッドラック！」と笑顔で退室。とても温かく励ましてくれるナースたちであったが、勤務時間についてはシビアであった。

産後　産後は、胎盤が出ると間もなくトイレに歩いて行かれるかと聞かれ、トイレでは便座に取り付けてある容器に尿をする。膀胱に尿を溜めないように注意され、車椅子で入院用の個室に移ったあとにも、出血の量と尿の量を確認された。(73) 三回は、尿が出るか、大量の出血がないかを確認するという。こまめにナースが来て子宮の収縮状況や出血の量の確認など、産後の経過をチェックしていた。

およそ三六時間（通常は四八時間(74)だが、出産した時間帯で多少のずれがある）の入院。LDRとよく似た木目調の広い個室には、バスルームやソファー、ゆりイスのほか、ベッドになるイスもセットされているので、付き添いの夫も仮眠できるようになっている。見舞い客の出入りの時間も自由であるが、ベイビーには母親の名前を書いたテープのほかに、防犯用のタグも付けられる。産婦とその夫の手首にも名前を書いたテープをはめられ、退院するときまでは絶対にはずせない。夫が一時家に帰るときにもそのままであるという。

また、産湯の習慣はなく、スポンジバスで、入浴は臍帯がとれてからとのこと。臍帯はクリップ（退院時にははずしてあった)で留めてある。臍帯は一三日目に、まるで蓋がとれるようにはずれた。

新生児検診は、五日目とその二週間後にホームドクターに診てもらうが、産婦は六週間後に検診があるということであった。

アメリカ人の一般家庭では、通常産後二週間は夫が仕事を休み、食事の支度や洗濯などをするという。しかし、娘の連れ合いは勤務先からの大学院留学生であるため、長期間授業を休めないだろうと推察、母子の健康を第一に考えた結果、産前産後の約一ヵ月間滞在することを決めた。アメリカでのお産に付き添えるというおまけ付きであったが、なんとか無事に母親としての勤めも果せたように思う。

むすびに

はじめに紹介したアメリカのお産を変えた七人のヒロインたちの功績によって、医療の介入を最小限にとどめるバース・センターの開設や、産む人に優しいお産環境が求められつつあることも事実であるが、二〇〇〇年(平成一二)の統計では、お産の九八・九%が病院で、そのうち大病院では硬膜外麻酔が九〇%にものぼるといわれている。(75)

アメリカの無痛分娩が主流の病院で、医薬品を使わないありのままのお産を実践することは大変困難なことかと案じていたが、日本の助産院で第一子を産んだことを身体がしっかりと記憶していたこと、そしてそれを異文化の中で実践できたことが、今回の満足できるお産につながったのではないかと推測できる。産婦の希望を優先し、且つ安全を視野に入れた病院のシステム、そして母子を見つめるインターナショナルなドクターやナースのまなざしも印象に残った。また、ボランティア通訳のシズエさんの存在もドゥーラとしての役割の一端を担っていたと考えられる。

著者の母は、一九五一年(昭和二六)に結婚によって九州から上京し、翌年にわたしを総合病院で出産した。自宅でのお産がおよそ九割を占めていたころのことである。もし、上京していなかったら、九州の母の実家で、産婆[76]の世話になって生まれていたのかもしれない。伝統社会である村落共同体から近代都市へと移り住んだ母は科学技術を信頼したからこそ、総合病院でのお産を選択したのであろう。

　著者自身は、高度成長期の真只中、一九七五年に長女を、二年後には次女を近所の産婦人科医院で出産した。陣痛促進剤が盛んに使われていた時期である。産院で教えられたのはミルクの作り方だけであった。科学技術が目覚しく進歩する時代にあって、何も考えぬまま医療管理下のお産に臨んだものとなった。

　その時代に生まれた次女が、二〇〇三年に長女を日本の助産院で、二〇〇七年に長男をアメリカの病院で出産した。どちらも母体に備わった産み出す力の営みとしてのお産を選択した。

　かつて、ムラからマチに移住するにあたって科学技術を信頼する選択をした著者の母、無意識に科学技術に身を任せた著者、そして、科学の最先端をいく大学のメディカルセンターで自らの身体と向き合いながら納得のいくお産をした著者の娘。母や著者の場合は、科学技術の進歩を背景に近代化する時代の歩み、すなわち医療管理に取り込まれていくお産であった。それに対して、娘の場合は近代科学の中でも自らの身体と向き合う方法を選択できたのである。

　先にも述べたが、現在の日本においてもお産をめぐる様々な問題が山積している。そうした問題が起こるのは、かねがね科学技術が優先された結果生じたひずみであると考えている。しかし、人間が人間らしさを取り戻そうとする時代の流れにも確かな手ごたえを感じている。様々な試みから生まれる新しいお産文化の到来に期待したいと願ってやまない。

第五節　避妊ということ

はじめに

二〇〇五年度の我が国の合計特殊出生率[77]が一・二五と、かつて経験したことのない低い数値を示し、少子化に対する政策が重要課題となっている。「産む性」の声がどのように審議の場に届いているのか、政府が打ち出す少子化対策には、当事者の側に立った議論が尽くされているのかが見えにくいように思われる。なぜ女性たちが産まなくなったのか、産めなくなったのかなどという当事者の声に耳を傾け、その背景を探ることはできないものであろうか。

避妊に関する先行論文に鈴木由利子の「育てる意思のない子ども—避妊・中絶をてがかりに—」がある[78]。そこでは、命の芽ばえに対する人々の認識を「育てようとする子ども」と「育てる意思のない子ども」に分類する。そして、「育てる意思のない子ども」の「命」に対する人々の認識のあり方を究明するために、避妊の俗信に見られる呪術的行為を考察する。その結果、「育てる意思のない子ども」、柳田國男のいう「子供にしない[79]」子の「命」に対する人々の認識のあり方は、「命」としての感覚が希薄であると指摘した。つまり、子どもの命を起点として、避妊や中絶を見つめたものであった。

本節では、民俗慣行としての避妊、人口政策に始まった避妊、戦後の家族計画としての避妊、そして女性自身による自己決定としての避妊を考察し、妊娠することとの相関関係を明らかにすることを第一の目的とする。その上で、避妊という手段を用いて生殖をコントロールすることが、女性の生き方にどのような影響を与えるのかを考えたいと思う。それが、少子化という現象を生み出した現代社会の抱える問題を考察するための糸口の一つとなるのではないかと考えるからである。

1　民俗慣行としての避妊

バースコントロールとして、避妊薬や避妊具が一般に使用されるようになったのは第二次世界大戦後、一九四九（昭和二四）年に政府が受胎調節を勧める方針をとってからのことである。それまでは、望まない妊娠については多くの場合、間引きや堕胎が行われた。避妊薬や避妊具は近世から存在してはいたものの[80]、妊娠を避けるには、通常は性交回避や性交中断といった避妊法以外には祈りや呪術に頼るしかなかった。

『日本産育習俗資料集成』には、寺社や産神などの神仏に対する避妊祈願や、様々な呪術が行われてきたこと、灸・紙挟み・腹部冷却・交接前の水飲み・交接後の小便や片足飛び・長期間の授乳など、受精卵が着床しないための試みがなされていたことなどが、報告されている[81]。

以下は、『日本産育習俗資料集成』から避妊に関する報告を抽出し、類型化したものである。

①民間療法によるもの
灸・腹部冷却・紙挟み・夜ごとの一碗塩水・灰汁飲み・ほおずきの根・交接前の水飲み・交接後の小便や片足飛び・長期間の授乳

②祈願によるもの
神社・鬼子母神・杓子神社・地蔵尊・観音菩薩・枕木山（妊娠・避妊）・庚申堂・便所神・産神

③呪術によるもの

祈願系…底抜けひしゃく・産神への投げ石・底抜け袋・多産婦と子なし婦の伴参り
産前産後…陣痛時の小さな握り飯食い・産後またぎ・産後の小豆・生卵食べ・産湯のたらい叩き・分娩後の大便・三日産屋のぼた餅・するめ食べ・お七夜参りの箸・名付け・産婦の袖の小豆
その他…呪符と供物・腹巻交換・おさ（機織道具）の逆さ掛け・女の枕落とし・からすの巣焚き飯・襁褓（おむつ）贈り・井戸への背面による黒白石投げ

民俗慣行としての避妊は以上のように、①民間療法によるもの、②祈願によるもの、③呪術によるもの、に大別できるように思われる。さらに③呪術によるものは、寺社への祈願に伴う呪術・産前産後に行われる呪術・その他不特定日に行われる呪術と細分化できるようである。また、祈願に伴う呪術や民間療法を営みつつ寺社へ参る複合型も多く見られる。

民間療法には、灸・腹部冷却・紙挟み・夜ごとの一碗塩水・灰汁飲み・ほおづきの根・交接前の水飲み・交接後の小便や片足飛び・長期間の授乳などが、伝承されている。腹部を冷却する・毎晩塩水を一碗ずつ飲んで寝る・灰汁を飲む・交接前に水を飲む・交接後に小便に行く・片足飛びをする、と妊娠しないなどという事例は、本来ならば流産しないよう慎むべき行為であり、避妊と言っても流産を促す効果をねらったものとも考えられる。

長期間授乳していると妊娠しないというのは、授乳することにより排卵の再開が遅れる「授乳性無月経」となることを体験の中から学び、伝承された事例であろう。そして、ほおずきの根を煮出して服用したり、直接子宮に挿入するという方法は広く見られ、旧千住宿の遊郭でも耳にした。

安産祈願にも避妊祈願にも見られるのが、底抜けひしゃくを奉納するという行為である。これは、底抜けの連想から一方は宿った霊魂をいち早く安産に導くために、また他方では霊魂が宿ることのないように底抜けひしゃくを奉納したものであることが推察される。

一般的には、多産でその後の出産を望まない場合に、生まれた子にトメ・シメ・スエなどという名付けをする事例が多く報告されている。宮崎県南那珂郡の報告によると、子が多く生まれて困るときは留（とめ）またはアグリなどの名を付ける、とある。『改訂綜合日本民俗語彙』によると「アグリ」は、子どもの大勢いる家でその後に生まれた子に付ける名であるという[82]。青森県上北郡野辺地でアグルというのは溢れること（方言集）であり、もうたくさんだという意味である。また、女の子ばかり生まれて男の子が生まれない時に、これが最後の女児であるようにという心情で付ける名前であったり、生まれた子がうまく育たない家で、この名を付けるとその女の子は順調に成育すると言われていたりすることもある[83]。

2　呪術と避妊[84]

ところで、前述の底抜けひしゃくの例であるが、妊娠しないことを願う呪術には、妊娠祈願と表裏一体となる行為が多数報告されている。底抜けひしゃくや底抜け袋を供えるとよいなどという事例のほかに、子授けを願う女性との伴参りもまた妊娠祈願と共通するものであった。

受胎祈願には魂が宿るようにと袋状のもの（小袋→子袋）を神仏に供えたり（羽後矢島地方）、魂が宿るとされている臼を伏せていると、（魂が宿れないので）難産になる（福島県）などと言われたりする。その反対に、難産の際に夫が臼を背負って家の周囲をぐるぐる回って歩き、三回回れば生まれる（筑波郡大穂町―現在のつくば市大穂）という伝承もある。日本人の霊魂観によれば、魂は袋状のものや窪みのような形状のものに宿るとされてきた。そして、赤子は、生まれるに足るだけの魂を授かってこの世に誕生すると考えられ、その後の成長には、魂を付与するとかあるいは更新するという意味合いの産育儀礼が行われていた。

現在でも、初誕生の子どもに一升餅を背負わせる行事が広く行われている。餅を背負わせたまま、わざと転ばせる事例が多いのも、魂に見立てた餅をその子に付与するという意味合いのものと考えられる。また、赤子の誕生直後に供える産飯や、食い初めの膳に河原などから拾ってきた小石を載せる地域も少なくない。これもまた赤子の魂の象徴あるいは魂の付与といったものと考えられる。

カミの子と言われる七歳までは魂を付与するという趣旨の産育儀礼が顕著に見られる。ことに石を魂に見立てたり、石に魂が宿ると考えられていたことは、多くの事例から推測できる。

福岡県三瀦郡では、多産で困る人と子どもが欲しい人とが同伴して、太田観世音に参詣祈願し、堂の裏手の石に相互に腰かけ互いの腰巻を交換すれば双方の思いがかなうという。袋の場合も同様で、受胎祈願には魂が宿るようにと小袋(子袋)を供え、避妊祈願には底のない袋を作って供えることが報告されている。

奈良県生駒郡の「陣痛の起こった時、小さな握り飯若干を作って食えば、その時生まれた子が、その食った数だけ年をとるまで次の子が生まれない」という事例も、赤子の魂との関連性を持つもののようである。初湯に使ったたらいを逆さに伏せ、その底を産婆に叩かせると再び妊娠しない(愛知県)、という事例は、「もうたらいは使用しない」、すなわちもう妊娠しないという意思表示であったと考えられる。

産後直ちに生の小豆を三粒飲めば後に子どもができないという福岡県八女郡の事例や、多産に苦しむ家庭にあっては、産婦の知らないうちに産婦の袖に小豆を入れておけばその小豆の数だけの年数は妊娠しないという福岡県山門郡の事例に共通するのは、小豆が赤子の魂を象徴していることである。小豆を女性の体内や霊魂の宿りやすい袖に次の子の魂が宿る前に先に入れてしまい、妊娠を回避しようとしていたことがわかる。魂が宿れば妊娠となり、魂が宿ることを避ければ避妊となると考えていたからであろう。丸形・赤色という特徴によるものなのか、なぜ小豆かは不明であるが、魔除け系統の行事の際にはよく登場するものである。

また、月経を遅らせるために小豆を遅らせる日数分だけ飲んだ、という体験を一九二五年(大正一四)生まれと一九三二年(昭和七)生まれの女性民俗学研究会会員の二人から伺う機会を得た。妊娠を避けるための小豆が月経を避けるためにも用いられた例ではないかと思われる。

新村拓の『出産と生殖観の歴史』によると、月経と妊娠の関連は、すでに江戸の川柳に見られるという。有名な朔日丸(避妊薬)を読み込んだ「朔日で払ふは月の滞ほり」というのがあるが、これは朔日(月の第一日)にそれを一服飲めば、月のものが滞ることがない、すなわち妊娠することはないという意味であるという(85)。

3 政策としての産児調節

太田典礼の『日本産児調節百年史』によると、人口増加が貧困と犯罪の原因であると説いたイギリスの経済学者マルサスの人口論は、日本においても一八七六年(明治九)に紹介された。その中で日本産児調節史の第一波は、その後の明治三〇年代であったとしている。一九〇三年(明治三六)に小栗貞雄・賀来寛一郎共著の『社会改良実論』が出版され、妊娠制限の必要性や実行法が世に示された。産児調節運動に高まらなかったものの、そのころ避妊薬としての「貴方の友」や花柳流予防薬や国産品の子宮サックが販売されており、一九〇八年には国産のコンドームが販売されるようになった。一九一八年(大正七)頃には婦人雑誌にも避妊用具の広告が掲載されていたとある(86)。

一九二〇年の第一回国勢調査では人口過剰が問題となり、翌年には山川菊枝が雑誌『改造』一月号に「女性の反逆」を発表。社会主義的女性解放、母権論の立場から産児制限の必要性を論じるなど、産児制限への関心が高まる中、一九二三年のサンガー婦人[87]の来日が直接的な契機となって、日本産児調節史の第二波が起こったのだと太田典礼は指摘している。

一九二四年には荻野久作により「排卵は次の月経第一日から逆算して一四日プラスマイナス二日にある」とする学説が発表された[88]。荻野自身は「避妊法と受け取られるのは迷惑で、むしろ子どもが欲しい人に役立つ学説」であると主張していたということであるが、多少の例外はあるとしても、受胎期が算定できることから、自然に逆らわない避妊法としての画期的な研究成果であった。

しかし、『日本産育習俗資料集成』には間引きや堕胎の方法が多数収録されており、望まない出産に対しては悲惨な行為が伝承されていたことが推察される。第二次世界大戦後の混乱の中では、多くの女性たちが妊娠し、人口流産、人口妊娠中絶に走っている。占領軍司令部もまた、産児制限の必要性を示唆する。産婦人科医以外に、外科、耳鼻科、獣医までがその手術を行うという状況下においての被害は少なくはなかった。そうした時代背景の中、コンドームなどの避妊具を使用する受胎調節が行政レベルで推奨されることになる。太田典礼の言う第三の波となるのである。

一九四八年（昭和二三）に成立した「優生保護法」は翌年には一部を改正し、「受胎調節に関する適切な方法の普及指導をすること」が定められ、七品目の避妊薬の販売が認可された。

以下は、長野県下高井郡（現中野市）延徳村のポスターの写し[89]である。

◇子供は少なく産んで立派に育てましょう！

昭和二十四年五月　延徳村優生保護研究会

国民保険組合・農村建設連盟

農業共同組合・婦人会

戦争に破れ、国土が半分に減り、海外移民の途も開かれていないのに、日本は毎年百六十万人も増え、食糧さえ自給できない情けない状態であります。

延徳村におきましても、入学児童が大正元年は五十八名、昭和元年は八十九名であったが、本年は百二十六名という様に段々増え、学校増築等大きな負担となり、農地は細分化され、共倒れしなければならない状態にあります。

国家的立場からも、母体の保護の為にも、産児を健全に育てる為にも、是非出産を調節致しましょう。

今回、出産調節を共に推進する為に、協会を設立致しますので、御賛同の上御加入下さい。

◎優生保護研究会の事業

一、事業（1）優生相談所の開設（役場内）—受胎調節及妊娠中絶の相談に応じます。

（2）薬品、器具の斡旋（農協組）—原則として予約制により、責任ある良品を低廉に斡旋します。

（3）研究、懇談会の開催—専門医師を招き、衛生講話及薬品、器具の使用等の研究をする。

二、機構（1）会員　賛同する者（なるべく婦人）

（2）支部　農家組合毎に、連絡係として監事をおき部落に支部長をおく。

（3）本部　正副会長をおく。事務を掌る為常任理事をおく。

（4）経費　会費（年十円）又補助金。

各地で産児制限を掲げた団体が誕生したが、実際にはなかなか普及しなかったようである。一九四九年五月に、受胎調節実地指導員が設けられ、受胎調節の普及・指導が国策として行われるようになった。「産児制限」から「妊娠調節」「受胎調節」の用語が使われるようになったのもこの時期からである。

東京都足立区で助産院を開業していた永沢寿美は、次のように当時のことを振り返る。「戦後のベビーブームの後、ヤミの中絶が横行しました。一九五二年からは受胎調節指導を行っていたのに、それでも妊娠中絶が多かったですね。正式に届けを出す人は一割程度でしたよ。受胎調節指導は保健所で管理され、カードにペッサリーの指導をしたとか、コンドームを一ダースあげたとか記入するんです。コンドームとゼリーは無料配布でしたが、足りなければ家族計画協会へ行き自分で購入して配ったこともあります。幼稚園、学校、町会の施設などを借りて、人を集め、映画の上映を行ったり、助産婦が交替でペッサリーやゼリーの使い方を指導したりしました。「今まで産ませていたのに何だよ」と罵倒されても、「政府でやるように言われたのよ」と答えるしかありませんでした。それまでは産ませる側にいた助産婦が受胎しないように指導するのですから、何の因果でこんなことをしなければいけないのか…」と、受胎調節実地指導員としての活動を助産婦同士で嘆きあったことは忘れられないという。

4　女性自身による自己決定としてのバースコントロール

民俗慣行としての避妊、人口政策に始まった避妊、そして戦後の家族計画としての避妊を見てきた。民俗慣行としての避妊の中には流産を促すような行為も含まれていたが、間引きや堕胎はさらに悲惨な行為であった。第二次世界大戦後に横行したヤミの人工妊娠中絶も母体にとって大変危険なもので、先の永沢寿美も、「中絶した女性は妊娠しやすいので、一年に二回ぐらい掻爬している人も多かった。掻爬を繰り返すと子宮の内膜が薄くなり、収縮もしなくなるので、弛緩性出血を起こし、大変危険だった」と振り返る。その結果、事故が生じたことによって廃業に追い込まれた開業助産婦も少なくないという。

避妊と間引き・堕胎は、本来は異なることではあるが、子を成すことを拒否するという点では一致している。間引きのことを「返す」「戻す」「薪拾いにやる」などと言って、胎児や生まれたての赤子のことを「人」として認知することのない時代が続いた。ほおずきの根を挿入して堕胎をはかるなど、母体を危険にさらす手段を選択しなければならなかった時代もあった。そして、胎児を人として認知する考えが拡大した現代では、人工中絶した胎児はもちろん、流産によって命が途絶えた胎児すら供養の対象とする傾向が見られる。賽の河原には小石が積まれ、水子供養も盛んに行われている。子どもを授かりながらも育てることのできなかった女性たちの悲しみや罪悪感の表れであろう。そこには、母体に及ぼす肉体的なダメージはもちろんのこと、精神的なダメージからも逃れられない心理が読みとれる。

一九九五年(平成七)に北京で行われた「第四回世界女性会議」では、「リプドダクティブ・ヘルス／ライツ」というそれまで意識化されていなかった新しい概念が、女性の権利として位置付けられた。性や生殖に関することを女性の健康と権利として捉えようとするものである。国家によるトップダウンの人口政策に対する批判や、「私のからだは私自身」をスローガンとした女性運動の高まり、エイズや女性に対する性暴力なども含め、性に関する問題は妊娠・出産にとどまらず多岐にわたるという認識の広がりによって国際的なキーワードとなった。

一九九九年には低用量ピルが避妊薬として認可され、女性の自己決定による避妊が可能となり、完璧なバースコントロールが実現したかに思われる。ピルはもともと後進国の人口抑制のために開発された確実性の高いホルモン避妊薬であるが、先進国の女性たちも飛びつくようにしてこれを利用することになった。「産むか産まないか」の決定権を手中に収められるからである。ところが、血栓症や癌の発生などピルの副作用が問題となり、長期間の使用は不妊の原因になるとの指摘もされた。ピルを自由化することによって女性の選択肢を拡大すべきなのか、より安全な避妊法を探求すべきなのかが問われていた。そうしたプロセスを経て、ホルモン量を抑え、副作用も抑えたという低用量ピルが認可されたのだが疑問が残る。

避妊は科学技術のもとにコントロールできるようになった。しかし、妊娠は科学技術をもってしても解決できないのが現実である。高額な不妊治療を長期間受けても妊娠するとは限らず、体外受精の成功率は一〇％から一五％であるというのに、不妊治療を受けているカップルは一〇組に一組とも七組に一組ともいわれる。

その一方では、「子どもは授かりもの」として、子宝祈願に訪れるカップルは現在も絶えない。子宝信仰で知られる千葉県銚子市の菅原大神の例大祭では、触れるだけで子どもに恵まれるという「子産石」を二〇〇人近い女性たちが抱き上げて、子宝祈願を行っているという記事が地元の新聞に掲載されている。(90)

伝統社会においては、避妊は祈願と呪術に頼っていた。近代社会においては科学医療による避妊が加わり、女性の健康とからだの性の自己決定権が保障されたかのように思われる。しかし、子どもが欲しいと願っても子宝に恵まれるものではないし、避妊をしなければ必ずしも妊娠できるとは限らない。たとえば、結婚して二、三年は避妊し、それから子どもが欲しいと願ってもすぐに妊娠する保証はなく、むしろ「避妊」の次に訪れるのは「不妊」であったりすることがあると聞く。

二〇〇六年に、医療ライターの河合蘭が『未妊』というタイトルの本を出版した。(91)「産みたい」と思っても「産めない」「妊娠できない」ばかりではなく、「産むと決められない」状態を「未妊」と名付け、産むと決められずに不安を抱えて過ごす、あるいは過ごした二六人の女性たちの声を一冊の著書にまとめたものである。そして、「未妊」に悩む女性たちは現代社会によって生み出されていると、河合は指摘している。

女性自身による自己決定としてのバースコントロールの比率が高まっている現代社会において、かえって産むと決められない未妊の悩みを持つ女性が急増しているのは皮肉なことである。さらに、避妊から不妊を招く女性の増加などを重ね合せると、「避妊」と「妊娠」は対立した概念ではなく、一体化したものとして捉える必要があるのではないかと考えられる。

むすびに

人は日常生活において、精神と身体が一致していることを前提として行動しがちである。性や生殖についての自己決定権は、精神あるいは意識と身体の一致が不可欠な条件となるはずのものである。しかし、自らの意志による避妊が可能となり、自己決定権を手中に収めることができても、すべてをコントロールできるとは限らない。むしろ、身体は意識によって制御できるという性質のものではない。自分の身体でありながら自分の身体ではないといった、意識と身体の不一致が生じてくる。まさに避妊や妊娠は、自分の身体でありながら実は自分の内なる他者であることを実感させられるものとして存在する。

その結果、「産む性」としての女性たちが悩み、戸惑い、そして前へ進めなくなるという状況に追い込まれることになる。本節で見てきたように、避妊と妊娠は対峙するものではなく、「避妊ということ」は同時に「妊娠ということ」に通じるものであった、少子化という社会現象を「産むか産まないか」、「避妊か妊娠か」といった二者択一による結果と考えるのは早計である。「産む性」として自らがお産環境そのものである女性たちの心と身体を見極めることがとりわけ重要な課題となるのではなかろうか。

第二章　「産む性」と統制管理環境

第一節　男性助産師導入問題と出産観

はじめに

お産についていち早く注目し、出産を中心とする一連のお産をめぐる習俗や産育儀礼に日本人の霊魂観を見ようとしたのは民俗学である。これに対して、出産する女性の周囲に光を当て、その出産の意味を問い掛けてきたのは社会学や女性学であった。

出産そのものは生物学的現象であり普遍性を持つが、出産の意味は文化や社会によって変化する。たとえば、先祖伝来の土地において、イエの存続を願っている時代や地域においては男子誕生が望まれ、核家族における老後の介護が切実になってくると女子誕生が望まれるというように、社会や文化によって誕生する子どもの性別の意味や価値といったものまでが変化することになる。また、いつの時代にも人間の出産には介助、すなわち助産を必要とするという事実がある。

二〇〇一年(平成一三)一二月、助産婦が助産師となる法案が可決され、二〇〇二年三月より施行された。その前には二〇〇〇年三月からの男性助産師導入問題がある。それについては、次の第二節と第三節で詳しく述べるが、この問題は現代の大きな課題となっていた。今ここで男性助産師導入問題を考えるとき、伝統的なトリアゲバアやトリアゲジイとの脈絡を求めようとするのではない。現代社会にあって男性助産師導入問題がどういう意味を持つのかということを、女性の身体観や助産の意義との関わりから考えてみようとするものである。

1　江戸時代の出産事情

一八世紀後半は賀川流の隆盛に代表されるように、女性の身体と出産が科学的に扱われ、産科医が専門的医療技術を持つようになる時期である。賀川流の創始者である賀川玄悦は、隣家に住む女性が難産に苦しむのを見かね、母体を救うために秤鉤の端に緒をつけ死胎児に引っ掛けて牽引するという方法を用いて成功したことから、独自の治療法である回生術を考案する。それまでの薬湯を用いた治療法では母子ともに助からなかった難産を母体だけでも救う画期的な医術を編み出したのである。また、玄悦は子宮内での胎児の位置について上臀下首・背面倒首が正常体位であることを最初に発見した人物でもある(1)。いずれも、それまでの常識を覆すセンセーショナルな発見であった。これ以後、次々と専門的な医療技術を記した産科書が出版される(2)。落合恵美子のいう「江戸時代の出産革命」の時であった(3)。出産と〈産む〉身体が科学的に捉えられるということは、同時に産科医の手に委ねられることをも意味する。

ただ、実際には穏婆などと呼ばれるトリアゲバアの介助によるお産が庶民の間では主流であったようで、賀川玄悦の弟子である佐々井茂庵は、一般の婦人にも正しい知識を広めようと仮名文字で『産家やしなひ草』を著したが、その文中にはたびたび穏婆と呼ばれるトリアゲバアの知識が誤りであることを指摘する文章が登場する(4)。それだけトリアゲバアによるお産が多かったのであろう。一方、平野重誠は産科医ではないが、賀川玄悦の回生術が乱用されるのを憂い、出産介助は男性の医師ではなく同性の産婆が行うのが良いと考えた人である。産婆学教本の嚆矢ともいわれる『坐婆必研』を著し、産婆の心得や技術について詳しく説いている(5)。

江戸時代中期以後は産科医による書物が数多く出版され、腹帯の着用をめぐっても賛否両論による「論争」が展開され(6)、胞衣の処置法についても詳しく述べられているなど(7)、一般習俗と専門的医療技術との併存も見られた。その反面、女性の身体が科学的に明らかにされることによって、それまでの伝統的な方法が否定され、その身体が医療者の手に委ねられる割合が大きくなる。産科書による知識は都市部住民の範囲に限られたわけではなく、ムラの有力者の家を通じて広く普及していたことも予想される。なぜなら、民俗調査の聞き取りに際して、産科書からの知識と思われるものが、かなり伝承されているからである。そこには産科書から一般へと同時に、庶民に伝わる伝承から産科書へといった相関関係があるのかもしれない。

同じころ、女性の身体が、産む身体として、公権力により管理され始める。沢山美果子は仙台藩と津山藩が行った懐胎・出産取締りに関する資料を丹念に読み解くことで、女性の身体と出産が権力関係の中に組み込まれていくことを明らかにした(8)。

女性の身体と出産が科学的に扱われ、産科医が専門的医療技術を持つようになった一八世紀後半からの女性の身体と出産を取り巻く環境の変化は、これまでにない革命的なできごとであったが。しかし、一方では女性が自らの身体と出産を他者に委ねることとなり、無意識のうちに管理される立場と化していったのである。

2 「産むこと」「生まれること」に関する研究成果

「産むこと」「生まれること」といった出産に関わる問題は、近年様々な角度から関心が注がれ、研究対象として注目を浴びている。ことに社会史・女性史の分野では一九八〇年代後半から、「産む性」に対する関心が高まり、歴史や文化によって産む女性の身体に対する捉えかたの異なる点が指摘され、「出産」が重要なテーマとなった。

これまでの男性の視点による歴史学研究の反省として従来の研究成果を見直していく過程から、文化的・社会的に作られるジェンダーの視点による妊娠・出産など女性の身体に関する問題が、浮かび上がってきた。女と男、両性の相互関係の中に歴史を据え直し、その性差が顕著な出産研究の有効性を提案した長谷川博子の研究[9]や、女性史再生のために女性自身による性差の考察は不可欠であるとし、避妊と堕胎をその研究テーマとすることの有効性を示した荻野美穂の研究[10]の成果である。

また、従来の歴史学において、「出産」に関する研究が具体的に行われてこなかったことを指摘したのは首藤美香子であった。首藤は、一八世紀半ばに賀川玄悦に始まる産科技術の改革の中心となった回生術をめぐる産科書の記述の動向に焦点を絞り、日本における胎児観の歴史的変化を究明している[11]。沢山美果子は、近代の「母性」への問いの道程で、近代を相対化するために近世の女性の身体観に正面から取り組むこととなる[12]。出産を窓口に、支配層・共同体・民衆という三者の権力関係や、女と男の関係の中で、女性たちが妊娠し出産する自らの身体をどう捉え、また、胎児や堕胎をどう捉えていたのかという身体観の問題を解明した。近世を対象に、女性たちの、産まないことをも含む出産のありようと身体観を明らかにすることを意図している。その結果明らかになったことは、女性自身の妊娠や胎児の実感と産む力に依存する身体観と、男や共同体をも含む出産をめぐる人間関係や、「家」存続のために女性の産む身体が意識されていく点に、近世民衆の独自性があるということであった。その過程で、女性の身体は女性以外のものによる管理の対象となり、女性は自らの身体から疎外される状況が起きていたことに気づく。そして、妊娠・出産という母体に備わった生み出す力という身体の営みが、すでに近世において管理されていたことを明らかにしている。

女性に備わった産み出す力の営みである「出産」は生物学的には普遍であっても、実は文化的社会的要因によって変化すること、女性の身体観や出産観の変化に伴い「出産」そのものの意味も変化すること、女性に備わった産み出す力の営みが管理されていたことなどが解明されてきた。

一方、社会史研究のための有効な手掛かりとして、出産の介助者である産婆や助産婦のライフヒストリーを活用する研究方法が盛んに行われ始めたのも、女性史研究において出産や女性の身体が注目され始めたのとほぼ同時期である。[13] 産婆のライフヒストリーを通して、近代日本における出産の歴史もまた医療化の過程であり、国家の人口政策、衛生行政と密接に関わっていることが、浮き彫りとなった。国が個人の性や出産に関わる問題に介入していく際、産婆や助産婦が政策―地域―個人をつなぐ一つの「媒体」として国家と関わっていることが注目されてきた。[14]

女性の身体が公権力に管理されるようになったのは、一八世紀後半から藩ごとに行われた懐胎・出産取締りによってであったが、明治政府以後は、国家によって管理・規制されていく。明治政府は、医療制度確立のため、産婆による堕胎や売薬を取り締まることを手始めに、産婆資格の条件の規定、免許制度を設けた。その結果、近代医学を学び、免状を取得した産婆たちが活躍することになる。西川麦子が概念化した、いわゆる「近代産婆」である。[15] やがて、一九二七年(昭和二)にはそうした産婆たちが自らの手で日本産婆会(現日本助産婦会の前身)を結成。分娩の姿勢を座産から仰臥位に変え、衛生の管理に努め、妊産婦死亡率の低下に貢献するが(その間産婆は助産婦と改称される)、やがて受胎調節実地指導員としての活動を強いられることになる。戦後、出産を介助する助産婦職の変化の方向を決定づけたのはGHQ(連合国軍最高司令官総司令部)の指導による保健婦・助産婦・看護婦に関する法・制度の改革であり、内部からの要求による必然的な改革ではなく、外圧によるものであった。[16]

その後、母子健康センターの設置によってお産の場が家庭から施設へと移行する過程においても助産婦は一役買うことになる。駒井秀子は産む側の立場から、「なによりも、産む性にとって幸福な、生まれるいのちに優しいお産現場が、もっと欲しい」という願いを込めて『助産婦さんに聞いたいのちにやさしいお産―性の解放を願って女から女へ―』を上梓する。[17] 一九六〇年代に北海道内に開設された母子健康センターが「産科病院が建つまでの間、家庭出産をなくすために貢献した」ことを指摘している。さらに、個人の身体が国家政策によって管理・規制されていく過程を、旧厚生省が起案・予算化・実施した母子健康センター事業の二二年間の経緯と膨大な資料をもとに考察した中山まき子は、この政策によって自宅出産の根が見事に断ち切られることを詳らかにした(18)。

国家による政策は、出産の場を家庭から施設(助産所・診療所・病院など)へと移し、出産介助に携わる助産婦を人口政策の担い手として動員した。結果として出産の医療化に手を貸すことにもなる。そして、女性たちは近代医学への信頼感を背景に、医療機関での出産に何の疑問も抱かず、むしろ進んで医療下において管理される立場に自らの身体を委ねることになった。

3　政策と出産事情

近代化によって、それまでの母性に備わった産み出す力の営みによるお産は、医療管理による人工的なお産へと取り込まれ、「産む」「生まれる」から、患者として「産ませてもらう」お産へと変質している。そうした不自然なお産を回避したいと、わずかながら、しかし着実にありのままのお産を求める人々が増えてきた。一九九〇年代には、少子化が進む中、医療化への道をたどり始めたお産環境を自らの手で取り戻そうという人々の願いが、多くの自主グループを産み出している(19)。

出産の介助に携わってきた産婆が助産婦と改名されたのは、戦後間もなくのことである。その翌年の一九四八年(昭和二三)には保健婦助産婦看護婦法が制定され、保健婦・助産婦・看護婦の三職を統合し「保健師」とすることが検討されるが、実はこれは戦後GHQが示した看護制度改革構想によるものであった(20)。

そして、一九八一年にも、保健婦助産婦看護婦すべての資格がとれる女子学生に対し、男子は看護士の国家試験しか受けられないという不合理さから、再び保健婦・助産婦・看護婦の統合が検討される。看護基礎教育を四年制大学で行うとし、免許・業務を含めて保健婦・助産婦・看護婦を統合一本化し、「看護師」とすることが日本看護協会の通常総会において提案され、採択された[21]。この決定には助産婦教育が看護基礎教育に組み込まれることが含有されている。そして、この看護制度改革をもとに助産婦資格を男子にも拡大しようとする構想が具体化するのである。

助産婦資格を男子にも広げようとする動きは、その後も起こるが、その都度「時期尚早」という理由で見送られている。日本助産婦会を中心とした男性助産師導入反対の署名活動も全国規模で行われ、これを阻止してきた。しかし、二〇〇〇年(平成一二)三月には、日本助産婦会がこれまでの方針を一八〇度転換。すでに総会決議によって保健婦・助産婦・看護婦の三職一本化のために助産婦職にも男子を導入することを決議している日本看護協会に加え、日本助産婦会も「助産婦職の男子への対象拡大」を書面代議員会によって決定した。男女共同参画社会における諸情勢を理由とし、妊産婦の選択権の保証を条件に男子にも助産婦資格を開放するというものであった。この日本助産婦会の決定により、保健婦助産婦看護婦法改正案が国会に提案されることになる[22]。

4　女性たちの声

こうした動きに対し、「書面代議員会の決定は会員の総意ではない」「産む女性に寄り添う助産婦でありたい」と主張する助産婦たちと、「男性の介助はイヤ」という産む側の女性たちによる反対運動が湧き起こった[23]。その具体的な原動力となったのは、助産婦の仕事を理解しようということに始まる各地でのシンポジウム、そしてインターネットのメーリングリストやホームページを媒介とした活動である。ことにホームページへの書き込みは、それまでお産や男性助産師導入問題に関心を持つことのなかった多くの老若男女の議論への参加を可能にし、これまでになく幅広い層の人々と北海道から九州に至る広い地域を席捲、男女平等の理念を前面に打ち出す推進派に対し、反対派は「女性の人権」「男女の性差」を主張している。

二〇〇一年(平成一三)二月二三日の朝日新聞の「論壇」では山本あい子が「男子に助産士の道を開こう」と、その推進理由を述べている。教育の機会均等や男女共同参画、リプロダクティブ・ヘルス／ライツ(性と生殖の健康と権利)などこれまでの理論に加え、「欠格条項」の見直しに伴う男子への助産婦資格の開放理由を紹介している。が、これに対し、同年三月六日の「論壇」では茅島江子が「妊産婦が望む法改正であるか」で十分議論されていない点を指摘し、妊産婦の選択権の保証も十分でないとしている。山本の論は、助産婦資格を得る側の権利に力点がおかれているのに対し、茅島は産む側の女性にとって満足できる環境を整えるべきであると主張している点に相違がある。

お産を考える母親のグループを主催している長崎県在住の浜辺千寿子は、その活動のきっかけを助産院での出産を通して「お産とは自分自身の力を引き出すことで、医療に守られ与えられるだけではない」ということに気づいたからと説明する。そして、男性助産師導入問題を新聞で知り、「それまでの経緯を知らない私には突然であり、情報の少なさに驚きと不安を感じ」、県内の女性を対象に男性助産師導入をどう受け止めているのかというアンケート調査(回答者一四二六名)を実施している。(24)

アンケートでは、六つの質問が並んでおり、比較的簡単に選択できるようになっている〔資料1〕。「男性が助産婦になることについて、どう思いますか」という質問に、反対は一般で四二%、病院勤務医療者で二八%、医療系大学に所属する学生で二一%。これに対し、賛成は条件付賛成を含め、一般は三一%、医療者は四〇%、学生は四七%である〔資料2〕。しかし、出産時・産後ともに男性の助産婦にケアしてほしいと願う人は〇%であるという結果も出されている〔資料3〕。これは、観念と現実が並存している大変興味深い結果である。「男性の助産婦にケアしてほし

〔資料1〕 質問表

Q1 出産施設で働くスタッフの中に、助産婦という職業の人がいることを知っていますか。

知っている　　知らない

Q2 助産婦のケアを受けたことのある人のみ、お答えください。
どんな時ケアを受けましたか。

妊娠中　　出産中　　産後（入院中）　　退院後
その他（　　　　　　　　　　　　　　　　　　）

［看護婦］という名称が、男性も資格を取れるようになって［看護士］に変わりましたが、

Q3 ［助産婦］も男性が資格を取れるようになり、［助産士］になるかもしれないことを知っていますか。

聞いたことがある　　内容まで知っている　　知らない

Q4 男性が助産婦になることについて、どう思いますか。

賛成　　条件付で賛成　　反対　　分からない

Q5 出産のケア、例えば会陰を押さえるケアがありますが、男・女どちらの助産婦にしてほしいですか。

男　　女　　どちらでも良い　　分からない

Q6 産後のケア、例えば乳房マッサージは、男・女どちらの助産婦にしてほしいですか。

男　　女　　どちらでも良い　　分からない

コメント

年齢
～25　26～30　31～35　36～40　41～45　46～50　51～55　56～60　61～65　66～

出産経験　有　無　　職業　有　無　学生

住所　長崎市内　その他

（浜辺千寿子編『私から明日へ―長崎・男性助産士についてのアンケート報告―』より）

〔資料2〕

Q4　男性が助産婦になることについて、どう思いますか。

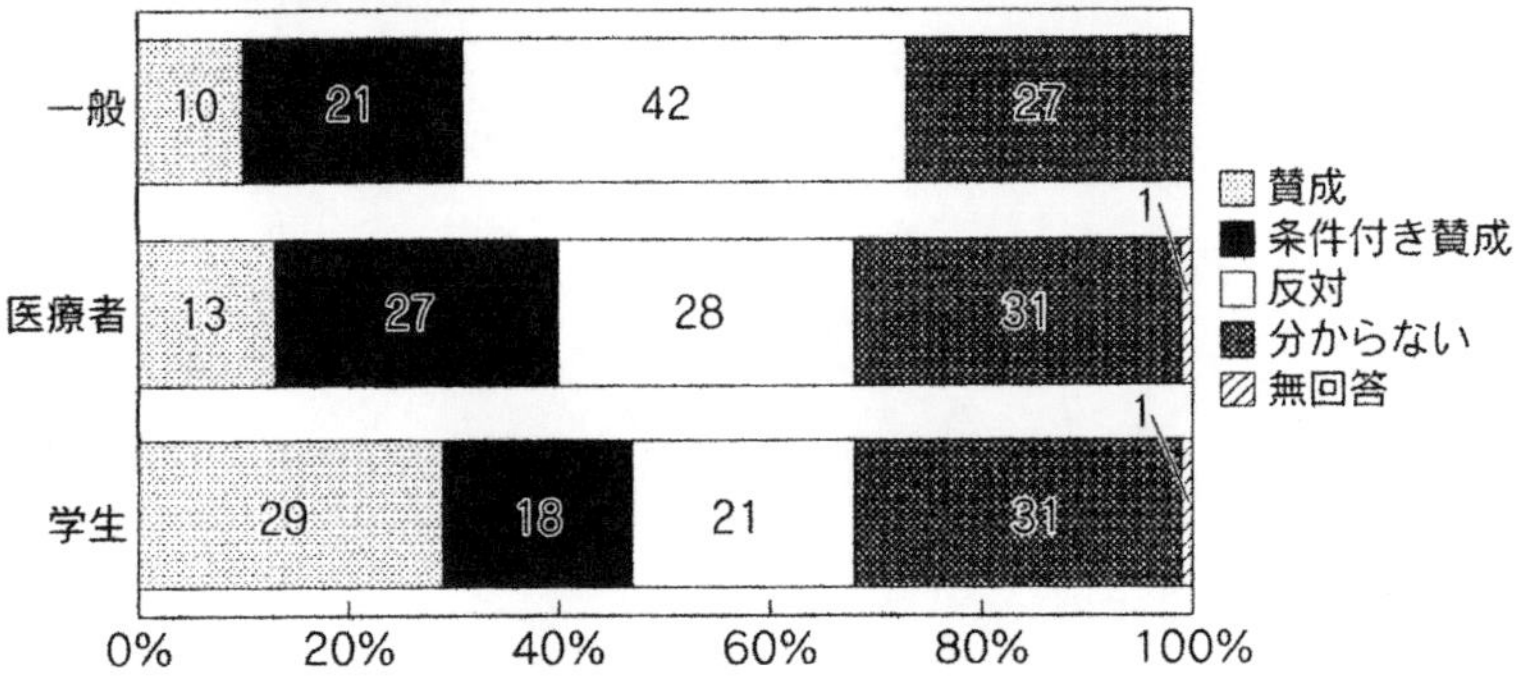

〔資料3〕

Q5　出産のケアを、男・女どちらの助産婦にしてほしいですか。

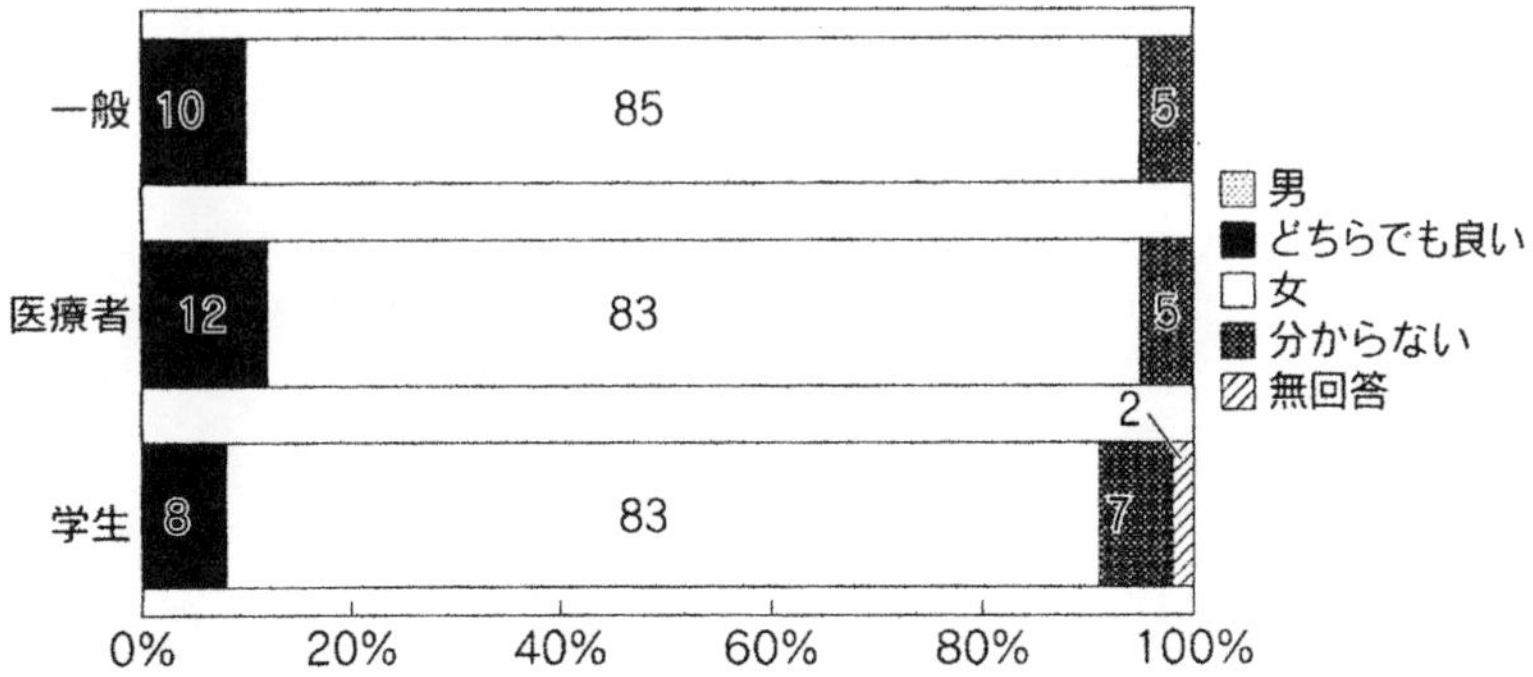

Q6　産後のケアを、男・女どちらの助産婦にしてほしいですか。

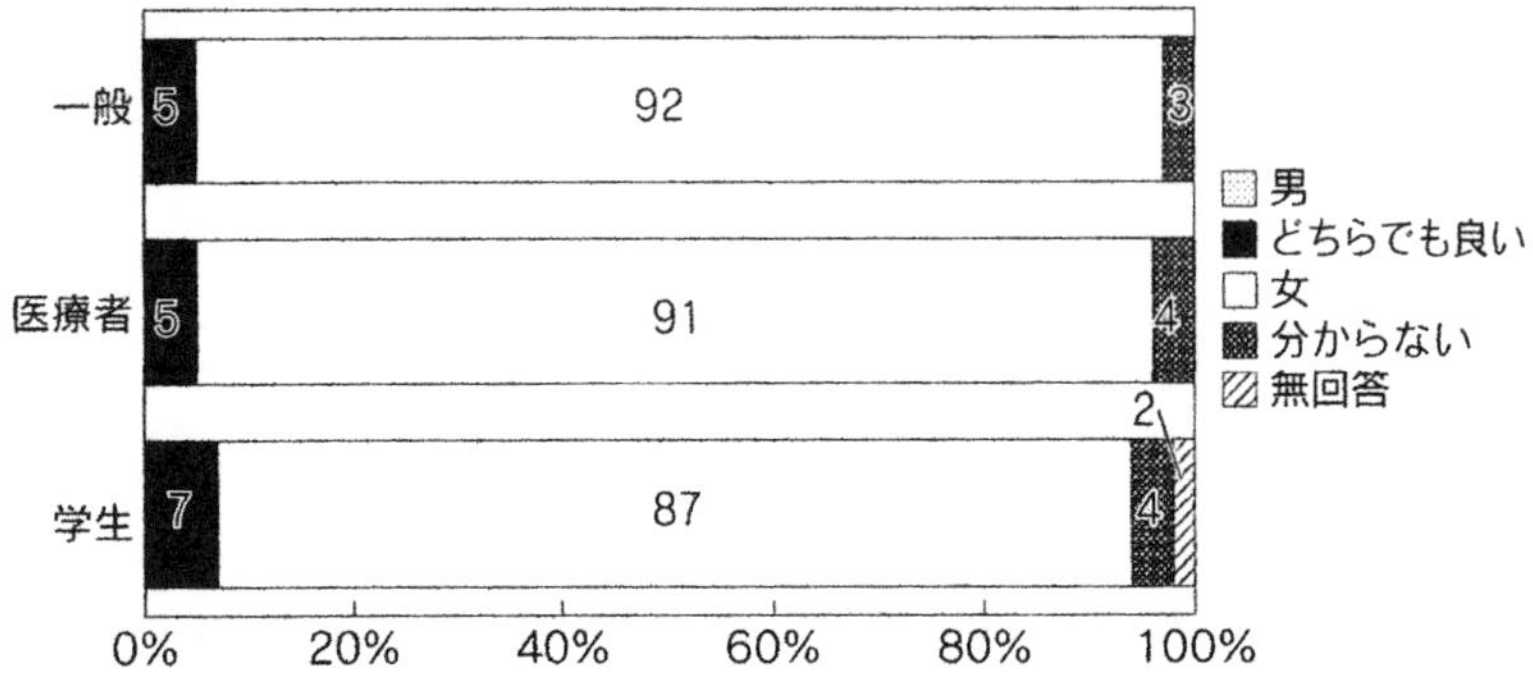

（浜辺千寿子編『私から明日へ―長崎・男性助産士についてのアンケート報告―』より著者作成）

の当事者の立場におかれることになる。そして医療従事者や医療系の学生であっても、ケアの受け手としては同性によるケアを希望しているという本音の部分が数字によって表れているからである。つまり男性助産師導入には賛成または条件付賛成と回答したものの、当事者としては拒否しているという結果が読み取れるのである。

このような観念的思考と現実的感覚の矛盾は、アンケートのコメントにも見える。賛成とした人の文章では、「職業選択の自由」とか「男女は平等である」とか「性差で差別するのはおかしい」といった理念的な言葉が多い反面、「もし自分が妊産婦だったらと考えると、女性にしてもらいたいという気持ちがある」という自らの性を意識するコメントが大変多いことに驚く。〔資料4〕は、男性が助産婦になることに賛成とした人のコメントからの抜粋である。賛成に○はつけたものの、自分自身がケアを受けるとなると性別を意識していると思われるものを抽出した。コメントの欄に記述した人数のおよそ三割の人が、自らの希望を書いている。この現実は男性助産師導入に関して傍観者的態度をとっていた人が、アンケートを記入するうちにケアの受け手としての当事者的立場に身を置き換えた結果によることを物語っている。また、条件付賛成と回答した人の多くは、基本的には反対であるが「妊産婦が男女の助産婦を選択できれば」「男女共同参画の時代に、法律で道を閉ざすことはできない」といったことを理由に条件付賛成に○をつけたと見られる。心の揺れがそのまま素直に文章に表現されているコメントが圧倒的に多いのが特徴である。

アンケートのコメント欄は、Q４の回答別に、男性が助産師になることに「賛成」「条件付で賛成」「反対」「分からない」という五つのグループに分けて編集してあるが、項目を超えた自由な気持ちが述べられていることにも注目したい。大方が共通するのは、

〔資料４〕Ｑ４に賛成したコメントの抜粋　　（下線部は著者によるもの）

一般	・私は産後のケアなど女性がいいなと思いますが、どちらでもよいと思う方もいらっしゃると思いますし、男性にも助産士になれるという選択肢があるのはよいと思う。 ・先生も男性がいるし、本当にその仕事がしたいなら、いいと思うので。でも、感覚的には絶対いやです。 ・職業の自由という点においては、助産士がいてもいいと頭の中では思うものの、産後の精神的なよりどころを考えると、女の方、しかも出産経験のある方にケアしてもらいたいというのが本音である。自分の産後は助産婦を希望する。 ・男性助産婦（士）になることはいいことだと思うが、自分がされるとなると、やっぱりマッサージなどは女性のほうがよい。 ・男性が出産に関わる仕事をすることは賛成だけれども、自分がしてほしいのは、やっぱり女がいいです。やっぱり年でしょうね。 ・女性である助産婦さんであっても、出産経験のない人や、妊婦・産婦をいたわってくれない人もいたので、男であれ女であれ仕事への姿勢が大切だと思う。男性の性を性産業というものに奪われ、フィリピンで子どもを作ったり、ホモセクシュアル等への理解に乏しい人も大勢いる状況で子どもの頃からの「性教育の大切さ」を感じているので、男性が語る「性教育」「子育て」「子の成長」が実現できるならいいかも。男性を育児に参加させたい。夫の立場からよけいな心配されたりしそうなので…そういう事はさけたい。お医者さんもできたら女、助産婦さんもできたら女、出産に関してはできるだけ女。それがいいに決まっている。 ・産婦人科でも男の先生が出産の手助けをするのだから助産士さんがいてもいいとは思うが、やはり、その後のケアについては女性のほうがいいと思う。皆、Ｑ５、Ｑ６などは男性にしてほしくないだろう。 ・まだ、出産したことがないので、良くわからないのですが、助産婦、助産士どちらにしても、安心して出産できる状況が一番だと思います。そこには性別は関係ないのでは…。しかし自分が出産とか乳房マッサージをすることとなると、出来ればベテランの女性がいいかも…と思います。 ・同性のほうがリラックスしてケアを受けられると思う。また、お世話していただいた方に後にも子育ての悩みなどをうちあけやすい。 ・子どもを産んだことがないので、やっぱり不安の方が大きいですね。なるべくだったら、すべて女性のほうがいいですが、慣れてしまえばかまわないかもしれません。 ・機会は均等に与えられるべき。けれど自分がケアをうける立場で考えると、やはり女性の方が安心感があるので、もし私のような考えを持つ人が多ければ需要があまりなく浸透しにくいと思う。
医療者	・Drなら♂が多いし、見られたり触れられたりするのは、まぁ何とも思いません（♀Drがいれば、もちろんその人がいいですけど…あきらめというか…）。Nsは♀が多いので、あえて♂Nsにしてもらわなくても、たくさんいるじゃないかと思うと、あまり♂Nsに介助してもらうのは、いい気がしません。 ・男女平等として助産士も問題ないと思うが、もし自分が妊産婦だったらと考えると、女性にしてもらいたいという気持ちがある。
学生	・妊婦を支える夫に対するケアを行うことが助産士の役割だと思う。従って分娩中には適さないと思う。 ・これから出産する可能性を考えると、出産のケアはやっぱり女の人にして欲しいという気持ちは今は強いです。でも、これからの時代の流れによって変わるような気がします。 ・助産婦の仕事を男性がするようになる事については賛成だが、実際ケアしてもらうようになると女の人にやって欲しいと思う。かなり抵抗があると思う。

・男女平等は良いことであるが、男性に身体を見られるのは恥ずかしいし、男性に身体を触れられること自体抵抗がある。夫もいやだと思う。
・出産はその前後も含めて産む女性にとってデリケートなときである。同性によるケアは、安心感があり、リラックスできる。女性にしかわからないことを理解してもらえる。

という二点であった。「反対」を選んだ人のコメントからも「男女平等や職業選択の自由という考え方には賛成しますが…」という前置きをして反対理由を述べるなど、先に述べた観念と現実の交錯がうかがわれる。出産時に自分の感情をコントロールできない、自分の身体であって自分の身体でないという「生理的時空」を体験した経産婦には、異性の介入を拒む本能が働いているものと思われる。東京都国分寺市で助産院を営む矢島床子は、お産の話をするときには必ず「産婦さんがどんなに陣痛に顔をゆがめていても、トイレに行ってスリッパを揃えて出てくるうちは生まれません。別世界へ行かないとダメなんです。スリッパを蹴飛ばして出てくるようじゃないと生まれません」と声を大にするという。矢島のいう「別世界」とは、先に述べた「生理的時空」であり、これを体験した経産婦ほど男性による介助を拒否する傾向が強いのである。

出産が母性に備わった産み出す力の営みによるものだとすれば、助産は生理的時空をピークとする妊産婦の母性の産み出す力を引き出すものといえる。そうした意味で、助産はより良いお産環境を構成する大きな要素となる。したがって、男性助産師導入問題は、男性助産師による介助はより良いお産環境となるのかという観点から見据えなければならない。

「男性のお産介助はイヤ」という「産む性」たちの声は、男性助産師導入反対運動やインターネットのホームページや掲示板を媒体として全国に広まり、多くの人の知るところとなった。その結果、人々の声が、男性助産師導入を盛り込んだ保健婦助産婦看護婦法の改正案の国会への提出を阻止することになる。しかし、男性助産師導入は名称変更だけでもという理由から保健婦助産婦看護婦法は保健師助産師看護師法に改訂され、助産婦は助産師となったのである。[25] 名称の変更は、単なる名称問題に留まらず、内容の変更を志向していると考えるのが自然である。しかし、当事者の助産婦をはじめ、多くの人々からはあまり問題とされていない現状がある。男性助産師導入は、女性特有の「生理的時空」への異性介入を意味し、ひいては母性に備わった産み出す力の営みや、性差による嫌悪感などの女性の身体感覚を否定することにつながることになろう。母親のひとりとしてアンケートを実施した浜辺千寿子たちのように何らかの形で活動してきた人たちには、そうした女性の身体感覚に対する危機意識が働いていることを見逃すわけにはいかない。アンケート対象者の観念的な考えと現実的な思いが混在し、錯綜した回答の中にもそれが読み取れたのである。

むすびに

これまで見てきたように、いつの時代にあっても出産に伴う女性の身体は無意識のうちに常に管理されてきた。イエや藩といったものから、国家(政策)や医療システムといったものにまで至る。お産の当事者である女性の声は顕在化することなく見過ごされてきた。近代社会にあっても、男女の性差を認識したところに成り立つという前提条件が欠落した男女平等・男女共同参画社会という神話によって、女性の身体がとり込まれつつあるというのが著者の認識である。男性助産師導入問題はその象徴といえよう。

こうした近代社会の神話の呪縛を解くためには、出産という女性の身体の営みを「母性に備わった産み出す力」として捉え直し、その産み出す力が発信する「胎児の実感」「生理的嫌悪感」「出産時の痛み」「出産による達成感」といった身体感覚に基づく身体観を直視する必要性を痛感する。

これまで民俗学が究明してきたお産をめぐる民俗事象には、それが禁忌や呪術であっても出産を無事に願う人々の祈りが込められていた。科学的には意味のないものであっても、妊産婦を中心とする人々の気持ちや心を癒すものとして機能していた。男女の性差が厳然として存在するお産には、女性特有の出産観やコスモロジーが形成されなくてはならない。それが女性の手にお産を取り戻すことになるからである。

近代化によって一途に医療化への道をたどってきたお産環境は、女性から自分の身に備わった産み出す力によって子を産むという意識を喪失させ、助産に関わる女性の多くを医療施設従事者にしてしまった。そうした現代のお産において求められるのは、女性一人ひとりにおける身体観の自覚と、近代化の反省に立ったより良いお産環境の構築による出産観の形成であると著者は考える。

第二節　男性助産師導入問題と「産む性」

はじめに

時代の流れとともに人々の生活や価値観は変化する。そして、そうした人々を見つめる民俗学の求めるものも、それに合わせたかのように推移していく。これまでの民俗学では、各地のフィールド調査で得た事例をもとに日本人の生活の変遷や、日本民族の特質や本質を追究することに力が注がれてきた。その後、高度経済成長期を経た社会の変化や価値観の多様化に対応すべく、一九七〇年代には都市民俗学という概念を生み出すことになった。従来の伝承文化が急激に変化した現代社会にどのような形で存在しているのか、社会事象とどのように関わっているのか、という点に多くの関心が寄せられたからである。(26)現代の民俗学すなわち近代民俗学は、研究対象を生活者に求めるものであった。したがって生活者そのものの変化、変遷に呼応することが必須条件となる。(27)

産育習俗に関する問題も例外ではない。とりわけ出産に関わる民俗学からのアプローチは、大藤ゆきなどの手によってまとめられた『日本産育習俗資料集成』(28)発刊後、一九八〇年(昭和五五)前後に一つの頂点を示したといってよい。そして、その多くは「産の忌み」に関わること、「産神」に代表されるお産の際に来臨する神に関わること、「産屋」に関わることであった。(29)

民俗学以外の分野では、中野卓編著『口述の生活史―或る女の愛と呪いの日本近代―』(30)以後、個人のライフヒストリーを資料として研究を進める方法が新たに加わる。産婆のライフヒストリーを扱った研究報告は、一九八〇年代後半から社会学や女性学など広い分野から多数発表され、産婆という職業を通して社会や出産の変容を見ようとする試みがなされる[31]。文化人類学や社会学からは出産のあり方を一つの文化とみなす視点が提示されるようになった[32]。そうした中で、吉村典子は産む女性の立場に立った聞き取り調査を行い、お産の主役は産婦であることを再確認した上で、現行のお産のあり方に疑問を投げかけた[33]。

1　助産の歴史

助産の歴史をひもとくと、古来、女性は一人でお産をしていたわけではないことがわかる。特殊な事情・状況でない限り、人は地域社会や家族の慈愛や介助によって初めてお産ができるという社会的動物である。家族や地域社会を媒体として、技術的な助産や呪術的な産育儀礼を展開する。

大正時代に活躍した産科医の緒方正清は、その著『日本婦人科学史』に、「産婆の起源として史籍の確かむべきものなしと雖、神代の、ちおも　ゆおも　など、生児の保育にたつさはりしのみならず、必ずや、娩産の介助をなししものなるべし」と記し、神代の時代からお産の介助をする人が存在していたことを推察している[34]。

お産の介助といえば、産婆を意味する「腰抱」という名称は平安時代から文献に見られ、江戸時代には「腰抱」の他、「子とり」「取上婆」「穏婆」など、今に残る名称が記録されている[35]。

明治政府は、産婆による堕胎や売薬を取り締まる。一八七四年（明治七）の「医制」発布では産婆資格の条件が規定され、免許制度が設けられた[36]。その結果近代医学を学び、免状を取得した産婆たちが出産の介助を行うようになる。いわゆる「近代産婆」の誕生である[37]。こうした法的取り締まりの中、無免許で営業するものもいた。なお、産婆資格の有無は都市部とその周辺では落差があったようで、昭和初期の民俗調査においては、日本各地でトリアゲバア、ヒキアゲバアなどと呼ばれた出産を介助する者についての報告がなされている。いずれも職業として法的に認められていたわけでなく、多くの経験を積んだ近隣の年寄りであった。(38)

近代医学を学んだいわゆる近代産婆たちは、一九二七年(昭和二)日本産婆会を結成、分娩の姿勢を座産から仰臥位に変え、衛生の管理に努め、妊産婦死亡率の低下に貢献し、職域を確立することになった。

その後、一九四七年には産婆という名称が助産婦と改変されるが、仕事内容は変わらず、この年に日本助産婦看護婦保健婦協会が設立される。一九四八年に日本助産婦会が解散、保健婦助産婦看護婦法が制定された後、一九五一年には先の日本助産婦看護婦保健婦協会が日本看護協会と改名した。そうした動向の中で、多数の助産婦が日本看護協会から脱会し、一九五五年に日本助産婦会を設立した。以後助産婦は日本助産婦会および日本看護協会のいずれか、または両者に所属するようになったのである。

第二次世界大戦後は妊娠中絶が横行したため、一九五二年にはそれまでの助産婦の仕事に受胎調節指導員としての仕事も加わることになった。戦後のベビーブームの到来とともに助産婦の全盛期を迎えて間もなくのことである。出産を介助する側にいた助産婦が、これを機に受胎しないように指導するという側面を持つことになる。

一九五五年以降は産科の医師が急速に増加する。中絶の後遺症に悩まされる人々を含め、妊産婦は助産婦より産科の医師を頼るようになり、助産院での出産を希望する人が減少し始めた。出産の場はこうして自宅から施設、助産婦の手から医師の手へと移行する。母体に備わった産み出す力によって営まれていたお産が医療の中に取り込まれ、産婦にとっても「産む」行為から「産ませてもらう」行為へと変化したのである。

2　保健婦助産婦看護婦法と男性助産師導入問題

一九四六年(昭和二一)に日本産婆看護婦保健婦協会の準備委員会が発足した際に、産婆・看護婦・保健婦を一つに統合する「保健師法案」が提出され、一九四八年には保健婦助産婦看護婦法が制定公布された。これは戦後のGHQ(連合国軍最高司令官総司令部)が示した看護制度改革構想によるものであり、その結果助産婦たちが大きく揺れ動いてきたことは、大林道子による『助産婦の戦後』に赤裸々に記されている。内部からの必然性によって推進されたものではなく、外圧による変革であったと大林は指摘している(39)。

一九八一年ごろから再び保健婦・助産婦・看護婦の一本化が検討され、看護の質を高めるとともに男子にも門戸を広げようという構想が具体化する。男性助産師導入に向けての動きが始まったのである。一九四八年の時点で提示されていた「保健師法案」以来の看護制度改革への動きである。一九八四年、日本看護協会は看護師に保健婦・助産婦の免許取得が可能となるよう、保健婦助産婦看護婦法の改正を厚生省に要望した(看護師法案)。

助産婦資格を男子にも広げようという動きは一九八八年、一九九三年(平成五)にも起こり、そのつど「時期尚早」という理由で見送られてきた。一九九七年には男性助産師導入反対の全国署名運動が起こり、日本助産婦会会員が中心となって約二万七〇〇〇人の署名を集め厚生省に提出した結果、廃案になっている。しかし、二〇〇〇年三月、男性助産師導入に対し慎重に討議していたはずの日本助産婦会が突然男子の受け入れを認めることを決定し、その「要望書」を自由民主党南野知恵子議員に提出。その結果、議員立法が成立すれば男性助産師が誕生することになった。そこで再び男性助産師導入反対運動が持ち上がったのである。

3　反対運動の経過

二〇〇〇年（平成一二）四月八日、全国の新聞に「助産婦、男子にも開放へ」の記事が掲載された。これを受け「お産&子育てを支える会」による男性助産師導入反対の署名運動が始まる。そして、助産婦・研究者・母親の有志などによる反対運動のメンバーは、同二七日に参議院議員国民福祉委員へ要望書を持参し陳情。厚生省記者クラブにて男性助産師導入反対の記者会見を行った。五月八日には参議院議員へ再度要望書を提出した後、弁護士会館にて集会を開く。衆議院に導入反対の請願書を五〇〇〇人の署名を添えて提出。男性助産師法案は見送りとなった。しかし、この先再び法案が提出される可能性もあるということから、厚生省および日本看護協会がこの問題についてどのように考えているのか、公開質問状を六月五日に双方に提出したが、回答はないということである。

「お産&子育てを支える会」のインターネットのホームページ掲示板では、一九九七年の反対運動以来、男性助産師導入問題についての意見を求めていた。ホームページへのアクセスは増え続け、二〇〇〇年五月一〇日現在一万五〇〇〇件を超えていた（およそ八〇%の人が反対の意を表明）。また、一連の動きは各新聞紙上で報じられ、この問題に関するシンポジウムや勉強会が各地で開催され、市民運動への広がりを見せている。

4　男性助産師導入に関する問題点

男性助産師導入を積極的に推進しようとする人々は、男女平等や職業の機会均等の理念、および助産婦という職能的な業務拡大を目指す上で男性助産師導入が必要であると主張する。これに対し、反対する人々は男女の性差や羞恥心の問題を挙げ、男性助産師が認められている国とは歴史的風土および文化が異なることを指摘している。

男性助産師導入問題には、前述のような経過があったが、二〇〇〇年（平成一二）三月からの反対運動には新たな問題点が加わる。

一つには、男性助産師導入に関して、従来日本看護協会は積極的に対応してきたが、それまで反対の立場を通してきた日本助産婦会が突然賛成に回ったということ。しかも、賛成の立場を会員総会直前の書面代議員総会において決定したために、ほとんどの日本助産婦会会員は新聞紙上で初めて知ったという事実がある。そのために日本助産婦会の決定は公正なものではないという不信感を伴ったという点である。

さらに、日本助産婦会が自由民主党社会部会看護問題小委員会南野知恵子委員長に提出した要望書には要望項目の一つとして提示されていた「妊産婦の選択権」について具体的な説明がなされていない。したがって、助産婦自身がこの問題に疑問を持っても、適切な判断がしにくいという現実を生み出した点にある。

しかも、より重要なことは一般市民がこの問題をほとんど知る機会がなかったという点にある。つまり、市民の声を聞くことなく、言ってみれば市民感覚を置き去りにしたまま事が進行してしまっているのである。新聞などで報道されても、ごく一部の人を除いて自分には関係がないと傍観者的立場をとることになる。それは産む側の女性の気持ちという本来最も重要視されなければならないことが、ほとんど考慮されずにあるいは無視されてきたからにほかならない。換言すれば男性助産師導入によって産む側にはどのような問題が生じるのかという議論がなされないまま実施されてしまう可能性を持つということになる。

5　シンポジウムで見えてきたこと

こうした男性助産師導入の是非をめぐっての議論が高まる中、二〇〇〇年（平成一二）七月一日・二日とあいついで助産婦を考えるシンポジウムが開催された。一日は「男性助産士導入問題を考える会」[40]主催による「みんなで話そう！

助産婦ってなぁに?」(東京ウィメンズプラザ)で、生命の誕生に関わる助産婦の仕事を見つめ直そうというものである。翌二日は、「性と健康を考える女性専門家の会」主催による「助産士問題の論点と議論の推移を知ろう」(東京都職員共済組合青山病院大会議室)であった。

一日のシンポジウムの企画は、三年前の男性助産師導入反対署名運動で起こった市民の声に対する回答も示されないまま、日本助産婦会が男女平等・助産婦の業務拡大という名目で男性助産師導入に踏み切ろうとしたことに反対するものであった。元日赤医療センター副院長の雨森良彦、女性民俗学の立場から佐々木美智子、産む側の一人の阿真理子、大学講師の永松陽子、日本助産婦会会長の石塚和子、助産婦の山本令子、民主党参議院議員の円より子が、それぞれの立場から発言。二日は日本赤十字武蔵野短期大学助教授の山崎裕二と埼玉県立大学教授で日本看護協会助産婦職能理事の渡部尚子が発表、男性助産師導入の必然性に理解を求めた。

どちらも助産婦を考えるシンポジウムであったが、一日は出産を産む側の立場で捉えようと企画しているのに対し、二日の場合には助産婦職能団体の活動に対し理解を求めようというものであった。いずれも助産婦の質の向上を願うものであるにもかかわらず、男性助産師導入には真っ向から対立、両日ともに質疑応答の時間には賛否両論の白熱した議論が交わされた。

この二つのシンポジウムを受け、同月二三日には大阪において「助産婦を考える会」主催の「みんなで話そう!助産婦ってなあに?」(大阪府立女性総合センター)が開催された。ここでは、助産婦の坂本深雪、助産婦を応援する母親の会の熊手麻紀子、東京大学教授の梅内拓生、埼玉県立大学教授の渡部尚子、助産婦の毛利多恵子、開業助産婦の矢島床子、心理療法士の奥田由子、医師の田中啓一と雨森良彦が、それぞれの立場で発言している。

二〇〇〇年七月一日・二日・二三日に開催されたシンポジウムで論じられたことを大まかに分類すると次のような

ことがわかる。

・日本赤十字武蔵野短期大学の山崎裕二は、一九九四年および一九九六年発表の論文に基づき、それまでの主張をタイプ別に分け整理した(41)。

・男性助産師導入を推進している日本助産婦会の石塚和子と日本看護協会の渡部尚子は助産婦の業務拡大の根拠を、前者は男女共同参画とし、後者は助産婦はリプロダクティブ・ヘルス(性と生殖に関する健康)のプロであるゆえとしている。

・医師や助産婦、産む側、民俗学や臨床心理の立場からの発言は、それぞれが助産婦に何を求めているのか、助産婦が何を求められているのかを論じる点で共通していた(42)。

・法律学者でもある産婦人科医の田中啓一は男性助産師導入問題に関係する「男女平等」「職業選択の自由」「人格権」の三点のうち「人格権」が最も優先されるべきことを主張し、男性助産師による妊婦の人格権の侵害を憂慮していると発言した。

・男性助産師導入問題に関して国民的議論の必要を訴えてきた参議院議員円より子は、その経験に基づいて国会を通したい法案ほど国民の声を聞かずに済ましてしまうと指摘した。

・助産婦の坂本深雪は、「六年間の男性助産士の運動から見えてきた事」と題し、男性助産師導入の是非から助産を語り合うまでに至った経過を四段階に分けて分析した。そして、最後に「助産」とは何かを考えるスタートラインに着いた今日的意義について述べた。

そして、この後も日本各地でシンポジウムが開催されており、「男性助産師はイヤ」という産む側の生理に基づく声がうねりを見せてきたのである。この問題で今まで解決されなかった要因が示され、法的な問題によって見えにくくなっていた本質に迫ることになる。それは「助産」を追究することであり、「産む性」の声に耳を傾けることであった。前述の二〇〇〇年七月に開催された三つのシンポジウムは、これまでの男性助産師導入問題についての総括をし、今後の課題を明確にしたものとなった。

むすびに

男性助産師導入問題は、従来職能上のレベルや法律レベルで論じられてきたが、今、ようやく「産む性」の声を聞くというフィールドワークの必要性が叫ばれるようになった。そこには、「産む性」の一人阿部真理子のいう「産む人の心が置き去りにされている」(43)という問題も含めて、まだまだ解決されにくい。しかし、助産はあくまでも助産である。妊産婦のニーズに耳を傾けることの大切さが、今回の問題を通して浮き彫りになった。男性助産師導入問題に関する個人や団体はフィールドワークという視点によって「産む性」の声を取り上げる必要性に気づいたといってよい。それは同時に、助産をめぐる多くの助産婦の声をフォーカスすることでもある。

近代社会は市民感覚を重視して初めて近代社会となり得る。市民感覚の重視は多数の個人の声を聞くことによって成り立つが、市民をフィールドとしてその声をフォーカスすることに始まる。日本の民俗学には先人が築き上げた成果とともに、面談調査を中心とする民俗学的手法がある。現在という時点で生じた社会問題と取り組むとき、フィールド学として形成された民俗学の手法は大きな力を発揮する。そして、そのとき初めて、民俗学は現在学としての意義を持つということになるのではないだろうか。

第三節 男性助産師導入問題とお産環境

はじめに

クローン人間、代理母、生殖医療、出生前検診の問題など、生命の誕生について考えさせられる話題がつきない。科学技術の発達によって生命の誕生という女性の身体による営みが、医療に移行したかのように感じる昨今である。そして今、生命の誕生に関わる助産婦職に男性を導入するか否かで議論が白熱、より良いお産環境が問われている。

こうした流動する社会事象に対して、民俗学がいかに対応するか、著者の現在の関心はこの点にある。柳田國男という偉大な先駆者の歩みが大きかったために、民俗学の研究対象は既成の範囲内にあるかのような様相を呈していた。都市民俗学といっても、その多くが近代以前の伝統社会における民俗とのつながり、あるいは比較対照の範囲で発想され研究されてきたといってもよい。

今、出産やその環境の激動を目の当たりにすると、女性学とか社会学とか民俗学とかいった枠組みはあまり意味をなさないように思える。「現在学としての民俗学」とは先人から伝えられたことばだが、たしかに民俗学の心意気やモチベーションを的確に表現している。しかし、眼前の社会的課題を究明するに際しては民俗学などといった既成の学問の枠を取り外して、初めて「現在」に肉薄できるというパラドックスが成り立つ。まさに既成学問の枠を取り払ったフィールド学と考えれば有効性を持つのであろう。

「男性助産師導入問題」は社会的課題の一つだが、刻々とその情勢は変化している。本節は民俗学的視点、すなわち「産む性」の声に焦点を合わせ、同時進行問題に対するフィールドワークを試みたものである。口コミや回覧板に代わるマスメディアや情報システムなどの発達によって、市井の人々がどのように権力や既成集団に立ち向かうかという時代を超えた人間の普遍性に関わる問題をより詳細に見ることができるのではないかと考えている。

1　お産革命

かつて、朝日新聞に藤田真一による「お産革命」が連載された(44)。出産と出産を取り巻く環境の変化を多面的な取材によって見つめるものであった。藤田は資格を身につけた開業産婆たちによる分娩介助の普及を「第一次お産革命」、男性の医師が〈安全管理〉という名目において正常分娩に立ち会うようになった時期を「第二次お産革命」と名付けた。そして、前者の担い手が女性であったのに対し、後者の主役は男性であったとする。

「第二次お産革命」においては、「自分の考え、家族の責任で産み出すお産から、プロの助産婦さんに産ませてもらうお産へとお産に取り組む姿勢がまったく変わってしまった」上に、女性はますます自分で産むという力のあることを自覚しにくくなっていると指摘している。

連載の最後には自主的自然分娩法としてのラマーズ法が紹介され、これからは産む側が第三次お産革命の主役になるであろうという見通しをたてた。

2　第三次お産革命の担い手たち

杉山次子は「自然分娩という言葉の出現」について「もともとお産は自然なものである。だから従来お産といえば自然分娩のことだった。それをことさら自然分娩と呼ぶには、自然でないお産が広く普及している状況が必要だ。麻酔の分娩が普及した欧米ではイギリスのリード医師が一九三三年(昭和八)に著書を出版して痛くない自然分娩の祖となったが、その頃の日本はまだ自然分娩(という言葉)を必要とする状況になかった」と述べている。[45]

しかし、一九五〇年以降は施設分娩の増加と医療化によってお産環境が急激に変化する。一九七九年には『出産白書―三三六一人の出産アンケートより―[46]』が出版され、女性たちの手によって出産の現状が明らかにされる。これにより出産場所は八六・六%が病院であること、三人に一人が陣痛誘発剤を使った分娩をしていることなどが世に知らされたのである。

フランスのラマーズ法がアメリカを経由して日本に入ってきたのは一九六〇年代後半のことであったが、杉山次子が主催する「お産の学校」は、一九八〇年三月の開講から一七年間「産む性」の立場で自然なお産を求めてラマーズ法の普及に関わってきた。

出産の医療化に対する反省のもと、「自分のお産を取り戻したい」という「産む性」の声の高まりとともにラマーズ法は日本国中に普及した。その後もアクティブバースなどいくつかの自然分娩法が外国から伝えられる。

一九九〇年代には「主体的なお産」や「いいお産」を考える自主グループが数多く誕生する。助産院でいいお産を体験したグループ、人間的に産みたいと願うグループ、母乳育児を推進するグループ、陣痛促進剤による被害を考えるグループ、主体的なお産を願うグループなど産む側の立場のグループが次々と誕生したのもこのころである。お産情報紙『REBORN』の創刊や、病院と助産院の双方に勤務した経験を持つ若い助産婦たち数人が発起人となった助産婦のネットワーク「JIMON」の創立も一九九三年(平成五)のことであった。以後助産婦のネットワークも各地に生まれ、活動を続けている。

その中には、男性助産師導入問題が契機となって立ち上げられた自主グループもあった。一九九三年に発足した

「主体的なお産を考える会」もその一つである。同会会報一二号には副代表高田昌代によって、発足当時のことが書かれている。[47]それによれば、

一九九二年冬、男性に助産婦資格を与えることの問題が再燃し、母親たちの意見が聞きたいとのことで、私も一人の母親として行った。日赤血液センター側の交差点をオレンジ色のコートを着た我が子と手をつないでわたっている光景がなぜか鮮明に残っている。その問題を受けて産む側の女性が知らないことが問題で、尚かつ助産婦の本来の業務内容を知った上でないと男性に助産婦資格を与える議論はできない。また、男性に助産婦資格を与えることが、看護士問題に繋がり、助産婦という職と業務をなくしてしまうことになる。私たちのように満足のいく出産を経験した母親たちができること、というので「主体的なお産を考える会」が発足した。

と当時を振り返っている。男性に助産婦資格を与える問題に対して、①当事者の女性がこの問題を知らない、②助産婦の本来の仕事を知らないとこの議論はできない、③この問題から助産師という職種は看護師職に吸収されてしまうのではないか、という危惧を抱いていたことがわかる。

同じ年に立ち上がった「ぐるーぷ・きりん」は、産む側の中から自然発生的に始まったという。代表の阿部真理子は、

(病院出産体験者五人、助産院出産体験者二人というメンバーは)徹底して語り合うことで、助産婦さんの本当の仕事、本当の助産の力というものを、私たちは初めて知り、共有し、その価値を認識し直すことができたのです。

と語っている。[48]

一九九四年以来、毎年一一月三日に開催される「いいお産の日」の実行委員会には「ＲＥＢＯＲＮ」のほか「ＪＩＭＯＮ」「ＪＡＣＥ」「ぐるーぷ・きりん」など、いいお産を求める自主グループが参加している。

「お産ネットワーク」もそうした自主グループの一つで、「第三回いいお産の日」のガイドブックには「人と人との

出会いの場です。会に参加した人たちが直接顔と顔を合わせる生の出会いから新しいつながりやネットワーク、次の活動へと波紋が広がっていく…そんな場でありたいと考えています。そのきっかけ作りとして、お産から見えてくるさまざまな問題をテーマとしたシンポジウムを年に数回開催しています」との自己紹介が掲載されている。(49)ちなみに一九九三年の第一回目のシンポジウムは「助産士問題から見える現代お産事情」であった。

医療化への道をたどり始めたお産環境を自らの手で取り戻そうという人々の願いが、多くの自主グループを産みだし、藤田の予告「第三次お産革命」は、こうした人々の手によって現実のものになろうとしていた。より良いお産環境を目指す人々の動きの中で、男性助産師導入問題が語られ、シンポジウムの開催や反対署名活動を行うグループも地道に活動していたのである。(50)

3　男性助産師導入問題の経過

男性助産師導入問題の起源は、戦後間もなく行われたGHQ（連合国軍最高司令官総司令部）の示した看護制度構想にまで遡る。(51)その後、保健婦・助産婦・看護婦の一本化が検討され、男子への拡大が具体化するのは、一九八一年（昭和五六）のことである。そして一九八四年の日本看護協会の通常総会において「看護士に保健婦・助産婦の免許取得の運動」が提案され、決議された。

助産婦資格を男性にも広げようという動きは、一九八八年、一九九三年（平成五）、一九九七年にも起こる。しかし、日本助産婦会が時期尚早と反対の立場をとっていたことや自主グループを中心とした反対運動の成果もあって男性助産師の導入はその都度見送られてきた。

今回の一連の男性助産師導入問題は二〇〇〇年（平成一二）二月一一日に日本助産婦会が臨時理事会を開催し、南野知恵子議員から提案されていた「助産婦資格の男子への対象拡大および附帯決議」に関して検討、賛否両論が交わされたことに始まる。その結果、書面代議員会により、三月三日付け三月一五日までの間に代議員の意見を求めることになる。「賛成」四名、「附帯決議等の条件で賛成」五一名、「反対」一四名、「未回答」五名であった（参考　名称『助産師』案については賛成五二名、反対三名）。これに基づき、日本助産婦会石塚和子会長が、「助産婦資格の男子への対象拡大に関する要望書」を南野知恵子議員に提出することとなる。つまり、男性助産師導入に対しこれまで慎重に討議していたはずの日本助産婦会が男性の受け入れを認めることを決定し、その（助産婦資格の男子への対象拡大に関する）「要望書」を南野知恵子議員に提出した。これにより議員立法が成立すれば、男性助産師が誕生することとなったのである。

しかし、この時点ではほとんどの一般会員は何も気づいてはいなかった。日本助産婦会の事務局は平成一〇年度の日本助産婦会総会で男子の導入を発表する。(52) その後、ニュースレターにも発表しているが、ほとんどの助産婦の記憶にはない。多くの日本助産婦会会員が、二〇〇〇年四月の新聞紙上で初めて知ったという。そのために、助産婦自身が、この問題に疑問を生じても、適切な判断がしにくいという現実を生み出した。当然ながら、一般市民にとっても全く知らない出来事であった。

こうした男性助産師導入の是非をめぐっての議論が高まる中、二〇〇〇年七月一日・二日とあいついで助産婦を考えるシンポジウムが開催された。一日は、「男性助産士導入問題を考える会」主催による「みんなで話そう！助産婦ってなあに？」（東京ウィメンズプラザ）で、生命の誕生に関わる助産婦の仕事を見つめ直そうというものである。翌二日は、「性と健康を考える女性専門家の会」主催による第一回勉強会「助産士問題の論点と議論の推移を知ろう」（東京都職員共済組合青山病院大会議室）であった。

どちらも「助産婦」を考えるシンポジウムであったが、前者は出産そのものを産む側の立場で捉えようと企画しているのに対し、後者は助産婦職能団体の活動に対して理解を求めるというものであった。いずれも助産婦の質的向上を願うという共通点を有していたが、男性助産師導入については激しく対立した。

七月二三日には大阪においても「助産婦を考える会」主催の「みんなで話そう!助産婦ってなあに?」(大阪府立女性総合センター)が開催された。

この後も滋賀県(八月二六日)や北海道(一〇月二九日)などにおいてシンポジウムが開催され、その後も開催があいつぐが、この東京や大阪で開催されたシンポジウムによって、「男性助産婦はイヤ!」という産む側の声も次第に高まり、母親たちは自ら日本助産婦会の役員や支部長に宛てて男性助産師導入反対の立場から手紙を書き、国会議員にも要望書を提出している(九月一八日)。

産む側の声というのは男性助産師導入問題がささやかれるたびに挙がってはいたのだが、かつてないほどの広がりと盛り上がりを見せた。

こうした反対運動の盛り上がりに対し、男性助産師導入を実現しようとする厚生省・日本看護協会・日本助産婦会、そしてこれらの組織の意向を代弁する南野知恵子議員ならびに清水嘉与子議員らは、それぞれの主張を唱えながら、常時反対派の動きに対応しつつ導入に向けて動いていた(53)。しかし、反対運動の急速な広がりから、二〇〇一年三月には男性の助産婦資格取得を目的とした法案を一度取り下げ、「助産師」への名称変更に切り替えたのである(54)。

ここで、賛成反対それぞれの意見をまとめてみると、賛成派の意見は、

①男女平等・男女雇用機会均等法・男女共同参画の観点から、男性にも門戸を開くべき。

②現在、社会問題となっている虐待や性暴力、また男性の思春期の性教育や不妊相談には、男性助産師が果たす役

割は大きいと期待される。

③男性助産師の法案には附帯決議として妊産婦の選択権の提案を補足している。

などである。

それに対して、反対派の意見で圧倒的に多いのが、「男性はイヤ」という生理的な声である。反対意見を整理してみると、

①一般女性は出産に伴う精神的肉体的ケアに男性を求めていない。

②生物学的性差を認めることは、職業の選択権における差別ではない。

③虐待や性暴力、性教育に男性が必要ならば専門カウンセラーや生殖専門看護士がふさわしく、あえて男性助産師が必要であるとはいえない。

④附帯決議には刑罰拘束がない。また出産の現場で妊産婦が医療者を選択することは難しい。

⑤出産の現場では産む人の性の尊厳が保証されていない。男女平等、教育の機会均等よりも、基本的人権の方が尊重されるべきである。

⑥助産婦の職能団体である日本助産婦会が賛成に至った過程において、会員の意見は反映されず非民主的な方法で執行部だけで決められた。実際行われた、助産婦会会員有志による助産婦会会員アンケートにおいても反対が八三％と高かった（会員総数七二三四名：発送数五〇五八、回収率三七％）(55)。

⑦看護婦養成においても男子学生の母性実習の受け入れは大変難しく、トラブルもあることから、男性助産師の受け入れはそれ以上に困難であろうと推測できる。

などが、挙げられる。

4　繰り返される男性助産師導入問題と変わる運動体

前述のように、具体的な男性助産師導入への動きは一九八一年(昭和五六)から始まり、幾度となく繰り返されてきた。その都度時期尚早と反対の立場をとってきた日本助産婦会であったが、厚生省や日本看護協会からの要望も強く、「妊産婦の選択権の保証」を条件に、二〇〇〇年(平成一二)三月男子の導入を推進する側に転じている。(56) それまでの経緯を日本助産婦会は「平成六年の閣議決定を受けて、行政(厚生省看護課)からも度々、本会の見解を問われておりました。それを受けて、平成一〇年・一一年度総会で男子の導入には、助産婦の選択権の保証が条件であることを明確にし…」と報告したが、前述のように、ほとんどの助産婦の記憶にはなく、二〇〇〇年四月の新聞紙上で初めて知ったというのが実情であった。しかし、臨時理事会および書面代議員会を経て、「助産婦資格の男子への対象拡大に関する要望書」を南野知恵子議員に提出することになる。ただ、「妊産婦の選択権の保証」という附帯条件をつけることにはなったが、日本助産婦会がなぜそれまでの反対姿勢を翻したかについては、明確な理由説明はなされていない。そうした経過から同会が当局からの助成金と取引した結果であろうとか、事務局長の個人的理由による転向だろうといった風聞が飛び交っている。(57)「書面代議員会」や、「書面理事会」といった強引な方法による反対派の封じ込め策が、風聞に拍車をかけていることは否めない。

手続きや形式についてはともかく、日本助産婦会が男性助産師導入に対して賛成という意思表示をしたことは、推進派に大きな力を、反対派には打撃を与えたはずである。しかし、二〇〇〇年春からの反対運動はこれまでになく幅広い層の人々と北海道から九州に至る広い地域を席捲することになった。

その具体的な原動力となったのは、助産婦の仕事を理解しようということに始まった各地でのシンポジウム、そしてインターネットのメーリングリストやホームページを媒介とした活動であった。ことにホームページへの書き込みは、それまでお産環境や男性助産師導入問題に関心を持つことのなかった多くの老若男女の議論への参加を見た。(58)参加する人々が、妊産婦の夫として、父として、母として、あるいは生まれいづる子の祖父母としてといったそれぞれの立場から、身近なこととして考え始めたといえる。つまり、それぞれの立場を通して産む側の声を形成し始めたのである。これまでの産む側の声といえば妊産婦自身に限られていた。しかし、妊産婦を見守る様々な人々の声が産む側の声になったのである。ここが、これまでの反対運動と異なる点である。

話は少し戻るが、一九九〇年代に発足した多くの自主グループのうち、現在もホームページを立ち上げ、活動を続けているグループもあるが、解散したグループも少なくない。一般的に子育てグループは子どもが成長すると活動の機会が減り、自然消滅することが多い。理由はどうあれ、長く続けるには様々な困難が生じる。

ところが、二〇〇〇年春からの導入反対運動にはインターネットという情報システムが一般化するといった背景があった。問題がなかったわけではないが、仲間同士の連絡はもとより、掲示板への書き込みなど見ず知らずの人との意見交換も可能になった。新聞などのメディアに対しても気軽に発言できるようになった。出産が人間本来の身体による営みであるとするなら、それに関わる多くの人々が産む側の声を発するのは自明のことであった。

むすびに

男性助産師導入問題を契機に多くの人々がお産のあり方、さらにはその意味を語るようになった。強制された議論ではない自らの意志による参加である。これこそ第三次お産革命を担う人々の登場であろう。

男性助産師導入反対の声によって、おぼろげながら藤田が予告した第三次お産革命の内容が見えてきた。それは現下のお産事情やお産の意味を改めて見直そうということであり、男性助産師そのものが自然分娩に反する一つの要素ということに気付いてきたことでもある。つまり男性助産師導入問題が、第三次お産革命の胎動を促すという推進派にとっては皮肉な事態を引き起こすことになったのである。

二〇〇〇年（平成一二）からの男性助産師導入問題では、病気や怪我などに見舞われた人の看護と、産婦の産む力を引き出す助産とは本質的に異なることも明らかになった。「人間らしく産む」というあたりまえのことを意識しなければならない現代社会において、「お産は身体の営みである」ということを体験と知識の中で産む人に伝え、産む人の本能を引き出す役割を担うのは助産婦であると考える。

科学技術の発達した二〇世紀に起こったこの問題は、反省の時を迎えている。二一世紀は過剰な科学技術依存への反動から、人間の命や生命力を見直す時代となるであろう。お産のあり方や意味を改めて見直し、身体の営みとしてのお産を取り戻したいものである。そのために男性助産師導入問題は、より良いお産環境になるのかという視点から考えていかねばならない問題である。

本節は事実経過を中心にしたリポートに若干の考察を加えてみたものである。この問題の推移によっては、法令が市井の人々の生活にどのような変化をもたらすのかという視点からの分析が必要になるかもしれない。

第四節　ライフヒストリーに見る助産師

一　近代産婆の先駆者――日暮たきの記録――

はじめに

日暮《ひぐらし》たきは、一八九五年（明治二三）七月の生まれである。一九八〇年代前半のことであるが、著者は都市の民俗を求めて江戸四宿の一つ、千住宿を対象に、近代生活の有様について聞き取り調査をしたことがあった。日暮はその折に出会った一人である。

当時、すでに八〇歳で、淡々と語る姿が今でも目に焼き付いている。千住という町場に拠点をおいて、周辺の農村まで広範囲にわたってお産の介助を担っていた。大正時代のお産はもちろんのこと、関東大震災や第二次世界大戦時、その後のお産事情に精通していた貴重な証人である。

次の「助産婦の現代」の永沢寿美とは、同じ足立区内にあって親しく、永沢寿美は、千住に出かけた折には必ず立ち寄って話をしていたという。

日暮たきは旧日光街道沿いに栄えた千住の町場に住んでいたが、永沢寿美は千住に住む人々からは、「川向こう」と呼ばれる農耕地から戦後住宅地に変貌した荒川放水路の北岸の地域に住んでいる。

1 助産婦になるまで

日暮たきは、千葉県我孫子市の出身である。大雨になると渡し舟が必要となり、声をかけると我孫子の方から船頭が舟で迎えに来るようなところであったという。一九一四年(大正三)ごろに東京都足立区千住で助産婦をしていた姉を頼って上京し、裁縫を習っていた。そのうちに忙しい姉の手伝いをするようになっていた。「何しろそのころのお産には、たすきと前掛け一枚持っていけばよかったのだから」と笑う。ほかには脱脂綿を一枚ぐらい持っていく。産後には洗ったボロを当てておくが、それで何とかなっていた。

一九一四年に産婆会ができた。足立区内の会員は日暮たきの姉と千住一丁目や千住仲町の人、それに舎人の人らである(59)。一九一八年ごろになると会員もいくらか増えた。またその当時は素人でも産婆の仕事をしている人が区内の日ノ出町の方にもいたが、規則がやかましくなってからは助産婦の免状のある人だけがお産を扱うようになった。日暮たきも資格を取るために神田の佐久間助産婦学校に通った。そこには五〇人ぐらいの生徒が通っていた。若い人が多く、期間は半年である。そこの学校の試験に合格したときに姉が急逝。そのため急いで栃木県の実地試験で免状をとった。免状を取得する試験はどの県で受けても良かったので、なるべく早く取れるところを選んだ。そして、一九二一年に開業した。

2 大正時代のお産

助産婦を始めた一九二一年(大正一〇)ごろは川向こうの梅島や西新井には昔からの家しかなかった。頼まれればそちらの方まで歩いて行った。迎えに来る人も歩いてくるし、こちらからも歩いて行く。急ぐときには人力で行ったこともある。人力の車夫が「じき生まれるのなら待っています」というので、待っていてもらうと車代が倍になる。それでは気の毒だと思い、一九二二年には自転車に乗るようになった。女の人で自転車に乗っている人は誰もいないころだった。迎えの人は電話が設置されるまでは相変わらず歩いてきていたので、その人より先に産婦の家に着いていた。

産婆を始めたころは机や踏み台のようなものに蒲団をかぶせ、そこに産婦がうつぶせになって手をついたり、抱きついたりできるように準備した。なかなか生まれないと座らせてみたりもした。すぐ捨ててもいいようなお産蒲団を縫い、油紙の上に敷いてそこの上で産ませた。一九二一年ごろまではすわり産が多かった。寝てお産するといけないなどといわれたが、寝てお産をするようになったのは町場の方が早かった。

農家の場合には、奥の方にある部屋の畳を上げて二一把の藁を積み、灰を置いた上にボロを敷いて産む。産後その二一把の藁を毎日一把ずつ引き抜いて寄りかかっていた藁が全部なくなると、ふつうに休んでもよかった。

後産の処理をすると、家人が必ずお米一升とかつぶし(鰹節)をお盆に載せて持ってくる。その米をちょっとつまみ、かつぶしを少し削って後産の中に入れる。そうすると一生かつぶしのようにかたく育つという。後産は農家の人が自分で方角の良い場所に埋めていた。一升のお米とかつぶしは産婆がいただいてくる。このころはまだ産婆と呼ばれていた。

3　妊娠

妊娠に気付くと五ヵ月目に診察して帯祝いをした。帯は晒を七尺に切り、紅で「寿」と書いた。おちょこに入っている紅を筆につけ、水で薄めて書く。また、産婦は日本橋の水天宮へお参りに行き、もらってきたお札を腹帯の中に入れる。

みんな五人も六人も産んでいたので、要領をよく知っていて、腹帯をしてから出産までに一度くらい診察すればいい方だった。昔は粗食で脂肪が少ないので、お産が軽かったのではないかと日暮たきはいう。妊娠すると辛いものや油っこいものなどは制限される。

4　出産

十分おきぐらいに陣痛があっても、初産だと半日はかかった。一分間に三回ぐらい痛むようになるとすぐに生まれる。

産婦が貧血状態になると、酸素ボンベを吸わせた。酸素ボンベは千住二丁目の薬局からとっていた。ごくまれに赤子が大きくてなかなか出てこないことがあった。そんなときは南千住の産婦人科医に鉗子分娩を頼んだ。連絡すると赤い車ですぐに来てくれた。陣痛微弱のときなどにも診てもらうことがあったが、めったに頼むことはなかった。

尿道カテーテルは産婦の尿をとる金属製のものである。お産の直前に恥骨のあたりに尿が溜まっていると、子が出にくいので尿道カテーテルでとる。なお、子が羊水を飲んでしまったときに口の中に入れて吸いとる器具を気管カテーテルという。

逆子のことを骨盤位という。助産婦の資格の試験のときにも出題されたが、日暮たきは骨盤位の娩出が上手であったという。

胎盤剝離してからへその緒を切るようにしていたが、胎盤がおりなくても臍帯の搏動がなければ切ってよい。このときはコッヘルで押え、片方は糸で結わえて臍帯剪刀《せんとう》で切った。糸を使う代わりにコッヘルで二ヵ所を押えることもある。

昭和になると赤子にアクロマイシンという目薬をつけるようになった。消毒液はクレゾールを使っていたが、今はアルコールを持って歩く。

昔は胞衣会社が四、五軒あったが、今は台東区の下谷にある中央産事が来ている。お産のたびに汚物と胎盤を取りに来る。一週間ぐらい経ったときにも再び来るが、最初に料金を払い、次からは心付け程度でよいと産婦に指導した。

お腹の中で亡くなって生まれてくることがある。死産であるが、胎児の皮がむけて胎の色の変わってしまったようなのが入っていることがあった。それでも産婦にはとくに影響はなかった。死産のときには、産婆が証明書を書いて役場に出すと埋葬することができた。

5　産後

産後は脱脂綿を当ててT字帯をするが、脱脂綿が手に入るようになる前にはボロを使っていた。生理のときにもT字帯に脱脂綿を当てていた。

昔はたくさん子どもを産んだ。極端な言い方をすれば、なんでもかんでも産んで、欲しい人にあげたりしたそうである。

産後は現在のようにいろいろ食べるようなことはなく、かつぶしを削ったものとか、味噌漬けぐらいで、二一日間お粥を食べていた。

母乳の出の悪い人にはマッサージもする。以前は乳の真ん中をもんだが、最近は乳首をもんでやわらかくしてから乳のまわりの皮膚をもんで出すようにする。どうしても出ない場合には赤子にミルクをあげる。少し砂糖を入れた湯冷ましを一日に一、二回飲ませると通じにも良いし、体にも良い。

昔は赤子におむつを巻くようにして当てていたが、戦後は三角にして広げて巻いた。最近は二枚のおむつを股に挟むようにして使う。股関節脱臼の予防でもあるという。また足の開きの悪い赤子には専用のおむつカバーを勧めている。

出産直後の産湯は産婆の手になるが、三日目と一週間目にも入れる。産湯は方角の良い方に捨てる。タライに湯を入れるが手加減で温度がわかる。夏は三七、八度、冬は四〇度ぐらいである。冬は赤子を入れているうちに湯が冷めてしまうので、熱い湯を少し加える。赤子の胸に手ぬぐいをかけ、耳を押さえて入れる。体を洗うのはふつうの石けんで、洗顔用のガーゼは産婆の方で用意する。

6 ミツメとお七夜

産後三日目に赤子の入浴などで産婦の家へ行くので、ミツメノボタモチをいただいてきたものだった。ミツメノボタモチは嫁の実家から持ってくるが、自分の家で作る場合もある。黄粉のボタモチがお重にいっぱい詰めてあった。お七夜には赤子の初毛を剃るので、カミソリを持って行った。初めのころは剃るのが怖くて困ったという。また、おむつを赤子の頭にのせ、産婆が抱いて井戸と便所にお参りに行く。小豆飯を皿に載せ、箸で少しずつあげてくる。いわゆるセッチンマイリである。そして名前を書いた紙を大神宮様に貼って祝う。この日は尾頭付きのご馳走が出た。家によっては長男とか長女のときに大勢客を呼ぶが、そんなときも産婆は一番上座に座らされたものだった。お七夜のときには必ずお土産に小豆飯をいただいてくる。仕事柄一日に三回もお七夜に呼ばれることがあるが、ご馳走は全部食べられないので少しずついただいて回った。

お産の費用はお七夜にいただく。一九二一年(大正一〇)ごろから一九二四、二五年ごろまでは一円ぐらいの家が多かったが、相手しだいで産婆から要求するものではなかった。したがって、三〇銭ぐらいしかもらわないときもあった。また一ヵ月に二七、八軒のお産があっても、二、三軒は無料だった。現金の払えない家である。そうした場合には逆に産婆がおむつを用意したり、ボロを持って行ったりしたこともある。料金が助産婦会で決まったのは一九五五年（昭和三〇）で、その当初規程の三〇〇〇円を請求したらびっくりされた記憶がある。お大尽でも驚いたくらいであった。

7　入院

昭和になってからは、浦和の産婆学校を卒業した二、三人が実習見習いとして来て、助手をしていた。二年くらいで覚えて帰ると、また次の人が来る。そのころから日暮家では五台ぐらいの自転車を玄関の中に入れていた。

一九三五年（昭和一〇）ぐらいから入院患者があった。それまでお産で入院するという人は少なく、事情のある人を預ったことぐらいであったようだ。

8　関東大震災と戦災

関東大震災（一九二三年〈大正一二〉）にはお産に立ち会っているときに遭遇した。その産婦は二、三日生まれず、日暮は前の晩は寝はぐって（寝そびれて）いた。そこで赤子にお湯をつかわせてから帰って寝ようと考えていた。赤子をお湯に入れていたら家が今にもつぶれそうになったので、あわてて赤子を抱いて庭に出た。揺れが鎮まるのを待って着物を着せて帰宅すると、家へ入る前にまた揺れた。それこそ下駄を履いたまま家へ飛び込んでしまったという。

戦時中のことだが、一九四五年（昭和二〇）の二月二四日の晩に千住三丁目に爆弾が落ちた。ちょうどこのときには入院患者が三人いた。防空壕は家の裏に掘ってあった。しかし、空襲警報が鳴っても雪が降っていたのでみんな入るのを嫌がる。孫に怪我でもさせてはいけないと防空壕に入ろうと首を持ち上げたときに、爆弾が落ちた。そのとき妊娠していて気を失った人もいたが、後で安産した。担架を用意しておいて空襲を気にしながらお産をした人もいた。

やはり戦時中のことだが、川向こうの八千代町にお産する人がいて、隣の自転車屋の息子が呼びに来た。カバンを用意したら空襲警報が鳴ったのでラジオを入れると爆弾がたくさん落ちていると報じていた。それでしばらく待ったが、気がかりで空襲警報の解除になる前に行ってみたら、お産のために呼ばれた家が吹っ飛んでなくなっていたということがあったという。

9 助産所から助産院へ

初めは助産所としてやっていたが、一九四九年(昭和二四)から助産院となった。ちょうどそのころから、福祉の入院助産を手伝うようになった。

また、その少し前から保健所の仕事もやっている。内容は出産後の訪問指導である。赤子の誕生については区役所へ出生届を提出することになっているが、その子が第一子の場合には保健所から産婦のもとへ産後指導の諾否を問う往復はがきが送られる。指導を必要とする返信はがきが届くと保健所からそのはがきとともに指導の依頼が助産婦に来るのである。そこで消毒用のアルコールのガーゼと白衣を持参して、産婦のところを訪問することになる。まず赤子の体重を量り、母乳か人工栄養かを尋ねる。母乳の場合でも二時間はおいて飲ませるようにとか、二ヵ月目ごろからは夜は飲ませないようになどと指導する。また股関節脱臼の疑いはないかと赤子の身体を診たり、体重も量ったりもする。そして、おむつの当て方、通常の体温を知る必要性、一ヵ月健診は必ず受けるようになどと助言する。そのほか、三〇歳以上で初産の人や三人産んだ後の育児指導にも行ったりする。

日暮は一万四、五千件のお産を手がけてきた。そのカルテは柳行李にいっぱい入っている。一日に四、五軒のお産があったこともあった。夜産まれなくても「診に来て下さい」ということがあって、夜中に一度も起こされないという日はなかったという。

むすびに

素人産婆から有資格者としての産婆へ、お産のお礼から料金へ、自宅出産から入院出産へ、助産所から助産院へ、そして出産後の訪問指導や受胎調節指導など、日暮たきの語りの中には、近代のお産環境を形成する要素がちりばめられている。

東京郊外のマチとムラの境にあって、大正から昭和という近代の歩みを産婦とともに見つめてきた助産師。手がけてきたお産の数は一万数千件であるという。千住の町を聞き取り調査で歩くと、ほとんどの話者が日暮に取り上げてもらったという事実に、その重さを感じたものである。

二　助産婦の現代——永沢寿美の記録——

はじめに

長期的な少子化傾向の中にあって、特に自然分娩を求める声や助産師の是非についての発言が高まっている。

東京都足立区在住の永沢寿美は、家庭分娩が主流の時代から、地域に根差した開業助産婦としてより良いお産を求め続けてきた。その半生については自ら『産婆のおスミちゃん一代記』を著している。(60)ここでは助産婦永沢寿美に対する面談調査をもとに、技術面や産婦との関わりを含めた助産婦の仕事について報告し、現行の助産を見直す手掛かりとしたい。

参考までにプロフィールを簡略に述べておく。一九一二年(大正元)、東京都足立区六月町に生まれる。生家は紺屋で、屋号を紺倉といった。高等小学校を卒業後、独学で専検試験に合格。女学校の卒業資格と専門学校の入学資格を得る。職業婦人にあこがれ、一六歳で、足立区古千谷の産婆藤井君子に弟子入り、その間神田三崎町の東京助産女学校で産婆学を学び、国家試験に合格した。一九三二年(昭和七)、足立区本木町の産婆永沢ハルの家に嫁いで、その後継者となる。

1　助産婦の技術

腹帯　戦後、腹帯はしなくても良い、しない方が良いと言われた時期があったが、腹帯は保温のためにも必要で、冷えると血液の循環が悪くなるので良くない。ガードルをはきたければ腹帯の上にはきなさいと指導している。また、毒素のついた汗を吸い取らなければならないので晒が良い。二本用意して洗濯替えにする。夏は毎日、冬でも二日締めたら取り替えるようにする。

締め方は、前でねじると二重になっておなかの大きさが目立つので、後ろでねじるようにする。腹帯の両端にはガーゼを縫い付けきっちり縛れるようにした。

妊娠中の異常　妊娠中は、尿検査で蛋白や糖の異常がなく、浮腫がなければ大丈夫。妊婦は塩分控えめの食事が大切である。

羊水は妊娠末期には正常で一〇〇〇ccぐらい。羊水は自然に湧き、自然に消えて、また湧くというように、循環している。量が半分もなければ逆子も治らないし、異常も出やすい。以前は羊水過多も多く、奇形の生まれる率も高かった。

半頭児といって、頭の後ろ半分がない子はたいてい死産になる。膀の緒が太くなったり細くなったりしている場合もある。五ヵ月の帯を締めてだめになる場合、心音が聞こえなくなって一週間か一〇日たつとおなかが痛くなって流産になる。

妊娠中の体重の増加は一〇kgから七、八kgに抑えなさいと指導されるようになったが、胎児が大きいと胎盤も大きく、後出血も多くなる。斜頸にもなりやすい。

異常の人は一割くらいで、異常になりそうな人には指導する。周産期になって妊娠中毒症になった人は嘱託医に紹介し、生活指導と食事療法を指導する。

逆子　逆子(骨盤位)は出産までに正常位に戻ることもあるが、治らないこともある。逆子になる時期は二七週から三〇週くらいが多い。この時期は位置が不安定なので受診を小まめにした方がよい。

逆子の矯正は、できれば入浴後、空腹時に必ず排便排尿を済ませて行うと効果がある。まず、枕をせず、仰向けに寝る。座布団などを利用して、腰を高く四五度以上に上げ、両足は一〇㎝開いて椅子または壁を利用してさらに高く上げる。そのまま静かに四〇分腹式呼吸をしてリラックスしていると、やがて下腹部がピクッピクッと感じる。息を深く吸ってゆっくり吐いたとき、恥骨と先進部の間に指一本入る間隙が生じたら胎児の手足側を下になるように体を横にしながら起き上がる。この動作を一日二回実行し三日続けると正常位に戻ることがある。

逆子が治ったら逆子を繰り返さないように腹帯をしっかり巻く。腹帯は半反(約五m)の晒の両端にガーゼ(約一・五m)をしっかり縫い付けたものを用意する。フェイスタオルは二枚に切って、それぞれ堅く巻き、綿テープで止める。

棒状になった二本は胎児の頭を支えるように斜めに当て、腹帯を下から巻いていく。腹帯の両端に付けたガーゼを引っ張りながら後ろでねじってしっかりと巻き、ガーゼで縛る。逆子を治した翌日は腹帯をしたまま入浴した後、取り替えるように指導する。入浴すると弛緩するので、元に戻りやすいからである。

分娩の介助　産婦の体に触れて「どこが痛いの?」と、聞くのが一番よい。腰の痛いときには氷枕にお湯を入れて温めるとよい。

お産が近付いたら、胎児の背中が下になるように横になり、陣痛が強くなってお産が進行するのをリラックスして待つように指導する。呼吸法を上手にしておくことも大切。痛くないときにはリラックスさせて痛いときには呼吸法を一緒にする。

お産が進むと肛門がうんと膨らんでくるので、押さえながら、反対の手で背中をさすってあげる。

昭和初期の農家のお産は座産であったが、永沢寿美は、産後の出血を防ぐため、分娩の姿勢を座産から仰臥位に変えた。横になってもらうことにより産婦を死なせないで済んだという。

会陰保護術　会陰は切らないように注意した。会陰を脱脂綿で押さえ、排臨のときに卵の白身を赤子の頭に塗ってつるつると出やすいように工夫した。

会陰が切れると助産婦の扱いが下手と言われた。排臨から発露に移る(頭が出たり入ったりする)とき「ハッハッハッ」と助産婦の方で言うと産婦も一緒に短息呼吸をする。そうすると会陰は切れない。ここでいきませてしまうと肛門まで切れてしまうこともある。

赤子の頭が出たり入ったりしているときは心配だが、自然にそれに相当したホルモンが分泌され、心音さえしっかりしていれば、会陰切開しなくても大丈夫である。陣痛中五回に一回は心音を聞くようにしている。

人工破膜　全開大（一〇〜一一・二㎝開く）しても破水しないときには、卵膜をコッヘルでちょっと切り、人工破膜する。人口破膜をしなくても半数ぐらいは自然に卵膜が切れ、破水する。

初産の人はなるべく全開まで破水させないようにすると分娩が有利に進む。産婦を横向きにしてから足を曲げさせて力を抜かせ、卵膜が破れないように工夫する。過激陣痛の場合にも同様に産婦の力を抜かせて呼吸法を利用しながら全開になるまで破水させないようにする。経産婦の場合、卵膜が強靭で自然に破水できないと判断したときに人工破膜をする。分娩陣痛が起こり、やがて子宮口の厚みが薄くなり、しだいに子宮口が開いて、全開大（一〇〜一一・二㎝）になり子どもが生まれる。子宮口が紙のように薄くなるまで待っていると、柔らかくなり、分泌物が出て柔軟に開いていく。昔の人は筋肉労働をしていたのでお産で使う筋肉が発達しており、陣痛促進剤を使わないでもよかった。むやみに促進剤を使用すると子宮口の厚みが薄くなる前に陣痛がおこり、痛いだけでなかなか生まれない。促進剤による誘発の場合は会陰裂傷も起きやすい。

分娩の工夫　お湯を沸騰させ冷ましたものを木のタライに入れ、腰湯を使わせた。沸騰させてから適温にしたものは冷めにくかった。冷めると熱いお湯を足す。産婦の肌が桜色になると陣痛が強くなる。温まると子宮口の開きがよくなり、和痛（穏かな痛み）に近いお産ができる。

お産というと、どこの家でもお釜でお湯を沸かしていた。湯気で温まったお釜の木の蓋を「安産になりますから」と言って借りてきて産婦のお尻に当ててあげる。火の気のない北側の産室にいる産婦は冷えきっているので、そこに座らせると眠ってしまうほどいい気持ちになる。よく温まってくると、汗が出て陣痛が来る。お釜の蓋が冷めるころには、いい陣痛が来たものである。どうしたらこのお尻温めてあげられるかな、と考えているうちに浮かんだアイディアである。

難産 酸素ボンベは何本か用意していた。過激陣痛のときに酸素が欠乏しないようにかけてあげる。子宮口が三㎝から七㎝開いたときに三〇分かけて、二〇分休む。それを繰り返すと出血も少なく、赤子も元気で、いいお産になった。胎児が横位の場合は足から出さなければならない。

胎児が骨盤より骨盤潤部で回旋異常になることがある。頭蓋骨の矢状縫合が真っすぐになると生まれるのだが、潤のところでつかえると難産になる。内診すると矢状縫合が溝になっているのでわかる。

産瘤が大になればなるほどお産も難しくなる。産瘤はブヨブヨしているので頭と見分けがつく。

仮死 もし、仮死で生まれたら人工呼吸をして保温してあげるとオギャーオギャーと泣き出す。分娩の際、酸素を二か三かけてあげると、仮死した赤子を取り上げることは少ない。

鉗子分娩 鉗子分娩で生まれる赤子は二五人中、三、四人はいた。回旋異常になり、心音が弱くなってゴットンゴットンとゆっくりになると放っておかれない。胎児も苦しいので胎糞が出てくる。そんなときは心音が大切なので五分に一回ずつ聞きながら、座産にしてなるべく赤子を下げてから、嘱託医の先生に鉗子分娩を依頼した。鉗子は赤子のこめかみにかける。少し跡がつき、大きくなっても圧迫傷が残るので、鉗子をかける時間をできるだけ短くする。

吸引分娩 吸引の機械は、大中小とあり、赤子の頭の大きさに合わせる。子宮口が全開大になってからピタッと真空にして引っ張るが、そこがうっ血して治るまで一週間や一〇日はかかる。機械は用意してあったが、嘱託医が、鉗子分娩が上手だったので、吸引はあまり使わなかった。どうしても使うときには吸引で引っ張っておいて鉗子を使うようにした。

嘱託医 助産婦は医療行為ができないので、必要に応じて医師に依頼をする。昔は行き来しているうちに自然に嘱託医になってもらったものだが、戦後は嘱託医の承諾書を保健所に提出するようになった。

臍帯の処置　出産後は赤子の顔面洗浄をする。臍帯に血液が流れていて波打っているとき（臍帯拍動）は置くと動くほどであるが、この臍帯拍動が停止してから結紮し切断する。

出産後の処置　臍帯の処置が終わって初めて赤ちゃんを寝台に寝かせ、温かくした上で、産婦の処置をする。まず腹帯で子宮底が上がらないようにする。それから消毒済みの導尿カテーテルにオリーブ油をつけ、尿道に入れ導尿する。そしてすぐ氷嚢に氷を入れ子宮底の上に載せる。冷やせば血管が締まって子宮の収縮がよくなる。氷嚢には氷をいっぱい入れないでザクザクにして口を二つに折って載せる

次に胎盤が剥離したかを診る。太っている人は脂肪が多くわかりにくいが、胎盤が剥離するとおなかの上から触れて胎盤との境界を感じることができるのでよくわかる。また、胎盤が剥離していないときにおなかを押すと臍帯が引っ込み、剥離していると臍帯は引っ込まない。剥離していればやがて胎盤が下降してくる。無理に牽引しなくても、子宮底を誘導線の方（骨盤の中）に押すとすっと出る。胎盤は剥離面が中に入り、反転して卵膜に包まれて排出する。剥離面から出てくると出血量も多い。

また、子宮内に卵膜が残っていないかよく調べる。手を消毒して子宮口に挿入、子宮内に遺残がある場合はきれいに除去しなければならない。卵膜は子宮の両側にある喇叭管に付着していることが多い。

胎盤の娩出が終了したら、すぐに丁字帯をし、血圧とプルスを測る。血圧はふつういくらか上昇しているが、中で出血していると下がっている。プルスも正直なので細く速くなっていると怖い。プルスがちょっとでも速いときには早めに嘱託の先生に連絡を取っておく。心臓の弱い方だと早くにブドウ糖など補液してもらう必要がある。点滴ができる前（戦前）は皮下で食塩水を注射、早く吸収させるためにタオルで蒸したりした。その上で抗生剤を三日間飲ませたりする。

胎盤娩出後、出血がある場合は強シュッタンポンを膣穹窿部に挿入することがある。産婦の腰を高くし、足を保温する。

いいお産かそうでないかは出産後の胎盤の娩出で決まる。胎盤が完全に娩出して出血が正常であれば、初めて安産といえるのである。

癒着胎盤の用手剝離　胎盤が癒着していると出血するので嘱託の先生に連絡して処置をお願いするが、開業当時は足立区には医師がいなくて南千住の佐藤先生一人だったので忙しく来てもらうのに時間がかかった。用手剝離は本来医師の仕事であるが、どんどん出血して待っていられないことがある。間に合わない場合には一通り処置して先生に報告する。その上で先生にも診てもらう。

悪露の手当　戦前戦中は悪露の手当には丁字帯の上に亜麻仁油紙を敷き、青梅綿を使用、その上に消毒した脱脂綿を敷いて局部に当てた。丁字帯は晒で作り、紐も晒の端を利用して作った。一九八〇年前後に電気の消毒器を購入したが、それ以前はケッテル(消毒綿を入れておくステンレス製の容器)が二つ入るステンレスのご飯蒸で消毒していた。

後陣痛　出産後、子宮の収縮に伴い後陣痛と呼ばれる痛みがあるが、腹部の筋肉が発達しているほど後陣痛はひどい。また、分娩の際おなかより腰の方が痛い場合もある(特に男児を産んだ人に多い)が、これは分娩の際尾てい骨の先が一cm先に出るためで、出産後それが元に戻るために痛い。これも後陣痛の一種である。温めると痛みが和らぐ。

授乳指導　初乳は分泌のよい人は妊娠末期から出る。出ない人は産んだ後も乳首をつまんでも出ない。その場合は蒸しタオルで罨法《あんぽう》し、乳首周囲の乳輪を軽く指圧し、放射線上になっている乳腺を乳房基底部から乳輪に向かって一本一本指先で指圧する。産婦の状態が良ければ産後一二時間後に乳房ケアを始める。本当にお乳が張ってくるのは産後三日目から、その前に乳房を柔らかくして乳腺を開通させ一滴か二滴、お乳が出てきたとき早期に飲ませるのがコツである。三日目くらいから赤子がゴックンと音をたてて飲み干すくらいの分量に増える。だいたい初産で簡単に飲めるのは一〇人に一人。母も赤子も不慣れだから授乳は大仕事で、赤子が一生懸命吸うと、額にうっすらと汗がにじんでくる。そうすればしめたもの。五日目から母乳だけで十分になる。

分娩後疲れて起き上がれないときは、横向きに寝て、お尻を後ろにずらし、まだ大きなおなかを引っ込めて赤子を胸にぴったり抱いて授乳させる。初乳を与えるとスムーズに胎便が出る。

2　助産婦と産婦

診察依頼　産婆への診察の依頼は家によって様々であった。きっちりした家では、産婆をあらかじめ選び頼みにくるが、移住者の人は突然「生まれる」と呼びに来ることが多かった。

親に内緒で夜八時ごろ診察に来る人もいた。親に聞いてみると「自分も姑にそうさせられたから」という。「予防医学だから診察は大切」と指導しなくてはならないときもあった。

早めに診察することが技術で、見定めることが大切である。取り上げるだけが助産婦の仕事ではない。内診をしないという産婆もいたが、状況に応じて内診は必要であると思う。

お産は家系だなどといい、遺伝にも関わるので、診察のときに母親のことなど聞いておく必要がある。

一九五五年(昭和三〇)ごろになって産婦が診察に来るようになった。母子手帳ができてからである。はじめは白い妊産婦手帳というものだった。

血液検査は一九五五年以後義務づけられてから行われるようになった。昔は血液検査をする人は派手とされていた。遊んでいたと思われたからである。母子手帳に貧血検査・梅毒検査の結果を記入するようになってから、死産が少なくなり、妊娠中毒症も減少した。また、二七、八週から三〇週にかけては胎児の位隅が変わる時期なので二週間に一回は診たいという。

胞衣処理　胞衣は、素焼きの壺に入れ蓋をして半紙をかぶせ荒縄を十文字に結わえ、生まれるとはがきで連絡して胞衣屋に取りに来てもらう。胞衣屋の会社は東京に五軒あり営業する区域が決まっていた。足立区には鹿浜の中央産事株式会社から来ていた。手数料は産婦の家で支払う。お祝いだからと胞衣代の半分ぐらいをつける家もあった。また、家の人が恵方に穴を掘り埋けることもあったので、助産婦の方でも暦でその年の恵方を調べていた。恵方といえばお産のとき恵方に向かってお産をする家もあった。

バタヤサンのお産　永沢寿美が嫁いだ一九三二年(昭和七)ごろの本木付近は、原っぱや畠ばかりで、家は二、三軒しかなかった。少し行くと粗末な長屋があって、店も何軒かあるだけだった。嫁ぎ先の永沢助産院は本木三丁目にあったが、本木新道(大師道と呼ばれ、千住の町から西新井大師へ行き来する道であった)の十字路から向こうが本木一丁目でバタヤサンと呼ばれる資源回収業者が住んでいた。バタベヤと呼ばれる住まいは、三畳と土間が一〇軒ほどつながった長屋で、仕切り屋と呼ばれる親方がただで貸していた。カマドが石油カンで野菜クズを入れたおじやをグツグツ煮ていた生活である。

バタヤサンたちは午前二時ごろから箱型の荷車を引いて、東京の町へ出掛ける。昼ごろ帰ると、原っぱに秤が出ていて、仕切り屋が量り、お金を支払っていた。バタヤサンのお産にもいった。有る時払いの催促なしで、入籍の手続きを代わりにしてあげたこともある。衣料品のない時代、自分の子どもの着物を持って行って着せたりもした。

夫の協力　農家ではたいてい夫は外へ出ていて産室には入らなかったが、夫を呼び「手を握ってあげてください」と言って、協力してもらった。男の人は産婦の部屋へ入ってはいけない時代ではあったが、夫が入ることは産婦のためによいと考えた。お産の介助には、産ませる人、反対の足を押さえる人、肩を押さえる人の三人が必要で、夫が立ち会う際には肩を押さえてもらうとよい。

姑　姑もいろいろで、貧富の差というより人柄で違った。産婦のために七輪に火を熾して湯気をたてて室内を暖めてあげる人もいたが、冷たい人はずっと冷たかった。永沢寿美が、二〇代のころ、七〇代のお婆さんがいきなり産婦の口に柄杓の柄を入れたので、びっくりしたことがある。「出血するからやめてください」とあわてて止めたが、柄杓の柄を口に入れ、「エッ」となっておなかに力が入り、出産を促そうとしたのである。

入院施設　一九五一年(昭和二六)に助産院の認可を取るまではすべて自宅分娩で、産婦の自宅に赴き、出産の介助をしていた。出産後一週間は産家に毎日通い、赤子の沐浴、母乳の手当、母体の処置を行った。しかし、戦後、お産が急速に増えて、産家を回る自宅分娩では体がもたなくなった。一九五一年に自宅を改築した際、正式に助産院の認可を取り、産婦の入院を受け付けるようになる。入院の施設を持ったのは足立区内でも早い時期であった。やがて住まいに入院させるには手狭となり、一九五三年自宅の隣に独立した入院施設を建てる。一九五五年以降は病院分娩が急激に増え、仲間の助産婦の多くは、新生児妊産婦訪問指導員として、職場を変えざるを得なくなっていた時期と重なる。そのようなときに、入院施設での分娩介助を行うことに専念する覚悟を決めたからには、助産院でのお産の良さをアピールするサービスに努めたという。たとえば、母乳栄養指導はもちろんのこと、産婦の食事に心を配り、清拭や洗濯もすべて行う。上に子どもがいれば預かって保育を引き受け、勤め帰りの産婦の夫にも食事を出すなど、入院中は一切家族に心配させないようにするという助産院ならではの心遣いを徹底して行っている。夜中は貸しおむつの洗濯を行い、昼間はお産や診察の他に赤子の沐浴をするなど休む暇もなかった。お産の規定料金ができたのが一九五五年。入院を扱う助産部会で作成した規定表を東京都に提出した。

一方困窮者の入院分娩については、永沢助産院も一九五一年、年に東京都の指定を受け、児童福祉法第二種入院助産を取り扱うようになった。かかった費用は点数を出して書類に記入、都庁に提出する。一点一〇円、分娩費が三〇〇円くらいの時代であった。やがて都から区へ移管されるが、しだいに人々の生活も安定して一九八五年ごろまでには児童福祉法を利用する人はほとんどいなくなった。

妊娠中絶と流産　戦後のベビーブームの後、ヤミの中絶が横行した。一九五二年(昭和二七)からは受胎調節指導を行っていたにもかかわらず、妊娠中絶が多かった。正式に届出を出す人は一割程度であったようだ。中絶後は妊娠しやすいので、一年に二回ぐらい掻爬している人も多く、そういう人が次々に妊娠するのだからいいお産のできるはずがない。掻爬を繰り返すと子宮の内壁が薄くなり収縮しないため、弛緩性出血を起こすことが多かったのである。そういうお産をどうしたら正常にできるのかというのが、助産婦にとって大きな課題となった。

中絶後は妊娠しやすいが、流産も多くなる。流産しかかっているのを止めるために病院に通い、一週間に一本黄体ホルモンを注射すると出血が止まる。しかし、そのようなときには心臓疾患などの奇形が生まれる可能性も高いので、注射をやめて流産する人も多かったが、逆に注射を受け過ぎてかえって流産する場合もあり、判断の難しいところであった。

3　助産婦の仕事

一人前の助産婦　お産は分娩後二時間が大切で、この時期は産婦から目が離せない。子宮内に卵膜が残りやすい人がいるが、そういう場合の出血が怖いからである。妊娠中毒症の人も卵膜が付着しやすく、特に中絶をしている人は卵膜が残りやすい。喇叭管のところにもよく引っ掛かっていることがあるので、胎盤が出た後も丁寧に調べなければならない。子宮内を掻爬のためにガリガリ削り取るのでそういうところには卵膜が付着しやすいからである。用手剝離で剝がれるところはすぐに剝がれるが、掻爬のためにガサガサになったところには流産しないように胎盤の血管が深く入り込んで、剝がれにくく遺残しやすい。したがって分娩後が戦争で、ここからが自分たち助産婦の仕事だと思っている。剝離していないところを見つけることができれば一人前で、処置後、子宮が収縮するまで気を許せないのである。

出産の介助から受胎調節、訪問指導へ　戦後しばらくは、中絶が横行し、中絶後の後遺症（流産・早産・前置胎盤・後出血・胎盤癒着など）に苦しむ人が、永沢助産院にも相談に来ていた。

家族計画指導が始まったのは一九五二年（昭和二七）からである。厚生省から受胎指導実施指導計画が出され、日本助産婦会の教育委員会で取り上げ、東京の五つのブロックごとに指導が行われるようになる。

永沢寿美も第一回の講習会から参加している。指導員となってからは、毎日講習に出かけた。講習の帰りにはリーダー格の家に寄り、復習したこともある。それまでは産ませる側にいた助産婦が受胎しないように指導するのである。講習の帰り道、助産婦同士「何の因果でこんなことしなくてはいけないのか」と嘆き合ったことは忘れられないという。

受胎指導は保健所で管理され、カードにペッサリーの指導をしたとか、コンドームを一ダースあげたとか記入する。コンドームとゼリーは無料配布であったが、足りないときには家族計画協会で購入してただであげたこともある。一件五〇円ぐらいで訪問指導を行う。お産をしたところを一軒一軒回り指導した。ゼリーの注入器は浣腸器のようなものなので、サンシーゼリーを入れ、子宮口のまわりに塗るものだった。男性にはコンドームを勧めた。ピンホールがないかを確かめ、先の方にサンシーゼリーを塗り使用するように指導していた。

幼稚園・学校・町会の施設などを借りて、人を集め、映画を上映したり、助産婦が交替でペッサリーやゼリーの使い方を指導したりした。町会事務所では、「先生、今まで産ませていたのに何だよ」と言われ、「政府でやるように言われたのよ」と答えるしかなかった。

一九七五年ごろ、少産時代に入るまで続いた。指導で一番辛かったのはバタヤサンへ行くと「テメエら何でそんな指導受けて来たんだ。そんな風船みたいなものもって、何で来たんだ」となじられたことである。「機械をつけろ、ゼリーをつけろと言ったって、そこまで立ち入るばかいるか」とまで言われた。

新生児訪問指導　一九五五年(昭和三〇)年以降、産科の医師が急速に増加。一方、妊娠中絶による後遺症に悩まされる人たちは後を断たず、助産婦よりも産科の先生を頼るようになっていった。病院分娩も急速に増え、助産婦の多くは、新生児訪問指導員として職場を変えざるを得なくなった。

新生児指導は東京都の依頼で一九六一年から始めた。新生児の沐浴をし、おへその手当をしてくる。体重の増加を計算して一日四〇 g増えていなければ母乳が足りないと指導、哺乳瓶の消毒なども教える。初産の場合は二回訪問する。一軒五〇円から始まり、一〇〇円、一三〇円となっていった。また、妊娠中毒症予防の訪問指導は一九六三年から始まった。

助産婦の仕事　助産婦の仕事は愛情と技。お産は一人一人違うもので、同じお産は二度とない。理屈ではなく常に体当たりで立ち向かわなければならない。早め早めに診断するのが技術で、よく見定めることが大切である。お産というものは正常と異常の間を行ったり来たりしているのでそれを見極めるのが助産婦の仕事だと思っている。そして、初診のときから分娩、産後と二八日の新生児健診までが助産婦の仕事となる。

むすびに

永沢寿美は当代を代表する助産師の一人である。その助産技術については名人と称され、ここで語られた技術論は今でも現役の助産師から読ませてほしいという要望がある。

ただ、そうした技術は産科医との互いの信頼による緊密な連携を背景にしていることはあまり知られていない。二〇〇七年（平成一九）の医療法改正によって、①嘱託医は産婦人科医師に限る、②新たに救急搬送のできる連携医療機関を定めるということが義務付けられ、医師との連携の強化が図られた。が、当時は正常なお産は助産師、異常が起こると医師が診るという領域が存在し、ともに妊産婦に温かいまなざしを注いでいたのである。

地域に根付いた助産師として、戦後しばらく横行していた妊娠中絶による後遺症に苦しむ人との相談、一九五二年（昭和二七）からの家族計画指導によって、産ませる側から受胎しないように指導する立場に変わったことが何よりも辛かったという。

三　近代を駆けぬけた助産婦——窪田吹子の記録——

はじめに

これまで、助産とは何か、というテーマのもとに何人かのライフヒストリーを試みた。前文の日暮たき・永沢寿美の二人の語りによって、開業助産師の大正・昭和を見てきたのである。ここに登場願った窪田吹子は助産婦として中国大陸に渡り、持ち前の好奇心と向上心によって類いまれな体験をされてきた。助産婦という技術職を持ちながら、勤務助産婦、出張助産婦という枠を乗り越えんばかりに逞しく生きてこられた半生。自身の生き方を「うろちょろ人生」と卑下しておられるが、そこには近代という激動期を駆けぬけてきた一人の女性の姿が浮かび上がってくる。

1　おいたち

一九一六年（大正五）、福岡県小倉記念病院で生まれた。父の勤務の関係で筑豊炭鉱の町で育つ。父の郷里大分県の県立高田高等女学校を卒業。将来、助産婦になりたいと考えていたわけではなかったが、二人姉妹の姉は郵便局に勤めており、自分も何か仕事をしたいと考えていた。当時女性が働きたいと思うと、バスガイドか電話交換手かデパートの店員かというところであった。父親はすぐに嫁にやりたいと考えていたようであったが、ワンマンな父に対する反感もあって、一九三七年（昭和一二）母が亡くなると家を出て、大阪今橋の旧緒方助産婦教育所に入学、一九三九年卒業まで寄宿生活を送る。当時は上下関係が厳しく、お辞儀の仕方までうるさくいわれた。

2　中国で

助産婦学校を卒業するころは、国情など頭になかった。当時癌の大家といわれ、ヨーロッパにまで手術に行ったことのある京都大学の岡林先生が、緒方の病院に月に一回か二回手術に来ていた。その先生の手術の後片付けをしているとき、「自分の後輩がハルビンに行っているが『手がなくて大変だ』と言っているので、誰か行ってくれないかなあ」とおっしゃっていた。自分自身も遠くへ行きたい、日本人はこせこせしていやだな、と思っていたし、夢多い気持ちがあって、卒業するときには中国で仕事をしたいと決めていた。

中国へ行くときには、荷物を先に送り、大阪から船で行った。大連に着いたのが、午後一時ごろ。日本人はまばらであった。三越のマークを見つけたので、歩きながら捜し当て、そこで今でいうランチを食べた。それから駅に戻り、七時か八時ごろ夜行列車を待っていると、真っ赤な夕日が窓に映った。奉天《ホウテン》で乗り換え、枝線に入り、翌朝七時ごろ撫順《ブジュン》に着いた。撫順に着くと昭和通りの四倍くらいの道が真っすぐ続いている。道の反対側に友達が歩いていても声をかけようにも届かないぐらいの道幅である。撫順は無煙炭の炭鉱の町である。満鉄病院（旧満州撫順満鉄病院）は大変大きい病院で、裏には五階建ての二〇〇人の看護婦の養成所があった。芝もあり木もあってまるで公園の中にいるよう。お昼休みなど芝生に仰向けに寝て青天井を見ながら、「何て、いいところだろう」と思った。まさか、戦争が起こるとは考えてもみなかった。

撫順の無煙炭の炭鉱は、露天掘で上から掘っていく。「撫順なければ、満州は真の闇」というくらいであった。撫順の町で白系ロシア人に案内された店でシェーバというコートを売っていた。「冬になったら着なさい」と言われた。また、ウィンドーに飾ってあったブラウスに刺繍がしてあるのが印象的だった。三浦環樹が撫順の公会堂で「蝶々夫人」をやっているというので見に行ったこともある。当時、撫順には慶應出の先生が多かった。

撫順に行って一週間か一〇日ぐらいたったときのことである。副参事の家へ「お産になりそうだから行ってほしい」と言われて不安になった。助産婦の資格を持っているといっても、実際に一人でお産に立ち会うという経験があったわけではない。助産婦学校にいたときに隣の実習産院（お金を払えない人たちが来ていた）で実習したくらいで、撫順へ行っても常に医師がそばにいる中でお産に立ち会っていた。だから一人でお産に立ち会うなんてできるかしらと二の足を踏んでいたら、「あんた、何しに来たの。助産婦じゃないの」と言われ、一人で立ち会うことになった。「お産は普段の診察さえちゃんとしておけば大丈夫」という観念が生まれたのはこのときであった。

助産婦学校を卒業後、満鉄病院へは婦人科勤務ということで行ったが、伝染病の病棟勤務となり、自分の希望する婦人科での仕事ができなかったので、一時帰国。東京大手町の華北交通に相談に行って、満鉄と姉妹提携している華北交通の病院へ行けるようになり、北京へ行った。北京へ行ってから石門《セキモン》へ。奥地奥地へと毎年のように転勤で、太原《タイゲン》（山西省太原鉄路病院）が最後の勤務地となった。その間、中国で働いている日本人のお産を扱っていた。

終戦の前の年の夏。保健婦のような勉強をするために、北京へ行った。大勢参加しているので、みんなは仲間とおしゃべりをしていたが、せっかく北京に来たのだからと、自分はあちらこちらを見て回った。まず、すぐ後ろに聖路加のような病院があった。行ってみるとフランス人の病院で気持ちよく中を案内してくれた。手術室では人力車夫の肩にできたオデキを取り除く手術をしていた。薬室には天井まで薬品のビンが並んでいた。トイレが水洗でびっくりした。北京のワンフーチンは日本の銀座通りのような通りで、世界中の化粧品も全部揃っていた。ペーハイ公園にはきれいに化粧したクーニャンやきれいな花売りがいた。

北京にいる間に天壇へも行った。北京の西の門から出ると天壇に行けるというので、真っすぐ歩いていたら天壇に着いた。天壇へ行くと階《きざはし》は全部大理石で、天子様のお通りになるところに龍の彫刻が施してあった。天壇を見たり、天子様が正月に豊作を祝うという豊稜殿へ行ったりした。

一〇月になり涼しくなって西太后の造った頤和園《いわえん》にも行った。北京の郊外を出て、道端で売っていた柿を買って丸かじりしながら歩いていたら、ちょうど日本の軍隊に会い、トラックに乗せてもらった。近づくと色付きの瑠璃瓦の階段が麓から尾根にまでキラキラ輝いていた。湖にある石舟に渡れるようになっているのを見たり、汚いが有料のトイレにも入ったりした。龍の像や時計があったり、人口の湖のまわりの中の休み所に舟で行ったりした。湖のまわりの回廊の三角や菱形、ハート型などにくりぬかれた窓からは、向こうの景色が見えるようになっていた。西太后のわがままで軍備の経費をかけてこの公園を造ったので、阿片戦争では負けてしまったのだという。

北京の鉄路局での三ヵ月の講習の帰りも全線パスをもらっていたので、みんなと別れて回り道をして帰ることにした。天津から青島《チンタオ》に出て、徐州《ジョシュウ》へ行った。徐州の友人の病院に寄り、開封に寄った。そこの病院の婦長に石門から来たというと、食堂のボーイに弁当を用意させ、看護婦を一人付け、人力車で町を回してくれた。また、帰りには以前入院していた青年と駅で会い、石門に帰る列車に乗せてもらった。鉄道の幅が広いため、中国の列車はゆったりとしている。北京を出てから回り道をして五日ぐらいかかって帰ったので、案の定事務長には怒られたが、そのときの経験はいまだによかったと思っている。その次の年もまた行きたいと思っていたが、終戦になってしまった。

石門の病院にいたころ、中国人の六ヵ月の子を堕ろすのを見た。六ヵ月の子を堕ろすには、お腹を切るか穿顱《せんろ》術といって両方に刃のあるハサミを子宮口から入れ、その支点を広げ、堕ろした。このとき真っ白い脳が流れてきてとてもひどい。麻酔もしないで行うので、泣いて騒いで大変だった。

中国の冬は寒い。雪は深くないが、凍りつく。冬の間、カラカラに乾燥させた餃子をたくさん作り、棚に保存している。それを必要に応じて水餃子にしたり、焼いたりして食べる。

八月に終戦になり、引き揚げる準備をしている一二月ごろのことであった。太原にいたころのことである。中国人の若い兵隊が夜中病院に来て、中国人のお産を診てほしいと言う。「李さんが一緒に来てくれるのならいいけれど」と行くことにした。クリスチャンである薬剤師の李さんは親切な人で、妹が看護婦であった。真っ暗な闇の中、提灯一つ提げて凍りついた道を這うようにして急いで行くと、中国人の農村にたどり着いた。家の中に入ると、村の老女が三人、産婦は奥で寄りかかって座っている。お腹を診ると外から診てもいびつでおかしい。内診してみると、逆子を無理に産ませようとしたらしく、胎児がエビのようになっている。自分は病院に勤務していたので、いつも医師がいて、異常のお産を一人でやったことはなかった。しかし、まず言葉が通じないので絵を描いて夫に説明、縦にするからと了解してもらった。そして、出血が始まったら困るので、外の氷を夫に取ってきてもらい氷嚢に入れて準備した。エビのようになっている胎児を縦にするのは大変だった。やっと縦になりかけたかと思うと、つるっと滑って元に戻ってしまう。それを根気よく繰り返し、心音を聞きながら、一時間くらいしてやっと頭が下にきてやれやれと思ったら、陣痛がこない。それで陣痛を起こす薬を使い、みんなで号令かけて押し出して産ませた。後の出血がこわいのでしっかり冷やした。長時間かけてのお産で子宮が疲れているから心配であったが、そうこうしているうちに夜が白みかけてきた。分娩後二時間ぐらい付き添って帰った。行きは暗くてわからなかったが、帰ってみるとふた山越えていた。翌日行ってみると、薬も効いていて、産婦もニコッと笑いかけた。内診し、お腹を触ってみてこれで安心と帰って来た。それから五日ぐらい過ぎたころ、お礼にと黒豚を一頭とジータンという黒いたまごをバケツに一杯と石炭をカマスに一俵届けてきた。黒豚は自分ではどうすることもできないので、病院の雑役の帰除とかやっているおじさんに頼んで、彼の友人のところで屠殺してもらい、肉は彼らにも分けてみんなで食べた。中国人は沐浴はしないで、油で赤ちゃんのからだを拭く。刺繍のベビー服に赤ちゃんを包み、肩から足までぐるぐる巻きにする。頭には鈴のついた刺繍の帽子をかぶせる。

日本が負けて、北京から太原に中国の軍隊が進駐してきたときに、連隊長のような人の奥さんのお産を診てほしいと頼まれたことがある。奥さんはずっと奥の部屋で、まるで楊貴妃のような四本の柱にカーテンが掛かっているベッドに寝ていた。しかし、そこへ行くまでが大変でテーブルいっぱいの御馳走が用意されていた。それを食べてからという。一九八〇年(昭和五五)ごろ江東区北砂七丁目の団地の中国人の奥さんのところに新生児訪問に行ったことがある。そのときにも玄関を入って居間に入ると料理がたくさん用意してあった。中国の人たちは自分はコーリャンを食べていてもお客さんには御馳走を振る舞うというが、まさにそうであった。中国人は食べることを第一に考え、「ご飯、食べたか」が「おはよう」の挨拶代わりであった。

太原で八月の終戦をむかえ、一二月まで待機するように言われて、冬の寒い時期まで待ち、一二月二〇日に太原を出て一月の末に天津の収容所に着いて、三ヵ月半ぐらいそこで過ごした。七、八千人が住むバラックで、畳二つ分ぐらいのところにごろ寝であった。そこで毎晩のようにお産があり、野戦の日赤の看護婦たちと当直して、看護の手伝いやお産の手伝いをした。このころ会陰切開が行われ、縫合したのを見た。軍にいたので食料は豊富であったが、一万人の日本人の避難民がいた時代である。天津から山口県の先崎湾へ着いた。全員現金は一〇〇〇円それにリュックの荷物一つだけであった。預金は通帳の明細などを明記し、領事館へ提出するようになっていた。どうせ戻ってこないと提出しない人もいたが、帰国後吉田茂の名前で多少返ってきた。

3　結婚のことなど

結婚は、一九四五年(昭和二〇)三月、終戦の五ヵ月前であった。外来に来ていた奥さんに世話してもらった。夫は、中国人の中学生の女の子に日本語を教えていた。日本に引き揚げてきてから、すぐに江東区助産婦会に入会。一九四六年五月三〇日出張分娩のための助産所を開設した。しかし、戦前から開業している人が取り仕切っていて、自分はお金のない人のお産ばかり扱った。分娩費用は何年かたって届けられたこともあったが、払えない人も多く、小豆やカボチャをお礼にもらったこともあった。

当時、電話がなかったので焼け跡をさがしながら産家を回った。分娩のために最も多く回ったのは、一九四八年から五一年ごろだった。一九五五年ごろからは、病院へ行く人が多くなる。

夫は錦糸町の駅の張り紙を見て、市電に勤めたが、実際にはからだを悪くして休みがちであった。千葉の仁戸名にも二年間結核のため入院していた。夫が定年のとき勤務先へあいさつに行ったら「実際の年はわずかでしたね」と言われたほどである。その夫も昭和五三年には肺癌で亡くなった。

4　受胎調節指導員として

開業したものの、厚生省から東京都の助産婦に避妊の指導を要請され、虎ノ門の共済会館で開かれた勉強会に参加した。

一九五四年（昭和二九）にできた家族計画協会は、六畳くらいの小さな事務所から始まった。機関紙「家族計画」は「家族と健康」となり、現在は社団法人日本家族計画協会となっている。

一九五四年五月からは、厚生省人口問題研究所の斡旋で、川崎の日本鋼管製鉄所従業員家族の受胎指導員として一八年間勤務した。こうした受胎指導員を企業が雇うという試みは、日本鋼管がその最初で、間もなく国鉄や日本無線・東芝など関東一円で一斉に始まったが、他の企業は長くは続かなかったようである。

日本鋼管に入った指導員は二〇人であった。仕事に就くに当たって、松岡洋右がドイツに行くときに付き添った保健婦丹下坂宇良が、一年間日本鋼管で仕事をした経験をもとに大臣官房長官の部屋で話をした。そして、「この仕事で日本鋼管の利益が上がったのだから遠慮しないでやりなさい」と激励した。会社からは「やりやすいようにやってください」と言われ、名簿と地図を配布されただけであった。

訪問は突然行くので断られることが多い。「ごめんください」と訪問しても何と言っていいのかわからず、「うちは間に合っています」と言われてしまう。係長に頼んで「生活指導員」の名刺を作ってもらった。しばらくしてまた同じ家に行き、「名刺ができたので…」などと何回か訪ねているうちに、「この前の人よね」とお茶を出してくれるようになる。「日本鋼管の厚生課のものですが、奥さん何か困ったことありますか」と話のきっかけをつかむようにしたが、それでもはじめは身の上話ばかりであった。

工員の奥さんたちは上野から北の出身の人が多く、ほとんどが社宅住まいだった。避妊の話どころではない。二五日給料なのに二〇日で給料がなくなってしまうような生活をしている人が多かったので、まずは家庭経済の立て直しから指導しなければならなかった。当時は、工員のケガがとても多く補償が大変だったというが、指導をするようになって家庭内のいざこざが減少し、工員のケガも減少したという。

初めの一年は製鉄所の方にいたが、翌年からは造船所の浅野ドックの方へ移った。浅野ドックでは厚生課の課長の隣に机があり、「女子専門職員窪田次子先生」となっていた。造船所の職員は持ち家に住む人が多く、訪問するにはほうぼう訪ねなくてはならなかった。横浜・相模原・小田原と範囲が広く、一日三軒回ったら日が暮れる。近場は自転車で回り、天気の悪い日にはタクシーも使った。奥さんたちには高学歴の人たちが多かったが、相手がその気になるまで納得のいくまで話さなければならず、奥さんたちの気持ちをつかむまで、二、三年かかった。

厚生省人口問題研究所の篠崎先生と青木先生に報告することになっていたが、思うように件数が上がらず困っていた。そこで生活相談員を別に雇ってもらえれば助産婦本来の仕事ができるが、現状では難しいと交渉した。その結果、都の生活学校や日本女子大を出たような生活相談員を、助産婦二〇人に対して一〇人入れてもらった。浅野ドックにも一人配属となり、定年になるまでペアを組んだ生活相談員は栄養士の資格を持っている人であった。厚生省の先生方は、初めは一ヵ月に一回は来ていたが、浅野ドックに行ってからは、三ヵ月に一回となった。

受胎調節指導員といっても、避妊の指導というと恥ずかしい時代であったので、「何でもいいから相談してください」と呼びかけることから始めた。具体的には料理の相談をしてくる人が多かったので、無料の料理指導を行ってくれるところを探した。たとえば、缶詰協会に依頼すると缶詰を使う料理を教えてくれる。ミツカン酢に依頼したときにはお寿司のケーキの作り方を教わった。高野豆腐の食べ方も組合に電話して来てもらったり、ロールパンの作り方を習ったり、料理の講習は大変喜ばれた。そのほか洗濯の講習とか、布団の作り方とか、家を建てる時期の相談など、奥さんたちの希望を聞いて企画した。

家計簿指導など、給料の使い方も具体的に指導。目的別に袋を用意すること、それ以上は絶対に使わないこと、どうしても貯金を降ろすときには相談することなど、細々と指導した。日銀主催の「家計簿コンクール」に応募して特選をもらった人もいた。子どもが何歳のときに夫が何歳で定年まで何年でなどということが一目でわかる家族の一覧表を作り、廊下に貼っておいたら、子どもたちがそれを見て、無駄遣いはできないなということも考えるようになったという。生活指導の中で「日銀主催の家計簿コンクールがあるから応募してみたら」というのがきっかけであった。また、「主婦日記」は栄養家計簿のようなものであるが、生活指導員・助産婦・本社の人・専門家など一七人が集まり、相談してオリジナルのものを作った。全従業員に配るためにトラック七台分にもなった。

はじめの一〇年間は一人ひとりに当たっていたが、後の八年は組織を作った。主婦会長をピラミッド型の天辺におき、伝達事項がスムーズに伝わるように、横浜を中心に私鉄ごとに一〇人ぐらいずつのグループを組織した。

避妊というとペッサリーの指導が多かった。月経歴の記録を取ってカードに記入。「この時期はペッサリーやコンドームをつけた方がいいわよ」などと、具体的に指導した。健康保険組合でまとめて取ってもらって、袋に入れて渡し、品物を取ったら代金を入れてもらうようにした。

一九七一年に退職した後は、厚生年金が満期になるまでの二年間、高円寺にある家庭生活研究所に勤務した。家庭生活研究所は日本鋼管に勤めるに当たり指導を受けた丹下坂字良が、避妊指導を行うために始めた研究所であった。一階に事務室と相談室、二階に講堂、三階に宿泊施設のある建物で、助産婦のほかに心理相談員もいた。

家庭生活研究所の後は、地元の保健所に委託されて新生児訪問指導をするかたわら、大久保駅から四、五分のところにある「性の相談室」を手伝い、電話相談を受けた。

5　最近のことから

日本鋼管退職後、助産婦雑誌で立川で開業している三森さんのラマーズ法を知った。ラマーズ法は呼吸に集中することで陣痛の感じ方を和らげるものである。杉山次子さんと見学に行き、松村セイさんと二人で「何かやりましょう」ということになり、一九七九年(昭和五四)ごろ妊婦教室の話が持ち上がった。それを「お産の学校」と名付け、翌年から開講して一九九六年(平成八)まで続けた。

日本鋼管退職後は、新生児訪問指導など保健所の仕事も始めた。一九六五年ごろから、江東区に団地が増え始める。第二次ベビーブームのころであった。一九八九年ごろには、「赤ちゃん会」という組織も作った。はじめは、団地のエレベーターの入口に「赤ちゃん会、始めました。〇〇〇号室に来てください」というポスターを貼ったところ大勢集まった。その後、公団の集会場などを利用して二年間続けた。助産婦が赤子の身長・体重を測り、栄養指導をミルク会社に依頼したりした。

その後、一九九四年に、江東区助産婦会主催による新生児訪問のアンケートの結果、母親たちが家事の援助や子どもの一時預かりや産後の手伝いなどを希望していることがわかった。そこで「ハローベビーこうとう」という地域の助産婦たちからなるネットワークを作り、活動を始めた。

むすびに

窪田吹子は助産婦学校を卒業と同時に中国に渡り、山西省太原の鉄路病院で終戦を迎える。転勤のたびに奥地へと進み、その間、中国で働いている日本人のお産を扱った。

日本に引き揚げてからは、江東区助産婦会に入会し、出張分娩のための助産所を開設する。その直後、厚生省から東京都を通じて助産婦に避妊指導が要請され、その後厚生省人口問題研究所の斡旋で、大企業の従業員家族の受胎調節指導員として一八年間勤務するのである。

退職後は新生児訪問など保健所の仕事に携わり、ラマーズ法普及のため、杉山次子らと「お産の学校」を開講する。(61) 第二次ベビーブームの折には「赤ちゃん会」を組織し、一九九四年(平成六)には「ハローベビーこうとう」という地域の助産師からなるネットワークを作って、母子保健に努めてきた。

こうした窪田の一連の活動は、日本の近代の動きと連動していたことがわかる。そこに母子を見つめる確かな目を感得することができるのである。

第三章　「産む性」と生活環境

第一節　「産む性」と産育儀礼
――二つの地域から――

本節は、古くから人が居住している地域（東京都足立区）と、周囲の地域とは隔絶された人工的なニュータウン（茨城県守谷市）に住む「産む性」の産育儀礼への関わり方の報告である。

東京都足立区は、戦前までは千住という近世からの宿場町を中心にその周囲には農耕地が広がっていた。現在は古くから居住している人々と新たに移住してきた人々とが混在している地域である。核家族を「新家族型」、親と同居、あるいはそれに近い形態の家族を「旧家族型」と類型化して、伝統的な産育儀礼との関わり方の相違を究明したものである。

茨城県守谷市の常総ニュータウンの場合は、周囲から隔絶された人工的な居住空間に、様々な地域からほぼ同時期に移住して来た核家族が、周囲の地域と隔離され、遠く離れた実家とも日常的な往き来のないいわば無の状態からどのように産育儀礼と関わるのかという疑問から調査に取り組んだものである。

前者の人が古くから住んでいる足立区では、家族の形態によって産育儀礼の継承のあり方に違いがあるのか、後者の守谷市のニュータウンでは、無の状態から産育儀礼が、どのように生成されるのか、考えていくことにする。

一　東京都足立区の場合

はじめに

近年、農業人口が激減し、イエ意識の希薄化や近代化による生活様式の変化などに伴い、様々な局面における価値観は多様化し、女性の生き方も大きく変わってきた。昭和三〇年代の高度経済成長期以降、そうした変化の中で育ってきた女性たちが、結婚し、育児に携わっている。とりわけ、一九六四年(昭和三九)以降に生まれた人たちは、新人類と呼ばれ、一世を風靡した。そういう時代に育った女性たちが、結婚し、母親となったときに、実際にどのように考え、どのように行動しているのか、――このあたりのことを、東京都足立区の事例を中心に探りたいと考えている。

足立区は東京都の北東部に位置する。足立区の中央部を南北に走るのが日光街道、東西に走るのが環状七号線、双方が交わるのが島根町である。面談調査に応じてくださった方々の住居は、その島根町とすぐ南の梅島と北側の竹の塚に多い。昭和の初めまでは農村地帯であったが現在は住宅地となって甍を並べている。ことに竹の塚地区は団地が建ち並び、付近には新築のマンションが林立している地域である。

1　足立区と産育儀礼

産育儀礼を通して、現代の「産む性」が前代の儀礼を継承する(連続)のか、それとも儀礼そのものを行わない(不連続)のか。あるいは、家族の趣向を優先してその家族らしい儀礼として営む(非連続)のか。そうした儀礼の連続と不

妊娠告知夫へ	母親学級	腹帯親から	おむつ縫う	分娩方法	へその緒	母乳○かミルクか	安産祈願水天宮	お宮参り 氏神	お宮参り 水天宮	七五三氏神	食い初め	羽子板破魔矢	一升餅
○	○	○		帝		○		○		○	○	○	△
○	○	○	○		○	ミ	○	○		○	○	○	○
	○	○	○				○	○		○	○	○	○
○	○	○		ラ	○	○		○		○	○		○
○	○		○					○		○	○		○
	○				○	ミ	○	○		○	○		○
○		○			○	ミ	○	○	○		○		×
○	○		○	帝	○	ミ	○				○		○
○	○	○	○		○	○	○				○	○	○
○		○			○		○			○	○		×
○	○	○	△	帝	○		○				○		△
	○	○	○		○		○	○			○		
○	○		○		○	○	○		○				○
○	○	○	○		○	○			○		○		
					○	○					○		○
	○	○	△	無	○	○	○			○	○		
			○	ラ	○	○ミ○	○	○			○		
○	○	○			○	ミ	○	○		○	○	○	×
○					○			／	／		○		
○		○			○	○	○						○
	○	○			○	○ミ	○	○		○		○	○

表１　産育儀礼の関わり方

	生　年	出　身	夫の出身	住所(足立区)	出　　産	家族構成
①	1955(昭和30)	埼玉県	足立区	島根３丁目	1986(昭和61)女 1988(昭和63)男	夫の母と同居
②	1956(昭和31)	杉並区	足立区	島根１丁目	1984(昭和59)男 1986(昭和61)男 1991(平成３)男	夫の両親と同居の後、死別
③	1960(昭和35)	足立区	足立区	島根１丁目	1986(昭和61)女 1989(平成元)男	夫の両親と同居
④	1961(昭和36)	小平市	足立区	梅島３丁目	1987(昭和62)男 1989(平成元)男	〃
⑤	1959(昭和34)	板橋区	足立区	島根１丁目	1986(昭和61)女 1989(平成元)男	核家族だが隣に夫の両親
⑥	1964(昭和39)	足立区	足立区	竹の塚２丁目	1989(平成元)男 1992(平成４)女	核家族だが近所に夫の両親
⑦	1965(昭和40)	足立区	足立区	島根２丁目	1988(昭和63)男 1989(平成元)男	〃
⑧	1953(昭和28)	隅田区	北海道	梅島２丁目	1984(昭和59)男	核家族
⑨	1958(昭和33)	埼玉県	栃木県	梅島３丁目	1986(昭和61)男 1987(昭和62)女	〃
⑩	1958(昭和33)	岩手県	台東区	六月１丁目	1985(昭和60)女 1986(昭和61)女	〃
⑪	1959(昭和34)	世田谷区	江戸川区	竹の塚６丁目	1984(昭和59)男 1986(昭和61)男	〃
⑫	1960(昭和35)	足立区	京都府	島根２丁目	1989(平成元)女	〃
⑬	1962(昭和37)	足立区	足立区	竹の塚６丁目	1986(昭和61)女 1988(昭和63)女	〃
⑭	1962(昭和37)	足立区	広島県	竹の塚６丁目	1986(昭和61)男 1988(昭和63)男	〃
⑮	1962(昭和37)	栃木県	栃木県	西新井栄町１丁目	1987(昭和62)男 1991(平成３)女 1994(平成６)女	〃
⑯	1963(昭和38)	神奈川県	足立区	島根３丁目	1989(平成元)女	〃
⑰	1964(昭和39)	青森県	千葉県	東伊興町	1989(平成元)女 1992(平成４)女 1994(平成６)男	〃
⑱	1964(昭和39)	大阪府	兵庫県	東伊興町	1992(平成４)女 1995(平成７)男	〃
⑲	1964(昭和39)	葛飾区	隅田区	竹の塚１丁目	1985(昭和60)男 1987(昭和62)男	〃
⑳	1965(昭和40)	沖縄県	荒川区	竹の塚１丁目	1988(昭和63)男 1992(平成４)女	〃
㉑	1968(昭和43)	足立区	熊本県	梅島１丁目	1989(平成元)女 1991(平成３)女	〃

連続、さらには、伝統的な形式を引き継いでいるものの、内容的には全く異なる意義を持つようになった儀礼の非連続性を実際の生活の中で考察するものである。なお、序章の第四節ですでに述べたが、「非連続」は、「形式的には連続しているように見えながら、内容的には異なるものとなって、実質上の連続ではない」という意味で使用している。

表1は面談調査に協力して下さった方々が、どのように産育儀礼と関わってきたかを示したものである。一九五三年(昭和二八)から一九六八年までに生まれた方に直接話を伺った。一九八四年から一九九五年(平成七)までの約一〇年間に出産を経験した人たちである。匿名希望が多かったので、①から㉑まで番号で記した。①から④は夫の両親と同居をしている人、⑤から⑦は核家族ではあるけれどすぐ隣か近所に夫の両親が住んでいるという人、⑧以降はすべて核家族なので、生年月日の早い順に並べた。東京オリンピックが開催された一九六四年以降に生まれたいわゆる新人類と呼ばれる世代は七人(⑥⑦⑰⑱⑲⑳㉑)と全体の三分の一を占めている。話者のほとんどが専業主婦で、職業を持っていたのは⑬と⑳の二人である。夫が会社員という人は④⑧⑨⑪⑫⑬⑭⑮⑰⑱⑲⑳㉑の一三世帯で、調査対象二一世帯の半数を超える。また、①から⑥、それに⑫⑬⑮⑯⑰⑱⑲⑳の夫は長男で、二一人中一四人、全体の三分の二を占めている。ただし、長男といっても第一子というわけではなく、姉がいる場合も含んでいる。

このうち親と同居しているのは①から④で、⑤は隣に、⑥と⑦は近所に夫の両親が住んでいる。①と③は足立区の旧家、②の夫の両親は二人とも九州の出身であるが、この土地に移住し成功した人である。風習や習慣などが九州とは異なるため、地元の人にこの辺りではどうするのかと聞きながら、精一杯人寄せをしていたという。また、話者の出身地を見ると全体の三分の一弱が足立区である。ほかに東京都出身は六人、すぐ隣接する埼玉県の出身者が二人、それ以外では神奈川県・栃木県・岩手県・青森県・大阪府・沖縄県となっている。

2　腹帯からおむつまで

腹帯　腹帯は全員が戌の日に着用している。安産の神様といえば日本橋の水天宮がよく知られているが、表1からもわかるように水天宮へ安産祈願に行っている人は二一人中一五人。このうち水天宮で腹帯を購入した人は一二人である。腹帯を誰がどこで購入したかというのは表2の通りである。①から④までの親と同居している人の場合には、夫の親、または実家の親が用意している。これに対し核家族の場合には親が用意しているというのは一七人中八人で、約半数が自分たちで購入している(自分で用意した人の中に、⑲のように腹帯ではなく妊婦用腹巻きを戌の日にしたという人を含む)。また、病院で戌の日に来るようにいわれた人は六人、自分から病院に腹帯を持参して巻いてもらった人が二人であった。腹帯をどのように使用したかについては様々で表3のようになるが、まずは晒の腹帯を使用し、便利さからその後はガードル式や腹帯式のものを使用するといった傾向が見られた。

出産　出産はすべて施設分娩で、総合病院よりも個人の産婦人科医院での出産が多かった。総合病院での出産は、②の第二子と第三子、⑩の第一子、そして③⑥⑪⑰で、⑮は第三子を足立区で唯一開業している助産院で出産している。ラマーズ法で出産し

表2　腹帯の購入者と購入したところ

腹帯の購入者＼購入した所	水天宮	病院	その他
夫の親	2人		2人
実家の母	6人		1人
自　分	4人	3人	2人

表3　腹帯の使用法

主に晒の腹帯を使用	①⑤⑨⑫⑬⑭⑮⑯⑰⑱
ふだんは晒の腹帯、外出時はガードル	⑦
ふだんは晒の腹帯、外出時は腹巻き	⑳
主にガードルを使用	③⑥㉑
主に腹巻きを使用	④⑧⑲
7ヵ月頃からガードル	⑩
2人目、3人目からガードル	②⑪

た人は④⑰の二人で、⑤⑬はラマーズ法の呼吸法は習ったが実際には行わなかったという。④の場合、産婦人科医院でラマーズ法を指導されたという。夫の立ち会いは希望制であった。希望すると生まれそうになってから分娩室に呼ばれ、陣痛で苦しんでいるときなど妻に声をかけるようにと助産婦に指導され、出産後は夫がへその緒を切る。一方、産婦には産湯を使う前に赤子を胸の上で抱かせてくれた。ただ二人目のときには、「今回はいい」と夫は立ち会いを希望しなかったという。③の場合は夫の立ち会いを望む人にはラマーズ法の指導をする病院であったが、③の夫は希望しなかった。また、⑭の場合には上の子の出産直前に出血したので、海綿を膨らませることによって子宮口が開くように処置された。ラミナリアを用いた方法である。そのために急にお産が進み、たまたま夫の立ち会い分娩になってしまったのである。帝王切開の手術で出産したのは①⑧⑪、吸入による無痛分娩をした人は⑯で、その他は普通分娩である。

へその緒　へその緒は、桐の箱やプラスチックのケースに入れて渡す病院がほとんどで、退院までにへその緒がとれなければ箱だけもらって後で入れるようにと指導された。④の母親はへその緒は細かくして飲ませると何にでも効くといい、疳の虫にもへその緒がいいといっていた。⑦は退院のときにへその緒と産毛をもらったが、死ぬときに自分のへその緒を持って行くと天国へ行けると聞いたことがあるという。また、⑫は実家の母が自分のへその緒を見せてくれたことがあり、とても感動したと話していた。しかし、総合病院の場合その多くは、へその緒は病院で処理してしまうので、頼まなければもらえなかったりする。

②は第二子を出産した総合病院ではへその緒をもらえなかったので、自分でとれそうなときにそっととって綿に包んでしまっておいたが、第三子を出産した病院では桐の箱に入れてもらったので、もう一つ買い求めそれに入れたという苦労話がある。また、ある都心の総合病院ではへその緒は一九八〇年（昭和五五）ごろから産婦に渡さずに処分し

ていたが、産婦から要求された場合にはそれに応えることはあった。最近はへその緒を欲しいという人が増えてきたので、とれるとガーゼに包んで授乳室の中に置くようにしたら、ほとんどの人が持ち帰るようになったという。

母乳　赤子の栄養については、表1の母乳・ミルク欄で○印が母乳のみで育てた人。「ミ」はミルクのみで育てた人である。⑰の場合第一子と第三子が母乳、第二子のミルクというのは、乳腺炎にかかったためである。㉑は第一子のときは母乳、第二子はミルクで育てている。表4からもわかるように比較的多くの人が、子どもを母乳で育てている。偶然かもしれないが、⑬から⑰までの人を中心に一覧表の後半部分に母乳で育てた人が集中している。また、母乳で育てた人の大半が授乳指導を受けたのにもかかわらず母乳の出なかった人は⑦だけであった。また⑧の病院ではミルクの作り方だけを教えてもらったという。

表4　母乳とミルク

	母乳	母乳↓混合	母乳↓混合↓ミルク	混合↓ミルク	混合	ミルク
第一子(21人)	11人	2人	2人	1人		5人
第二子(18人)	6人	1人	1人	3人	1人	6人
第三子(3人)	2人					1人
総　数(30人)	19人	3人	3人	4人	1人	12人

おむつ　病院ではほとんどが紙おむつを使用しており、「紙おむつでもいいのだ」と感じた人もいた。出産の準備の段階では多くの人が布おむつを用意し、半数以上の人が自分で縫っている(表1参照。○は自分で縫った人、△は母親と半分ずつ縫った人である)。しかし、布おむつのみを使用した人は⑬一人であった。表5を見ると、布おむつから紙おむつへと移行していく様子がよくわかる。表6では、第一子の場合にはまずは布おむつから使用しているのに対し、第二子の半数が紙おむつのみを使用していることがわかる。また、布おむつは産後実家にいるときだけで、家に戻ってからは紙おむつにしたというのが⑦と⑲、⑳の場合には紙おむつにしてからおむつかぶれが治るという効能があったという。

表5　布おむつと紙おむつ(年代変化)

布おむつのみを使用	⑬
第一子は布おむつのみ使用、第二子は紙おむつ使用に変化	⑤⑥⑪⑱
第一子で布おむつから紙おむつへと移行し、第二子以降紙おむつのみ使用に変化	⑩⑰⑲⑳
紙おむつのみを使用	⑮

表6　布おむつと紙おむつ(第一子から第三子への変化)

	布おむつのみ使用	布おむつを使用しながら一部紙おむつ	布おむつ↓紙おむつ	紙おむつのみ使用
第一子(21人)	5人	8人	7人	1人
第二子(18人)	1人	5人	3人	9人
第三子(3人)		1人		2人
総　数(30人)	6人	14人	10人	12人

③は実家に帰っているときには布おむつを使用していたが、婚家に戻ってからは家族も多く洗濯も大変なので貸しおむつにしたところ、姑に愛情が足りないといわれ紙おむつにしたという。近年では紙おむつだけを使用する人が大半を占めているが、当時はちょうど布おむつから紙おむつへと移行するときだったようで、布おむつを用意したものの徐々に紙おむつを使うようになっていく様子がよくわかる。

3　お宮参りとその他の儀礼

お宮参り　お宮参りは男の子は生後三一日、女の子は三三日といい、その前後の日の良い土日を選んで赤子に産着を着せ神社などにお参りしている。産着の準備、行き先とメンバーについては表7にまとめた。この中で氏神様へ行ったという人は、全員が地域の氏神である島根四丁目の鷲神社にお参りしている。鷲神社は一三一八年(文保二)九月の創建と伝えられている。祭礼の際に奉納される島根囃子は、江戸時代から伝承されているという。その鷲神社に①から④までの親と同居している人、⑤から⑦の親の家の近くに住んでいる人がすべて参拝しているのである。また、安産祈願のお礼参りをかねて⑦⑧⑬⑭の人が水天宮に参拝している。⑦は氏神に参拝した後、水天宮へ行っている。その他の人は区内の西新井大師(三人)や、実家のそばの名高い神社にお

表7　お宮参り　　　　　　　　　　　　（◎は赤ちゃんを抱く人）

	産着の準備	どこに参拝したか	夫	自分	義父	義母	実父	実母	備考
①	実家で用意	氏　神	○	○		◎			
②	中に着る着物—実母 外に掛ける着物—夫の母	氏　神	○	○	○	◎			
③	実家で用意	氏　神	○	○	○	◎	○	○	
④	実家で用意 （ベビードレスにケープ）	氏　神	○	◎					
⑤	夫の姉から借用	氏　神	○	○	○	◎	○	○	
⑥	実家で用意	氏　神	○	○	○	◎	○	○	
⑦	実家で用意	氏神→水天宮	○	○	○	◎			
⑧	実家で用意	水天宮	○	◎					
⑨	実家で用意	西新井大師	○	○	○	◎			
⑩	夫の母が用意	鳥越神社 （夫の実家の近く）	○	○	○	◎			＊1
⑪	レンタル	西新井大師	○	◎	○	◎	伯母	○	＊2
⑫	実家の母	氏神→湯島天神	○	○	○	○	○	◎	＊3
⑬	実家で借用したもの	水天宮	○	○	○	◎	○	○	
⑭	実家の母	水天宮	○	◎	○	◎			
⑮	実家の母	二荒山神社（実家の近く）	○	○		◎			
⑯	友人の母親からプレゼントされたベビードレス	観音様（実家の近く）		◎				○ 姉	
⑰	レンタル	1）諏訪神社（住まいの近く） 2）西新井大師 3）氏神	○	○	○	◎			
⑱	夫の母（ベビードレス）	氏　神	○	○	○	◎	○	○	
⑲									
⑳	夫の母	東郷記念館	○	○	○	◎	○	○	
㉑	実家の母（ベビードレス）	1）乃木神社（住まいの近く） 2）氏神	○	◎					

備考＊1　第二子の際には、夫の母の体調が悪く、夫婦のみで。
　　＊2　実父は亡くなっていたので、父の姉が来てくれた。
　　＊3　夫の母は足を痛めていたので、実家の母が抱いた。

参りしている。お参りするメンバーについては表7の通りで、多くの人が両家の親と一緒に行っているのが特徴的である。また⑳は、結婚式を挙げた会館で、夫が着る機会を失った三〇年前の産着を着せてお宮参りをしている。⑲のように特にお宮参りを必要と思わなかったという人を除いて、ほとんどの人がお宮参りの後、両親を交えて祝いの食事をした。①と③では、このとき仲人と親戚を祝いの膳に招いている。

その他の儀礼 ①は屋号を荒神様といい、母屋の東側に荒神様の社がある。毎年九月二七、二八日が祭り日で、地元の島根囃子を伝承している人々による神楽が奉納される。この辺りの氏神である鷲神社の祭礼の際の年番が、かつてはこの荒神様の世話役でもあった。現在はこのお宅で祭礼を行う形となったが、島根囃子や神楽の奉納は現在も行われている。二一人中この①だけが、産後三日目(入院中)に実家と婚家からミツメノボタモチが届いたという。戦前までは足立区でも、親元からミツメノボタモチがたくさん届けられていた。黄粉のボタモチである。

⑮は夫と同じ栃木県出身で、第二子までは実家のある栃木県内の病院で出産している。退院後夫の実家に帰ると、厄除けをするといって母親が赤子を抱き、父親が塩・鰹節・生米を、玄関・トイレ・裏・台所などに撒いて歩いた。そして、子どもの名前を書いて神棚に貼り、赤飯を食べて祝ったという。いわゆるセッチンマイリである。足立区でも戦前はこうしたことが行われていた。明治生まれの人の話では、お宮参りの前に、神棚・荒神様・チョウツバ(便所)・井戸神様などにお参りする。年寄りが連れて行くが、チョウツバにはおむつを赤子の頭にかぶせてお参りしたという。

お七夜といえば、かつては大神宮に赤子の名前を書いた紙を貼り、産婆や親戚を呼んで御馳走をしたというが、今はお七夜という名称と名前を書いて貼るという行為のみが残り、貼る場所も神棚のない家ではベッドの上であったりしている。そして赤飯と尾頭付きなどでお祝いをする家もある。

生後一〇〇日ごろに、初めて赤子のために膳を用意する食い初めは⑬⑳㉑以外の家で行っている。赤飯・尾頭付きの鯛・煮しめなどを用意し、赤子に食べさせる真似をするが、年寄りが参加している場合には祖母が食べさせる真似をしている。③の家では長寿の人に食べさせてもらうといいという。また、⑤⑪⑮では拾ってきた石を歯が丈夫になるようにと膳にのせている。⑩は一〇〇日が食い初めだということは知っていたが、特別に膳を作ったりせずに離乳食でそれらしいことをしたという。

初節供は家によって様々だが、一般に雛人形は母方の実家で、鎧兜は父方の実家で用意する。前もって届いた雛人形や鎧兜などを飾り、当日は両親を呼んで御馳走する家が多い。このとき仲人を招いているのは③と⑥で、①②③ではお祝いをいただいた親戚を招待している。

生まれて初めて正月を迎える年の暮れに、長女には羽子板、長男には破魔矢を親元から贈ってもらったのが①③⑨⑱㉑で、親戚から贈ってもらったのが②である。

初誕生にはどこの家でもケーキを用意し、お祝いをしている。両親や兄弟を招待する家もある。初誕生に歩いた子どもに一升餅を背負わせる行事は広く見られるが、表1の一升餅の欄で、「○」は一升餅を背負わせた、「△」は一升餅を背負わせることは知っていたが歩かなかったのでやらなかった、「×」は知っていたがやらなかったということを表している。⑧はパックの餅を背負わせたというが、一般的には丸い一升餅を用意している。いずれにしても餅を背負わせて転ばすものだという(④⑥⑬⑳㉑)。③は遠くへ行かないように背負わせるのだといっていたが、⑳では、あまり早く歩くと親元から離れるのが早いから、縁起をかついでわざと転ばせるのだと熊本の親から教えてもらった。また、このとき②では、そろばんとお金と鉛筆を置いてどれを取るか試している。そろばんを取ると商人になるとか、お金を取るとお金に困らないとか、鉛筆を取れば勉強ができるようになるとかいっていたという。

七五三には氏神にお参りした人が全体の約半数を占めている(表1参照)。お宮参り同様、親と同居あるいは親の近くに住んでいる人の場合(①から⑦)、その土地の氏神に参拝している。次に多いのが居住地に近い西新井大師の五人、そのほかは各地の有名な神社となっている。七五三の支度も、女子の場合は母方で用意することが多い。そして参拝した後はほとんどが両親と食事をしているが、①は西新井大師門前の料理屋に親戚を呼んでお披露目、餅と記念品のお返しをしている。③は七歳のときには仲人を招待して食事に行った。そして、近所には七五三の支度した姿を見せながら、千歳飴をつけたお返しを配って歩いた。

⑤は氏神に参拝した後、高砂殿で親戚にお披露目、お返しは千歳飴と記念品に婚家の母の手作りの赤飯をつけた。高砂殿とは区内にある結婚式場で、そこで七五三の支度をしたり、写真を撮ったり、披露をしたりと近年利用者が増えているという。⑦もそこの利用者で、年子の男子二人一緒にお祝いをしている。着付けは伯母のところで済ませた後、高砂殿で参拝し、写真を撮ってから、親戚に披露している。お返しは品物と赤飯、祝いのケーキ、千歳飴、それに鯛も持ち帰るようにしている。ここで全部済ませればお天気の心配もないとか。

⑳は三歳の七五三のときそれぞれの子どもの顔に合う着物をレンタルした。子どもが幼稚園へ行くようになり母親同士で「七五三はどうしたの」などと話題になる。自分は何もしなかったと感じたので、七歳のときにはお参りするだけでなく、お祓いもしてもらおうと考えているという。

4 妊娠の告知

妊娠の告知は親よりまずは夫にという人が大半を占めていた(表1参照)。そうでない人の場合、妊娠とわかったとき双子かもしれないといわれ、実家の母に電話した⑫。実家の近くの病院で診てもらったので、その帰りに実家に寄り母に報告した⑳という二人。結婚すればすぐに子どもができると思っていたがなかなかできず、やっと病院で妊娠とわかった帰り道、両方の親に電話で知らせた⑥という人。そして結婚より妊娠が先だったので、親にはいえずに姉に相談した⑰という具合になんらかの理由がある。

また、ほとんどの人が母親学級に参加し（表1参照）、出産育児について学習している。育児書や雑誌を活用した人も多い。中には⑤のように「親は育児法など昔と違うので口出ししまいと思う部分があったようだ。母親学級に参加したり、育児書を読んだりしたが、お産はこうですよといわれても絶対ということはないと思った。お産の前にそういうことが見えたので、母親学級とか育児書に頼ってはだめだと思い、聞くのはいろいろな人に聞いた」という人もいた。一九八五年（昭和六〇）四月に婦人生活社から『マタニティ』が創刊されたのを皮切に次々に育児・マタニティ雑誌が創刊されているのを受け、よく読んで参考にしたという人もいた（⑨⑫⑮⑰⑲）。しかし、実際には本を読むより人に聞く方が参考になったという人もおり（⑤⑥⑭⑮⑳）、わからないことは実家の母に聞くことが多かったという人もいた（⑫⑲）。いずれにしても、全般的には育児情報を得ようとすることに積極的である。

夫への妊娠の告知と積極的な育児情報の収集――そこには伝統的な地域社会の伝承が途絶えるという近代化の波を浴びて、夫とともに育児に取り組む女性たちの姿が見える。急激な工業化による勤務労働者の増加と都市への移住といった時代の動向に伴う地域社会の変動によって「イエ・ムラの子ども」から、核家族を単位とする「夫婦の子ども」という観念の変遷が浮き彫りにされている。また、後に大きな社会現象となる「できちゃった婚」や「授かり婚」のはしりと思われる事例もあった。

5　家族の類型と儀礼

これまで見てきた家族と産育の習俗や儀礼との関わりを、再度まとめてみることにする。①から④は親と同居という世帯であった。①③は地元の旧家であり、古くから農業に携わってきた地主層の家である。地付きと呼ばれる家であるが、嫁は代々近隣の同格の家から迎えている。②は夫の両親が九州出身で足立区で成功を治めた、いわば二代目であり、周囲の風習を積極的に取り込む努力をしている家である。ともに現在は自営業を営んでいる。⑤から⑦は、親が隣であったり、近所に住んでいる、条件付き核家族ともいうべき家である。⑤と⑦も自営業である。⑧から㉑までは親と日常的に直接交流を持たない、いわゆる核家族である。夫の多くは会社員であり、友人などの紹介を含む恋愛結婚であった。至近距離の範囲で親と生活をするという点から、①から⑦を「旧家族型」、そうでない⑧から㉑を「新家族型」と分類して、大方の傾向を探ってみた。

「旧家族型」の儀礼のあり方に共通するのは、⑴親戚や近隣への配慮や付き合い、⑵親への遠慮や伝承の受容、⑶氏神氏子といった土地との関係を重視することであった。お宮参りは七軒すべてが地元の鷲神社に参詣しており、水天宮へ参った⑦もその前に氏神に参っている。初節供には①②③は祝儀をもらった親戚を招待し、③と⑥は仲人を招待している。また、七五三にも①は西新井大師門前の老舗の料理屋、③は七歳のときに仲人を招待した食事の席を設けている。⑤と⑦は区内にできたばかりの結婚式場を利用、披露の宴や記念写真を撮った。その後のホテルや結婚式場を利用する形態の走りともいえる。今回の話者ではないが、当時家業が盛んな同世代では、都心のホテルで七五三の披露をする家もあったという。そうした儀礼は何々家という形で営まれ、資金はまだ現役の親に依存している。イエの行事ということで、親と一体化したものであった。いずれにしても、そうした「旧家族型」では、親と同居しているための気がねもある。たとえば、②は「コーヒーを飲むと色の黒い子が生まれる」といわれ、そんなことはないと思いながらも、姑の顔色をうかがい自粛していたという。

「新家族型」の特徴は、(1)実家の働きかけやその選択による受容、(2)実家の行事の想起、(3)夫婦の嗜好、(4)メディアの影響、(5)知人との情報交換、などによって作られるようである。へその緒をとっても、「旧家族型」の④と⑦は、親の伝承に基づいて大切にしているのに対し、核家族の⑫は結婚前に実家で自分のへその緒を見せてもらって感動したことから、保存を大切に考えている。二一軒のうち、唯一セッチンマイリを行った⑮は夫婦ともに栃木県出身で、夫の実家の行事として行っている。食い初めを行っている家が多いが、長寿の人の手によってという伝承を持つ③以外は、特に伝承はない。⑩は知識として百日目が食い初めだということは知っていたが、特別な膳は用意せず、離乳食でそれらしいことをしたという。実家の伝承による儀礼実行の拘束力はなく、夫婦の嗜好による創意工夫といえる。育児雑誌などにヒントを得て夫婦の趣向を凝らしたものもある。最近ではこうした方法をよく耳にする。

「新家族型」のお宮参りは、夫に会社員が多いため、その前後の土日や休日に集中している。また、地域の氏神という点にはこだわらず、よく知られた寺社に参っている。七五三はどの家でも行っているが、⑳は子どもの顔に合う着物をレンタルしてお参りしただけであったが、知人と話すうちに、お払いなどをきちんとした方がよかったかなと考えたという。母親同士の口コミによる情報交換は、実家の親や育児書などからの情報と並んで、大きな役割を持っていた。

今回の調査で印象的だったのは、「新家族型」の話者が他家のことを知りたがっていたことである。自分たちがやってきたことがよかったのかどうか、そうした基準があるわけではないので、周囲の様子を今さらながら確認したい、という心情がうかがわれた。「新家族型」の人々は実家の様子を思い起こしたり、友人などの口コミによったり、メディアの情報を集めるなど、子どものためにより良くするためにはどうしたらよいのかということを考え、手探りで行ってきたからであろう。言い換えれば、伝統的な地域共同体の規範が目の前に示されていなかったからともいえる。

ところで、授乳方法と紙おむつの使用については産院の影響が大きく作用している。一九八〇年代ごろまでは、産院ではミルクの作り方だけを教え、母乳を推進するところは少なかった。その後、母乳が見直され、積極的な授乳指導が実施されるようになる。今回の話者たちは、その対象の世代であった。おむつについては、出産前にすべての人々が布おむつの準備をしていたにもかかわらず、入院して初めて紙おむつの使いやすさに気づいた人も少なくなかった。紙おむつの品質の向上が有用性に拍車をかけている。一九九〇年(平成二)前後の時期が、布おむつと紙おむつの端境期であったと思われる。いずれにしても、母乳・紙おむつの普及に出産の場である産院が大きな役割を果したのである。なお、産院から退院時に贈られたお祝いセットの中に、命名用紙もあったため、特別にお七夜の祝いをしなくても、子どもの名前を神棚やベッドの上に貼ることはしたらしい。

メディアから積極的に情報を収集するという傾向は、旧家族型にも新家族型にも見られた。その背景に育児書や母親学級を中心として多くの育児情報が錯綜するという状況があった。また、親の世代には戦後の近代化によって新しい方法がより科学的であるという意識を持ち、伝承されてきたものに対して自信を持てずに、懐疑的になるという側面が見られた。「新しいことは今の人に聞きなさい」という親もいる。科学技術への信頼は、助産院の利用者が少ないことにも表れている。唯一の利用者である⑮も助産婦である友人に勧められての選択であった。

6 「新家族型」と「旧家族型」

「旧家族型」と「新家族型」の儀礼のあり方の大きな違いは、前者が子どもの披露という点に重点がおかれているのに対して、後者は子どもの成長に重点がおかれていたことである。たとえば、必ず地元の氏神に参るということを守るのは、氏子の承認という意味を保持するものである。また、初誕生・初節供・七五三などに、親類や仲人・知人を招待して披露の宴を催すことは、親族や地域での承認という意味を持つ。つまり、旧家族型の儀礼は生まれた子どもの氏子としての承認や、一族や地域社会の一員としての承認を重視していた。それは従来の伝統的な村落社会での産育儀礼における意義と重なるものであった。一方、新家族型の特徴は、お宮参りの対象が氏神である場合はむしろ少なく、よく知られている寺社に拡散していることであった。また、初誕生や初節供・七五三にしても、せいぜい親を呼ぶ程度で、内輪の祝いという性質を強め、子どもの承認という感覚は皆無である。その一方で、子どもの無事な成長を願うという意識は強くなっている。「旧家族型」から「新家族型」へという家族形態の移行に伴って、産育儀礼においても子どもの承認から子どもの成長の願いという内容に変わっていることが理解できる。産育儀礼は家族形態の変化とともに、地域との関係重視から、個人的な行事になっているのである。

むすびに

これまで、腹帯・出産・へその緒・母乳・おむつ・お宮参り・その他の儀礼について、個々の事例を分析してきた。その結果、時代の流れの中で大きく変化したものとあまり変化しないもののあることが判明した。そして、それは儀礼と人間と社会との関係性の中で微妙に変化していた。ミツメノボタモチやセッチンマイリのように意味の喪失によって消滅していくものもあれば、腹帯は全員が戌の日に着用しているように盛んに行われている儀礼もある。安産を願う気持ちに加え、腹帯を巻くと保温や安定感によって気持ちがよいという現実的な実感もあるのだろう。へその緒を大切に思う気持ちも不変で、先に述べたようにへその緒を処分していた病院が産婦たちの要求によって保存するようになった例がある。母子の絆の具体的なもの、あるいは象徴として考えられているのであろう。また、安産祈願には

表8　出生数と腹帯・鈴乃緒売上数

	東京都出生数	腹帯売上数	鈴乃緒売上数
1989（平成元）年	106,480	62,967	34,472
1990（平成２）年	103,983	67,268	35,587
1991（平成３）年	103,226	73,815	36,849
1992（平成４）年	100,965	74,226	33,021
1993（平成５）年	98,291	76,214	33,752
1994（平成６）年	101,998	75,587	34,359
1995（平成７）年	96,823	73,725	36,052
1996（平成８）年	97,956	74,028	47,207

（厚生省人口動態統計および水天宮資料より）

多くの人が水天宮に参り、お守りや腹帯を購入している。そして、お宮参りには両親のほかに祖父母、家によっては伯父伯母までが一緒に参拝することもある。

　こうしたことは、当時の水天宮植田茂宮司の話からも裏付けられる。一九九〇年代の初めまでは夫婦かまたは母親が付き添うことが多かったお宮参りも、最近は人数が増え、一人の赤子に付き添う数が四、五人になっているという。また、水天宮では御祈禱を済ませた腹帯や鈴乃緒（晒の小布）を販売しているが、それに加えて一九八〇年代頃から戌の日に祈禱を依頼する人が増え、一九九〇年代後半では多い日で七〇〇人ほどの希望者がいるという[1]。出生率の低下にもかかわらず腹帯などの需要が伸びている（表8）ことは、産育儀礼の何項目かがイベント化していると同時に、祈願の対象が特定の有名寺社に集中するといったブランド志向という時代性が読み取れる。

　「新家族型」と類型化した核家族には、伝統的な共同体が伝承してきた規範や、地域の人々との付き合いなどが希薄なために、地域社会への披露といったことにとらわれることはなかった。夫婦の嗜好によって儀礼に対応することができた。伝統的な儀礼とは無縁な儀礼を対象とすることができたのである。その結果、数ある産育儀礼から、わが子の成長を願う趣旨を持つ儀礼を選択し、氏神氏子の関係にとらわれることなく、よく知られている寺社に参ることとなる。「嫁をもらった」「嫁にやった」という意識も低く、お宮参りや初節供、七五三といった本来は赤子の承認の機会が、親も時には祖父母も参加するという新世帯中心のイベントになっている。

伝統的な村落社会の色彩を色濃く残す旧家族型の産育儀礼は、伝統的な要素を継承していた。一方、そうした地域共同体の規範にとらわれずに済む新家族型の産育儀礼は家庭文化ともいうべき夫婦の嗜好によって、子どもの成長を願うという要素を中心にしてイベント化しているのである。宮参り、七五三といった伝統的な名称と同じではあっても、その内容や意識には前代のものと異なる非連続性である。

高度経済成長期に生きてきた女性たちが、へその緒を大切にし、従来の産育儀礼を家族のイベントとしつつもわが子の成長を神に祈る姿があった。個人個人の儀礼への関わり方は様々ではあるが、前代の儀礼を継承するだけではなく、個人の儀礼への関わり方が社会と時代を動かす一つの価値規範となりつつあることも見逃せない。儀礼と人間の今日的関わり、すなわち時代性はどちらかに基準を置くというのではなく、互いに影響しあっているという関係性を重んじる立場で研究を進める必要があると考えている。

二　茨城県守谷市の場合

はじめに

大藤ゆきの『児やらい』は、日本の伝統的な子育てやそれに伴う産育儀礼をまとめたものとして、今日でもこの分野の基本文献とされている(2)。本項では、大藤が大いなる期待を込めていた次代の母親たちの産育儀礼の継承という点から、現代の「児やらい」文化、すなわち産育文化を考えていくことにする。

日本の伝統的な子育ての心持ちを伝えて、次代の母親たちにその精神的な継承、すなわち産育儀礼の継承を願う大藤の期待に対して、どういう答えを出しているのか。人工的に造成された茨城県守谷《もりや》市の常総ニュータウンを事例として取り上げることにする。

1　ニュータウンの児やらい

茨城県守谷市は、利根川・鬼怒川・小貝川に囲まれた県南の台地に位置し、取手市に隣接する。公団による常総ニュータウンの大規模開発、常磐自動車道の開通によって急速に都市化が進み、二〇〇二年(平成一四)二月に北相馬郡守谷町から守谷市となった。二〇〇五年のつくばエクスプレスの開通により、秋葉原までの所要時間が最速三五分ということで、県内においても屈指の人口増加率が続いている。

常総ニュータウン北守谷地区薬師台地区への入居は一九九五年から始まった。これを機に他地域から入居した一九六五年(昭和四〇)前後に生まれた女性七人に対し、出産・産育の儀礼についての面談調査を試みた。一九五五年代後半の高度経済成長に入ってから生まれた方々である。

一九八九年から二〇〇一年の間に出産を経験した女性たちで、二〇〇二年に転居してきた⑦以外は、全員が一九九五年のほぼ同時期に入居、徒歩五、六分のところにある第一病院で出産している。表9のようにいずれも夫婦と子どもによって構成される核家族である。出産前に里帰りをしていた③も同所での出産であった。母親のお産が軽いと子に遺伝するとはよくいわれることであるが、③は「母親が安産だったので自分も楽に産めた。痛みに襲われたときには母の言葉を思い出した」といい、②は「母親が安産だったので心配しなかった」という。お産に関する情報は雑誌などによるものよりは、母親や姉妹の体験談やその場の指導など実践に即したものが役に立っている。

2 核家族と夫の協力

先にも述べたが、面談調査に応じていただいた七人の女性の家族は、すべて夫婦と子どもたちから成る核家族であった。身近に親や兄妹といった親族が住んでいるという環境にもなかった。首都圏の郊外のニュータウンに、その建設という同じ時期に入居した、同じ世代の人々である。

ニュータウンは山林の大規模開発によって新しく生じたため、帰属する守谷市への依存の割合も低く、隣接する地域との関係は皆無ともいえた。さらに、入居後の期間も短いため、入居者同士の交流も希薄である。親しい友人も、頼るべき公的機関も身近なところにない、いわば周辺とは無縁に近い状態の環境といえる。新しく世帯を持った夫婦が人工的な町で周囲との交流もないまま、どのように家庭文化を形成するのか。産育習俗や儀礼を通して見ていくことにしたい。

表9によって、安産祈願から、夫が積極的にお産や子育てに関わっている様子がわかる。夫が一人で安産祈願してきた②をはじめ、⑤と⑥と⑦は夫婦でお参りしている。⑤は夫婦の出身地と異なる東京の水天宮に戌の日にお参りし、腹帯を購入している。⑦は夫の出身地である京都の藁神社に詣でて、予備を含めて二本の腹帯を購入したという。①は実家の両親が安産祈願で有名な茨城県の桜川市にある雨引観音に行って腹帯を購入したが、お礼参りには夫婦で行っている。夫の親や友人からお守りをもらって、安産祈願には行かなかった④や、東京出身の夫の母親が水天宮に行った③以外は、七世帯のうち五世帯は何らかの形で、夫が直接安産祈願に関わっているのである。人によって程度の違いはあるにしても、夫の協力は核家族の大きな特徴の一つといえる。お産の立会いを希望した夫も多く、その後のお祝い事にも必ず参加している。①は、育児雑誌を見ながら自分のできる範囲でベビー用の食器を使って食い初めの膳

食い初め	初節供	初誕生	七五三	情報その他
板橋のお不動様でいただいたお食い初めのセットに、山口では石を供えるというので送ってきた小石を3個載せて、三人で祝った。	実家の両親が兜と鯉のぼりを買ってくれた。初節供には山口でホテルの一室を借りて親戚一同呼びお膳を出してお祝いをした。お返しは有田焼の大皿とかまぼこ5本に赤飯とケーキ。	実家の両親が一升餅を持って来てくれたので風呂敷で背負わせた。山口ではケーキを1個ずつ配ったという。	山口の両親と実家の両親とで板橋のお不動様にお参りに行き、料理屋で会社の上司夫妻も招いて食事会をした。	子育ての不安は母に相談したが、オムツ替え以外は夫が育児に参加。
やらなかった。	妻の実家で兜を飾り準備してくれて食事をした。	実家で餅を搗いてくれて、風呂敷に包んで背負わせた。	実家の両親と家族で滝不動にお参りし、実家で食事をした。	母も安産だったので、心配しなかった。雑誌は一人目のときに読んだ。本の知識や母親学級で学んだ知識より、その場の指導の方がより実践的でよかった。
お宮詣りでいただいたセットを使って、二人目までは夫の実家で、三人目は夫の両親が産後の手伝いに来てくれていたので、こちらで一緒にお祝いした。	妻の実家で用意した兜やお雛様を囲んで写真を撮り、一人目のときには夫の実家の近くのホテルに親戚やお祝いをいただいた人を招いた。お返しに赤飯と桜餅や柏餅を用意。二人目と三人目のときには夫の実家でお祝いした。	三人とも夫の実家で、お祝いした。お餅を背負わせ、ボールやスプーン、そろばん、筆などを置いてどれを取るかで将来を占った。ボールを取るとサッカー選手、そろばんを取ると頭がいいなどと言った。	妻の実家で支度した着物を着せ、深川富岡八幡宮に両方の両親と家族でお参りした後、中華のレストランに妹夫婦と妹の嫁ぎ先の両親、親戚、近所の人を招いてお祝いした。	三人ともお産は楽だったが、母が楽に終るから大丈夫だよと言っていたので痛みに襲われたときに言われていた言葉を思い出しほっとした。バルーンなどの雑誌に呼吸法が出ていたりしたが、読んでもやるかな…と思っていた。看護婦さんの「ヒーヒーフーよ」に合わせ「まだだめよ」とか「いきんで」という指示に従った。産育儀礼はそれぞれの親のしきたりに従って行った。

表 9　産育儀礼の関わり方

	生年	出産	安産祈願	腹帯	産後	お宮参り
①	1963（昭38）茨城出身	1998男（平10）	実家の両親が安産祈願で有名な雨引観音に行って腹帯をいただいてきた。お礼詣りには夫婦で行った。	実家で母に巻いてもらった。母方の祖母が手鏡を外に向けて腹帯に入れておくと悪霊を跳ね返すというので毎日検診以外はしていた。	産前産後、自宅に実家の親が手伝いに来た。夫の母は産後21日は水を触ってはいけないといって来てくれた。	白のベビー服を着せ、伊奈のお不動様に実家の両親と夫の母、実の兄夫婦の一家と夫婦で行った。帰りに金太郎鮨に寄って食事をした。
夫	山口出身長男					
②	1965（昭40）千葉出身	1992男（平４）1994男（平６）2000男（平12）	夫が安産祈願。	最初だけ巻き、後はガードルを使用。	二人目まで実家。三人目は帰らず、夫の母が働いていたのと父が定年になったことで入院中は夫の父に来てもらった。産後は実家の母に来てもらった。	一人目のときは寒かったのでしなかった。二人目は実家の両親と着物をレンタルして実家の近くの滝不動に行き、実家でお祝いの膳を用意してくれた。三人目は「また男だからいいか」とお宮参りはしなかった。
夫	千葉出身長男					
③	1968（昭43）千葉出身	1992男（平４）1994女（平６）2000男（平12）	夫の母が東京の水天宮へ。	夫の母が水天宮でいただいてきてくれた腹帯を最初の戌の日につけた。	二人目までは１週間前から産後21日まで里帰り。三人目のときは学校や幼稚園があったので、夫の両親に来てもらった。	夫の実家の近くの深川富岡八幡宮に夫の両親と夫婦で行った。産着は夫の使ったものを母が準備。近所の人が見に来ていた。
夫	東京出身長男					

九州の母から「百日（ももか）はしたの？」と聞かれたがしなかった。	長女のときには両親を呼んでお祝いをもらったが、第二子、第三子のときは、毎年やっているようにお雛様を飾り、その前で写真を撮った。	初誕生には歩いたので、お餅を晒しに巻いて背負わせた。「早く歩くと早く親元から離れていくから、わざと転ばすのだ」と九州の母が言っていた。	第一子と第二子は氏神に夫婦と子どもでお参りした。	
友人にするものだと聞いて、ご馳走を作りベビー食器を使って真似事のようなことをした。	上の子のためのお雛様はなく、自分のを持ってきていたので、それを飾っていたが、実家の父が市松人形を買って持って来てくれた。父に初めて来てもらった。３日の日は家族だけでお祝いをした。下の子のときには実家で鯉のぼりを買ってもらって家族でお祝いした。	初誕生に一升餅を背負わせることは知っていたがやらなかった。	着物を着せて、一言主神社にお参りに行った。	親は今の人に聞くようにいうので、友人にいろいろ聞いた。「妊娠出産大百科」を参考にしたが実際には違った。沖縄では長男を大事にするので、上の子のときから「絶対男」といわれていた。仕事をしていたので守谷市でやっているファミリーサポートを利用している。実家に子どもを預ける感覚で、育児の悩みなど母親のように相談にのってくれる。
育児雑誌を見ながら、自分のできる範囲でベビー用の食器に食べられるものを用意。夫が拾ってきた歯がため用の丸い小石をお膳に載せた。	母方の実家から鯉のぼりや兜、お雛様を用意してもらった。親戚からはお祝金をいただいた。	九州では子どもに草鞋をはかせて餅を踏むというので、夫の母からかわいい草鞋が送られてきた。一升餅は和菓子屋に注文。祝と書かれた餅を風呂敷に包み、背負わせ、踏ませた。	母方の実家で用意した着物を着せ、九州の両親は来られなかったので実家の両親と一緒に一言主神社にお参りした。	お産の情報は雑誌から得ていたが、結局人それぞれ違うのであまり参考にならなかった。出産のために準備するものについては参考になった。
育児書を参考にお宮詣りでいただいた食器を使ってお食い初めをした。	実家から贈られたのを飾り、ケーキを用意し、家族でお祝い。	夫の母が歩けるようになったからと持って来てくれたお餅をリュックに入れて背負わせた。	夫の両親と茂木神社へお参りし、家で食事。	出産経験のある姉に聞いたり、雑誌の特集を参考にした。

④	1968（昭43）東京出身	1989女（平元）1991女（平３）2000女（平12）	熊本の親や友人からお守りを友人からもらった。	初めの子のときに親に用意してもらったが、ほとんどマタニティガードルを使用。	第一子と第二子のときは里帰りしたが、第三子のときには里帰りをせずに自分で何でもした。上の二人もよく手伝ってくれた。	第一子は当時住まいの近くの乃木神社、第二子は住んでいた地域の氏神、第三子は水海道の一言主神社に夫婦でお参りした。
夫	熊本出身次男					
⑤	1969（昭44）愛知出身	1999女（平11）2001男（平13）	東京の水天宮に夫と二人で戌の日にお参りし、腹帯を購入。	水天宮でいただいた腹帯は何回かはしたが、普段は市販の腹巻タイプを使用。	出産後、実家の母が来てくれた。	上の子のときには寒かったので、３ヵ月ぐらいたってから一言主神社に夫とお参りに行った。下の子のときにはこちらで１ヵ月検診をすませた後、たまたま実家に帰っていたので、熱田神宮にお参りした。
夫	大阪出身（父は沖縄出身）長男					
⑥	1974（昭49）埼玉出身	1996男（平８）1999女（平10）	一人目は夫と、二人目は母と。	上の子のときにはいつも腹帯をしてたが、下の子のときにはガードルを使うほうが多かった。	一人目も二人目も退院と同時に実家に里帰りした。	１ヵ月検診のために実家から帰り、両家の両親と夫婦で行った。初詣のときにも行く水海道の一言主神社に、母方の実家で用意した産着を着せてお参りした。帰宅後のお祝の食事は夫の親が用意。
夫	大阪↓福岡次男					
⑦	1972（昭47）大阪出身	1995女（平７）1998男（平10）	京都の藁神社に夫婦で。	藁神社で購入。戌の日に病院で巻いてもらった。予備にもう一本購入したが、マタニティガードルも使用。	一人目は１ヵ月は実家に帰ったが二人目は入院中のみ夫の母に預け産後は自宅で夫に全部やってもらった。	実家の近所の茨木神社へ夫の母が用意した産着を着せて夫の両親と夫婦で。
夫	京都出身長男					

を用意しているが、このとき夫が「お膳に載せるように」と妻の知らぬ間に丸い小石をどこからか拾ってきたのだという。いわゆる石のおかずである。②の場合も、夫が一人で安産祈願をしている。

また、産後の手伝いにも夫や舅が積極的に関わっている。⑦の場合は一人目のときには里帰りをしたが、母親が働いていたので洗濯物の取り込みなど自分でやることが多く、これなら自宅にいるのと変わらないと思ったという。二人目のときには実家に帰らず夫にすべてやってもらっている。②の場合は義母が働いていたので、定年退職した義父が義母の作成した料理のレシピを持参して来てくれた。女性の社会進出に伴い、家事を受け持つ男性が年々増えているが、産後の手伝いにも夫や舅の活躍ぶりが見られる。

産後の里帰りといえば、名古屋の実家の母親が来てくれたという⑤以外は、ほとんどの人が実家へ帰っていた。里帰りについて詳細に見れば、第一子、第二子、第三子によって事情が多少異なる。しかし、第一子に着目すると、まずほとんどが妻の実家に里帰りをしている。後述するが、今回の面談対象者の産育習俗や儀礼は、夫婦の実家のそれが色濃く投影されていた。そのもととなったのは、里帰りの際の親との語らいではなかったかと考えられる。その地の歴史と隔絶され、近隣の地域とは断絶された人工的なニュータウンにおいては、実家の産育文化が大きな影響をもたらしていた。

3　儀礼の非連続性

無の状態からの産育文化の形成には、第一に夫の積極的な関わりや自発的な参加があった。二つ目の要因として、実家の働きかけを挙げることができる。前者を内因とすれば、後者は外因といえる。七世帯のうち、五世帯の夫が長男で、残る二世帯が次男である。この世代は、世帯あたり子ども二人という家族構成が圧倒的に多い。夫婦に子ども二人の核家族―そうした都市型の新しい家族形態を理想とする社会的風潮もあった。近代化や高度経済成長を背景に、成長した子どもの多くは勤務労働者として親元を離れて都市へ移住するようになる。そうした社会状況を反映してか、高度経済成長期には転勤族という言葉も生まれている。

親元を離れて新世帯を成す場合、男性の戸籍に入るにしても、「嫁をもらう」「嫁にやる」という意識は必然的に弱くなる。双方の実家は基本的には対等に近い立場で、子ども一家に接することになる。

周囲とは縁の薄い環境の中で、新たな生活様式や生活文化を築くのだから、できるだけ応援したいという実家側。金銭的にはともかく、目の前に迫る産育習俗や儀礼、すなわち産育文化にどう対応するか、そのノウハウを教えて欲しいという夫婦側。こうして実家に伝承する産育文化が新世帯での雛形となっていく。ただし、そこに拘束力は存在しない。あくまで実家に伝わる儀礼を取捨選択して取り入れるのである。

茨城県水戸市出身の①の場合は、両親が安産祈願で有名な雨引観音に行き腹帯をいただいてきた。「私は行かなくてもいいの？」と聞いたら「お礼参りに行ってくれればいいのよ」といわれ、夫婦で行ったという。親の方でも子どもである新世帯の都合に合わせようとする。①がお宮参りに行ったという伊奈市の通称、伊奈のお不動様にも安産祈願に訪れる人が多い。県内では現在でも子安講などにこのお不動様の掛け軸を掛け、お産があると掛け軸を講中から借りてきて無事済むと何がしかを包んでお返しするという地域がある。村落社会における伝統的なムラの祭祀である。

「お宮参り」には、数少ない事例ながらも特徴があるように思う。夫婦でお参りする場合は地元の神社というのがその一つである。④と⑤がこれに該当する。①や③や⑥は、実家の両親と一緒のため有名な神社や実家の近くの神社がその対象となっている。「一人目のときは寒かったので（お宮参りは）しなかったが、二人目は実家の両親と実家の近くの滝不動（千葉県船橋市）に行き、実家主催の祝いの膳を囲んだ」という②は、そうした事情を物語っているようである。「上の子のときには寒かったので、三ヵ月ぐらいたってから一言主神社(水街道市)に夫とお参りに行ったが、下の子のときには、たまたま実家に帰っていたので、熱田神宮にお参りした」というように、⑤に代表されるように、「お宮参り」における氏神氏子の関係、つまり氏子の承認という関係はすでになく、わが子の無事を願う家族や親族の祈願という趣旨のイベントに変わってきていることが理解できる。また、地元の神社といっても産土神を意識しているのではなく、比較的近くの神社の中からより知られているものを選択しているのである。したがって夫婦による地元の神社への参拝の場合も、身近な神社における家族のイベントという趣旨を持つと考えてもよいであろう。

「七五三」は、前述の「お宮参り」と対応する行事と考えて差し支えないと思われる。表を見ると、参拝する神社はほぼ同じである。その上、実家の関わり方も「七五三」と「お宮参り」には大差がない。本来、年祝いあるいは地域社会への承認の機会である「七五三」は、わが子、わが孫の無事な成長を祈る家族や親族の儀礼として、受け入れられているのである。現在身を置く住居の周囲とほとんど関係を持てない家族にあっては、氏神や地域社会への承認という要素は消滅し、内輪の祝いという性格のイベントとして再生したといえる。「お宮参り」や「七五三」は、伝統的な形式を踏襲していても、氏神や地域社会の承認という本来の意味を喪失し、家族のイベントという新たな存在意義を持つことになった。形式的連続と内容的不連続、すなわち儀礼の非連続性が明白な姿となって立ち現れている。こうした儀礼を都市型の民俗と認めてもよいのではないだろうか。

そしてその一方で、従来の村落社会の成員である実家の祖父母たちは、遠く離れた孫の成長を祝う機会に、それぞれが自分たちの住む地域とそこに住む人々との昔からの付き合いを大切にしているのである。県内で盛んに行われるミツメノボタモチを病院にも届けたのが①と③であった。ミツメノボタモチはサンミマイ(産見舞い)をいただいた家々に届けるものであるが、いずれも実家の両親が近隣の叔父や叔母に配っている。同居していなくても、伝統的な地域社会の付き合いを大切にしているのは①の夫の実家の場合も同様で、茨城県に住む孫の初誕生を祝って、遠く山口県で近所や付き合いのある家にケーキを配ったという。③の場合にも七五三に東京深川の夫の実家の近くのレストランで食事をする際には親戚や近所の人も招いている。一つの儀礼が核家族を中心とする新たな家族のイベントと、実家を中心とする従来の地域社会への披露という、二重構造を生み出している。後者は時間の経過とともに消失することが予想される。そういう意味で、二重構造は伝統的社会から近代的社会に移行に伴う緩衝地帯としての役割を果しているのではないかと考えることができる。

なお、初誕生の孫のために一升餅を届けたり(①②⑦)、餅踏みの草鞋を送ったり(⑥)と、実家が郷土の風習をさらりと伝えるなどの心配りをしている様子もうかがわれる。⑤の夫の親は沖縄の出身で長男を大事にするので、上の子のときから「子どもは絶対に男」と言われ、プレッシャーを感じていたが、お産やお祝い事に関してのこだわりはなかったという。それに対して子どもの側は、③に代表されるように、産育儀礼は夫婦で協力しながらも、基本的にはそれぞれの親のしきたりを、家族のイベントとして無理することなく取り入れようとする傾向が見られた。

むすびに

これまで見てきたように、その地の歴史や近隣地域と隔絶された人工的な空間であるニュータウン、しかもほぼ同時期に全国の様々な地域から入居という事情によって友人や知人関係も希薄な中で新世帯を築こうとしている夫婦が、お産という現実に対して、どのように産育文化を形成していくのかをテーマとした。次代の母親たちの産育儀礼の継承を願う大藤ゆきの期待を検証したかったからである。周囲から隔絶された状況に立たされた核家族という極端な事例をそのモデルとして設定してみた。

その結果、ニュータウン建設後に入居した新しい夫婦が、それぞれのスタイルで生活を送りながら、それぞれの形で安産や子どもの成長を願う産育儀礼を継承しているケースが多いことが明らかとなった。その主な要因は、⑴夫の積極的な協力と、⑵実家との連携であった。夫婦双方に対する実家同士の援助の役割分担、実家からのさりげない伝達、そしてその受け入れは、周囲に依拠するもののない新夫婦にとっては頼みの綱でもあった。また出産に関する情報は、育児雑誌などのメディアによる情報などを積極的に参考にしていた。⑤は仕事を持っているので、守谷市で提供しているファミリーサポートを利用している。有料ではあるが、実家に預ける感覚で子どもを預けることができる上、育児の悩みなどの相談にものってくれるという。お宮参りの際の夫婦による地元の神社への参拝や市の公共機関の利用など、地縁的な結びつきへの芽生えともいえる動きも見られる。こうした産育をめぐる多様性こそが、伝統的な地域社会を喪失した近代社会における「児やらい」文化の新たな形成といえるのであろう。

第二節　助産婦と儀礼の消長

はじめに

長い人類の歴史の中で、二〇世紀後半以降ほど、出産と出産を取り巻く物理的あるいは制度的環境が変化した時代はなかった。その一端を出産や助産の方法を大きく変えた産婆（一九四七年〈昭和二二〉以降には助産婦、二〇〇二年〈平成一四〉には助産師と改称された）たちが担っている。

産婆といえば、江戸時代の文献には出産を介助するものとして、取上婆・子取婆・腰抱・穣婆などの名称が記されている。(3) また、日本各地でもトリアゲバア・ヒキアゲバアなどと呼ばれる近隣の経験を積んだ年寄が出産の介助を行っていたことが伝承されている。(4) が、いずれも職業として法的に認められていたわけではなかった。

明治政府になってからは、まず産婆を取り締まることから始まり、産婆による堕胎や売薬が禁じられた。一八七四年（明治七）の「医制」発布の中では産婆資格の条件が規定され、免許制度が設けられたのである。一八九九年の「産婆規則」交付によって、産婆制度が確立した。(5) その結果、近代医学を学び、資格を取得した産婆、すなわち近代産婆(6)が、出産の介助を行うようになった。こうした法的取り締まりの中、無免許で営業する者もいたが、近代産婆たちは、分娩の姿勢を座産から仰臥位に変え、衛生の管理に努め、妊産婦死亡率の低下に貢献し、ベビーブームの到来とともにその全盛期を迎える。そうした流れの中で、一九四七年には、「産婆規則」が「助産婦規則」に改正されたが、特段その内容に変更はなく、名称が「産婆」から「助産婦」に改められたにすぎなかった。(7)

しかし、五年後の一九五二年には、助産婦の仕事に受胎調節指導員の仕事が加わる。(8)第二次世界大戦後のベビーブームと連動するように妊娠中絶が広く横行したからである。助産婦が全盛期を迎えて間もなくのことで、出産を介助する側にいた助産婦が今度は受胎しないように指導することになった。一九五五年以降は産科の医師が急速に増加する。中絶の後遺症に悩まされる人々は助産婦よりも産科の医師を頼るようになり、助産院での出産を希望する人が減少し始め、出産を取り巻く環境が大きく変わった。こうした経過のうちに、出産の場は家庭から施設へと移行し、お産の介助は助産婦の手から医師の手へと移行する。(9)お産そのものが医療の中に組み込まれ、「産む性」にとっても「産む」から「産ませてもらう」お産へと変化したのである。

そして、今また、自然分娩を求める声が高まり、自分たち主体のお産を取り戻そうと、より良いお産を目指すグループの活動も少しずつ輪を広げている。(10)一八九九年に「産婆規則」が公布され産婆制度が確立されてから今日に至るまで、二〇世紀後半のお産事情はまさに激動の時代であった。

助産婦(一九四七年までは産婆)の担う役割は出産の場のみに限られたことではなかった。その一つに産育儀礼への参加もあった。本節では、一九三三年に開業して以来、助産婦として分娩介助に携わってきた東京都足立区在住の永沢寿美からの聞き書きをもとに、助産婦と儀礼の関わりに注目したいと考えている。以下は、すべて永沢寿美に直接面談し、記録したものである。

1　農家のお産

昭和の初期、永沢寿美の見た農家のお産は座産で、北向きの四畳半くらいの納戸が産室になっていた。硬い布団の上に油紙を伸べ、その上にぼろきれや古綿を敷いて、産婦を座らせる。産婦の前に籾をしごいた藁を三三把、荒縄で結わき、これに布団皮をかけたものをその家の姑が用意していた。産ぼろといって襦袢とかシャツの古いのをたくさん用意し、そのぼろの上に子どもを産み落とさせてくるむ。当時は脚気になるからといって、産後、産婦は寝かせてはもらえなかった。農家の人たちは座っていた方が胎児の下りがよいと言っていた。

永沢寿美の師匠である足立区古千谷の産婆藤井君子は、藁は使用せず出産直前までは座産にしても、その後は寝かせて会陰保護をしていたが、永沢寿美の場合は産婆となって初めの三ヵ月くらいは、当時一般に行われていた座産のまま介助している。用意されていた藁に寄りかからせ、肛門を押さえ、お尻を持ち上げさせて産ませていたのである。しかし、その後、臍帯の巻絡[11]と産後の出血が怖いので、それを説明して仰臥位になってもらったという。起きているのと横になっているのでは出血の量が違う。起きていると出血しやすいが、横になってもらうことによって出血を防ぎ、難産の産婦を死なせずにすんだという。また、仰臥位でないと産後の子宮の収縮状態もつかめないし、収縮のための氷も当てられない。産後八時間は子宮が収まっていないので、人体が伸びて平均に収縮しないなどといった理由もあって、分娩の姿勢を座産から仰臥位に変えたのである。

土間に藁を敷き、布団を一枚ぐらい敷いたところでもお産をさせたことがある。しかし、冬は寒さで背中が氷のように冷たくなっていた。昔は室温など気にしなかったからである。寒い部屋でお産させられていたので、産んだ後は悪寒が来て震えが止まらない。産婆になりたてのころは産後には震えが来るものだと思っていたほどであるという。当時は毛布などなく重い綿入れの搔巻しかなかったので、それを掛けたりした。産後、すぐに温かい砂糖湯を飲ませ、体を温めるが落ち着くまで時間がかかった。

永沢寿美の近所に無免許でお産を扱っていたトリアゲバアサンが一人いた。戦前は黙認されていたが、この人がお産を扱うと座産で出血も多く、産褥熱による産婦の死も多かったようである。

当時は、畑と畑の間に流れている用水に笹を四本立て、柄杓が置いてあるところに、花が上がっているのをよく見かけた。農家で聞くとナガレカンジョウといい、お産で産婦が亡くなると、笹の間に掛かっている布に柄杓で水をかけて供養するのだと教えられた。

2　産婆と儀礼

着帯式　着帯式には、妊娠した嫁の実家から、紅白一反ずつの布をのし紙にくるんで麻の緒で結わえたもののほかに、桐の箱に入った鰹節二本を添えたものが届けられる。実家の親は髪を結い、縫紋の羽織りを着て婚家に行く。紅白の布は新モスという糸が細くてしなやかな木綿で、赤子の着物を作る。当日婚家には、唐草模様の風呂敷に、一丈ほどの腹帯に締められる晒と金一封をつけて持っていく。晒では失礼だからと羽二重を用意する家もあった。腹帯は一丈きっちりというのは良くないといったり、七五三といって七尺五寸三分にしたり、一反で一丈取り残りの一丈八尺で一つ身の着物を二枚とったりする。

この日は実家の親の他に仲人や産婆も呼び、赤飯を炊き鯛をつけて一人一人の膳を用意する。いただいた腹帯はお盆にのせた桐の箱に入った鰹節の上に置き、床の間に飾る。

産婆の方でも「戌の日はいつですか」と聞かれるので、カレンダーに良い日を選んで印をつけておいた。申の日とか三隣亡とかは良くないので×をつけておいて大安とか先勝の日を選ぶ。仮に戌の日であっても仏滅は避けた。

産婆は用意された腹帯に朱で寿と書き、別室で妊婦を診察してから帯を巻く。巻き終わると「ただ今済みました。おめでとうございます」と挨拶をする。

着帯式は真剣に産まなければならないという観念を妊婦に植え付ける意味を含んでの儀式であったという。また、妊娠中、火事や不祥事に出会ったときのためにと小さい鏡を、着帯のときに用意する。火事や喧嘩を赤子に写さないように、腹帯の中に入れるのだと妊婦に説明し、その鏡を小さな袋に入れてあげた。

ミツメノボタモチ　ミツメノボタモチは産後三日目に実家から届けられる。あんこだと赤子の鼻が詰まるとか、甘いものを食べるとお乳の出が悪くなる、といって黄粉のボタモチで砂糖を別につけてくる。八寸重箱にぎっしりと二、三〇個詰めたものが二、三箱届く。お昼に届けば産婦には一番都合が良い。普段はお粥と味噌漬だけ、せいぜい鰹節でハンペンを煮たのがあれば上等、という食事だったので、ミツメノボタモチを食べた翌日にはお乳が張ってくる。自宅での出産だった当時だけでなく、入院出産になってからも届けられた。最近でも担当する産婦の半数ぐらいの家から永沢助産院に届けられる。近年は店に頼んで作ってもらうので、黄粉だけではなく半分は小豆のボタモチであったりする。このミツメノボタモチは、助産婦として関わった産育儀礼の中で、最後まで残っていた風習であるという。

お七夜　生後七日目のお七夜には、無事な出産と子どもの幸せを願い、親戚や仲人をはじめ縁者を招いてお祝いをする。産婆も招かれ、上座に席をいただく。鯛や平目にニンジン・芋・ハス・クワイなどの煮染を八寸重箱に入れて出し、他には酢の物・吸い物を用意し、赤のご飯を炊いた。赤のご飯とは小豆の茹で汁を冷まし、小豆とともにその汁で炊くご飯である。お七夜というとこの赤のご飯を炊いたものである。招かれた人は結婚式と同じように髪を結い江戸褄を着て行くが、産婆は(他のお産に)いつ呼ばれるかわからなかったので江戸褄を着ることはなかった。先代は紋付きの羽織りを着て行ったらしいが、永沢寿美は忙しくて白衣のまま座ったこともあるという。

赤子には実家から届けられた着物を着せ、刺繍をしたアブチャン(よだれかけ)や帽子を着け、額に紅を二つ付ける。頭にはおむつを載せ、産婆が抱いて、皇大神宮・井戸神・荒神・手洗いを回る。半紙に割り箸を折り込み、水引をして、「寿」と書いたものを三つ作り、米・塩・おかかを皿に入れ、酒もつけて、お盆に載せて供えて回った。

この日に名前も決める。三本のこよりにそれぞれの名前を書き、神棚にあげる。その家に子どもがいれば、そのこよりを子どもに引かせる。神からいただいた名前ということになる。名前が決まったらその名を命名紙に筆で書き、お宮参りのときまで神棚に張っておく。命名は産婆に依頼する家も多く、名前の本を買って勉強したり、習字を習ったりした。

お七夜は戦争中はできなかったので、戦後になるとお七夜に大勢の人を招き御馳走を振る舞う習慣はなくなった。また、家庭出産のころはお産の費用はお七夜に支払われるのが通例であった。料金をのし袋に入れ、ていねいな家ではそれに酒肴料と赤飯と煮染をつけて、産婦の夫が自転車で家まで送ってきた。

お宮参り お宮参りは、男の子は三一日、女の子は三三日目である。実家から贈られた熨斗目の着物を赤子に掛け、写真屋で写真を撮り、姑と嫁で氏神様やお大師様(西新井大師)にお参りに行く。永沢助産院には真っ先に来てくれたので、常に用意しているウールのおむつカバーを二枚ぐらい差し上げた。その際、ウールなのでなるべく洗わずに日に干して使うようにと教えた。その後は、赤飯と鰹節を持って産婦の実家にお礼に行き、親戚回りをするのだが、赤子が疲れるので一気に回らないようにと指導した。

一九六五年(昭和四〇)ごろからは、借り着で写真を撮るだけという人も現れる。永沢助産院でもそうしたお宮参りのために熨斗目の着物を随分貸した。

食い初め 生後一〇〇日目の食い初めにもお重に詰めた赤のご飯をいただいた。しきたりのときには必ずといっていいほど赤のご飯(小豆飯)を炊く。赤飯より軽くておいしかった。この日は赤子のために膳を作り、赤のご飯を一粒口に入れてあげる。

七五三 戦前は七五三の日にはお祝いをいただいた方を自宅へ呼んで御馳走をしていたが、戦後落ち着いてからは料理屋を使うようになった。西新井大師門前の武蔵屋や田中屋にもよく呼ばれて行った。赤子の産まれた家では近所の付き合いもあり、七五三をするためにと貯金をしておくほどであった。

七五三のお祝いのときには、永沢助産院で生まれた子どもたちの成長ぶりを見せに来る。このほか、ていねいな家では入学式や成人式にも見えるので、常に御祝儀袋を準備していた。お産だけではなく行事がらみの付き合いだった。

むすびに

永沢寿美と妊産婦との関わりは、出産の介助だけではなかった。まずは妊婦健診が妊娠中の異常を発見し対処するための予防医学であることを説き、妊娠中の診察が大切であることを理解してもらうことから始まっている。時には産前産後の心得などについても、相談にのり、指導にあたった。そして、土地の人が行う儀礼に参加している。

産育に関わる儀礼では多くの場合、産婆が主役であった。もののない時代には、産婦に食べ物を持って行ったり、生まれた子には自分の子どもの着物を持って行って着せたりもした。家庭出産の時代には、その家庭がどんな家庭かを知らなければより良い介助はできないと感じた。キメ細かい産婦への配慮が産婆と産婦の信頼を生み、土地の人々にとって産婆や助産婦はいつでも頼れる人であり、「先生」と呼ばれていた。

永沢寿美が助産婦としてお産に携わってきた六〇余年の間に社会もお産状況も著しく変化した。その間、彼女が関わってきた儀礼も、時代とともに変化し、消滅したものもある。たとえば、お七夜は結婚式後の披露宴と同様に派手な祝い事の一つであったが、第二次世界大戦後には跡形もなく消滅し、今は名ばかりとなった。ミツメノボタモチは助産婦と関わる産育儀礼の中で最後まで残っていた風習であったが、ボタモチは手作りから市販のものへ変わり、黄粉に小豆あんも加わった。

「はじめに」で述べたように、二〇世紀、ことに後半はまさに激動の時代であった。揺れ動く社会の中で産婦と介助する者、そしてそれを取り巻く者とが常に影響しあってきた。産育に関わる儀礼も例外ではなく、時代の中で大きく変化している。一九八〇年ごろから出産を扱う助産所は激減し、助産師（二〇〇二年〈平成一四〉三月までは助産婦）が産育儀礼に関わることもなくなってきた。しかし、現在も水天宮の腹帯を求める人は後をたたず、売上げはむしろ伸び続け、従来の産育儀礼を家族のイベントとしつつも神に祈る姿が見える。(12)こうした時代の変化の中で助産師の担う役割もまた変化していくことになる。より良いお産を祈念する人々と介助者の織りなす産育儀礼——二一世紀に向けて新たな形で具象化するであろうこれらのものをさらに見きわめたいと考えている。

第三節　着帯の風習と腹帯論争

はじめに

現在も盛んに行われているお産の習俗の一つに、五ヵ月の戌の日に腹帯を締めるという儀礼がある。東京日本橋の水天宮にも戌の日には、祈禱を申し込む若い夫婦が行列をなす。前々節「「産む性」と産育儀礼」でも触れたように、水天宮の腹帯の売上げは年々増えているという。

妊婦が腹帯をするという行為は、江戸時代にも盛んに行われていた。佐々井茂庵は一七七七年（安永六）に著した『産家やしなひ草』において、腹帯を強く締めることへの批判をしている(13)。佐々井茂庵は近代産科学の基礎を築いたとされる賀川玄悦の高弟である。その著書には、お産は病ではないが、産前産後の養生法が正しく行われなければ死に至ることもあるとし、正しい知識を広く知らしめるために書き記したという内容の記述が見える。その師玄悦から学んだ産科学理論に基づき、産前産後の妊産婦が心得るべきことが丁寧に述べられているのが特徴である。ことに腹帯の着用については、陋習《ろうしゅう》であるとして繰り返し、その弊害について述べている。

腹帯の着用については江戸時代から、その是非をめぐって様々な議論が展開されてきた。近年においても有用か無用かという点について問題にされていた。本節では、脈々と現代まで伝承されている着帯の風習の歴史を紐解き、人々が着帯にどのような眼差しを向けていたのかを考察したい。

1　着帯の起源

着帯の起源については、多くの人々が神功皇后の伝説にまで遡ることを指摘している。神功皇后が三韓征伐に出かける際、出産を抑えるために小石を裳に挿んで海を渡り、勝利を治めた後、御子（応神天皇）を出産された。そして、いつのころからか、このときの小石を鎮懐石と呼び、妊婦の腹帯を鎮帯と呼ぶようになった。これが、腹帯の起源であると伝えられる。

一九〇五年（明治三八）に大阪に緒方病院を設立した産科学者緒方正清(14)によれば、江戸前期の儒者貝原益軒の『和事始』には

日本にて妊娠の肌に帯する其始詳ならずと雖《いえども》、神功皇后三韓に趣給御時、胎に当り給ひし故、石を取りて腰に挿み給ふ事あり。之れ結肌帯の濫觴《らんしょう》ならんか云々とあり。

という腹帯の由来が記されているという(15)。そして、幡玄春、賀川玄悦、立野龍貞、佐々井茂庵といった江戸時代の産科医たちも、こぞってそれぞれの著書に神功皇后の例を引き、腹帯の由来としている。先の『産家やしなひ草』にも

懐妊《くはいにん》に。腹帯《はらおび》をする。はじまりは。むかし。神功皇后《じんぐうくはうごう》。みずから。三韓《さんかん》を征《せい》し給《たま》ふ時《とき》。たま〳〵。開胎《うみづき》に当り。玉ひしかば。事竟《ことおは》りて。旋《かへ》る日《ひ》まで。産《うま》れさせ玉《たま》ふなとて。弓弦《ゆづる》を入《いれ》。帯《おび》をせさせ。たまひしとなん。

とその由来が記されている(16)。

神功皇后は仲哀天皇の皇后で、仲哀天皇が熊襲征伐の途中で急死すると、自ら朝鮮半島に出陣、新羅・百済・高句麗の三韓を征したという。帰国後、応神天皇を生み、七〇年間政治を執ったという伝説上の人物である。

ところで、着帯の起源について江戸時代の多くの産科医たちが引用した『古事記』の記述は以下のものであると推察できる。

故《かれ》、其《そ》の政《まつりごと》未《いま》だ竟《を》へざりし間に、其の懐妊《はら》みたまふが産《あ》れまさむとしき。即ち御腹の鎮《しづ》めたまはむと為《し》て、石《いし》を取りて御裳の腰に纏《ま》かして、竺紫国《つくしのくに》に渡りまして、其の御子は阿礼坐《あれま》しつ(17)。

つまり、神功皇后が三韓出兵の際に子が生まれそうになったので、小石を裳に挿み、帰国した後に出産されたという。しかし、腹帯をしたという記述ではないので、この記事を腹帯の由来譚としたのは、後世の解釈ではないかとも考えられる。

佐々井茂庵は、前述の『産家やしなひ草』で、腹帯の着用は神功皇后に由来するという伝説は、

一説には。たゞならぬ御身なれば。鎧のひきあわせ、あきけるゆへ。帯をせさせ。玉ひしとあり。

と帯は妊娠していて鎧の引き合わせが開いてしまうので付けたものであるという説があることを記している(18)。また、一八三〇年(文政一三)に『坐婆必研』を著した平野重誠も、

鎮帯の事を、住吉神功皇后三韓退治の時に始まると世に伝ふけれども、古記には、石を拝みたまふ事のみ見えて、鎮懐石の名はあれど、今の腹帯とは、はるかに別の者なり。

と神功皇后の伝説の帯と近世になって一般に着用されている帯とは別のものであるとする(19)。

『古事記』の記述は、裳を腰に巻いたことに重点がおかれているのか、小石を身に着けたことに意義があるのか。受け取り方によって大きな相違が生じることになる。この場合、小石に「御腹の鎮め」という意味を持たせていることに注目したい。裳はその小石を身に着ける方法として使用されたものと考えられる。したがって、皇后が裳に挿み腰につけたという小石は、戦いの間、胎児の魂を鎮め、安定を保ち、流産や早産をふせぐための鎮魂を祈願するものであったと理解できる。石が魂の象徴であるということは、現在各地に伝えられる産育習俗からもうかがわれる。たとえば生後一〇〇日ごろに行われる食い初めの膳に載せる小石なども、赤子に魂を付与するものであると考えられて

いるからである。

2 着帯の記録

文献資料で、最も古く遡れるのは、藤原実資の日記『小右記』の九八五年(永観三)の記事とされる。

以白色衣令着児、以産者腹結絹用之、女子云、前々以件絹用之者

と腹帯のことが記され[20]、妊婦が腹に巻いていた白絹で赤子をくるんだとある。『源氏物語』「宿木」には、匂宮が中の君の懐妊の様子を目の当たりに見ていとおしむ様子を、

御腹もすこしふくらかになりにたるに、かの恥ぢたまふしるしの帯のひき結《ゆ》はれたるほどなどいとあはれに

と描写している[21]。文学の世界では『源氏物語』のほかに、『平家物語』にも、一一七八年(治承二)六月一日に中宮の着帯の様子が描かれており、宮中において安産のための祈禱が行われていることが記されている[22]。

宮中の着帯の記録としては『御産部類記』の附「后宮御著帯部類記」に、一一一九年(元永二)正月五日の記録、「今日中宮依御懐妊事、令着御帯給」と始まる鳥羽天皇中宮藤原璋子の着帯の記事から、後伏見天皇中宮藤原寧子の一三一〇年(延慶三)までの七人の后宮着帯の記録が残され、その際加持祈禱も行われていたことがわかる[23]。着帯の儀の時期については、高倉天皇中宮平徳子は懐妊五ヵ月、亀山天皇後宮藤原瑛子と後伏見天皇中宮藤原寧子の場合は懐妊六ヵ月で行われている。亀山天皇後宮藤原瑛子の記録には帯の形状が記載されており、一丈二尺の白絹が用いられていたことがわかる。

また、高倉天皇中宮平徳子の記事には、「主上令奉結御帯給」と、夫である高倉天皇が帯を結んだことが記され、その後、後堀河天皇中宮藤原竴子、後嵯峨天皇中宮藤原姞子、亀山天皇後宮藤原瑛子の記事にもそれぞれの夫が帯を

結ぶ様子が事細かく記載されている。[24] ここで留意したいのは、七人の后宮着帯記録のうち、四人の帯を結ぶのがそれぞれの夫である天皇らであると記録されていることである。妻懐妊の際の着帯は子の父親としての承認、今でいう認知という行為を儀礼化したものではないかと思えるからである。

鎌倉時代には、『吾妻鏡』や『礼儀類典』にも着帯の記録があり、室町時代には、足利家の産事に携わった伊勢家の記録が残されている。平安時代に宮廷で行われていた着帯の儀式が、鎌倉・室町時代には武家社会でも行われていたことがわかる。

こうした腹帯に関する記録は、近世の産科書にも記されている。それらの資料により、江戸時代の産科医たちが、熱心に腹帯の事情を歴史に求めていた様子が読み取れる。前述の『産家やしなひ草』にも、

これより。大屋家にては。吉例とし。用ひて。胎を。護る事と成しとぞ。源氏物語に。いとはづかしと思ひ玉へつる。腰のしるしと書けり。又吾国のふるき事ども。記せる史に。帯を。せさせ玉ひし事。あるひは。頼朝の御台所のただならず。御座ましし時。帯を。進し事ども。見たり。

と神功皇后の伝説以後、宮中でも着帯の儀が吉例として伝えられ、胎児を守る儀礼となっていること、『源氏物語』や、『御産部類記』などといった文学や史書にも着帯のことが記述され、源頼朝の御台所が妊娠したときに帯を献上したということが記されている。[25]

江戸時代の町医者であった平野重誠の『坐婆必研』（一名『とりあげばゞ心得草』）では、

鎮帯のこと〴〵しくなりたるは、建礼門院御着帯、および平の政子に帯をまゐらせたる事などが、ものに見え、其のあたりより貴賤おしなべて、懐孕五月、もしくは七月に至れば、必ず帯する事を吉例にして、布は一巾の長八尺なるを用ひ、前腹をひきゆふことが沿習にはなりしなり。

と中世の史書を示し、身分にかかわらず着帯の儀が行われていたことが記され、その布の形状までが記されている(26)。

その後、一八三二年(天保三)に平野重誠が著した『病家須知』は、家庭医学百科ともいわれ、そこでは、

産帯の事ものに見えたるは、小右記、源氏物語などや始ならん。俗説には、神功皇后、三韓におもむき給ふ時、開胎に当り給ひし故に、石を挿み給ふ事これ濫觴ならんといへり。是を万葉集に鎮懐石ともあれば、胎をいはひ鎮る証とはすべく、帯の始とはいひがたし。

と着帯の記事の初出は藤原実資の日記『小右記』や、『源氏物語』にあるとし、神功皇后の伝説が一般的には着帯の風習の起源であるが、本来は懐妊を祝うとともに鎮魂の意味があったとする。その上で、

此の外中右記、東鑑、平家物語、拾芥抄、御産部類記、などにも出て、おほかた其の夫手づから結べるようしに見え、又着帯を祝へる事どもあるを思へば、いと古き世よりの習には有けんか。

とその他の文献資料を示し、多くの場合夫が巻くことや、祝事としていることから、古くからの風習ではないかと述べている(27)。

3　近世の腹帯の風習

一六九二年(元禄五)には、香月牛山の著した『婦人寿草』が上梓され、

妊婦五ケ月のとき、輭なる綿帛を腹に帯する事あり。これをゆはた帯、一にいはた帯、(中略)藻鹽草には、ゆはた帯とあり、月村聞書には、いはた帯とは、女のはらんで、膚にする帯なり、纈帯と書なりとのせたり。纈は絞纈の心にて、とづる、むすぶと云義なるべし。此の纈はむすび目をとぢつけて、置の心なるべし。ゆはた帯、いはた帯と云ふ訓は、共にゆふはだへの帯と云ふ義なるべし。ゆといゝとは通音なれば、いはた帯ともいふなるべし。

と腹帯のことが詳細に記されてる。[28] 江戸時代の元禄期には「ゆわ《は》た帯」「いわ《は》た帯」といった呼び名が通用していたのであろう。

また、前述の佐々井茂庵は広く一般の女性にお産の知識を広めるためにかな文字で『産家やしなひ草』を著したが、平野重誠もまたかな文字を用いている。前述の『病家須知』では、

　呉竹集に挙たる

　　人しれぬはだへにむすぶいはた帯

と云ふ連句を引いて、此の帯をば、いはた帯といひならひ、結肌帯、また斉肌帯の義とすれど「いはた」は夾纈にて、今の世に、「しほり染」といへるものなれば、一種の染絹の名にこそあれ。さやうの心とせんは、覚束なし、もしは斉肌の名詮にとりて、夾纈を思ひたる世もありしにや云々。

と腹帯の名の由来や用いている布について具体的に記述している。[29]

これらの著述から、着帯の風習は江戸時代には広く民間で行われていたことが明らかとなる。さらに近世以前から、階級を問わず多くの女性たちによって行われてきた習俗であろうという推測もできるであろう。

4　近世から近代の腹帯論争

ところで、一般民衆に広まった腹帯を着用する習俗については、江戸時代中期になると産科医たちによってその是非が論じられるようになる。その弊害を最も強く主張したのが、佐々井茂庵の師匠である賀川玄悦である。賀川玄悦は、子宮内での胎児の位置について上臀下首・背面倒首が正常体位であることを発見したことでも知られるが、その胎児の位置を異常にする原因の一つに着帯の風習を挙げ、産後の異常の際にも腹帯が胎盤の娩出を妨げることを指摘

する。その上で、産前産後の腹帯の着用をかたく禁じている。その著『産論』においても「鎮帯論」の項目を設け、神功皇后の伝説や史書を引用し、それらが腹帯を着用するようになった由来であると認めた。そして、それらがあくまでもこじつけであるという位置付けをした。自然界の生物においても腹帯の類の備えを持つものはなく、腹帯をすることで、胎児に悪影響を与え、難産となると強く主張する。しかし、その一方では、腹帯の風習がすでに世間一般に広がって、自分の説に耳を傾けるものの少ないことを歎いてもいるのである(30)。

明治時代後半から大正時代前期に活躍した産科学者緒方正清によれば、賀川玄悦より以前に、後藤艮山や吉益東洞が腹帯は無用であるとしており、幡玄春は腹帯で難産になると指摘しているという(31)。

その後、賀川玄悦の弟子である佐々井茂庵も前述の『産家やしなひ草』において、繰り返し腹帯の弊害を述べる。しかし、同じ賀川門下である片倉元周は玄悦の説を肯定しながらも、腹帯は古来よりの風習なので害なき程度に着用すればよいとする。

立野龍貞は、一八一九年(文政二)に『産科新論』を著した賀川玄悦の論に対し、真っ向から反対する。玄悦と同じ「鎮帯論」という項目を立て、遠い昔より腹帯を用いたために妊婦の具合が悪くなったとは聞いたこともない。妊娠五ヵ月以上になると胎児も大きくなるので、腹帯をすることで腹力を助け、動きも楽になる。どうして血流を悪くするほど強く締める必要があるのかと切り出し、

余ハ鎮帯ヲ以テ険産ノ害ヲ蒙ムル者ヲ見ズ、又横逆ノ患ハ鎮帯ニ由ト云モノハ非ナリ、蓋シ其横逆ノ謂ハ胎前若クハ積聚有ニ由ルカ、或燥屎有テ是ガ為ニ産道正出スルコトヲ得ザルカ、或ハ初産其事ヲ得ズシテ子宮不開ニ力息スルガ為カ、或ハ産婆其時ニ先テ強テ努力セシムルカ、或ハ産門ニ横骨ノ異同有ニ由ルカ、或ハ臀尻ノ寛狭ニ由ルカ、是皆臨産ノ変ニ因テ来ル者ナリ、

と腹帯による弊害ではなく分娩時に起きる異常であることを示し、

余ハ前後共ニ鎮帯セシム、産後ニ至テハ其腹内緩惰ノ故ヲ以テ是ヲ束テ其腹力助ケシム、然ラザレバ腹内虚ニシテ不穏却テ血暈等ヲ発スルモノ少ナカラズ、尤モ慎ムベキ所ナリ、横逆一ニ鎮帯ノナス所ト云者ハ実ニ其意ヲ得ズ、鎮帯ノ故ヲ以テ産後諸症ヲ発スルト云カ如キハ其論甚鑿ナリ、何ゾ賀川氏一人ノ見ヲ以テ千歳不刊ノ常制ヲ改ントス、世ヲ誤ルコト甚シト云ベシ、

と名指しで賀川玄悦に強く反論している(32)。

緒方正清は、腹帯論争の中で最も中庸たる論は、後藤艮山の弟子見島願斎による『母子草』であると評価している(33)。平野重誠もまた、『病家須知』において、「鎮帯を用る心得をとく」という項目を立て、

懐妊に。古昔よりの習にて鎮帯を用ること。其利害の論区々なれども。元来懐妊は天然のものなれば。鎮帯にて胸下を纏縛ことハ。可かなぬことにて。緊紮ときは。胎の産育の妨害に為て。難産の原と為ことあり。妊娠中に嘔逆浮腫などを患るも。この鎮帯の害に由者おなし。故に近来帯下医之を禁すること其至極せり。然はあれども往古よりの俗習にて。孕婦五月にいたれば。着帯を祝うこと。貴賤概てしかり。千予年の昔よりのかくの如の弊。いまさら留がたきは唐人の常なれば。強て鎮帯を脱しむれバ。狐疑を生。甚に至ては。紮定ざれば児肥太て産艱などいふ。膚説妄言を信じて。空に之が為に織神を労するの害あり。故にたゞ布の粗薄もの単を用て。緩に腹上を縛紮ことなきを。可とす。かくすれば胎の倚斜をも防。その婦人の意も降なり。

とわざわざ腹帯をすることはなく、強く締めることは胎児の発育にも問題があり難産を招くこともあるが、長く続いた着帯を祝うのを止めさせることはできない。それよりも布を薄く一重にし、腹帯を上腹部で強く締めることなく腹部全体をゆるやかに巻く方法を用いれば、腹帯による弊害もなく、女性も納得するのではないかという妥協案を呈

する。

江戸時代にこれだけ多くの産科医が腹帯についての議論を交わしているということは、それだけ庶民の間に腹帯を着用する習俗が広がっていたということである。[34]

明治以後もこうした腹帯論争は繰り返され、論争の焦点は有害か無害かではなく、有用か無用かに変化していく。そして、近年にもそうした議論が繰り返されている。

5 近代の伝承とその後

一九三五年(昭和一〇)に調査が開始された『日本産育習俗資料集成』には、日本全国の産育習俗がまとめられている。[35]それによると、一般には五ヵ月の戌の日に、妊婦が腹帯を締める帯祝いを行うことが多く報告されている。地域によっては三ヵ月もしくは七ヵ月に祝うところもある。

村落社会がことごとく地域共同体として機能していた伝統社会の帯祝いは、一般的に嫁の実家で用意した腹帯を締め、産婆や近親者を呼んで、祝宴を催していた。先の文献資料に記されている着帯の儀の作法に近い内容の報告も見える。懐妊の祝いであると同時に、近親者への披露や承認という意味があったのである。

腹帯の効用については、神社の鈴の緒や夫の揮を用いると安産になるという伝承などのほかに、腹帯はかたく締めないと胎児が大きくなりすぎて難産になるという伝承が多いのも特徴である。

東京都足立区在住の著者は、近所の産婦人科医院で一九七五年(昭和五〇)と一九七七年に出産している。その第一子の四ヵ月の健診の際に、次の健診の予約を五ヵ月の戌の日に合わせて取ること、一反の晒を半分に切り、その幅を半分に折ったものを巻いて持参することを指示された。実家の母が日本橋の水天宮で購入して届けてくれていた晒を

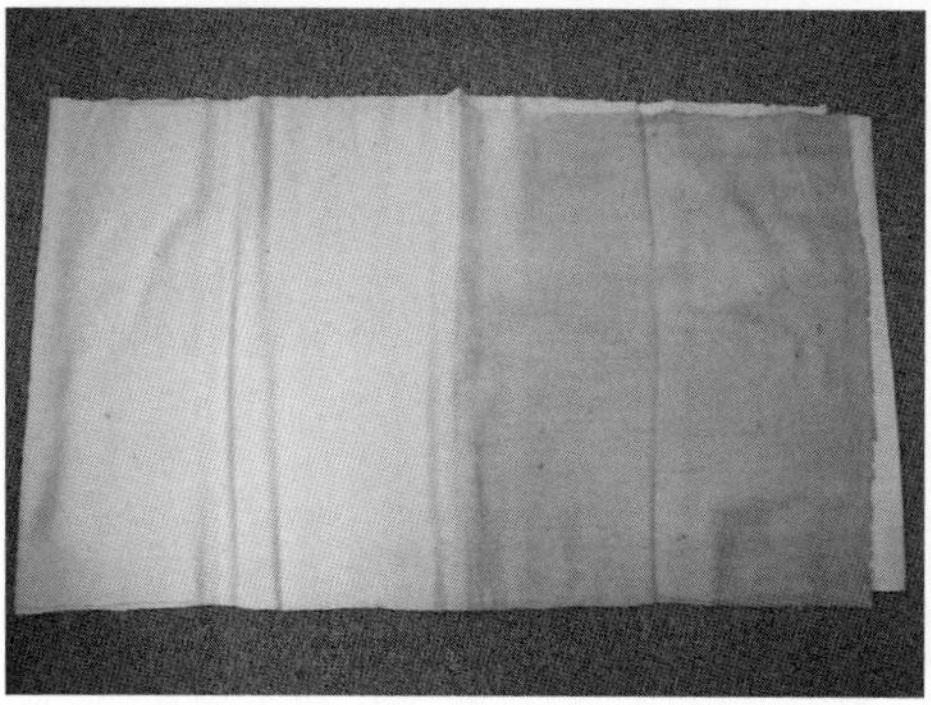

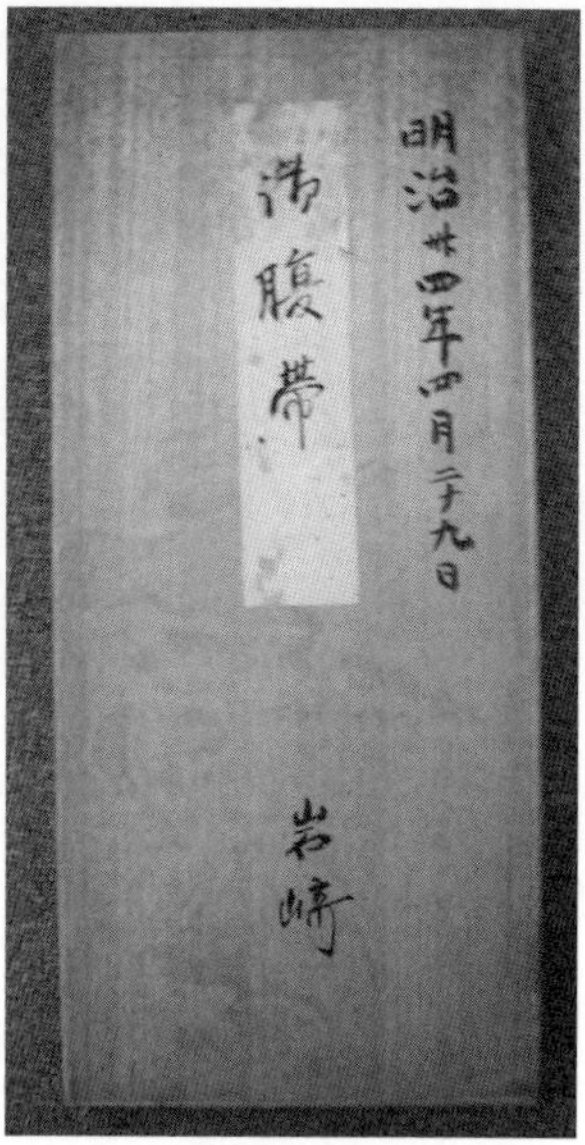

昭和天皇を取り上げた産婆岩崎ナヲより、お産のミニ博物館に寄贈された腹帯

準備して行くと、産科医が晒に朱色の筆で「寿」の文字を書き、お腹に巻いて「おめでとうございます」と言われたことを思い出す。

第三子を一九八六年に、第四子を一九八八年に出産したときには、晒の腹帯ではなく、お守りの「鈴の緒」を縫い付けたマタニティガードルを着用した。晒の腹帯はすぐに緩み、一日に何度か巻き直す必要があったのと、洗濯がたいへんだったことに比べると、ずいぶんと便利になったものだと感じたものである。第一子と第二子を出産してからおよそ一〇年後のことである。当時、晒の腹帯を着用している友人もいたが、中には何もつけていない友人もいた。理由を聞くと、病院で特に腹巻きをしなくてもよいといわれたからであるという。また、安産祈願で晒の腹帯を購入しても、実際には腹巻き形式の製品を着用しているという人もいた。

一九六八年の助産婦雑誌には、医師とその病院の婦長との共著で「腹帯の効用とその疑義」というタイトルの論文が発表されている(36)。腹帯ほど迷信と学問的根拠が混乱しているものはないとし、奇妙な現象であると記されている。

そのころから、晒の腹帯を着用する妊婦が減少している。東京都足立区内で助産院を開業していた永沢寿美も著者がお産に関する聞き書きを始めた一九九六年(平成八)ごろには、ほとんど晒の腹帯をする人がいなくなったことを指摘し、

戦後、腹帯はしなくても良い、しない方が良いと言われた時期がありましたが、腹帯は保温のためにも必要で、冷えると血液の循環が悪くなるので良くない。毒素のついた汗を吸い取らなければならないので晒が良い。

と語っていた。

二〇〇五年に行った助産師からの聞き書き三例を以下に示す。

兵庫県神戸市の毛利助産所では、

全員に晒の腹帯を巻いてもらっています。既成の収縮性のある妊婦帯は毛細血管を締め付けるので良くない。恥骨のラインで締め、下から上へと支えるように巻き、背中は腰を広く巻いて、手の甲でトントンと叩いて、フィッティングさせ、お腹の上部はゆとりがあるように巻く方法を指導しています。冷え予防に効果があり、ずれる人は、晒の上に腹巻をしてもらう。産後も恥骨の上を腹帯でしっかり締めると腰痛になりません。

という。

滋賀県八日市市で開業している朝比奈順子は、

ガードルを着用している産婦が多いが、できれば木綿の腹帯をと勧めている。肌触りはもちろんのこと、保温性に富み、しっかりきっちり巻ける。仕事をしている人の場合にはずれるというが、五ヵ月になって腹帯を巻くと外見からも目立ち、社会的にも妊婦であることが認められる。科学的に云々というよりは、自分の子どものために何かをやってあげることは、お母さんのためにも大切なこと。産褥の時にも必要だしね。

また、国分寺市の矢島助産院の院長矢島床子も、

日本のお産文化――いいと思う。自分は日本人だし、やってみれば骨盤がしまってよい。勤労妊婦も喜んでやってくれる。産むということは、守るという意識の中で保たれていると思う。

とその心理的効果を指摘する。現代女性は冷えている人が多く、保温・腰痛・安定感などの理由で晒の腹帯を勧めることが多いようである。

近年流行の若い女性の下着は、お腹をすっぽり包み込むタイプではなく、妊産婦の身体の冷えが心配されることもしばしばある。実は著者の次女も冷え性で生理も不順であった。その娘が妊娠し、たまたま冷たい雨の降る日に里帰りをした。五ヵ月の戌の日には少し早いが、締めてあげた晒の腹帯を「温かくて気持ちがいい」と実感。健診時には腹巻き式の方が便利であったが、日常生活の場では晒の腹帯を好んで着用していたという。

むすびに

戦後、お産の介助に医師が関わるようになって、再び腹帯はしなくても良い、しない方が良いと言われるようになった。現在では便利なマタニティガードルや腹巻き式のものも出回って、日常的に晒の腹帯を使用する人は減少している。

近年は産育儀礼のイベント化に伴って、晒の腹帯の場合は実用としてのものから、安産を祈願するためのものへという意識の変化が見られ、実用としての腹帯から安産祈願の象徴としての腹帯へと変わりつつある。

いずれにしても、腹帯の着用は日本の風土や日本人の気質や体型にあっていたために、求め続けられたと考えられる。晒の腹帯の利用者の減少は布製のおむつの減少と比例しているかに見える。しかし、懐妊した身体を安定させる、

温めるといった実際的な効用を説く開業助産師も多く、そうした効果を妊婦自身も実感するからこそ、紙おむつと同じようにマタニティガードルや腹巻き式のものに、姿を変えてまでも普及しているのであろう。

腹帯にはそうした効用とは別に、古くから懐妊の祝いや胎児の安全を願う鎮魂の意味が込められていた。そして、時代や社会の推移とともに、夫の認知を主要素とする着帯の儀、親族や近隣の人々に対する披露や承認を中心とする帯祝い、安産祈願の象徴となる家族のイベントというような経過をたどってきたと考えられる。腹帯は非連続性を身に着けて、腹帯論争とは別の次元で今を生きているのである。

第四節　女人講と「産む性」

はじめに

本節の目的は、女人講をめぐる女性の意識のあり方を究明することにある。

都市化や近代化といった波が打ち寄せる中にあって、茨城県南では今もなお女人講が営まれている。女人講は伝統的な村落社会を基盤とする既婚女性によって構成される。定期的なものと臨時に催されるものとに大別できるが、そこでは安産やより良い子育てを趣旨とする非日常的な世界が形成されている。

講の内容は、祈りを中心とする共食からなる。祭祀における神仏との共食が、今日では祭祀後の精進落し的な共同飲食になっており、仲間との会食といういわば宗教儀礼という視点から見れば俗的な側面を担っている。そのような共同飲食が、イエの女やムラの女として埋没しがちな女性たちの個性の復活という文化装置として機能しているのである。つまり、日常生活からの束の間の解放や女性同士の連帯感を強める上で、伝統行事における俗的な面の役割は大きな意味を持っていた。

1　近代化以前の龍ヶ崎市

龍ヶ崎市については、一九八三年（昭和五八）に開始された民俗調査によって『龍ヶ崎市史民俗調査報告書』(37)が上梓されている。この時期は龍ヶ崎市が取手市などに続いて急速に人口が増加した時期と重なる。当時の話者は、明治後半から大正期に生まれた方が中心である。

まず、伝統的な地域共同体の集合であった龍ヶ崎市について、『龍ヶ崎市史民俗調査報告書』をもとに見ていくことにする。龍ヶ崎市は利根川水系に含有され、水とのたたかいの歴史とともに水運によってもたらされたと思われる民俗文化の存在が報告されている。

利根川筋の船頭が行っていたという「つく舞」は、地域の氏神である八坂神社の祇園祭に行われる。道路に高さ約一七mの柱を立て、笛や太鼓の囃子に合わせて、立附袴に蛙の面をかぶった舞人がのぼり柱の頂上で竹弓を引き東西南北に向かって矢を放ち悪魔を払い、続いて逆立ちや綱を伝わって下りながら妙技を繰り広げる。この祇園には各町内からも神輿が繰り出し、各家では赤飯を蒸かしたり、小麦饅頭を作ったり、うどんを打ったりした。結婚によって嫁に出た娘や親戚も集まってくるという。

茨城県南部から千葉県北部の利根川下流域にかけて盛んに行われていた、オビシャ・オピシャ・オブシャなどと呼ばれる歩射行事は、龍ヶ崎市においても盛んに行われていた。また、各家ではウジガミと称する屋敷神を祀っている。以前は毎年新しい藁でほこら(祠)を建て替えていたが、現在ではコンクリートや石製が多く、陶器製のものもある。祭祀の期日や、供え物も混ぜ飯や赤飯、餅など家ごとに様々である。

龍ヶ崎市は北部稲敷台地とその南に広がる沖積平野に位置する稲作地帯であり、江戸時代以降昭和三〇年代まで続けられた土地改良や水利組合活動の結果、現在のように整備された水田地帯となっている。日常の食事では、七対三くらいの比率で麦より米の使用率が高かったが、一般的に婚礼や七つの祝いのヒモトキなどにはうどんが使われた。八原地区では祝事には必ずヒモカワウドンで、うどんを作るのは一人前の主婦として当然のこととして仕込まれ、正月の雑煮の代わりにヒモカワを食べる家も多いという。

2 調査法とその視点

前述のように茨城県南に位置する龍ヶ崎市については、すでに民俗報告書が刊行され、女人講についての記述も含まれている。しかし、二〇〇二年（平成一四）から二〇〇三年にかけての今回の調査は、そうした行政調査とは二〇年の歳月の隔たりがある。その上、調査の視点も異にしている。

『龍ヶ崎市史民俗調査報告書』に登場する話者の多くは明治後半から大正期に生まれた方であった。女性の場合は昭和二〇年代までに出産を経験している。この世代を近代化以前に生まれた第一世代とすると、今回の調査での聞き取りの対象者は第一世代の「嫁世代」と「そのまた嫁世代」に当たる。すなわち「嫁世代」は大正末から昭和に生まれ、昭和に出産を体験した近代化への歩みの体現者ともいうべき第二世代である。そして「そのまた嫁世代」は昭和二〇年代以降に生まれ、昭和後半あるいは平成に出産を経験した近代市民社会の住人たる第三世代ということになる。

このように話者を類型化すると、『龍ヶ崎市民俗調査報告書』は同時期に全国で実施された調査と同様、近代化以前の市内の姿を記録することに力点が注がれていることがわかる。それに対して本調査は、近代化が進む中で伝統的な地域共同体に生きる女性たちがどのような意識のもとに、ジュウゴヤ（ジュウゴヤッコ）、子安様（子安講）、観音様、犬供養（イヌメノヒマチ）などの女人講と総称できる伝統行事に関わっているのか、という視点によるものである。換言すれば、女人講にどのような意義を認めているのかということになる。

男性との関係性における「オビシャ行事に代表される男たちの講に対して、私たちも女だけの講を持っている」という直接的な発言もあり、女人講に対する自負あるいは矜持がうかがえた。派手で勇壮な近隣と競い合うムラの公の男性が受け持つ年頭行事に対して、女性一人ひとりの存在意識をしっかりと自覚した上で女人講を営む自負や矜持といえるのかも知れない。

なお、龍ヶ崎市はいくつかの地域を除いて各町内が字に分かれ、その中に「坪」、さらに坪の中には数戸で構成される「組合」(坪内で完結するものと、他の坪へまたがって構成するものとある)があるという古くからの近隣関係が存在している。葬式などの際には坪の構成員が手伝いに行き、組合の人はその中心となって働く。市内には、こうした坪を中心に既婚女性によって構成されるいわゆる女人講中が数多く存在する。ヤドを決めて安産祈願や犬供養を中心に行うのが一般的であった。坪内の付き合いは産育儀礼においても例外ではなく、七歳になると盛大に行われるヒモトキとかオビトキとかいわれる行事などにも、その準備から後片付けに至るまで坪内のメンバーで手伝うことが当たり前とされていた。

以下三ヵ所の事例を検討する。

龍ヶ崎市駒馬町の事例(事例1)、および龍ヶ崎市大徳町の事例(事例2)は、一定の地域における女人講の調査をまとめたものである。女人講の構成員を対象とする聞き取り調査を基本とするが、前述の類型によれば、駒馬町の場合は第二世代、大徳町の場合は第二世代と第三世代の範疇の話者となる。なお、龍ヶ崎市大徳町の事例(事例3)は、伝統行事としての女人講がない同市内の新住民の多くが居住する地域において、現在子育て中の女性に対する面談調査である。

3　事例1　龍ヶ崎市駒馬町

ジュウゴヤッコ　ジュウゴヤッコは、正月から一二月までの毎月一五日に行う若い女性たちの講である。坪内の長男の嫁が参加する。次男の嫁の参加資格はないが、シンタク(分家)となった参加希望者には仲間の承認があれば参加できる。

当番の宿はイエツギで順繰りに行う。前日、前回の宿の者が次の宿に掛け軸の入った箱を届け、「今日はジュウゴヤッコだからお願いします」と触れる。

夕飯後宿に集合し、塩釜様の掛け軸を掛け、線香と茶を供え、参加者で茶飲みをする。普段は農作業に追われ、道で会っても話ができないので、話題には事欠かなかった。十人十色で、お産の話や実家の話、世間話や学校の話など一二時ごろまで楽しんだ。ときにはお化けの話で盛り上がったこともある。遅くなると自宅の風呂も冷めているので、宿で順番に風呂をもらって帰った。どんなに遅くなっても、朝はちゃんと起きてお勝手に立たなければならなかったが、とても楽しみにしていたという。

仲間入りには、初めてのお茶待ちの日に、いい着物を着て茶菓子を持参する。先輩らが「どうですか」と迎えに行くと、丁寧な家では姑が送って来る。おっかさんらやおばあさんらの講員もいて、嫁が入ると抜けるが、出入りの月は決まっていて、やはり茶菓子を持って挨拶に行く。


ドウロクジンヤッコ　ジュウゴヤッコの構成員で、正月と九月六日はドウロクジンヤッコを、正月と九月の一九日には子安講が行われる。

ジュウゴヤッコのときは茶菓子だけだが、ドウロクジンヤッコと子安講の際には食事をする。姑に「お米、もらいます」と断り、米一升を包んだ風呂敷を下げ、子どもを背負って宿に集まる。宿の家ではきんぴらやお新香、芋の煮物などを大きな皿やどんぶりに用意し、みんなテッピラ(手のひら)にとって食べる。宿では前日から準備で大変だったが、みんなで食べるご飯はとてもおいしいものだったという。

このとき余った米は近所の店に売り、ジュウゴヤッコの茶菓子代に当てた。嫁たちの自由になるお金のない時代、明治生まれの人からの申し送りで続いてきたという。

子安講 子安講は、正月と九月の一九日に子安様にお参りに行く。宿の人が米を半紙に包んで持って行き供える。妊娠している人がいれば供えた米をあげるが、残ると宿に持ち帰り、持ち寄った米と合わせてご飯を炊く。

観音様参り 観音様参りには誰でも参加できた。「明日は観音様だよ」とイイツギで回し、連れ立って出発する。実家で小遣いをもらい、子どもを連れて行く。山王様（日枝神社）に参り、イチコシタの道禄神様、そして龍ヶ崎下町にある竜泉寺の観音様へと歩いてお参りに行く。

参拝後は、「今日は何食べよ」と毎回楽しみにしていた。今でも思い出すのは松茸が一本丸々入っていた下町の大阪蕎麦屋の鍋焼き。藤天の天ぷらや親子どんぶりなど。農家なので普段は買い物に行くこともなく、龍ヶ崎の呉服屋へ寄ったりして遊びながら帰るのも楽しみだった。帰りには、市役所の前の葛餅がおいしい店に寄り、土産にところてんを買って帰ったりした。こうした食べ物を中心とする当時の思い出は尽きない。

オビトキ オビトキとは、今でいう七五三の祝いのことであるが、以前はオビシャ(38)の宿でやっていた。坪にオビトキの子がいないときには、紙の衣裳を千代紙で二組作り子安様に着せる。昔は餅を搗いていたが、今は宿になった家へ行き、お米を持ってお参りしてくる。

イヌメノヒマチ 八月には、イヌメノヒマチをする。ジュウゴヤッコの仲間で宿の都合のよい日を選び、犬はお産が軽いからと安産供養をするのである。宿の者が三〇㎝ほどの二股になった木の表面を削り、来迎院で経文を書いてもらう。これをザカマタと呼ぶ。木の種類は問わない。三つ又に行き、ザカマタの二つにわかれた部分に、米を包んでいた半紙を細長く手でちぎって結ぶ。これを三つ又に挿しながら「お産が軽くすみますように」と拝み、持ち寄った米を宿で炊いて食べる。

坪内で犬が死んだときにも、臨時のイヌメノヒマチをする。最近はペットも火葬の時代になり、イヌメノヒマチをすることもなくなったという。

4　事例2　龍ヶ崎市大徳町

大徳町上佐沼の大杉神社はこの地区のウブスナサマである。二月二一日(かつては一月二一日、最近は第三日曜日)に行われるオビシャは盛大で、昭和二五、六年頃までは三日ぐらいかけて営んでいた。女はオビシャに参加することはできず、男らがブラクの総会も兼ねて行っていた。女性によるジュウゴヤの講は回り番の宿であったが、近年は、ウブスナサマに隣接する公民館で行われている。

ジュウゴヤ　ジュウゴヤは一月、三月、一一月(四月は種まき、九月は刈上げで出席率が悪いのでやめになった)にウブスナサマのそばの公民館で行う。女性だけの講で、結婚すると仲間入りするものであった。初めてのときは隣近所の人が呼びに来る。最初は着物姿で羽織を着て行ったという。参加者は一四、五人いて、公民館の二部屋全部使っていたが、最近は人数が減っている。以前は結婚するとすぐ入ることが義務づけられていた。子どもを産んでから近所に友達や話し相手がいないので入れてもらったという人もいる。昔は籤で当番を決めていたが、二〇〇三年現在で六軒の回り順で当番になり、掛け軸と線香を預かる。

当番が公民館に不動様や観音様の掛け軸を掛け、線香をあげて飲食をする。天ぷら・お新香・豆の煮物の三種類を順番に自宅で作って公民館に持参する。公民館でご飯を炊いておにぎりを作ったこともある。その後、煎餅などの菓子を用意するようになり、最近は外食することもあるという。観音様へ行くときにも帰ってから線香をあげる。

ジュウゴヤでは、最近は学校のこととか子どものことが話題になることが多いというが、以前は「実家に帰るとき、いくら貰った」などという話をよくした。当時は実家に帰る場合、姑に五〇〇円ほど貰っていった。土産を買い、パーマでもかけてくると何も残らない。自由になるのは実家から貰う小遣いぐらいだった。何も自分の自由にならなかった時代に、実家から貰ってきたものは自分の自由になるので箪笥にしまいこんで悪くしたり、ショウノウ臭くしてしまったりしたことや、ゆで卵をしまって着物をシミにしてしまったという話もある。

お産だというと、講中から借りてきたお不動様の掛け軸を箱から出して掛け、蠟燭を立て火が消えるまでに生まれるようにとお願いをした。無事にお産が済むと五〇〇円くらいのお金を包んで掛け軸の箱に入れ、次のお産があるまで預かる。最後に預かった人が、正月に伊奈町の板橋のお不動様に行き、そのお金でお札をいただいてくる。最近は子どもが生まれた家で行くようになったが、以前は、毎年当番があった。

掛軸はジュウゴヤに入っていない人や嫁に行った人が借りていく場合もある。孫の出生時に借りる人もいたが、生まれた後に聞いて掛けそこなったなどという話もある。「(掛軸を)迎えてきているだけでも違うよね」とは、最年少の一九六七年(昭和四二)生まれの人の話である。

子安様 三月のジュウゴヤには参加者全員で赤い衿を付けたイナギを縫い、子安様に掛ける。上佐沼には四つの坪があるので四枚のイナギが子安様に掛けられる。

観音様 観音様は、正月と秋の年二回。正月一七日が初観音で、観音様の日はみんな龍泉寺までゾロゾロ歩いて行く。薬師様とか素人演芸があって賑やかだった。大阪蕎麦屋でそばを食べてくる。蕎麦屋に入るのはそのときぐらいしかなく楽しみにしていた。

犬供養 犬が死ぬと、上佐沼に昔からある馬捨て場に埋める。その際には二股になっている木の枝の先の方を削り永福寺で経文を書いてもらった、ザカマタを立てた。自分の家や坪内でなくても、犬が死んだと聞くと、ジュウゴヤの仲間で「話聞いたから、やっぺ」といって、公民館でお日待ちをする。犬が死んだ家ではお礼に茶菓子を持って来たりもした。

5　事例3　龍ヶ崎市大徳町

龍ヶ崎市の主催する子育てサロンに参加している大徳町在住のOさんは、一九六六年（昭和四一）生まれで、小学五年生のときから茨城県龍ヶ崎市の住民となった。夫は茨城県高萩市出身で長男である。一九九四年（平成六）に長男を、一九九八年に女の子の双子を死産、二〇〇一年に次男を出産している。

長男の時には船橋市に住んでおり、安産祈願には近くの神社に行ったが、龍ヶ崎市の実家の母からは龍ヶ崎観音のお守りと腹巻タイプの腹帯が送られてきた。お守りの中には、米と餅と小さい蠟燭と腹帯に縫い付けるお守りが入っていた。

保健センター主催の母親学級には、友達ができるので長男のときだけではなく妊娠するたびに参加していた。四回の受講のうち一回は夫も参加する。夫同士も仲良くなり、時々呑みに行ったりする間柄になり交流が深まった。結婚して三年ぐらい子どもができなかったので授かったという気持ちが強く、長男のときは自分でおむつを縫った。長男と次男は安産で、夫が龍ヶ崎観音でいただいた蠟燭に火をつけてくれた。女の子の双子のときには救急車で土浦の総合病院に搬送され、産道で息絶えていたので、蠟燭どころではなかった。

夫は長男の時から立ち会いを希望していた。しかし、最後の最後に分娩室から出るように言われ、心細い思いをしたので、次からは立会いのできる産院を選んだ。

長男のときには産後一ヵ月は里帰りしたが、次男のときには一週間年休をとってもらい、実家へは帰らず床上げまで夫の世話になった。「更年期が怖いから、水を使っちゃダメ」と、夫が何でもやり、食器洗い機も買ってくれた。そういう夫なので子育てにも協力的であった。

へその緒は、自分とつながっていたと思うと母親としての密かな楽しみがあり、大切にしている。出産育児に関する情報や行事については本を購入し、参考にしている。

近所に同じような年の子が少なく、小学校へ行っても一クラスなので友達が限られてしまう。子どもが小さいうちから気の合った友達づくりをしてあげたいと考え、子育てサークルにも積極的に参加しているという。

6　女人講の特色

事例1（龍ヶ崎市馴馬町）と事例2（龍ヶ崎市大徳町）で報告したような若い女性たちを中心とする講は茨城県の各地に存在し、ことに県南の利根川流域では盛んに行われていた。いずれも坪などの地域共同体がその母体となっている。

馴馬町の事例によればジュウゴヤッコの構成員によってジュウゴヤッコ・ドウロクジンヤッコ・子安講・イヌメノヒマチが執り行われ、観音様参りやオビトキなども営まれていた。つまり、ジュウゴヤッコという女人講は坪という地域共同体における母性の役割を担当する中核としての機能を果たしていた。

また、大徳町の事例でも男のオビシャに対して女のジュウゴヤがあり、その構成員によって子安様や犬供養などが営まれている。

大徳町上佐沼の「ジュウゴヤでは、正月のお日待ちは伊奈のお不動様に代参でお参りしお札をいただいてきてもらう。三月は節供日待ちで子安様にイナギをかける。その他は毎月のジュウゴヤで、一一月にも竜ヶ崎の観音様にお参りした」という事例が示すように、不動様や観音様など複数の神仏に安産や子育てを祈願するという信仰の場であった。ジュウゴヤッコやジュウゴヤを構成する人々の最大の関心事あるいは願いが安産であったことがわかる。

また、嫁という立場にある女性たちの交流の場となっている点にも共通性が見られる。日常的にはイエというものに拘束されている女性たちが何の気兼ねもなく堂々と集まり、楽しめる娯楽の場であった。信仰儀礼には必ずといってよいほど、神仏との共食や儀礼後の直会という要素が見られるが、結果として講の仲間による宴となる。この場が日常生活でのストレス解消や存在感の表出、ひいては女性の連帯感の強化を生み出した。

7　地域社会の変容と女人講の衰退

第一次産業に携わる人口の減少に伴い、龍ヶ崎市全体では伝統的な社会から近代社会へと移行しているように見える。しかし、詳細に検討するとその移行の度合いは地域によって多様であった。近代化以前の社会構造の基盤である坪や組合の付き合いが、今なお確固たるものとして存続している地域もある。こうした地域においては儀礼や祭礼が前代のまま維持されるように取り扱われる。換言すれば人々がそうした昔からの村の組織や機能形態の保守に力を尽くしているといってもよい。

先に紹介した駒馬町の場合は以前からの地域とニュータウン建設によって新たに宅地化された地域とははっきり分かれており、ジュウゴヤッコも以前からの坪の仲間のみで行われている。また、大徳町上佐沼においてもジュウゴヤと称する女性たちによる講が行われているが、やはり坪単位で集まり、坪には新住民は入れないという。このような地域社会の生活基盤となる坪に女人講が存在していたのである。

しかし、農業人口の減少は少なからず地域共同体にも影響を及ぼしている。大徳町上佐沼の上坪では、以前は結婚するとジュウゴヤに仲間入りしたものであったが、近年は農家の跡取りに独身者も多く、年寄りがいつまでも参加しているのでは邪魔になって悪いからと何人かで相談して抜けたので、急に人数が減ったのだという。こうした傾向は他地域に見られ、伝統的な地域社会の変容に伴い、徐々に女人講の参加者も減少、実際には衰退しつつある。

8　女性たちの意識と目的

三層の世代に対する聞き取り調査をもとに出産環境の変遷を整理すると、お産の介助者がトリアゲバーサン↓産婆（助産婦）↓産科医という無資格者から資格所持者へと移り変わり、出産の場も自宅から施設へという変遷が見られた。近代化とともに、お産事情は医療施設において有資格者の介助によって行われるようになる。こうした現象は近代化に伴う動きと連動し、出産の場や介助者を中心とする出産環境の変化は、茨城県南地方にあっても例外ではなかった。

一方、伝統的な地域共同体にあっては生活上の多くの場面はその中で、あるいは地域共同体の集合、すなわち村落社会において自己完結していたと考えられる。たとえば、安産祈願に始まってお七夜を経、オビトキなどの年祝いへと展開する産育儀礼は、大規模なものでも地域共同体、つまり坪あるいは組合を超えるものではなかった。女人講もまた、伝統的な地域の坪内で行われてきた。

注目すべき点は、近代化によって出産が医療管理の下におかれるようになっても、ジュウゴヤッコなどの女人講は地域共同体を基盤とする組織の中で行われてきたことである。

そして、伝統的な村落社会に生活する女性たちにとって、日常生活から解放される女人講に参加することの意義は大きかったのである。このことは、話者の生き生きとした語りからも感得することができる。イエという名目に束縛された時代において、現在よりもはるかにその意義が大きかったことは想像に難くない。

嫁たちの自由になるお金のない時代に、「それぞれの家から持ち寄り余った米は近所の店に売り、ジュウゴヤッコのお茶菓子代に当てる」など、明治生まれの先輩たちの知恵を受け継いでやって来た。こうした中で同世代の結束と同性の連帯感も育まれてきたのである。そして、それが同時に伝統的な地域社会の基盤を形成・維持していくことになる。

イエの女、ムラの女という拘束によって埋没しがちな個の存在を浮き立たせていたのが、女人講後の宴という俗的な側面であった。そこで育まれる存在感が日常性を支えているともいえる。

講の営む宗教行事は坪という一定の地域内ではあっても、社会的役割を持っている。信仰的な面は安産祈願という社会的意義を有しており、娯楽的な面は構成員一人ひとりの存在感を認知し合う場となっているのである。

9　新しい文化の形成

事例3（龍ヶ崎市大徳町）では、新住民の多く居住する伝統的な地域共同体のない事例を報告した。地域共同体に設置されていた女人講という、社会的役割と構成員の存在感認知としての文化装置を持たない新住民としての女性たちはどのようにしているのかという疑問から、必要に迫られて実施した調査である。こうした地域に居住する市民は、地域共同体の制約を受ける度合いが低いため、産育儀礼においても個人の嗜好が優先される。しかし、それは装飾的なものに限られ、その多くは育児書や口コミによるマニュアルに従うことになる。その一方で、母親学級や子育てサークルへの参加など、地域社会や同世代間における連帯感を求めていることが明らかとなった。

婚姻を機にして伝統的な地域共同体の一員となれば、自動的に参加することになる女人講。そこではこれまで考察してきたように一方で社会的役割を担い、他方で自己の存在感の認識が育まれ、子産み子育てといった産育のより良い環境が整えられてきた。しかし、近代社会にあっては女人講に代わるような母親学級や子育てサークルが公私問わず用意されてはいても、そこに参加するか否かは個人の意思による。つまり、自動装置ではなく個人な自覚に基づく積極的な働きかけが必要となる選択装置なのである。したがって、必然的に夫の協力といった家族の役割が比重を増すことになる。こうして、夫や家族の産育への多局面での参加協力をも含め、従来の均質的なムラ型の産育儀礼に対し、マチ型の産育文化を生み出しつつあるといえよう。

むすびに

龍ヶ崎市における女人講は、現代の村落社会にあって非日常の場を形成していた。定期的な儀礼と臨時に催される儀礼との別はあったが、いずれも信仰と娯楽の二つの側面を持っていた。一つには、結婚を契機に嫁という枠組に組み入れられた女性たちが安産や子どもの成長を願い、観音様や不動様を祀るという信仰の場であること。二つめは、イエやムラに束縛された女性たちにとって、公然と日常生活から解放されるレクリエーションの場でもあったということである。そして、日常的にはムラやイエに埋没しがちな女としての存在感が女人講を通して実感できるという機能を有していた。そこには必然的に同世代による結束と同性の連帯感が生じることになる。女性たちのこうした結束や連帯感が、出産や子育てのより良い環境づくりには不可欠のものとなっているのである。

ところが、一方では地域社会が近代化とともに様変わりし、共同体を基盤とする生活から個人を中心とする生活へと変容を遂げる地区もあった。しかし、個人を中心とする社会にあっても、出産する女性たちは産育儀礼を行う。安産や子育てを願い自発的に祈る姿がある。母親学級や子育てサークルに参加し、近隣に住む同世代の仲間との交流を通して、同世代の結束や同性の連帯感を高めようとしている。出産する女性たちが求める環境は、形こそ異なるものの、いつの時代にも共通の要素を含有していたのである。

伝統的な地域社会では女性同士の結束や連帯感が、共同体を維持する原動力にもなっていた。そして、そうした機能はムラ組織として組み入れられていた。それに対し、近代社会にあってはそうした結束や連帯感が、個の存在を維持する力、すなわち個の自立を促す力となることが予想される。ただ、結束や連帯感をもたらす機会は組み入れられたものではなく、個人の意識や自覚によって選択するものであるという点に大きな相違がある。

第四章　女性民俗研究のこれから

第一節　お産環境とフェミニズム
――ラマーズ法の普及と「お産の学校」――

はじめに

一九八〇年代といえば、七〇年代に起こった世界的な女性解放運動を受け、ウーマンリブの運動が日本にも広まり、フェミニズムということばが人々の中に定着していく時代であった。自らの身体や性を語ることで、「女(自分)のあり方」を問い直すという自己変革がウーマンリブ運動の根本にある。自己変革の積み重ねが社会を変えていくと信じて行動するという思想が、お産に取り組む場合にも反映されていた。そうした状況をかつて「お産の学校」を主宰しラマーズ法の普及に努めた杉山次子は、「アメリカに普及していたラマーズ法を日本のウーマンリブが受け取った―これがラマーズ法日本上陸の風景である」と表現した(1)。

早い時期から、民俗学にフェミニズムの視点が欠落していることを指摘しているのは、女性民俗学研究会会員の靍理恵子である(2)。靍の述べたフェミニズムの視点の必要性は、研究者としての立場性の表明でもあるが、本節では、お産研究の分析要素の一つとして捉えている。二〇世紀後半からの「産む性」(3)に大きな影響を与えていたと思われるフェミニズムが、彼女たちの内部環境として映ったお産環境にどのような形で投影されているのかをテーマとしているからである。

ここでは、現代社会という現代人にとっての生存環境の中でお産をする当事者としての「産む性」の声を取り上げる。当事者というのはある事象における主体を示すものであるから、客観的な視点を持つことはあり得ない。そうした立場からすれば、お産に関する環境についても客観的な環境というものは存在せず、あくまで心に映る環境、すなわち主観的な内部的環境というべきものが存在する。ゆえに一人ひとりの当事者としての「産む性」の心に映るお産環境を取り上げ、そこに内在するフェミニズムの影響を考えたい。

『女性と経験』三四号に掲載した「現代の民俗学の視点と方法」において、お産環境を「生活環境」「統制管理環境」「当事者環境」と、三つの型に分類した。(4) 当事者としての「産む性」の声を取り上げるというのは、このうちの「当事者環境」を明らかにすることを意図しつつ、分析しようとするものである。

具体的には、日本に伝わったラマーズ法、すなわち自立的自然分娩法に携わった人々の声を対象にして、その社会的背景をも探るということになる。なお、ラマーズ法とは、(旧)ソ連の精神予防性無痛分娩をフランスの医師ラマーズが取り入れ改良し、アメリカで夫が出産介助に加わるという形になったものである。

地域共同体の伝統的な規範に従っていたお産の当事者が、どのような理由で日本に上陸したラマーズ法を積極的に受け入れたのか、そして、その結果、日本近代の中でどのような課題に到達したのかという経過の分析が、そのままお産環境の近代を物語る手がかりになるものと考えられる。

そのためには多数の人々の発言によって最大公約数的なお産環境を捉えようとするのではなく、個人の心に映った内部環境ということが前提なので、むしろ一人ひとりの違い、すなわち多様性を受け止めることに重点をおくことになる。換言すれば話し手の口述の共通性に焦点を絞るのではなく、一人ひとりのヒトを凝視することによって浮き上がるお産環境を捉えようとするのである。

そうした視点や方法によって、杉山次子が主宰した「お産の学校」に参加し、ラマーズ法のお産を学んだ人々の声を集め、分析することの必要性に迫られた。一九八〇年に開講された「お産の学校」が、閉校するまでの一七年間に受講し、お産を経験した人々の声である。

1　フェミニズムによる意識改革

荻野美穂は、『女のからだ―フェミニズム以後―』(5)において、アメリカと日本におけるフェミニズムの歴史と相互の関係性を究明する。概括的な言い方をすれば多様性に富んだ様々なフェミニズムの思想やその背景を分析しまとめたものである。その上で、女性の身体をめぐる様々な問題が、フェミニズムによる意識改革によって個人の問題から社会変革へと変化するのだと指摘した。以下、荻野の研究成果を踏まえて、その流れを見ていくことにする。

一九世紀半ばから二〇世紀前半に至る時期には、世界の多くの国々において女性参政権に代表される権利獲得運動が展開された。こうした運動は第一波フェミニズムと総称されるが、その中には、女性が避妊の知識を得て「産む・産まない」を決めることのできる自身の身体に対する自己決定権を主張する運動も含まれていた。日本においても山川菊枝や石本静枝(のちの加藤シヅエ)、岡むめおらが、避妊知識は人口政策のためだけではなく、女の身体的自己決定権のために必要であると主張していたという。

アメリカにおいて一九六〇年代以降に登場した第二波フェミニズムには、リベラル・フェミニズムとウィメンズ・リベレイション(女性解放)、略してウィメンズ・リブと呼ばれる流れがあった。前者は、全国的組織を持つ女性団体の主導のもとに活動し、女性の社会的進出や男女の雇用機会均等や賃金の平等など法的・制度的な改革の面で大きな成果を上げた。一方、後者は、いくつもの小さなグループに分かれてセクシズム(性差別)からの解放を求めて活動した。既存の社会や男女の関係を成り立たせている様々な価値観や意識を問い直し、それらを根本から変革することを重視したこの流れは、リベラル・フェミニズムに対してラディカル(急進派)・フェミニズムと呼ばれる。

ウィメンズ・リブのキーワードは、意識改革とか意識覚醒とか呼ばれる社会的な活動であった。女性たちが集まって様々な悩みを語り合う中で、それらが個人的・個別的な問題ではなく、多くの女性たちが共通して経験するものであり、経済・政治・法律・文化といった大きな社会構造によって生み出され、規定されている問題であることに気づいていく。その結果、私的な領域と公的な領域とは別々のものではなく密接につながっているという主張を生みだした。リブの活動は、「個人的なことは政治的なこと」と表現され、それまで政治運動に関わった経験のない女性たちの共感を呼び、ラディカル・フェミニズムの枠を超えて広く波及していったのだという。

こうしたフェミニズムの思想とその流れを跡付けた荻野の近著に先立ち、落合恵美子が『近代家族とフェミニズム』(6)で欧米の動きを踏まえつつ、日本におけるフェミニズム思想の思想と歴史を「近代」との関係性の中で詳細に論じている。「フェミニズムは「近代家族」とともに誕生した。近代社会を構成する公的領域と家庭領域との齟齬が、フェミニズムを生みだした」と指摘する落合の研究もまた、示唆に富むものである。

フェミニズムの問題は、荻野や落合の研究のみならず女性史や女性学の研究者たちにとっては大変重要な位置を占めていた。一九八〇年代のフェミニズム研究においては、出産を素材として自らのテーマに基づく研究を構築したものが多い。

たとえば、長谷川博子は、「女・男・子供の関係史にむけて―女性史研究の発展的解消―」(7)において、「女が男と同様の視点では捉えきれない独自の意味や展開をもつという前提のもとに研究を進める際、まず念頭におかれるのはたとえば生殖・出産に関わる問題である」と指摘した上で、女と男の関係性の中で見ていくことの必要性を訴えている。その後、「「病院化」以前のお産―熊野での聞き取り調査より―」(8)を発表し、お産の主役は産婦であり、その主体的な力が何よりも尊重されるべきものであるとして、「自力で産む」という認識を導き出した。(9)

お産のミニ博物館展示棚の一部

その他多くのフェミニズムに関する論考から、「お産の当事者意識」という著者の研究テーマが見えてきた。一方で、産む女性たちも、一九八〇年代から二〇〇〇年にかけては、「出産」に関わる「自己決定権」、つまり「産むのは私」と声を上げている。そして、その体験を広く社会に知らしめたいと願う当事者の声が聞こえるようになってきた。個人的・個別的な問題から、社会的な意識改革へと昇華されたのである。

2「お産の学校」のアンケート

第二波フェミニズムの渦中にいた当事者の声として、「お産の学校」を受講した人々のアンケートを見ていくことにする。

「お産の学校」のアンケート用紙は、講習の最後に配り、出産後に送ってもらうように依頼したものである。回収率は二〇%と全体からすると少ないようだが、お産のミニ博物館に保管されているアンケートは八〇〇件以上にのぼる。ことに、意見や感想などの書かれた自由欄は、まさに当事者の声であり、受講者の気持ちが綴られている貴重な資料となっている。

アンケート用紙には、住所氏名に加え、分娩施設名や新生児の性別や体重、夫の参加や出産時の医療処置、呼吸法とリラックスの自己評価など出産に関する質問に加えて、母乳育児か否かなど育児相談に関する質問などの欄がある。そこからは、どのような人が、どのような思いでお産に臨み、どのようなお産を体験したのかが読み取れる。

したがって、自由欄や、これらのデータを分析することによって、お産に関わった当時の人々、一人ひとりの想いや気持ちをより立体的に理解することが期待できる。同時に当事者の心の声を聞いて、当事者意識を共有しようという努力が求められている、現代の民俗学の要請に応えることにもなるではないかと考えている。

まず受講者の住所によって、東京都内からの参加ばかりではなく、千葉・埼玉・神奈川と関東一円からの参加者も少なくないことがわかった。より良いお産を求める機運の高まりと、お産の学校開設をマスコミが大きく取り上げたことが、広範囲の人々が参加した要因となったようだ。新聞記事やテレビ報道を見ての参加であることが、自由欄の書き込みからもわかるのである。

近年、女性の社会進出や生活様式のあり方による晩婚化やそれに伴う出産年齢の高齢化が目立つが、産婦の平均年齢も開講当初から徐々に上がってきていることや、夫婦別姓の受講者がいることも判明した。

夫婦共学を掲げた「お産の学校」であったが、最初は妻だけが参加し、妻に説得された夫の参加の割合が多かったこともうかがわれる。しかし、お産について学んだ夫たちは、子育てにも協力的であった。夫婦でお産に臨み、夫婦で子育てをする、子育ての参加の形はどうであれ、まさに今日の「イクメン」の走りである。

ただ、「お産の学校」でラマーズ法を学んでも、ラマーズ法での出産を受け入れてくれる医療施設は少なく、産院を「お産の学校」に紹介してもらう人もいた。

助産に関わる多くの専門家が「お産の学校」を受講したり、ラマーズ法という名称を知っていたにもかかわらず、当時はまだ実践の場となる施設、すなわちラマーズ法の出産を受け入れてくれる産院が少なかったのであろう。

3　アンケートの概要と期待感

こうしたアンケートによって、当事者のおかれた様々な環境や出産に対する期待と不安、そして出産から得たものなどが浮かび上がってくる。

ほぼ全員に共通している受講の目的は、「お産についての情報が欲しい」、「お産のしくみを知りたい」といったことであった。親や地域からお産について学ぶ機会が極端に少なくなったこの当時、「お産について学ぶ」ことに大きな期待を寄せての参加者が目立つ。

高度経済成長に伴う工業化や近代化の促進によって、都市に人口が集中し、いわゆる近代家族を生み出す。そうした社会状況の中で、お産の医療統制が制度化されるようになった。そして、これらが主要因となって村落など従来の地域共同体で伝承されていた伝統的な知識が途切れがちになっていく。必然的にお産に関する情報も減少することになったのである。

そうした社会状況の中で日本の近代における、ウーマンリブの運動がもたらした「自分の生き方は自分で決める」という自己決定権を前面に出した考え方が台頭し、ただ医師のいうことに従うお産のあり方に疑問を持つ人々の心を揺り動かしていた。

お産を取り巻く環境の変化を敏感に感じ取った女性たちにとって、「お産の学校」によるラマーズ法の産前教育は、大変魅力的なものであったと推察される。なぜなら、参加した多くの女性には「主体的なお産を求めて、学びたい」という意識の高さがアンケートに表れているからである。そして何よりも受講者の多くが、ラマーズ法普及の役に立ちたいという内容を記載している点に注目したい。そこには自らがお産と向き合った体験を、より多くの人に伝えたいという意識へと変化していることが理解できるのである。さらに言えば、広い知識を獲得して主体的なお産をするための自己決定権を身につけたいという姿勢と、そうした考えを同性に伝えようとするある種の使命感が汲み取れるのである。こうした現象は、まさに当時のフェミニズムの思想に共鳴する人々に共通する意識の投影といえる。

次に、「お産の学校」に期待したことと実際にお産で体験したことの共通点と相違点について見ていきたい。

産前にお産のしくみを学び、呼吸法やリラックス、妊婦体操などを学んで、お産に臨んだ受講生たちであったが、その結果は様々である。「テキスト通りにお産が進んだ」、「ラマーズ法を学んでいて良かった」などと思い描いていた理想的なお産を体験できた人がいる一方で、実際には期待通りにはいかなかったというケースも目についた。「自然分娩とはいえないお産だったが、それなりに満足している」、「お産の学校で、進行状態をくわしく学んでいたので、陣痛が始まってからもあわてることはなかった」といった感想もある一方で、「思ったよりお産の進行が早く、今どのような状況なのか分らなかった」、「病院側のペースで進められたので、自分で産んだという実感がなかった」など、一人ひとりの感想は様々であった。

アンケートを書いた、書けたという人でも、その多くが満足のいくお産をしたかといえば、実は思い通りに行かない人も多かったのである。ただ、お産のしくみを学んだ、呼吸法を毎日練習していたなどという自負に加え、受講して学んだ呼吸法を必死に行うことで、長時間にわたるお産に耐えることができたという人は少なくなかった。ことに、受講を通してお産に対する恐怖や不安が、楽しいことや素晴しいことという認識に変わったという発想の転換を成し得た人の多かったことは、注目されることである。新たな情報が安心をもたらすということがあったからと考えられる。

かつて地域共同体の中でお産が行われていたころには、きょうだいのお産を障子の穴から覗いた、「障子の桟が見えるうちは子どもは生まれない」、「お産は、棺桶に片足入れてするものだ」などという話を聞くなど、何らかの形でお産というものを想像する機会もあった。

しかし、多くの人が病院出産をするようになった高度経済成長期以後は、そうしたお産の様相を肌で感じる機会もなく、ただ「お産は病気ではないから」と言われつつ、自らが「産む」のではなく、「産ませてもらう」という意識に変わっていった。お産の場が自宅から医療施設へと変わり、医師の治療を受ける患者として位置付けられることにより、お産に対する主体性が喪失していったのであろう。

自由欄に記入されている内容によって、主体的なお産を望みながら、実際には医療に頼らざるを得ない産婦や、無自覚に「産ませてもらった」と感じている産婦の存在も、散見する。

その一方で、期待に反する辛いお産であっても、子どもが誕生した喜びはひとしおで、「お産の学校」を受講し、自らのお産と向き合えたことにはほぼ全員が満足していた。そこには「産むのは私」という強い気持ちを持ってお産に臨んでいたことが、綿々と綴られているのである。

一人として同じお産はない、というものの、アンケート結果から聞こえてくる当事者の声にはいくつかの共通性やいくつかのパターンが見える。

こうしたアンケート資料の類型化については、すべてのデータの入力後に詳細に実施したいと考えているが、ラマーズ法を選択したいと願い受講した人々の「お産の学校」に残されたアンケート資料には、フェミニズムの思想のもと、お産環境を自ら変えようとした「産む性」たちの実感が綴られていた。

4　ラマーズ法の普及とその後

「お産の学校」が開講した一九八〇年（昭和五五）ごろは、ラマーズ法でのお産を扱える産院は稀で、名称は知っているものの、実際にはラマーズ法によるお産の介助をしたことのない専門家が大多数を占めていた。

一九八五年に出産した人の感想にも「病院で、薬を使う分娩が普及しているのに驚いた。ラマーズ法があたりまえと思っていたが、貴重で珍しいと思った」、「ラマーズ法を実践していることになっているが、先生はあまり乗り気ではない様な態度なのでがっかりした」、「病院ではラマーズ法を看板としているが、実際の指導は何もなく、自分より四〇分後に出産した方は、促進剤を使い切開して出産したとのこと。すべて自分で（お産の学校の）テキストを見ながらやった結果、呼吸法、リラックス体操の成果はあったが、後がつまっているからと（病院の都合で）いきまされた」などと記述されたものもあり、開講後五年経っても一部を除き、お産環境はそれまでとあまり変わらなかったという意識がうかがわれる。

ラマーズ法の普及には、「お産の学校」の活動以外でも、東京の聖母病院や神戸の林弘平医師など医療側の実践や、メディカ出版主催で行った医師と助産婦による全国行脚によるラマーズ法の指導講習などがあり、ラマーズ法は普及していないなどというお産環境に対する妊産婦の印象とは別に、実際には一九八〇年代後半から九〇年代に急速な勢いでラマーズ法を採用する医療施設や助産院が広がっていた。「医療に頼らない、主体的なお産をしたい」というお産の当事者である女性たちの意識がラマーズ法の理念とも一致し、産科医療の改善や助産婦によるお産の活性化をもたらしている。一九九〇年代には「自然なお産を考える」、「主体的なお産を考える」といった趣旨を掲げる女性たちの自主グループが次々と誕生した。一九九〇年（平成二）前後をその最盛期として、一つのブームを作ったと言ってもよい。

お産を扱う医療現場において、ラマーズ法の採用や自然分娩を謳う施設が増えたというのは、杉山次子らの活動やそこに参加した人々の高い意識に加え、「私のからだは私のもの」というフェミニズムの思想に影響された一般の人々の要請だと考えられる。

「お産の学校」での研修を目的とした助産婦・看護婦・保健婦・医師などの受講者は、一九八四年までの四年間に集中していた。しかし、このころから、杉山は「もはや普及の役割を果たした」と感じていたようである。すでに、ラマーズ法をとり入れた分娩施設もかなり増加していたからである。社会史的に見れば、一九八〇年から八四年ごろまでが、ラマーズ法の技法の普及期、そして、その後の一〇年がラマーズ法の実践期であったと位置付けることができるようである。

「お産の学校」の講義の内容はその時々に修正を加えながら行われていた。呼吸法にアクティブ・バースを取り入れたのは、一九九〇年のことである。アクティブ・バースとは、イギリス人のジャネット・バラスカスの提唱した自然分娩法のことであるが、一九八八年にその著書『アクティブ・バース』(現代書館)が日本語に翻訳され注目された。自律的自然分娩を目指すという意味では、ラマーズ法と同様の目的を持っていたが、開業助産婦が実践していたお産により近いと理解され、助産院などで受け入れやすかったのである。出産しやすい自由な姿勢でお産に臨むことに加え、妊娠中にヨガに基づくストレッチ体操を行うこと、呼吸は自分にあった深い呼吸を行うことなどの特徴があった。

一七年間続いた「お産の学校」であったが、その受講者の数は受講状況最盛期の最後の年である一九八五年から少しずつ減少した。そうした状況から一定の役割を終えたとして、一九九六年の第一〇〇期の講習をもって「お産の学校」は閉校した。杉山ら運営に携わる関係者の高齢化がその要因の一つであったことも確かだが、杉山自らがその著書(10)において、「行き過ぎた管理分娩に対抗する自律的自然分娩の方法としてラマーズ法を採用しただけだったのだが、結果としてこれを旗印としてきたことが徐々に窮屈になっていた」と述べている。

一定の役割を終えたという理由は二つ考えられる。一つは、「お産の学校」が行ったラマーズ法による出産の産前教育は、産む側の立場に立つものであり、「自分が産む」という自覚を促すものであった。しかし、一九八〇年代半ばからは、フェミニズムの考え方が一般の女性たちの間に定着し、医療管理下におけるお産に対する批判も多くの人の知るところとなったということである。二つ目は、ラマーズ法に限らずアクティブ・バースをはじめ様々な自然分娩法が試行されるようになり、産婦が望む出産法を多くの産院で採用する動きが出てきたということである。医療者側も、産婦の嗜好に合わせたプログラムを用意するようになってきたのである。

近年の著しい動向としては、夫の立ち会い出産ができること、会陰切開をしないこと、母乳指導を推進していることなどを掲げる医療施設や産院が優先的に選択されるようになったことなどが挙げられる。

ラマーズ法で産まれた子たちが親になる際にどのような選択をするのか、今後の動向に注目したい。

むすびに

ラマーズ法の隆盛の背景には、第二波フェミニズムの影響があった。主体的なお産を求めてラマーズ法を学んだ受講者たちが、自らの体験を社会に伝えたいと感じ、声を発していた。著者自身は、一人ひとりの声を聞くことが現代の民俗学に求められていることであると考えているが、その一人ひとりを突き動かしていたのが、フェミニズムの思想であったといえよう。

フェミニズムの主張するものは、第一波も第二波もそれぞれの時代の中で異なる。落合恵美子は、『第二の波』の『第一の波』と際立って異なる特徴は、女性の『家族役割』、性別役割分担が疑われ出したことであった」と指摘している。第一波においては男性の家事参加などについて堂々と主張されることはなかったが、今日では家事などの性別役割分担への批判はもちろんのこと、男性も育児や家事に参加すべきだとも考えられ始められていることなどを指摘する。

確かに現代の社会においては、第二波フェミニズムによって家族における男女の性別的役割分担も多くの家庭で解消されつつある。夫が出産の際に立ち合い、育児に関わることが普通のことのように考えられるようになり、子を生す女性たちにとって次第にフェミニズムが意識される場面がなくなりつつあるように見受けられる。産院もお産に夫が立ち会うことを認めたり、母乳育児を推進したりと産む女性たちの意を酌むようになってきた。それに加え、近年は生殖医療技術の進歩や出生前検査などにより、女性自身が自ら主張する前に「自己決定」を迫られる場面が多くなっている。出産の医療化に対する不信感を抱くことなく、むしろ医療技術に依存することで、「産む」か「産まない」か、そしてその方法の選択が可能になったかのように見える時代となっている。子を生す女性たちが、「私のからだは私のもの」といったかつてのような声が聞こえなくなってきている時代である。主体的なお産をしたいという要望から、どのような方法を選ぶかという選択の希望へと変わってきたのである。そうした事情に比例するかのように、フェミニズムを標榜する声が小さくなっていった。

こうした現代の社会においてさえも、女性であるがゆえに女性としての新たな苦しみに遭遇する場面が出現している。フェミニズムが縛られると言いかえることもできる。著者は、二〇〇二年(平成一四)にリプロダクティブ・ヘルス／ライツについて学ぶ機会を得た。(11)その際に、講演者が「女性が初めて選択の自己決定権を得た象徴がピルである」と述べられたことに対し、違和感を覚えた。先進国の製薬会社が発展途上国と呼ばれる国に大量にピルを売り、その薬害に悩む多くの女性たちがいることを知っていたからである。また、辛い生理痛があっても男性と同等に仕事をこなさねばならぬこと、仕事との兼ね合いで出産の時期を人為的に変えねばならないこと、子育て中に、子連れ赴任を選択しなければならないなどという問題が発生する。

フェミニズムが声高に叫ばれる時代、あるいはフェミニズムの思想が忘れ去られたかのような時代——両極端に見えるが、いずれの時代もその時代に内包された問題が存在しているに違いない。

近代化、あるいは近代社会の形成期にはフェミニズムの思想が盛んに主張される。それは性差別撤廃や人口政策に影響されない主体的なお産という具体的な考え方に顕著に現れた。

しかし、近代社会が成熟期を迎えると、次第にフェミニズムを標榜する声は聞こえなくなる。「お産の学校」は、近代化の流れの中にあって、近代社会におけるフェミニズムのあり方を象徴していたように思われる。

第二節　立ちすくむ女性たち

はじめに

近年、日本の少子化が様々な立場から論じられている。一人の女性が産む子どもの数もさることながら、子産み子育てをする女性の数もまた減少傾向にある。結婚にとまどいを見せる女性や結婚しても子どもを産むことをためらう女性[12]、自らのお産や子育てとどのように向き合ったらよいのか困惑する女性も少なくない。

かつての村落社会においては、女性たちは大家族や地域社会の中で子どもを産み、育ててきた。それが、近代化とともに、お産の場は「自宅」から「施設」へ、「地域」から「医療」へと委ねられ、「産む性」を取り囲む人的・物理的・制度的な環境ががらりと変わる。また、「産む性」の内なる環境、すなわち意識の面からいえば自らが「産む」ということから「産ませてもらう」お産へと変化してきたといえよう。

一九九〇年代前後の「医療化されたお産」への反省から、妊産婦の持つ力を引き出すことを念頭におく助産に関わる専門家が輩出している。妊産婦自身もまた、「自然なお産」「主体的なお産」を実践しようとする意識を持つようになってきた時期である[13]。

本節では、伝統的な地域社会に帰属することのない、従うべき規範を持たない「産む性」が、過剰な選択肢の前で立ちすくむ姿に注目した。伝統的な村落社会が崩壊すると同時に、そこに伝承されていた規範も喪失する。見方を変えれば伝統的な規範から解放されたともいえるが、それに替わる新たな規範となるべきものを求めて情報を集め、選択し、決定するということが必要になる。現代社会では「産む性」がお産環境に対して自己決定を迫られる機会が増加するのである。多様な選択肢の前で立ちすくむ産む性、そうした女性群像を一つの社会現象と認め、そのありようを模索する。

1　新しい文化の形成

第三章第四節「女人講と「産む性」」で述べたが、茨城県龍ヶ崎市に今なお続く女人講は、婚姻を機に地域社会の一員として、自動的に講員となる。そこでは民俗宗教を営むという社会的役割を担いつつ、他方で相互の存在感を認識し合い、子産み子育てといった産育のより良い環境が整えられていた。

しかし、同じ茨城県龍ヶ崎市内でも他所からの移住者が多い地域に女人講はなく、そこに居住するAさんは、龍ヶ崎市主催の子育てサロンに積極的に参加していた。産褥期やその後の育児にも夫の協力を仰ぐといった核家族であるが、保健センター主催の母親学級にも、妊娠するたびに話し相手となる友達を求めて参加したという。ともに子育てをする人々との交流を求めてのことである。その一方で、出産育児に関する情報や産育儀礼などについては育児書などを参考にしていたが、龍ヶ崎観音でいただいた蠟燭に火を灯し安産を願うといった、地域に伝承する民俗慣行としての行事にも積極的に参加している。

第三章第一節「「産む性」と産育儀礼」でも、近隣の伝統的な地域社会とは隔絶されたニュータウンに入居した核家族の夫婦が、それぞれのスタイルで生活を送りながら、それぞれの嗜好に合わせた安産祈願や子どもの成長を願う産育儀礼を営んでいたことを述べた。

現代社会にあっては、女人講に替わるような母親学級や子育てサークルが公私問わず用意されてはいるものの、そこに参加するか否かは一人ひとりの個人的な意思によって決められる。つまり、生活空間に備わっている自動装置ではなく個人の自覚に基づく働きかけが必要な選択装置になっているのである。そうした環境においては必然的に夫の役割の比重が増し、従来のムラ型の産育儀礼に対する、新たなマチ型の産育文化、すなわち新しい形の家庭文化が生み出されるのである。

こうした地域に居住する、いわゆる新住民といわれる人々は伝統的な地域社会の制約を受けることもなく、産育儀礼においては夫婦の嗜好が優先される。拘束力を伴わない実家のアドバイス、育児書、知人などの口コミによるマニュアルを取捨選択し、新たな家庭文化として取り入れることが多く見られる。その一方で、母親学級や子育てサークルへの参加など、社会教育機関等を利用することによって同世代における連帯感を求める傾向があった。

地域社会に拘束されることがないかわりに依存することもできない新しい住民の場合には、情報によってそれに替わる各種の機関や制度といったものを選択することになる。そして、選択しながら、連帯感を生じさせる新たな形態を模索し、自分に適応する産育環境をつくりあげていくことになる。

地域社会に組み込まれたムラ型の自動装置に対し、マチ型の選択装置の場合、自らが積極的に情報を収集しなければならない。自由であるがゆえに一人ひとりが自らの生きかたを選択していく現代社会では、子どもを産んで育てるということが、夫婦のあり方を反映することにもなるのである。

2　立ちすくむ産む性

西欧発の近代化は、カミ中心からヒト中心へ、共同体中心から個人中心へという基本的な流れを持つものであるから、近代化による個人化は、ともすれば孤立化を招く。個人化が進んでいる現代だからこそ連帯感への欲求が高まっていると言えよう。母親学級や子育てサークルに参加し、近隣に住む同世代の仲間との交流を通して、同世代の結束や同世代の連帯感を高めようとする新しい住民。出産する女性たちが求めるお産環境は、形こそ異なるものの、同じ立場にある人との連帯感という共通の要素を含んでいる。

伝統的な地域社会では、女性同士の結束や連帯感が地域慣行として、地域社会を維持する原動力となり、ムラ組織として組み入れられていた。前述の女人講はそうしたものであり、現在でもやや衰微しながらも機能している。それに対し、移住者や都市住民の場合には本人が主体的に関わることによって連帯感を共有し、新たな連帯感を生み出す装置を形成する必要に迫られている。

しかし、その一方で、そうした新しい装置への参加などにとまどいを持つ多くの人々をも生み出しているという現実にも遭遇する。自分のキャラクターや性格などによって、連帯感の必要性を感じつつも参加できない人々はごく普通に存在している。過剰かつ多様な選択肢の前で、選択しなければならないことへの不安に呆然と立ちすくむ人々も少なくない。現にそうした不安が原因となって、身体の不調を訴え入院している女性も存在する。また、それまですべての困難を自分の力で克服してきたのに、お産で初めて自分の思うようにならないという現実に直面し、混乱してしまう女性の存在については、かなりの助産師から聞いている。妊産婦はお産によって、自分の身体であって自分の身体ではないという「内なる他者」を自覚させられる。「内なる他者」は克服する対象にはならない。にもかかわらず、自分一人で立ち向かおうとすることによって、こうしたトラブルを生んでいるという側面を無視することはできない。

3 「いいお産の日in滋賀」での聞き取りから

ＮＰＯ法人お産サポートＪＡＰＡＮのメンバーによる「癒し・癒されお産体験レポート」が実施された。二〇〇三年（平成一五）一一月に開催された「いいお産の日in滋賀」のことである。それぞれの出産を振り返り、互いに癒し癒されることを目的としたもので、著者も主催者側のメンバーの一人として参加している。

一般の女性に加え、若手や年配者を含めた助産師、それに助産コースの学生に至るまでの幅広い層が多数参集していた。地元で助産院を営む朝比奈順子は、

この地域に根ざした助産婦の活動が実り、多くの参加者が訪れたのだと思う。この地域には、他の地域から移り住む核家族も多く、そういう人たちにお産に関する意識の高い層が多い。

と語る。

一〇人から一五人ほどのグループを五つ作り、それぞれのグループごとに自分のお産体験をもとに、意見交換を行うという形式が採られた。

著者が担当したのは一四人のグループである。そのうち一〇人が助産師で、出産体験者はその半数の五人、一九七一年（昭和四六）から二〇〇二年に出産している。一般からの参加者は、二〇〇三年に出産した女性と、二〇〇二年に出産し、当時第二子を妊娠していた女性の二人で、いずれも通院する個人医院でのチラシを見ての参加であった。そして、一九七〇年から一九七五年までに三人の子を出産した保健師と一九七五年から一九八八年までに四人の子を出産した著者を加えての一四人となる。

最初の語り手は、一九七〇年から一九七五年までに三人の子を出産した保健師であったが、妊産婦に指導する立場にあった保健師も、自らのお産体験では辛い思いをしている。そうした体験の中で救いになったのは、

お産では嬉しかったことっていうのはないが、救われたのはやさしい助産婦さんがたった一人いたこと。

第二子と三子は、母子同室の個人病院を選び、比較的フリーに過ごせたこと。

の二点であった。そして、参加者の多くが、
一人目のときはずっとほうっておかれたので、とても不安でした。

と語る。

二人目の語り手も
平成三(一九九一)年と平成五年にお産しているんですけれども、私自身助産婦だったんです。まだ、助産婦になって三年目ぐらいのとき…。悲しかったことというか残念やったと思うのは、自分の勤めている病院でお産したんですが。その病院のやり方しか知らないから、それが当たり前と思ってしまったのが、すごく残念な気がします。たとえば会陰切開するのが当たり前であったりとか。いきむタイミングもわからず、ひとりでただ頑張ったり、半分過ぎたぐらいからうんうんいきんでて、それを見かねて助産婦がいきんでいいよ、みたいな感じで。(中略)母乳に関しても、三時間おきに、日にち×一〇ccを目安にみたいな感じで(授乳しなければならないと思っていた)。自分の頭がそういうふうになってしまっている、学生の時からそれ習って、それを何の疑う余地もなく指導してきているから。母子同室していたけども、(子どもが)二時間過ぎぐらいから泣き出すともうちょっと待ってもうちょっと待ってみたいな感じで、(私も)半泣き。

というように、経験の浅い助産師とはいえ、上手にお産に臨めず、産後の授乳においてもパニックになったことを語り始めた。お産の専門家である助産師も、自らの出産については、それなりの不安があった。

他のグループであったが、

自分の勤務先の病院で産んだが、恥ずかしい姿は見せられないと、一人でじっと堪えていたと語る看護師もいた。看護のプロでさえ、実際には孤独な場におかれているという現実である。

著者のグループの三番目の語り手は、看護師から助産師になった人であるが、出産当時は助産師の資格は取得していなかった。

私は、昭和四六年と四七年とに出産しています。個人の何々産婦人科というようなところです。で、主人がたまたま東京にいるときに結婚したわけで、東京の外れの産婦人科でした。島根から出たばっかりですから。隣にちょうど妊婦の奥さんがいらして、(その方と同じ)そこに行きました。私はただ看護婦だっただけで、(お産の)知識は何もないし、何もわかりませんでした。

だんだん痛みが強くなって、息みが出てきても誰もいない。誰も「どうですか?」て来られる方もいない。それで「ううっ」と次の息みが来て無意識にナースコールすると、「まだまだよ、初めての方は(児頭の)頭の毛が見えるようになってから、分娩室に行ったらいいのよ」って言われて。それもそやけども、また痛くなると(ナースコールを)ピーと鳴らしてしまう、とその度に来はることは来はるんです。それが看護婦さんなんか助産師さんなのか何にもわからない、私も知ろうとしてないんですね。だから実際問題、コールをして来てくれたのがどなたかも全く知らない、もちろん自己紹介もないし。

(子は)生まれても泣かなかった。泣かないし、「まだ、泣きませんか。まだ、泣きませんか」「大丈夫お母さん、大丈夫よ、今泣くから」言って、酸素もあったのかないのか知りません。ペチャペチャと叩く音がして、やがて泣き声しましたけど。今に思えば仮死状態であったり、いろいろあったかもしれません。

それともう一つここの特徴、昔の話ですけど、(母子)同室ですけど、何にも指導なし。で、調乳のセットだけは来るんですよ。(ミルクの)作り方だけで。後は指導も何もしてもらわない。飲ませるしかないみたいな感じでとにかく(母乳を)飲ませました。そしたらとりあえず出ました。

一人目の保健師、二人目の助産師、そしてこの看護資格を持つ女性と辛い話がつづいた。専門家である助産師や保健所で妊婦指導を行っていた保健師、医療に携わっていた看護師でさえ、辛かったことや不安を抱えてのお産となったのである。

お産を初めて体験する女性にとって、一人にされることが何よりも大きな不安を招いていた。専門知識のない一般の女性にとってはなおのことその不安は強かった。

陣痛の間隔が狭まってきたので病院に連絡したら、「夜来られても困る、朝まで我慢してください」と言われたが、朝行ってからも結構ほったらかしにされていて…。

というような辛さや不安を抱えて、初めてのお産に臨んだという体験者が多く、産婦に寄り添う介助者の不在が、辛さや不安を招いていたことは否めない。現代では、出産を迎える人たちの母やそのまた母の世代まで、病院出産であることが多い。その結果、祖母から母へ、母から娘へという伝承、つまり、「自らが産む」という本来のお産に基づいた語りが途切れてしまっていることも妊産婦が不安に陥る一つの要因となっているのかもしれない。

個人医院でチラシを見て参加した人の中には、

今日ここに来て、いろいろな選択肢があることを知ったというぐらい。もうすぐ第二子を産む予定になっていますが、今までお産について考えていなかったので、ビックリしている。今からどうしようって…。

という人もいた。自らのお産に戸惑う、あるいは戸惑った女性たちの言葉が耳に残る。多くの選択肢を前にして立ちすくむ女性の姿である。

逆に満足のいくお産を体験した中の一人は、

私は助産師さんにずっと妊娠中から携わってもらって、自分の産んだ病院にも入っていただいて、病院の方で了解を得て入っていただいて出産したんですけども。自分が陣痛来たときとかに、足浴ですとか、このツボいいよとかそう言ってさすってくださいました。私にとって、そのことだけが気持ちいいんじゃなくって、近くに味方がいるというのが心強かったので、そういうのが嬉しく、心強かったです。(中略)産まれるまでの何十時間、あの状態で代わる代わるいろんな人が来ていたら頑張れなかったと思います。実際は一人の助産師さんが「産む自分が一番楽なスタイルでいいよ」とおっしゃっていたので、大便をする体勢ですとか、その都度好きな態勢でぎりぎりまでさしてくれたので、産むことに集中できて良かったです。

というように、ひとりの助産師が終始一貫して寄り添っていたことに感謝している。二〇〇三年のお産である。また、一九九九年と二〇〇〇年にお産を経験した助産師も信頼できる助産師の介助を受けている。

その病院は妊娠中から全員の助産師と顔が会わせられるような感じで、私もどの人に当たっても全然平気と妊娠中から思えたんで、(お産のときも)ずっと横にいてくれて、お尻押さえて腰さすってもらえたりしたんで、満足感はあったと思うんです。

二人目のときは逆に「良い頃合いになったら呼んでね」て感じで、そこにいやはるのすごいわかっているし、いつでも声かけられる状態だったんで、これは自分の好きなことできるわあて座ってみたり、安産ポーズをやってみたりしましたけど、立ってる姿勢が一番楽だったんです。ずっと立っててそれこそ私の好き放題の状態で出産できて、「もう産まれそう」と言ったときが全開して産めるぐらいの陣痛だったんですけど、自分ですごい赤ちゃん下がってきてる感覚がこんなに良くわかるものかってびっくり。自分で産まれる瞬間がすごいわかったんです。

ぎりぎりまでそれしすぎたんで、最後はバタバタってなりましたけども楽に産めて、こんなに自由な姿勢していられるのが、こんなに楽で自分のペースが乱されないことが、こんなに楽でというのはすごく思いました。

この女性にとっては、初産では終始寄り添う助産師の存在が安心観を、二人目のお産では自分の思い通りのお産ができたという達成感があった。どちらの場合も信頼できる距離に介助者がいるという共通点がある。

インターネットや口コミなどを通してあらかじめ産院などの情報を得た上で、自らのお産環境を選択できた人の満足度も高い。

いろんな本を読みあさって、インターネットも調べて、初産でも会陰切開なしで行けるかも、と思って、自分でいろんな本を見て、体操とかもして、病院に希望も言ったら、「何にもなかったらいいですよ」て、言われて。

会陰切開なし、悌毛もなしで、浣腸もなし。

情報を積極的に集め、自分が望むお産のスタイルを貫いた人の語りもある。初めてのお産の反省から次からは満足度の高いお産を求め、成功した例もあった。

また、一九七〇年代にはラマーズ法がアメリカから伝えられ、主体的なお産を目指そうとする女性グループの草の根の運動も始まるが、お産の現場にはまだまだ根付いてはいなかった。そのころお産を体験した参加者は、

私がお産したのは、二三年も前のことですけど、昔は今みたいな出産体験はできなかったです。お産が全然違いますね。今の方羨ましいですよ。立ち会いもできるし、好きなカッコで産めるしね。

という。この語り手にとっては、二〇数年前が「昔のお産」で、分娩台の上に仰臥の姿勢を保ち、陣痛促進剤と会陰切開が必ずセットのようになっていた医療化された分娩のことを「昔のお産」と表現しているのである。そして、近年は産む人の求めるお産の実現が可能になったことをうらやましいという。

主体的なお産を目指そうとする女性グループの草の根の運動の高まりと、一九七九年に出版された『出産白書―三三六一人の出産アンケートより―』[14]によって、医療化されたお産環境を見直すこととなる。一九八〇年代後半から一九九〇年代にかけては、女性たちによる自主グループも次々と立ち上がり、医師の下で働く助産婦たちの中にも、自らのアイデンティティを取り戻すべく活動を始めたグループもあった。こうしたお産環境の変化は、この「癒し・癒されお産体験レポート」の語りにおいても表れていたのである。

また、他の人の話に耳を傾けることでの気付きもあった。自らのお産の経験のない若い助産師からは、

専門職の側から言えば大変なことではなくても不安の助長につながるということが、よくわかりました。自分のお産のことに関してこだわっている人はあまりいないのでは、という印象を持っていたが、実際には一人ひとりがよく考えていることがわかりました。

という内容のコメントがあった。「癒し・癒されお産体験レポート」の一つの成果である。助産師養成の講座だけでは理解しがたい現場の声に耳を傾けることができたことは、助産師としてのスキルアップにもつながる。

それぞれの環境によって語られる内容は異なるものであったが、一人ひとりが自分のお産に向き合ってはいたもののお産に対する思いも様々であった。

最後に不妊治療の末、子どもを産んだ女性の発言を記したい。

ここに来たのは個人病院でチラシをもらってきたので、専門的なことがわからない状態なんですけども。今年（二〇〇三年）の三月に産みまして、七ヵ月の男の子がいるんです。不妊治療の末にやっと授かった子なんですね。ですから嬉しかったのは、産まれたことそのこと自身が、（お腹にいた）一〇ヵ月待ったんじゃなくて、やっと八年か七年待ったその感動が一番嬉しかったです。

人口受精で得た子どもは、実は夫婦生活がうまくいかなかったというのがあったので、いろいろ相談した結果、夫に「悪いけど僕は立ち会いはようせん」といわれました。それはそれで彼の意見を尊重しようと、立ち会いは（希望）しないと決めていたんですけども、今どき立ち会いをしないっていう人は珍しいみたいで、何度も何度も病院で「積極的な性格やのに何で立会いしなかったの？　何であんな素敵な旦那さん呼ばなかったの？」と、立ち会いをしないことを否定的に言われ続けたのが、ショックでした。私ら夫婦で決定したことやったのに…。

近年、立ち会い出産を希望する夫婦が多いが、実際には様々な事情による迷いもあり、たとえ専門家に問われても正直にその気持ちを伝えられないこともあることが語られたのである。

むすびに

龍ヶ崎市における女人講では、信仰行事における共食が同世代女性の連帯感を生み出していた。こうした同世代による連帯感の必要性は、子産み子育てをする女性にとって普遍的なものであったようで、同地域内の新住民の女性であっても子産み子育てには同世代の連帯感を必要とすることに変わりはなかった。

一方で、母親学級や子育てサークルなどの多くの選択肢が準備されてはいても、その一方で多様な選択肢を前に立ちすくむ人が少なくないという現実がある。お産をめぐる文化を探る過程で、現代社会がこの立ちすくむ人々を生み出していることに気付く。選択できることへの不安から選択できないという人々を主体性が欠如しているとか、自立できていないなどと非難するのは一面的にすぎない。確かに主体性がない場合もあるが、自立しているがゆえに他力本願のように思える選択肢に違和感をもってなじめずに参加できない人も少なくないからである。

滋賀で行われた「癒し・癒されお産体験レポート」では、自分らしい主体的なお産を望むようになる一方で、患者扱いの流れ作業的なシステム化されたお産が実際に行われていたことが赤裸々に語られた。妊産婦が孤独感にさいなまれ、不安の中でのお産となった語りが多く、助産のプロである助産師自身も辛い体験をしていたことが判明した。産婦に寄り添う介助者の有無によってもお産の満足度が異なることも明らかになった。

現代の子産み子育ては近代化に伴う個人化によって、産育儀礼においては夫婦や家族の嗜好による家庭文化を生み出した。その反面、出産の場を中心とするお産の場や連帯感を求める外部のグループ活動を基本とする選択肢に対しては、違和感を持つ人々をも生み出してしまったという現実がある。そこにはより良い出産の場や同性同世代の連帯感を共有できる場の出会いの必要性を痛感しつつも、過剰な情報の前に、選択や自己決定ができずに立ちすくむ産む性の姿があった。こうした「立ちすくむ産む性」を一種の社会現象と捉えることによって、孤立化する現代社会のお産環境の課題が立ち現れてくるのである。

第三節　女性の民俗と女性への視点

はじめに

本節は女性民俗学研究会の六〇〇回記念例会（二〇一〇年三月）に際し、同会代表の挨拶としてしたためたものである。基本的に例会は八月と一二月を除く毎月一度開催されているので、六〇〇回といえば六〇年という月日を数えることになる。第一回の例会は、一九四八年（昭和二三）の五月と伝えられている。前年の一九四七年は、柳田國男邸での木曜会の発展解消と民俗学研究所の誕生を宣言した年であった。それからの一〇年にわたる民俗学研究所の時代は、柳田にとってそれまでの研究のまとめの時期といってもよく、精力的にそれまでの成果を出版刊行していた。

なお、女性民俗学研究会の活動に先だって、瀬川清子と伊藤（山口）最子の読書会が能田多代子宅で開かれていた。これは女性だけの会であったので、柳田は「女の人の会」と呼んでいた。一九四〇年ごろからこの会に出席する人が多くなり、まずこの会に出席して、次に柳田邸の木曜会に出席するという形であったという。そして、一九四六年には朝日新聞社から『女の本―若き友におくる民俗学―』―序文と題名は柳田國男、執筆者は瀬川清子ら六名の女の会の会員―を出版することになった(15)。この出版に際して、「女の会」という名称ではなく、「女性民俗学研究会」とし、通称を「女の会」とした。当初は柳田の古稀の祝いとして計画されたようであるが、戦争のために遅れた。

いずれにしても、柳田は女性の民俗に対する女性ならではのまなざしの必要性を強く感じていたようである。民俗学研究所の解散を機に指導的立場から身を引いたにもかかわらず、「女性民俗学研究会」に対しては熱心に指導を続けたのである。

以下は、こうした歴史を持つ女性民俗学研究会における研究姿勢をたどり、今後の方向性について述べたものである。

1　女の会事始め

女性民俗学研究会、通称女の会は三月の例会で六〇〇回を迎えることになりました。この六〇〇回というのは、機関誌『女性と経験』復刊一号の丸山久子の記述に従って数えたものです。第一回例会の開催日時については、一九四七年(昭和二二)九月二一日を第一回とする柳田國男メモ説と、その翌年の一九四八年五月一五日を第一回とするという『民間伝承』記載説との二つの説があります。本会の郵便通帳作成の際には前者の期日が使用されていますが、五〇〇回記念例会において後者を採用することで帰結を見ました[16]。

また、会の前身母胎については、鎌田久子前々代表は、一九三六年に行われた第二回日本民俗学講習会の折に瀬川清子が伊藤(山口)最子に声をかけた二人の読書会に女の会の歴史は始まるとしています[17]。また、その前任者である大藤ゆきは、その一年後の一九三七年の丸ノ内ビルの日本民俗学講座の一週間後に企画された婦人座談会が女の会の母胎であり、誕生であるとしています[18]。いずれにしましても、一九三六、七年ごろが、女の会の胎動期で、女性の民俗学に対する大きな関心を呼び起こした時代であったことに違いはないようです。

そして、先の二人の読書会に能田多代子、丸山久子、池田弘子らが加わり、能田多代子宅で開催されるようになりました。女性の民俗の先駆者としての瀬川清子はむろんのこと、この席亭としての能田多代子のお陰で今日の女の会があると、鎌田は述懐しています[19]。

2 人間の発見

ところで、哲学者の中村雄二郎は、その著『術語集』[20]の中で、一九六〇年代の前半には三つの新しい人間の発見があったと指摘しています。P・h・アリエス『〈子供〉の誕生』による子供の発見であり、M・フーコー『狂気の歴史』による狂人の発見であり、そしてC・レヴィ＝ストロース『野生の思考』による未開人の発見です。これらは、近代ヨーロッパのヒューマニズムが自らの社会の内部と外部に見忘れてきた深層的人間と位置付けられています。

言われてみればその通りなのですが、実はこの一九六〇年後半から七〇年代初めにかけては、アメリカで起こったウーマンリブ運動に触発されて「第二波フェミニズム」が欧米諸国で勃興することになります。こうした動きを受けて、第二七回国連総会は一九七五年（昭和五〇）を国際婦人年とすることを決議しました。日本においても一九七〇年代の初めにウーマンリブ運動が起こり、国際婦人年には「行動する女たちの会」が発足しました。その後、一九九四年（平成六）に国際人口開発会議がカイロで開かれました。そこで提唱され国際的なキーワードとなった「性と生殖に関する健康と権利」（リプロダクティブ・ヘルス／ライツ）は、その翌年北京で開かれた第四回世界女性会議において明確に位置付けられます。

「性と生殖に関する健康と権利」は女性の身体を人口政策の対象とするのではなく、健康と権利を保障するという視点から捉えようとしたものです。そのポイントは、①権利としての健康、②ライフサイクルを通した健康、③ジェンダーの平等、④選択の自由と自己決定権、です。[21]これらは人の誕生から幼少期・思春期・成熟期・更年期・老年期を経て死亡するまでの生涯を通して関わってくるものでした。しかし、国際的なキーワードとなっても実際にはその受け手によって異なるものがありました。日本の場合には「私のからだと性は私自身のもの」という考え方が先行し、お産に関して言えば「産む」「産まない」ことに対する自己決定権であると狭義に受け取られたきらいがあったようです。個々には様々な事情を抱えているにしても、私にはこうした一連の動きは「女性の発見」への行程に思えてなりません。

ちなみに、二〇一〇年は女性政策の国際基準「北京行動綱領」が採択された第四回世界女性会議から一五年の節目ということで、「北京＋(プラス)一五」とも呼ばれ、三月にはニューヨークの国連本部で女性問題を話し合う国際会議が開かれました。

3　女性のまなざしと女性の民俗

女の会の創設者である瀬川清子ら女性の研究者の先達が、それまで男性が行っていた民俗調査を女性の立場から行い、日本人を考察するという道を切り開いてきました。科学的歴史としての民俗学の構築を目指していたのですから、民俗調査も客観性が重視されました。理論上は、調査者が男性であっても女性であっても同様の結果となるはずです。しかし、男女という性差によって目に映るものに微妙な相違が生じます。学的な経験知として調査者個人の適性や資質とは別にそうした違いが認められてきたのです。瀬川の「舳倉島の海女」[22]が、柳田國男の目にとまったのも、これまでの男性調査者にはなかった女性が女性の生活そのものに向ける細やかなまなざしであったのだと思われます。

その後、五名の女性研究者によってまとめられた『女の本―若き友におくる民俗学―』（一九四六年〈昭和二一〉）の柳田の序文には、女性の特性を発揮することへのエールが送られています。『女の本―若き友におくる民俗学―』は、一人ひとりが知りたいことをテーマとし、自らの目で見、自らの耳で聞き感得したものを、自らの言葉で伝えています。結果として、女のまなざしが活かされていました[23]。

そうした女性民俗学者の揺籃期の活力は、『女性と経験』に伝統として続いてきました。しかし、民俗調査においては、女性のまなざしによる調査項目の拡がりや調査内容の奥行きなど一定の評価を得たものの、民俗に関わる当事者として実感を記述したものについては、論文ではなく随筆であるというマイナスの評価をする向きもありました。当該民俗の学史的位置付けをした上で、実感を対象化したものは民俗資料としての価値を持つし、そうでないものについては、単なる随筆と見られてしまうということなのでしょう。

いずれにしても民俗学がその当初から女性を研究対象としてきたように、女性研究者が女性のまなざしによって女性の生活を対象とした民俗調査をし、女性として強く感得したものを表現するということは、女の会の初めからごく自然のうちに行われてきたのです。

4　女性の目線と女性の視点

女の会において女性特有のまなざし、すなわち目線というものが強く意識されるようになったのは、坪井洋文の「女性についての民俗学研究の問題点[24]」の輪読を契機に、女性民俗学研究会の年間研究テーマを「主婦権」と決めた一九八五年(昭和六〇)以降のことでした。自明とされてきたそれまでの男性の目線とは異なったものが見えるのではないかという、いわば性差による目線の相違による民俗研究というものです。これまでも漠然とではありますが、話者(被調査者)には個人差というものを超えて、男女による口述(記憶)の得意分野というものが存在していることは知られていました。男性の話者に共通するのは生業や社会組織、そして祭祀等公けのことに関することであり、女性の場合は通過儀礼や衣食など家事一般のことでした。これらは男女の日常の役割分担や関心事の相違から生じると考えられます。

調査をする側においても男女による目線の相違の存在を前提に、改めて調査や研究を問い直すというものでした。換言すれば、女性であることを意識した女性研究者の出現ということになります。その典型が倉石あつ子によって著された『柳田國男と女性観―主婦権を中心として―』[25]（一九九五年〈平成七〉）であり、女性の目線を明確に表題としたものとしては、『女の眼でみる民俗学』[26]（一九九九年）があります。ただ、これらは「女の眼」を主張しているにもかかわらず、男女を関係性の中で捉えるという「視点」が欠落していました。

瀬川清子に代表される女性民俗学の先駆けとなった女性研究者は、本会会員靍理恵子の語を借りれば「認識主体の男女双方への広がり」と「認識対象の男女双方への広がり」[27]をもたらしました。『女の本―若き友におくる民俗学―』を目安とすれば一九四〇年代ということになります。

それに対して、「女性の目線」を調査研究の前提とした、すなわち女性であることを意識した女性研究者の輩出時期は一九九〇年代ということになるでしょう。この時期は、一九四〇年代の成果をより拡大し、女性研究者による「女性の目線」という分野を開拓することになりましたが、生活者たる女性一人ひとりを見つめる研究までは進展しませんでした。男性や社会、あるいは時代との関係性の中で女性を捉えるということがなされませんでした。現在という時点から過去を調査し、ヒトの口を通して民俗というモノとその変遷を見るという従来の民俗学の方法がそのまま継承されていたからです。眼前の人々を見つめ、人々の生活そのものを考察するといった「現在」そのものを分析対象とするという視点に欠けていたということがいえます。

私はこれまで「女性の視点」という言葉ではなく、あえて「女性の目線」という言葉を使用してきました。「目線」の場合、日常的にも「主婦目線」などと使われるように、ある立場の者がその立場から無意識のうちに目を向けて見えるものという意味合いの強いものです。それに対して「視点」はどのような立場から見るのかという認識主体の立場性、つまり主張の表明ともいえるものです。両者には認識対象に対して受動と能動との差異を認めることができるでしょう。

問題意識を明確にした研究では「視点」を設定することによって初めて、フレームともいうべき「目線」が形成されるのです。その結果、これまで見えなかったものが見えるとか、以前とは異なるものが見えてくるという現象が起きることになるわけです。一九九〇年代の「女性の目線」の自覚化は、「女性の視点」の構築への努力ではありました。しかし、研究者の立場性を表明するものとはならず、新たな女性論に発展することはありませんでした。

女性に焦点を絞って調査研究がなされたり、女性研究者という立場を強調されたりするならば、認識対象であれ認識主体であれそこには男性との性差という大きな問題が立ちはだかることになります。したがって生物学的な意味におけるセックスはもちろんのこと、社会的・文化的な性差としてのジェンダー論が分析手法として必要になるはずです。ジェンダー視点は女性と男性との関係性はもちろん、社会や時代との関係性をもたらします。ひとり女性を見つめても「女性の発見」につながることはありません。女性は男性や社会・時代との関係性の中で見えてくるものだからです。早川紀代によれば女性史研究にジェンダー論が分析手法として導入されるのは、一九七〇年代半ばからであるといいます(28)。日本民俗学におけるこの分野の立ち遅れは言うまでもありません。

私は「現代の民俗学の視点と方法(29)」の中で「研究者自身が一人の生活する主体として、現代社会というものをどのように感じ、考えるのかということが、現代を対象とする民俗学の基本になるのではないか」と指摘しました。そして「今を生きる人々と時代を共有できる現代の民俗学はヒトを直視することから始まる」としました。ヒトを直視するには「視点」がなければならないというのが私の主張です。

5　女性の発見

現代社会は個人化が進行し、男性女性にかかわらずひとくくりにした調査や研究は正確さに欠けるものとなります。女性の民俗と一口で言っても、Ａさんの場合、Ｂさんの場合というような個別性が調査の前提となります。つまり女性の民俗という標題のもとに調査研究するにしても、個人を見つめることが基本になるわけです。

女性研究者による「女性の目線」、研究対象としての「女性の民俗」は、たしかに「認識主体の男女双方への広がり」と「認識対象の男女双方への広がり」をもたらしました。しかし、女性研究者の「目線」ならぬ「視点」から女性を凝視して、女性の感じることや考えることを社会や時代の中で捉えていく方向までは進みませんでした。「女性の目線」と「女性の視点」の明確な差異や、それに伴う方法論の検討がなされなかったからです。

男性中心・男性原理によって構築された近代における「女性の発見」は、女性研究者による「女性の視点」によって現代社会を生存環境として生きねばならない女性を見つめることが手がかりになると考えます。それは民俗というモノから、女性というヒトに焦点を絞るという発想の転換を意味します。日本社会あるいは女性自身に無意識のうちに浸み込んでいるジェンダー・バイアス（性的偏見）の現状認識のためにフェミニズムの思想を導入しつつ、ジェンダー論によって男性との関係性の中で女性を見つめていくということです。具体的には、今を生きる女性に切迫している社会的課題を通して、女性が何を求めているのかを明らかにしていくことが必要であると思います。それがひいては男性とのより良い共生関係を作り上げていくことになるからです。

「女性の発見」とはジェンダー・バイアスから解き放たれた女性の姿や、そこから立ち現れる女性の心性を見出すことにほかなりません。そして、それは「男性のあり方」に通ずるものになるといえましょう。これまで「女性の民俗」に光を当て、「女性の目線」の意識化を働きかけてきた女性民俗学研究会だからこそ、こうした新しい「女性の発見」に主体的に取り組むべきなのではないかと考えています。

柳田國男が民俗学を創設する当初から提唱していた「我々の学問は結局世の為人の為でなくてはならない[30]」という言葉に込められていた世の中への実践性を、あらためて想起する必要があるのではないかと思います。これが女の会における伝統から創造へと飛躍するキーワードになるのではないでしょうか。

附論　近代化・民俗・ヒト

はじめに

本論は、國学院大學の伝承文化学会第一四回大会（二〇一五年〈平成二七〉六月二七日）における講演記録である。聴衆の多くは学部生と院生であった。近代化という時代の流れがいかに学問や人々の生活様式、ひいてはヒトの考え方に影響するかという問題提起である。序章第一節「近代民俗学と現代社会―民俗研究の立ち位置をめぐって―」のテーマ「近代社会に対する民俗研究の立ち位置」と考え方や表現などの重なる部分がある。ご容赦を願うとともに、併せ読んでいただければ本書の意図がより明確になるのではないかと考えている。

1　柳田民俗学と近代化

本日は「近代化に伴う民俗とヒトの意識」というテーマに添って進めさせていただきたいと存じます。はじめにお断りしておきたいのですが、私は日本民俗学の父、あるいは創始者とされる柳田國男が民間の伝承に関心を持ち始めたころから、民俗学研究所の解散までの期間の学を柳田民俗学であると考えております。民俗学を展開するにあたって、常に主導的立場にあったからです。そして、それ以後の大学を研究拠点とするアカデミックな環境によって、柳田民俗学を客観的に評価できるようになった学を近代民俗学と名付け、区別したいと考えております。

はじめに柳田民俗学の事始めについて、位置付けをしてみます。

柳田民俗学の出発点を『遠野物語』とすれば、その後の近代民俗学を加えて一世紀を超える歴史を持つことになります。『遠野物語』は、佐々木喜善が出身地の岩手県の遠野地方に伝承されていた話を柳田に語り、その話を柳田が独自の感覚でまとめた作品として、大変有名です。

また、『遠野物語』と前後するのですが、柳田國男は九州旅行の折に、宮崎県椎葉村の狩りの故実の聞き取りをしています。これが、『後狩詞記』として、発表されています。土地に根付いた村落共同体の生活のありようや伝承を、ムラ人から直接聞き取りをして、その報告をしています。

この柳田民俗学の代表作が、土地の人々の口を通して伝承された話によって構成されていることに、私は大きな意義を感じます。

私が大きな意義を感じるのは、民俗調査を実施してその結果を民俗誌として公表し、関心のある人と知識を共有するという点にあります。この早い時期に発表された二冊の著書からは、その後の民俗活動の原形を見ることができるからです。

土地と結びついている人々の口を通して語り継いできた伝承を、記録として定着させるという調査方法によって全国規模の資料の集成が整っていきます。この一〇〇年以上も前からの一貫した方法に基づいて、全国の資料の比較をし、民俗事象の変遷をたどるという今日に至る基本的な民俗学の研究方法が確立していくことになりました。

最近のことですが、私は柳田國男の次の一節を目にしました。

田舎はもう久しい以前から、我々の想像したような伝統の宝庫では無くなつて居る。都会に比べると只少しばかりおくれて、どしどし新しい生活に入つて来ようとして居る。地方をあるきさへすれば、いつでも国の昔風に出逢はれると思ふことの誤りは、民謡蒐集などの場合にもよく分つた。（「民謡覚書」定本柳田國男集第一七巻一〇一頁）

現在でも、うなずける内容なのですが、すでに一九二五年（大正一四）九月に「民謡の末期」という題名で刊行されていたものでした。

文章の趣旨から考えると、「伝統の宝庫」とは前近代社会における生活様式や伝承のありようのことであり、「新しい生活」とは近代化による近代社会での生活であることが理解できます。

伝統的な社会生活を営む村落共同体が、日本列島のほぼ全域に存在していたであろう時代でさえ、すでに近代化の足音が聞こえていたということが解ります。

ここに至って私たちは、重要な事実を認識することができるように思います。それは、柳田國男が民俗学に関わり始めたとき、すなわち柳田民俗学の誕生の時から前近代社会を研究環境としつつ、迫り来る近代化に危機感を抱いていたということです。

前近代社会を研究環境として調査法や研究法が確立していく柳田民俗学の流れとなります。

これまでのお話の中で、私は「近代化」や「前近代社会」などという語彙を特に説明することなく使って参りました。しかし、この語彙が本日のお話のキーワードとなります。

ここで「近代化」という語彙について、説明させていただきたいと存じます。

「近代」という語は、主に明治大正期を示す歴史的用語としての役割を担ってきました。しかし、本日問題にいたします「近代化」は歴史的用語ではなく、いわゆる評論用語です。この区別を明確にすることが本日のテーマのポイントになります。

そこでまず、『日本民俗大辞典』の「近代化」という項目、これは佐藤健二さんがご執筆されたものです。その冒頭にあたる部分を参考にすることから始めたいと思います。

社会を工業化以後の近代社会と伝統的な前近代社会との二つに類型化したうえで、近代社会へと向かう変化を一般的、概括的にさし示す概念とあります。この定義は、すでに論述の用語として通説化していますので、この捉え方に基づいて、お話を進めて参りたいと思います。

一般に日本の近代化は幕藩体制や士農工商といった身分制社会が崩壊し、近代国家の建設に向けて歩みだした明治初年期に始まるとされます。外圧によるものという点に注目すれば、ペリーの黒船来航をその契機と位置づけることもできます。そうした過程を詳細に見ますと、まず国家の欧化政策による社会制度中心の近代化が始まり、次に国民の生活を中心とする近代化が進んだといえるでしょう。

一口に近代化と言いましても、日本の場合には、国家主導の近代化が先行し、続いて国民生活の近代化が進むという二段階の近代化が見られました。

私は「近代化」とは、近代的な状態への移行の過程を表現する説明概念と考えています。

欧米では工業化や都市化と同一視されることが多く、日本もその影響を受けています。日本の「近代化」が大きく躍進した要因が、一九六〇年代に始まる高度経済成長とされるのもそうした考え方の延長線上にあるからでしょう。

いずれにしましても、近代化という大きなうねりによって、それまでの前近代社会すなわち伝統社会が次第に変化し、広範囲にわたって近代社会が形成されてきたという点をここで確認しておきたいと存じます。

しかし、都市部のように早くに近代化が進んだ地域や、その反対にゆっくり進み伝統社会の残留が色濃く見られる地域が存在するなど、均一的な近代社会が形成されたわけではありません。つまり、多様な近代社会が混在しているのが日本の現代社会の実態だと、私は認識しております。

「これまでの民俗調査が困難になってきた」と嘆く方がおられる一方で、「まだ生活圏の近辺で調査ができる」という方がおられるのは、こうした事情を反映しているからだと思います。

そうしたことを踏まえて、現代社会とは、「私」（民俗に関わる研究者）を含めた今に生きる人々の生存環境であると私は考えております。

現代社会という研究環境を捉えやすくするためには、現代社会の実態と現代社会の定義をはっきり区別した方がよい、と思うからです。

2　時代と学問

次に時代と学問は、どのような関わりを持つのかという、受け取り方によってはたいへん壮大な問題に、取り組んでみたいと存じます。

その手続きとして、「近代化」の動向と「民俗学」の動向を重ね合せてみることに致します。

私は日本の近代化を、一九六〇年代の高度経済成長期を中心に、その前後を含めた期間を三つに分けて考えています。それらを便宜上「前期近代化」（～一九五〇年代）、「中期近代化」（一九六〇年代～一九八〇年代）、「後期近代化」（一九九〇年代～）とします。

ここで、この時期に民俗学の学史的節目をあてはめてみました。「民俗学の開拓期」、「民俗学の隆盛期」、「民俗学の再生期」を重ね合せてみます。すると、「近代化」という時代の動向と、「民俗学」という学問の動向が、開拓に始まり隆盛期を迎え、その後新たな方向を見出そうと再生を志すという点で見事に一致するということがわかりました。

「前期近代化」とは、明治政府の政策に従って、国家が主導する社会制度を中心とする近代化の期間です。一方、

「民俗学の開拓期」とは、柳田國男の活動から一九五七年(昭和三二)の民俗学研究所の解散に至るまでの柳田國男が主導していた期間と考えています。

柳田國男は伝承を重視する民俗学を、史料を重視する当時の史学の補助学科と位置づけ、伝承資料の収集に努力を重ねていました。そうした柳田國男を募って集まった人々、後の民俗学研究所のメンバーの一群の人々を、私は民俗学徒の第一世代として位置づけます。世にいう戦中派世代と重なる人々です。

話が、少し横にそれますが、私が代表を務めていた女性民俗学研究会は、通称「女の会」といい、日本民俗学会と同じくらいの歴史のある会です。ですから、その初期のころは、柳田國男の話を拝聴する会が度々開催され、私たちの先輩の女性たちが、直接教えを乞うことが多かったと聞いています。私の前任者の代表は、ちょうど私より二〇歳年長の方でしたが、柳田の話を直接聞いた最後の研究者の一人です。そして、柳田から「あなたは、どちらの出身ですか?」と声をかけられ、感動したことが忘れられない、自分は柳田の弟子たちの尻尾にぶら下がっていた世代です、とよく話しておられました。昨年の暮れに亡くなりましたが、現在の日本民俗学会の長老である大島建彦さんと同い年だともおっしゃっていました。この方たちまでを、第一世代と考えています。

「中期近代化」は、高度経済成長期を背景にした時期です。この時期は社会にとっても民俗学にとっても大きな変動がありました。一九六〇年代に始まる高度経済成長によって、国民の生活を中心とする近代化は加速度的に進み、全国規模で伝統社会から近代社会へと、社会構造が変化していきました。

一方、民俗学では民俗学研究所解散の翌年に東京教育大学と成城大学の二校が、専門教育としての民俗学を学科として設置しています。そこで学ぶのは、第一世代の教え子となる第二世代です。第二世代は団塊の世代とその前後の人で、柳田國男に直接指導を受けた人はほとんどおりません。私も、第二世代の最後の方にぶら下がっております。

在野の学問として形成された柳田民俗学は、アカデミックな環境によって学会組織や機関誌の整備、研究拠点の設置、引用に伴う敬称の省略、学術用語の統一化、学術論文の充実など、研究の形式や内容手順などの制度化が進んだ結果、新たな形式を整えた「近代民俗学」に生まれ変わったといえます。柳田民俗学から近代民俗学へと、学問も近代化したと考えています。

この時期は、第一世代の円熟期に、第二世代の躍進期が重なり、民俗学が大きな成果を上げました。その結果、「民俗学」という学問が、世間に認められ、大きな広がりを持ったのが、「民俗学の隆盛期」です。

「後期近代化」は、グローバリゼーションの後ろ盾になっていたバブル経済がはじけ、世の中が次第に安定へと進んだ時期です。安定とは、近代化への急激な動きが落ち着いたということです。こうした状況下で、日本列島は一九九五年(平成七)一月には阪神・淡路大震災、二〇一一年三月には東日本大震災といった大きな災害に見舞われました。ことに東日本大震災を契機として、多くの国民が経済至上主義ではなく、家族や日常生活の大切さを再認識するという経験をした時期でもあります。

現在に至るこの時期は、近代化の歩みからいえば安定期、民俗学の歩みからいえば再生期といえるかと存じます。両者は次の時代の方向性を模索する期間ということで一致するからです。

3　時代とヒト

ここで、具体的なお話に入りたいと思います。一九九〇年代以降の「後期近代化」では、近代社会の普及によって調査地選定の困難さと、それに伴う研究の困難さが顕著になってきました。ここに研究における立ち位置の問題が生じることになります。村落共同体中心の伝統社会と、個人の生活を中心とする近代社会では、社会構造が全く異なっていることが明らかになりました。伝承が希薄になり、前代からの生活様式や儀礼などの連続性の要素が失われているからです。また、近代社会の人は村落社会のように一律の生活をしているわけではありません。ゆえに、私は個人を中心とする調査法や研究法の必要性が、高まってくるのではないかと考えています。

近代社会を主な研究環境とするのは、第三世代すなわち東京オリンピック以降に生まれたいわゆる新人類世代以降の人々です。今後の研究活動の中心になるのではないかと期待しています。こうした人々が、立ち位置やそれに伴う方法論、あるいは今後の方向性など新たな研究領域を模索している姿は、最近の日本民俗学会の企画にもうかがわれます。

近代化と民俗学の重ね合せによって、一九八〇年代までは第一世代と第二世代がともに伝統社会を研究環境としていたことがわかります。第一世代はいわば柳田國男の直弟子、第二世代は柳田國男とは多少距離を持つ新たな世代といえます。彼らは、柳田民俗学に代わるいわゆる「アカデミック民俗学」を生みだしました。この通称「アカデミック民俗学」を、私は「近代民俗学」と捉えているのです。

私は第二世代に属するのですが、今後は個人を中心とする調査法や研究法が必要になるのではないかという見通しを立てた責任上、自分の娘という個人の出産状況を調査対象とする報告をまとめたことがあります。二〇〇七年（平成一九）のことです。本日のお話のまとめを兼ねてその事例を取り上げてみたいと存じます。

「アメリカお産事情」と題しましたその報告は、私の娘がアメリカでの出産を余儀なくされたことがきっかけです。娘は、連れ合いの二年間の大学院留学のために二歳に満たない長女を連れて同行し、その地で第二子を授かったからです。

出産にあたり、長女の世話をしてほしいという娘の要請によって渡米した私は、この機会を利用してこれまであまり目にすることのできなかった、現代社会の一局面を対象とした報告書をまとめてみようかと考えました。具体的には、一人の「ヒト」である娘が、周囲の人々とともにお産環境と対峙する様子を、実感に基づいて報告するというものです。

ここでは、この報告書の趣旨からは多少離れて、時代とヒトとの関わりという点からお話したいと存じます。

私の母は、一九五一年(昭和二六)に結婚によって九州から上京し、翌年に私を総合病院で出産しました。全国的な数値で見れば、自宅での出産がおよそ九割を占めていたころのことです。もし上京していなかったら、私は九州の母の実家でお産婆さんの手によって生まれていたのかもしれません。村落共同体という伝統社会から近代都市へと移り住んだ母は、近代化と一体化した近代医学を信頼して総合病院でのお産を選択したといいます。お陰様で、私は、渋谷区鉢山町の住人となり、この大学に隣接する氷川神社の氏子となりました。

私自身は、高度経済成長の名残りをとどめる一九七五年に長女を、二年後に次女をそれぞれ近所の産婦人科医院で出産しました。陣痛促進剤が盛んに使われていた時期です。産院で教えられたのは、母乳の飲ませ方ではなくミルクの作り方だけでした。科学技術が目覚ましく進歩している時代にあって、何も考えないまま無自覚に医療管理下のお産に臨んだものとなりました。

その時代に生まれた次女が、二〇〇三年に長女を日本の助産院で産みました。彼女なりに悩み、自然な身体の営みとしてのお産を選択した結果、医療管理下とは異なる環境の助産院を選んだのです。その後、二〇〇七年には渡米した先の麻酔による無痛分娩が主流の大学病院で、長男を出産しました。

ここで、アメリカのお産の実態をちょっとご紹介したいと思います。二〇〇〇年の統計ですが、アメリカのお産の九八・九%が病院出産で、そのうち大病院では硬膜外麻酔によるお産が九割を占めています。お産全体からすれば、

母子三代と「近代化」・「民俗学」の区分

母の出産 （1952年　第一子）	前期近代化・民俗学の開拓期（～1950年代）
	柳田民俗学の展開 民俗学会第一世代の活躍
私の出産 （1975年　第一子）	中期近代化・民俗学の隆盛期（1960年代～80年代）
	近代民俗学の誕生 民俗学会第二世代の活躍
娘（次女）の出産 （2003年　第一子）	後期近代化・民俗学の再生期（1990年代～）
	民俗学会第三世代による再生への試み

硬膜外麻酔の使用率は六、七割ということですが、産科医への訴訟率が高いため、訴訟を恐れてじっくり待つお産というより、先手を打って帝王切開をしてしまう率が四人に一人と、日本に比べて圧倒的な割合を占めています。

私の娘は、一緒に渡米していた日本人グループの女性たちが出産していた最先端技術の整った大学病院を選択することになりました。そこでは、普通に硬膜外麻酔による無痛分娩が行われており、グループの女性たちももちろん無痛分娩でした。

しかし、娘は長女を出産したときと同様に、できるだけ医療の介入しないありのままのお産をしたいという希望を持っていましたので、麻酔は行わない、医療の介入を最低限にするというバースプランを夫婦で相談して、病院に提出しました。

その結果、ドクターもナースもお産に関わったすべてのスタッフが、娘夫婦の希望を最大限に尊重したサービスを提供してくれました。文化の違う異国で、しかも先端医療の整った大学病院で、自分たちの希望したありのままの身体の営みとしてのお産を実現することができたのです。

上の表をご覧ください。「近代化」と「民俗学」の動向を重ね合せたものに、母・私・娘の出産時期を重ねてみました。

母子三代が、前期近代化・中期近代化・後期近代化と設定した期間の中で出産したことがわかります。

前期近代化では、伝統社会から近代社会へという価値観の移行から、あらゆる面で選択という意思決定が必要な時代になりました。その結果、一人の妊婦である母もお産婆さんや助産院の手になる伝統的な出産の場から、新たな病院という出産の場を、自らの意志によって選択するという必要性に迫られたのです。

中期近代化の時代に出産した私は、高度経済成長を背景にした近代化の中で、それ程強い選択を迫られることなく、近代化した産院において無自覚なまま出産をすることになりました。近代化の盛んな時期は、あらゆる面で無条件に近代化に進むという時代の考え方に流されていたからです。多くの女性たちが、近代化を良しとする価値観によって、出産の場が医療管理下にあることを問題にしていない時代であったと思います。

後期近代化は、世の中に安定をもたらしたと同時にあらゆる面で、次の時代の方向性を模索する様々な考えが錯綜していました。出産についても近代化された医療化の中でのお産に対する見直しの必要性が叫ばれるようになりました。

どのようなお産が日本人に合うのか、全く不明な状態になっていると私は感じていました。そうした混迷の時代に、私の娘は自らの身体と向き合う方法を選択したということになります。第一子を日本の助産院で産み、自らが産むという感覚を身体に刻み込んだ結果、第二子をアメリカという異文化の中での出産に生かすことができたのだと、私は考えています。

むすびに

「近代化」の動向と「民俗学」の様相の重ね合せによって、学問は時代の移り変わりに大きく影響されるという事実を、具体的に理解して頂けたかと思います。また、母子三代に見られたように、ヒトの意識も個人差を超えて、時代とともに変わるのではないかと推測されます。

本日は、「近代化に伴う民俗とヒトの意識」というテーマのもとにお話をさせていただきました。近代社会を研究対象とせざるを得ない、これからの民俗学徒にとって、自らの立ち位置を考えるための材料としていただければと存じます。

なお、本日のお話は、近代化の是非について問うものではありません。時代の変化に伴うヒトの意識と民俗研究の関わりを感じていただければ幸いです。

終章　各章のまとめと今後の課題

はじめに

本書の主題は、私たちの眼前に次々と展開する社会状況が、子を生す女性にとって、いかなるお産環境であるのかを認識することにあった。表現を換えれば、「産む性」の気持ちのありようをお産環境という状況のありようとの関連性の中で捉え、今後の方向を見出そうとするものである。

ここでは、そうした主題に肉薄するために章立てした各章のまとめと今後の課題について述べることにする。

序章　現代社会と「産む性」

第一節「近代民俗学と現代社会」では、前近代社会から近代社会へと移行した現代社会を主な研究環境とする研究者の立ち位置を考えてみた。

なお本書の最後、終章の前に附論をおいたが、これは「近代化・民俗・ヒト」と題した講演記録である。近代化に伴う民俗とヒトの意識をテーマとして、近代化と民俗学の動向に母娘三代の出産状況を重ねて、時代と学問のありようを述べたものである。

この二つの考察が、本書の骨組みと位置づけている。

第二節「お産に関する研究の成果と課題」は、研究小史と筆者の研究目的を示したものである。これまでの産育研究の対象は産神などの信仰や儀礼、そして介助者としての産婆などに集中していた。それに対して、出産の主役である妊産婦へのまなざしはごく最近のことであった。著者の立場は、ヒトを見つめ、声なき声を聞き、その心に寄り添うことによって、現代社会におけるお産環境と「産む性」との関わりを明らかにすることを示した。

第三節「「産む性」とお産環境」での「産む性」というのは、この場合、女性の「子を生す」特性に焦点を当てて概念化したものである。「産む性」の気持ちのありようを、お産環境という状況のありようとの関係性の中で究明したいという考えによって必要性を感じたものである。「お産」という観点に立つと、「産む性」もまた環境の一つであることに気づく。したがって、自身がお産環境にありながら、外部的なお産環境に対して主体的に向き合うという関係性を示す概念であり、自分自身の身体を通して、子を産むことを意識する女性すべてにあてはまるものと考えている。

また、母子ともに包括し、出産前後の一連の流れを含む「お産」をめぐる外部的な環境を三つに類型化した。「生活環境」は産む性の生活活動の範囲やあり方によって生じるお産環境である。「統制管理環境」は、共同体の決まりや国家の法律など公的なものによって決められるお産環境のことである。これらは「産む性」を取り巻くお産ということで共通性を持つ。「当事者環境」は、「産む性」の身体条件や自己決定によるお産環境である。現代社会では自由であるがゆえに、情報の収集による選択、自己決定が迫られる。今を生きる人々を見つめ、耳を傾ける現代の民俗学は、こうした「産む性」の直面する内面的な問題を、研究者自身の問題として立ち上げていく可能性を持つ学問領域として成り立つことを提言した。

第四節「本書の構成と意図」は、本書の第一章から第三章が前述のお産環境の三類型に合わせて、考察を加えたものであり、第四章はそれらを踏まえて今後の方向性を示したものである。以下に各章における論点のまとめを記す。

第一章「産む性」と当事者環境

本章は、「当事者環境」についての論考である。高度経済成長期という空間を経て現出した現代社会は、それまでの時代に比して個人の生活活動の自由の範囲が拡大する方向に進んできたと認識できる。村落共同体の消滅によって、共同体的規範から解き放たれたのである。従うべき規範を喪失したともいえる。その結果、自由の領域の拡大に比例して、人は情報の収集による選択や自己決定を迫られることになる。

第一節「「産む性」の現在」では、子というものを自分の身体を通して意識しつつ、お産環境に向き合う女性を「産む性」と概念化した上で、現代社会という生存環境における「産む性」がどのような状況におかれているかを追究した。儀礼面においては、ニュータウンに居住する核家族が新たな都市型の民俗として、新しい文化を形成しつつあることが明らかになった。その一方で、お産の場が、医療管理下におかれることによって伝承が途絶え、妊産婦が孤立化するという現象を引き起こしていることを指摘した。そうした現状認識に立って、当事者の声に耳を傾けるという手法を用いることの可能な民俗学が、現代社会の抱える問題に積極的に対応できるという可能性を示した。

第二節「平成のお産環境作り」では、ことごとく医療管理化された現代のお産環境の中で、それとは異なる独自の方法を目指そうとする助産師や産む側の人々の生き様を捉えようとするものである。産むのはあなた自身と妊産婦に寄り添い、できるだけ医療の介入しないお産を実現しようと粘り強い努力を続ける助産師たち。一方、お産が医療行為として管理されることに違和感を持つ女性たち。近年における助産師たちの助産所開設とそれを支える産む側の人々の活動は、遅々とした歩みではあってもお産環境に変化をもたらしている。個人化した現代社会では医療によるものも含めて、多様な価値基準を共有することがのぞまれることを主張したものである。

第三節「会陰保護術と「産む性」」では、助産における会陰保護術の変遷を究明した。産婦の安全を優先した技術ではあるが、介助する側のしやすさという側面は小さなことではなかった。近年は、母の産む力、子の生まれる力を発揮させる環境が整えば、とりたてて会陰保護をしなくても安全なお産につながると理解されるようになっている。助産におけるキーワードを中心に長い歴史を紐解き、助産技術やあり方を認識する。結果として、それが「産む性」への選択肢の提供となり、今を生きる人々の指針となれば、現代の民俗学の存在意義の拡大も期待できるとしたものである。

第四節「アメリカお産事情」は、アメリカでの身内の出産体験を、産む側の実感に基づいて報告したものである。科学の最先端をいく大学のメディカルセンターでありながら、妊産婦の希望を最優先するバースプランのあり方。そして、産む側は出産という事態に構えずに自らの身体と向き合う方法を選択することができるシステム。医療管理の下、ほぼ一律化してしまっている日本のお産環境に大きな示唆を与えるものといえた。

第五節「避妊ということ」では、民俗慣行や人口政策、そして戦後の家族計画や女性自身の自己決定としての避妊を考察し、妊娠することとの相関関係について追究した。妊娠や避妊は、自分の身体でありながら自分のものではないことを実感させられるものとして存在する。「産む性」そのものをお産環境の一つと考えれば、少子化という社会現象を「産むか産まないか」、「避妊か妊娠か」という二者択一によるものと断じることはできない。お産環境としての「産む性」の心と身体を見極めることの大切さを訴えた。

第二章　「産む性」と統制管理環境

本章は「統制管理環境」についての論考である。制度としてのお産環境は、明治政府以降の国家の近代化によって大きく変わる。人のお産には介助者が求められるが、明治政府の統制管理によって、介助者が無資格者から有資格者となるのである。近隣の経験豊かなトリアゲバアから、国家資格制度による産婆、助産婦、助産師へと変遷する。さらに第二次世界大戦後は、近代科学への信頼の高まりとともに、出産の場が自宅から施設に移り、出産そのものも日常的営為から医療の対象と考えられるようになる。その結果圧倒的な割合で出産の場が医療管理下に組み入れられることになった。第二章は「「産む性」と統制管理環境」として、近代化と連動した行政の「統制管理環境」における「産む性」の状況を把握しようとしたものである。

第一節「男性助産師導入問題と出産観」では、いつの時代にあっても出産に伴う女性の身体は、無意識のうちにイエや藩、国家(政策)や医療システムなどによって、常に管理されてきたことが明らかになった。近代化によってひたすら医療化への道をたどってきた現代社会のお産事情も、その延長線上にあるといってよい。男性助産師導入問題はその象徴と位置付けることができる。そこには、お産の当事者である産む側の声が顕在化することなく見過ごされてきたという共通項があることを指摘した。ここでは、新聞紙上で男性助産師導入問題を知った母親グループのリーダーが、自分の居住する地域の女性たちを対象として行ったアンケート調査資料を、筆者が分析する。その結果、この問題に傍観者的立場にいた人々が、アンケート用紙に記入することでケアの受け手としての当事者的立場となっていくことが読み取れた。より良いお産環境を整えるためには、当事者の立場に立った出産観が求められていることが明らかになった。

第二節「男性助産師導入問題と「産む性」」は、助産の歴史を簡略に顧みた上で、二〇〇〇年に起こった男性助産師導入問題について述べたものである。男性助産師導入問題は、第二次世界大戦直後から職業上のレベルや法律レベルで論じ続けられ、「産む性」の心が置き去りにされてきた。男性助産師によるお産の介助は、より良いお産環境を作り出すことになるのかという観点から「産む性」の声をフォーカスする必要性を訴えた。それにはフィールド学として形成された民俗学の手法が大きな力を発揮するはずである。そして、そのとき民俗学は現在学としての意義を持つことになることを確認する。

第三節「男性助産師導入問題とお産環境」は、事実経過を中心に、産む側の声に焦点を当てて、男性助産師導入問題という眼前の現在進行形の問題に対するフィールドワークを試みたものである。その結果、この問題を契機として多くの人々の間で病気や怪我の看護と、母体の産む力を引き出すお産の介助とは本質的に異なるものであることが認識された。そして、男性助産師そのものが自然分娩に反する一つの要素ということに気付いたのである。なお、この問題の推移によっては、法令が市井の人々の生活にどのような変化をもたらすのかという視点による分析が必要になることを指摘した。

第四節「ライフヒストリーに見る助産師」では、一から三までの三人の助産師の生き方を通して、日本近代のお産環境や助産のあり方を見ようとした。

一「近代産婆の先駆者」の日暮たきは、江戸四宿の一つである千住で開業し、大正から昭和へという流れの中でマチとその周辺のムラの人々の出産介助を手がけてきた方である。誰もが自宅でお産をしたので、往診のためにまだ普及していなかった自転車を購入して疾走し、関東大震災や第二次世界大戦を乗り越えてきたのである。

二「助産婦の現代」と三「近代を駆けぬけた助産婦」は、ともに大正初期の生まれの同世代の助産師による語りである。前者は生まれた土地に根付き、産む性とその家族との関わりの中で生きてきた。一方、後者は様々な土地で、その時々に求められる状況下において、資格を活かしつつ生きてきた。一見対照的な二人であるが、お産が日常的な身体の営みであるということを信じてその介助者としての道を歩みつつも、国策による受胎調節の指導に携わっていたという点においては共通する。ただ、その活躍の場が、前者は生まれ育った東京都足立区という地域社会を拠点としているのに対し、後者は中国であったり、企業内であったり、市民の運営する「お産の学校」であったりと、その活躍の場が異なる点に違いがある。

第三章　「産む性」と生活環境

本章は、「生活環境」というお産環境の三つ目についての論考である。産育儀礼や民俗慣行としての行事の形式的連続性と内容的不連続性に注目し、そうした儀礼の非連続性に関わる人々の考えや感情、理由といった内面的な問題を考察したものである。

第一節「「産む性」と産育儀礼」は、一九五三年（昭和二八）から一九六八年までに生まれ、高度経済成長期の変化の中で育ってきた女性たち二一人が、結婚し、母親となったときの考えや行動を産育儀礼から見た。古くから足立区で農業に携わってきた地付きの家や新住民として入居した人々を抽出して事例とした。親と同居、あるいは至近距離の範囲で親と生活するという点から、七軒を「旧家族型」、親元から離れた核家族である一八軒を「新家族型」と分類し、大方の傾向を探った。地域共同体の色彩を残す旧家族型の産育儀礼は、氏子の意識や地域の承認を重視するなど伝統的な要素を継承していた。一方、地域共同体の規範の影響のない新家族型は、家庭文化とでもいうべき夫婦の趣向によって、子どもの成長祈願の要素を中心にする家族のイベントという状況を呈していた。「宮参り」や「七五三」という名称や形式は前代と同様であっても、儀礼を営む意識は前代とは異なるものとして存在する。そして、こうした意識が近代化以降の社会と時代を動かす価値規範として形成されつつあることがわかった。

後半部では、その土地の歴史や近隣地域と隔絶された人工的な空間である茨城県守谷市の常磐ニュータウンを事例とした。ほぼ同時期に入居という条件から地縁的な友人や知人関係も希薄な核家族が、お産という現実に対して、どのように産育文化を形成していくのかをテーマとした。いわば無に近い状況からの出発であったが、ニュータウン建設直後に入居した新しい夫婦が、それぞれのスタイルで生活を送りながら、それぞれの形で安産や成長を願う多様な産育儀礼を営んでいた。そこに特徴的だったのは、「夫の積極的な協力」と「実家との連携」であった。前半部で見た「新家族型」と同様、子どもの成長祈願が中心である。地域共同体に居住する実家の多くは、遠方の地の孫の誕生にもかかわらず地元の地域や親戚への承認儀礼を営んでいた。新しい夫婦は都市型の産育儀礼、実家では従来の地域共同体的な産育儀礼を営むという二重構造が見られたのである。

第二節「助産婦と儀礼の消長」では、一九三三年（昭和八）に開業して以来、ほぼ六〇余年にわたり助産婦としてお産に携わってきた永沢寿美からの聞き書きであるライフヒストリーをとりあげた。かつては着帯式から七五三に至る産育儀礼への介助者の関わりには深いものがあった。近代化によるお産の医療管理は地域に根ざす助産院の激減を招き、お産の介助者である助産婦と地域住民との関係を断ち切ったことが理解できる。

第三節「着帯の風習と腹帯論争」では、着帯の習俗の起源を遡る過程から、江戸時代において着帯の是非をめぐる論争のあったことを示す。それらの文献からは、有害無害が問われていた事情ばかりではなく、一般的な習俗として腹帯の着用が行われていたことが推察される。近年は晒の腹帯をする妊婦は激減している。その有効性についても様々な議論があるが、ここでも形式的連続性と内容的不連続性といった儀礼の非連続性という現象がうかがわれる。つまり、実用としての腹帯から安産を祈願するためのものへと変質し、現代の社会においてもその存在を誇示しているのである。

第四節「女人講と「産む性」」は茨城県龍ヶ崎市を調査対象とするものである。近代化が進む中で、伝統的な村落社会に生きる女性たちがどのような意識のもとに女人講という伝統行事に関わっているのかということをテーマにしている。その手続きとして、『龍ヶ崎市史民俗調査報告書』に登場する明治後半から大正期に生まれ、昭和二〇年代までに出産を経験した女性を第一世代と設定した。近代化以前に生まれた人々である。実際に聞き取りをした人の多くは、第一世代の「嫁世代」と「そのまた嫁世代」である。大正末から昭和に生まれ、昭和に出産した「嫁世代」は近代化への歩みの体現者というべき第二世代。昭和二〇年以降に生まれ、昭和後半あるいは平成に出産した「そのまた嫁世代」は、近代市民社会の住人たる第三世代ということになる。こうした三世代の聞き取り調査をもとにした。

女人講は現代の村落社会にあって非日常の場を形成していた。定期的な儀礼と臨時に催される儀礼との別はあったが、いずれも信仰と娯楽の二つの側面をもっていた。安産や子育ての祈りを中心とする神仏との共食が、今日では祭祀後の精進落し的な仲間との会食になっており、イエやムラに束縛された女性たちにとって公然と日常生活から解放されるレクリエーションの場でもあった。そこでは自分の存在感が女人講を通して実感できる文化装置として働いていた。そして、必然的に同世代による結束と同性の連帯感が生じることになる。女性たちのこうした結束や連帯感が、出産や子育てのより良い環境作りには不可欠のものとなっている。母親学級や子育てサークルなどに見る近代社会に用意された同世代の結束や同性の連帯感を高め合う文化装置の役割を、すでに女人講は果していたのである。現代社会にあっても地域社会を維持する原動力にもなっていた。

第四章　女性民俗研究のこれから

本章は、類型化したお産環境に対する「産む性」や介助者の実感や本音をもとに、それぞれが持つ問題点を考察した第三章までとは趣旨が違う。そうした点を踏まえて今後の方向を見定めたいというものである。

第一節「お産環境とフェミニズム―ラマーズ法の普及と「お産の学校」―」は、日本のフェミニズム運動の中に、「お産の学校」の盛衰を位置付けた。そして、それが近代化の動向と重なることを認識し、問題点を指摘する。

第二節「立ちすくむ女性たち」では、地域共同体の規範に従う生活とは異なる現代社会の都市生活においては、自由と引き換えに多くの選択肢が準備されてはいる。しかしその一方で多様な選択肢を前に立ちすくむ人が少なくない。子産み子育て文化を探索する過程で現代社会が立ちすくむ人々を生み出していることが判明した。こうした人々を主体性の欠如とか、自律性に欠けると非難することなく、一種の社会現象と捉えると別の問題が見えてくる。伝統社会から近代社会へ移行する過程で発生するこうした現象は今後様々な場面で起こる可能性がある。それを一面的に個人の責任と決めつけずに、社会現象とみなして私たちの生存環境である現代社会を考えるべきだと主張した。

第三節「女性の民俗と女性への視点」は、お産のような「産む性」たる女性が主役の民俗に対して、どのような視点を構築すれば社会や男性との関係性を明確に捉えることができるか、という問題提起をしたものである。女性民俗学研究会という小さな、それでいて六〇余年という長い歴史を持つ会の六〇〇回記念例会で研究の軌跡を顧みつつ今後の方向性について述べたものである。これからの民俗学はヒトを主役にすべきだという主張が普遍性を持つようになればという願いを込めて収録した。

今後の課題

環境とは人にとって、客体としてその周囲に客観的に存在するものではない。物理的（あるいは自然的）、人的（あるいは社会的）、制度的、身体的な環境、つまりそうした外部的な生存環境としての現代社会において、主体としての人が行動する際に知覚する何かの総体が、その人の内なる環境となるのである。環境として客観的に「ある」のではなく、主観的なものとして環境と「なる」と言い換えることもできる。

したがって、お産環境といっても「産む性」一人ひとりにとって、それぞれの内なるお産環境が存在することになる。そして多くの場合、子を生した歓びとともに内なるお産環境のマイナス要素も自分の中に収めて声なき声として埋没してしまう。

本書のテーマは、今を生きる私たちの眼前に展開する現代社会が、「産む性」にとっていかなるお産環境であるのか、ということを認識しようとするものである。そのためには、一人ひとりの声なき声に耳を傾け、現状を認識し、今後のあり方を見出そうとする実践性が重要なものとなる。

野の学問から、大学を研究拠点とするアカデミックな民俗学、すなわち近代民俗学に移行する中で忘れ去られたかに見える、民俗学の実践志向。実践志向の喪失はフィールド学を旨とする民俗学の存立さえ左右することになりはしないかと危惧している。

現代社会に現在進行形として存在する社会的課題に対して、民俗学が有効性を発揮するためには、どのような視点や方法を持つべきなのか。本論では、現代のお産環境という社会問題を取り上げたが、今後このような手法を用いて、我々のまわりに存在する諸問題に取り組むことが可能ではないかと著者は考えている。それは必然的にヒトを主役とする——一人ひとりの声に耳を傾け、気持ちに寄り添う——ことの実践である。様々な社会問題と取り組む中で、こうした実践方法が普遍性を持つ手法に練磨されればよいと願っている。

いずれにしても、科学的歴史主義として歩んできた日本の民俗学は、今後もそうしたスタンスを保持しつつ、歴史の流れの中にある「今ここ」という現在との強固な結びつきを構築する必要性を感じている。現代社会に生活者として生きる多様な人々の意識や行動、あるいは社会的現象の分析・考察を通して、社会的合意の形成や社会的諸問題の解決に寄与することが今後の課題となろう。そして、それが可能な学問領域であることを確信するのである。

註

はしがき

（1）柳田國男『郷土生活の研究』（一九三五＝一九六七、筑摩書房、「Ⅱ民俗資料の分類　第一部有形文化　七村」一五〇頁）参照。

（2）天野正子　一九九六『「生活者」とはだれか―自律的市民像の系譜―』中公新書
天野はこの中で「生活者とは、特定の行動原理にたった人びと、あるいはたつことをめざす人びとの、一つの『理想型』として使われているのではないだろうか」（一二頁）と予測する。そして、「①生活の全体性を把握する主体をさす。②静的な形態ではなく、『生活者』へと生き方を変えていく一つのダイナミックな日常的実践をさす」（一四頁）と定義した生活者の意味するものを具体的に解きあかしていくことが、本書の主題であるという。

（3）柳田の前掲書（1）の説明の中に「常民即ち極く普通の農民」という記述がある。柳田は村を構成しているのは、三通りの住民で、土地の草分けや村のオモダチなどといわれる階級が上層、下は諸職とか諸道などといってしばらく村に住んではまた他に移っていく漂泊者であり、常民は二つのものの中間にあって住民の大部分を占めていたとしている。つまり、柳田は階層性の中で「常民」という概念を想定したのであり、人間性の側面を想定して構築した概念ではないことに注意しておきたい。筆者が本論において概念化した「生活者」は、日常性を生きるという人間の側面を想定したものである。

（4）柳田は前掲書（1）において、「私たちは学問が実用の僕となることを恥としていない。そうして自身にも既に人としての疑問があり、またよく世間の要求期待を感じている」と述べている。「自身にも人としての疑問があり」（九二頁）という文言は、研究者としての主観、あるいは著者の「一人の生活する主体」という表現と重なる。

序章

（1）佐々木美智子　二〇〇九「現代の民俗学の視点と方法」『女性と経験』三四　女性民俗学研究会

（2）佐藤健二　一九九九『日本民俗大辞典』吉川弘文館
佐藤はこの中で、「近代化」について、「社会を工業化以後の近代社会と伝統的な前近代社会との二つに類型化したうえで、近代社会へと向かう変化を一般的、概括的にさし示す概念」とまとめている。筆者も、通説化したと思われるこのような捉え方に基づいて論を構築している。

（3）安丸良夫　二〇〇七『文明化の経験―近代転換期の日本―』岩波書店　一三七頁
「近代化の過程で、国家の支配が民衆の生活様式の内部にいっそう深く根をおろすさいに、国家は文明的・価値的・有益的なものを代表して臨み、民俗的なものは、愚昧・迷信・蛮行などとして対照的に価値づけられることとなる。こうした二元的な〝分割〟は、近世の世界観のなかにも存在してはいたが、それが近代文明と国家の富強という課題にあわせて徹底させられたのが近代化というものだ、ということになろう」を参照。

（4）落合恵美子　一九八九『近代家族とフェミニズム』勁草書房

（5）千田有紀　二〇一一『日本型近代家族―どこから来てどこへ行くのか―』勁草書房
千田は、落合恵美子が論じた「近代家族」を受け、日本における「近代家族」とは、どのようなものなのか。この問いには、結論が出ていないとして、以下の考察を展開する。「家族」とは、明治時代につくり出された言葉であり、それ以前の社会においては存在しなかった。日本社会の変化の中で、「家族」がつくり出される過程を検証し、日本における「近代家族」がどのように変化してきたのかを読み解く。

（6）井之口章次　一九八〇「産神そして厠神」『日本民俗学』一三〇　日本民俗学会

井之口は、「産神という名称で呼ばれていても、実は赤子の体に入るべき霊魂のことを、ただ仮に「産神」と呼んでいるだけであったとすると、しいて施術師たる神を求める必要はない。日本人の神様好きの心情が、霊魂をも神と呼び、神らしく作り上げてきたということになろう」と主張する。その背景に、産神は神信仰ではなく、俗信の分野に属する民俗事象という考えがある上での指摘といえる。

（7）『日本産育習俗資料集成』二一四頁に、香川県三豊郡の事例として「産飯を茶椀に盛り、石のおかずをつけ箸をそえて供え、その箸で頬をつけば、えくぼができるという」という記述がある。

丸山久子　一九七八「石のおかず」井之口章次編『人生儀礼　講座日本の民俗3』有精堂出版

丸山は、生児の何度かの祝いの膳に石を添える風習を詳細に分析したものである。そして、祀るべき御神体とそれに供える供物との間に、石そのものの観念が混同してきていることを認めている。さらに、産神の依り代としての石の分布が関東北部から九州に至ることを明確にした。

（8）死の直後、死者の霊魂は長野の善光寺へ行くという伝承は広範囲にわたっている。たとえば、

長門の桐嶋では人がすくばると直ぐに枕飯を炊いて丸い握飯となし、膳の上に茶碗を載せて其中に供へる。ホトケは死ぬとすぐに信濃の善光寺に行くので、その行つて戻つて来る迄の間に、枕飯は作つて置かねばならぬと謂ふ。（『葬送習俗語彙』二一頁）

とあるが、その後に、「この善光寺は熊野では那智の妙宝山に参るとも謂つて居る。亡霊は暫く故の家の附近に留まると謂ひつつも、何処かへ一度は行つて来るやうな信仰があつたらしいのである」という解説がなされている。

佐渡の河原田などの例では、死者にホトケメシ（筆者注―枕飯のこと）を供へる際にも盆の精霊棚と同様に、別に小皿に小《ママ》し取分けて置き、是を餓鬼飯と謂ふ。（『葬送習俗語彙』二六頁）

この事例はほとんど盆の精霊棚と変わらない。盆における死者の霊魂と同じ扱いであり、産飯で迎える赤子の扱い方と

は全く異なる。

（9）佐々木勝　一九八八『厄除け―日本人の霊魂観―』名著出版
佐々木によれば、疱瘡神祭祀の方式には、正月行事としての公的な象徴的な儀礼と、発病から治癒までの期日の特定しない私的な具体的な儀礼があるという。

（10）柳田國男　一九四七（一九七〇）「日本民俗学の前途―近藤忠義氏への答―」『定本柳田國男集』第三一巻　筑摩書房
戦後、柳田の最も重要な論考である「現代科学といふこと」に先立つ同年五月二三、二四日の『時事新報』に、国文学者近藤忠義に対する反論として掲載したもの。民俗学の方法以下三点を中心に述べたものだが、方法については「資料を眼の前の生活諸事實の中から採ること、それを安全なる証拠とする為に、出来るだけ観察と記録とを精確にし、又前以て整理して置くこと」として、「此頃次々に公表する分類民俗語彙といふのが其『見出し』であります」と強調している。

（11）関敬吾　一九六〇「大系の終りに」『日本民俗学大系』月報一三号　平凡社
関は『日本民俗学体系』の編集者の一人である。参考までに、その冒頭部分を以下に記す。

われわれは最初に、新しい問題の提起、新分野の開拓、方法の検討、近隣諸民族文化との比較研究、調査方法の反省など、いくつかの問題を提起した。これらは当面の課題でもあるが、いま最終巻を刊行するにあたり、いささか気になる。

（12）柳田前掲書（10）五四四頁
柳田のこの論文の中には、民俗学のあり方を問う国文学者に対して、在野の学問の立場を吐露する一文がある。

大学に講座があり教授があり、又教科書があり検定試験があるといふ学問に携はつて居る人たちは新たに民間に一つの学を起す者の、辛苦艱難を察知することが出来ません。

（13）島村恭則　二〇一四「フォークロア研究とは何か」『日本民俗学』二七八　など

（14）柳田國男　一九三五（二〇〇二）「我が国人の産育習俗について（筆記）」『成城大学民俗学研究所紀要』二六
鎌田久子　二〇〇二「柳田先生の産育研究」『成城大学民俗学研究所紀要』二六
（15）柳田前掲論文（14）。ここで柳田は「育てる子ども」に対し、子どもが生れた時に遺棄する習慣のことを「子供を殺すのではない、育てないのであって、子供にしないと云うので埋めるのです」（九五頁）と、述べている。
（16）柳田國男　一九三五（一九六七）『郷土生活の研究法』筑摩書房　一六一～一六三頁
（17）大藤ゆき　一九七三「産の忌についての問題―チボクはシボクより重い―」『日本民俗学』八五
（18）石塚尊俊　一九七八「産の忌」井之口章次編『人生儀礼　講座日本の民俗3』有精堂出版
産の忌を穢れと考えるのは分娩後のことである。妊娠中のそれとはまだ不安定な魂に対する他の魂からの悪影響を避けようとするものである。そして同じく産後の穢といっても産婦のそれと産児のそれとの間には相違があるという。
（19）河上一雄　一九七六「一人前の人生へ・年祝いと少年期・成年式と若者組・婚姻・年祝い」竹田旦編『日本民俗学講座二　社会伝承』朝倉書店
（20）丸山前掲論文（7）
（21）谷川健一　一九七五「産屋の砂」『古代史ノオト』大和書房
（22）谷川健一　一九八一「産屋考」「槻の小屋」『産屋の民俗―若狭湾における産屋の聞書―』国書刊行会
（23）倉石あつ子　一九七九「便所神と家の神」『信濃』三一―一　信濃史学会
（24）大藤ゆき　一九七九「産神と産屋」『講座日本の民俗宗教1神道民俗学』弘文堂
（25）井之口章次　一九八〇「産神そして厠神」『日本民俗学』一三〇　日本民俗学会
（26）西郊民俗談話会　一九八二「産神特輯」『西郊民俗』一〇〇号で、以下の論文が掲載されている。
最上孝敬「産神としての火の神（上）」

大島建彦「唐松山の信仰」
飯島吉晴「産屋の火—火の媒体機能を中心に—」
久野俊彦「マツドーという神」
中島恵子「お産に立ちあう神—東京都大田区の事例—」
大藤ゆき「神奈川の産神」
天野　武「若狭のウブガミ（産神）—福井県遠敷郡名田庄村小倉の場合—」
木村　博「安産信仰としての穴太寺観音」
山本　節「愛知県岡崎市の産神信仰と出産儀礼」
山田八千代「愛知県西尾市の産神信仰と産育儀礼」
永田典子「愛知県額田郡額田町の産神信仰と出産儀礼」
湯浅照弘「岡山県の産神」

(27) 波平恵美子　一九八四『ケガレの構造』青土社

(28) 小森揺子　一九八三「誕生の周辺」『日本民俗研究大系　四　老少伝承』國學院大學

(29) 倉石あつ子　一九八三「産屋・産神」『日本民俗研究大系　四　老少伝承』國學院大學

(30) 佐々木美智子　一九八四「産神と穢れ—小森・倉石論文を読んで—」『女性と経験』九　女性民俗学研究会

(31) 木下　忠　一九七一「縄文と弥生」『民族学研究』三六—一　日本民族学会

(32) 西山やよい　一九八一「「産小屋」習俗の中の女たち」『産屋の民俗—若狭湾における産屋の聞書—』国書刊行会

(33) 瀬川清子　一九三四（一九七九）「舳倉島の海女」『島』覆刻版下巻　名著出版

(34) 松岡悦子　一九八三「文化と出産—日本の自然分娩運動を中心として—」『民族学研究』四七—四　日本民族学会

（35）吉村典子　一九八三「女性の生活と出産慣行の変遷—瀬戸内離島の事例より—」『季刊人類学』一四—二　京都大学人類学研究会

（36）「reproductionは、女性の身体の変化として生理学的にとらえられる一方、社会関係の成立や、地位の変化を促すものとして、社会文化的に重要な意味を持つものである」〔松岡　一九八三、三五八頁〕とし、文化現象としてのreproductionを論じている。

（37）松岡悦子　一九八五（一九九一増補改訂版）『出産の文化人類学—儀礼と産婆—』海鳴社
松岡は一九九一年の増補改訂版では、追記として「ラマーズ法で始まった一九八〇年代から一〇年を経て、人々の好みは、自然出産からテクノロジーを用いた出産へと変化した感がある。それに応じて、出産の主体も医療者→産む女性→胎児へと移ってきている」と述べている。

（38）吉村典子　一九八五『お産と出会う』勁草書房

（39）宮坂靖子　一九八九「或る産婆の生活史—結婚、生活、子育てと、働くこと—」『人間文化研究年報』一三　お茶の水女子大学人間文化研究科
落合恵美子　一九九〇「ある産婆の日本近代—ライフヒストリー—京都と尾鷲における出産の変容—」『総合文化研究所紀要』同志社女子大学
落合恵美子　一九九〇「ある産婆の日本近代」『制度としての〈女〉』平凡社
長谷川博子　一九九三「〈病院化〉以前のお産—熊野での聞き取り調査より—」『思想』八二四　岩波書店
藤目ゆき　一九九三「ある産婆の軌跡」『日本史研究』三六六　日本史研究会
駒井秀子　一九九六『助産婦さんに聞いたいのちにやさしいお産』自然食通信社　など

（40）中野　卓　一九七七『口述の生活史—或る女の愛と呪いの日本近代—』お茶の水書房

（41）大出春江　一九八六「産む文化―ある開業助産婦のライフ・ヒストリー（その一）―」『上智大学社会学総論』一〇　上智大学社会学科

（42）西崎いづみ　一九八六「朔北の小島に生きて―中山サワさんの半生―」『生活と文化』北海道みんぞく文化研究会

（43）西川麦子　一九九七『ある近代産婆の物語―能登・竹島みいの語りより―』桂書房

（44）大林道子　一九八九『助産婦の戦後』勁草書房

（45）永沢寿美　一九九五『産婆のおスミちゃん一代記』草思社

矢島床子　一九九七『助産婦』実業之日本社

野本寿美子　一九九八『あたたかいお産―助産婦一代記―』晶文社　など

（46）鎌田久子・宮里和子・菅沼ひろ子・古川裕子・板倉啓夫　一九九〇『日本人の子産み・子育て―いま・むかし―』勁草書房

（47）中山まき子　二〇〇一『身体をめぐる政策と個人―母子健康センター事業の研究―』勁草書房

（48）佐々木美智子　二〇〇〇「現代社会と民俗学―男性助産士導入問題をめぐって―」『女性と経験』二五　女性民俗学研究会

二〇〇〇「近代を駆けぬけた女性」『女性と経験』二五　女性民俗学研究会

二〇〇一「第三次お産革命―男性助産婦導入問題その一―」『女性と経験』二六　女性民俗学研究会

二〇〇二「男性助産婦導入問題と出産観」『日本民俗学』二三二　日本民俗学会

二〇〇三「近代化と地域度―茨城県龍ヶ崎市の産育儀礼をめぐって―」『明治聖徳記念学会紀要』復刊三七　明治聖徳記念学会

二〇〇三「児やらいのコスモロジー」『子産み・子育て・児やらい―大藤ゆき追悼号―』女性民俗学研究会

二〇〇四「女人講における「聖」と「俗」―茨城県南地域の事例から―」『茨城県立医療大学紀要』九
二〇〇四「出産環境と産育儀礼の変容―茨城県龍ヶ崎市の事例から―」『茨城県における女性の生涯にわたる健康支援に関する研究』プロジェクト研究報告書
二〇〇六「避妊ということ」『女性と経験』三一　女性民俗学研究会
二〇〇七「アメリカお産事情―異文化圏での出産に立ち会って―」『女性と経験』三二　女性民俗学研究会
二〇〇八「今に生きる厄年・年祝い」『悠久』一一二　おうふう
二〇〇八「現代民俗学の方途を求めて―助産における会陰保護術の成立と展開―」『女性と経験』三三　女性民俗学研究会
二〇〇九「現代の民俗学の視点と方法」『女性と経験』三四　女性民俗学研究会
二〇一〇「女の会の伝統と創造―六〇〇回記念例会を迎えて―」『女性と経験』三五　女性民俗学研究会
二〇一一「産む性の現在―現代社会と民俗学―」『日本民俗学』二六五　日本民俗学会
二〇一一「平成のお産環境づくり」『女性と経験』三六　女性民俗学研究会
二〇一三「現代社会研究への道標―お産をめぐる研究史から―」『女性と経験』三八　女性民俗学研究会
二〇一四「お産環境とフェミニズム―ラマーズ法の普及と「お産の学校」―」『女性と経験』三九　女性民俗学研究会

（49）佐々木美智子　二〇〇八「現代民俗学の方途を求めて―助産における会陰保護術の成立と展開―」『女性と経験』三三　女性民俗学研究会

（50）鈴木由利子　二〇一一「自宅出産から病院出産へ―会陰保護と会陰切開―」『女性と経験』三六　女性民俗学研究会

（51）安井眞奈美　二〇一三『出産環境の民俗学―〈第三次お産革命〉にむけて―』昭和堂

（52）鈴木由利子　二〇〇〇「選択される命―「育てようとする子ども」と「育てる意思のない子ども」―」『日本民俗学』二二四

（53）柳田前掲論文（14）

（54）板橋春夫　二〇一二『出産―産育習俗の歴史と伝承「男性産婆」―』社会評論社

（55）岩田重則　二〇〇九『〈いのち〉をめぐる近代史―堕胎から人工中絶へ―』吉川弘文館

（56）松岡悦子　二〇〇三「妊娠・出産　いま・むかし」『暮らしの中の民俗学3』吉川弘文館

大出春江　二〇〇六「出産の戦後史」『都市の暮らしの民俗学3』吉川弘文館

大出春江　二〇〇八「性と出産の近代と社会統制」『生老死と儀礼に関する通史的研究　国立歴史民俗博物館研究報告』など

（57）板橋前掲書（54）

（58）佐々木美智子編　二〇〇一『二一世紀のお産を考える―二〇〇〇年男性助産婦導入問題から―』岩田書院および、第二章第一節から第三節を参照のこと。なお、助産婦は二〇〇二年に助産師と改称された。これにより、本書では「男性助産師導入問題」で統一する。

（59）佐々木前掲書（58）

（60）西川麦子は前掲書（43）において「近代産婆とは、産婆としての学校教育を受け、西洋医学を取得し、産婆試験に合格した「免状」をもった新しい産婆のこと」と定義している。本書においてもそれに従って使用する。

第一章

（1）佐々木美智子　二〇〇九「現代の民俗学の視点と方法」『女性と経験』三四　女性民俗学研究会

（2）第三章第一節「「産む性」と産育儀礼」を参照。
（3）佐々木前掲論文（2）
（4）第四章第二節「立ちすくむ女性たち」を参照。
（5）一八七四年（明治七）の「医制」発布において産婆資格の条件が規定された。その後、資格の内容は変わらないが、一九四七年（昭和二二）に助産婦と改称され、二〇〇二年（平成一四）からは助産師という名称が使用されるようになった。
（6）石村あさ子によれば、大学病院では、人を助けたいと思って看護婦の道を選んだものの、病気が治らず、人が亡くなっていく。また、そこでは抗がん剤の試薬が行われており、実験材料に手を貸している自分に疲れたという。
（7）第二章第四節三「近代を駆けぬけた女性―窪田吹子の記録―」を参照。
（8）「お産の学校」は、現在お産のミニ博物館（東京都新宿区高田馬場）前館長の杉山次子が主宰したラマーズ式出産法の講習会のことで、一九八〇年から一九九六年までの一七年間に七五〇〇人以上の受講生を輩出した。
（9）第二章第四節二「助産婦の現代―永沢寿美の記録―」、第三章第二節「助産婦と儀礼の消長」を参照。
（10）一八七四年（明治七）の「医制」発布において産婆資格の条件が規定され、産婆は法律上職業と認められたが、医薬品の販売や医療行為は禁止されている。
（11）杉山次子・堀江優子　一九九六『自然なお産を求めて―産む側からみた日本ラマーズ法小史―』勁草書房
（12）大阪の婦人団体が出産に関する実態調査をもとにまとめた『出産白書―三三六一人の出産アンケートより―』の出版は、市民のお産に関する意識の高まりを象徴する活動と位置付けられるが、その出版に向けての活動は国際婦人年大阪連絡会を構成する四二の婦人団体によって一九七七年に始まり、一九七九年三月に『出産白書』として上梓された。
（13）二〇〇〇年に、有床の助産院を開業した。
（14）第二章第四節二「助産婦の現代―永沢寿美の記録―」を参照。

(15) 杉山次子は「お産の学校」閉校後に、収集した資料などをもとに、自宅を開放し、「お産のミニ博物館」を開設。開館後「産科文献読書会」を立上げ、江戸時代の産科医が著した『産家やしなひ草』や『産論・産論翼』の現代語訳を行った。

(16) 医療行為を行えない助産婦は産婆の時代から嘱託医と連携を取っていた。妊娠中に異常が起きた場合や異常分娩となった際に、産後の異常などに対応してもらう必要があったからである。それが、一九四八年に医療法で義務付けられ、二〇〇七年の医療法改正では嘱託医と連携医療機関の二ヵ所との連携を取ることが義務付けられた。

(17) 胎児が安心な状態か、要注意の状態かを測定する機械。

(18) 妊婦健診の公費負担について、江東区では二〇〇八年四月から妊婦健康診査受診票を一回の妊娠につき一四枚発行している。この受診票は委託医療機関でのみ有効となっているが、東京都内でもこの制度はまちまちで、少ないところでは受診票五枚のところもある。江東区の場合、枚数が多いだけでなく、委託医療機関以外を自費で受診した場合に助成金を支払う制度があり、この「委託医療機関以外」には「助産院も含む」となっている。具体的には、妊婦健診の領収書を提出すると、五万円を上限としてキャッシュバックするというものである。江東区保健所の保健師の話によると、「この受診票」は江東区以外での利用も可能であることから、主にこの助成金は里帰り出産に対応するためのものであるが、助産院での健診も組み込まれ、個人的に安心しているという。ちなみに、「助産婦石村」の健診料は一回五〇〇〇円。出張の場合には区内一〇〇〇円、区外一五〇〇円がプラスされる。

(19) 日本助産師会の二〇〇五年調査では、産科以外の嘱託医は一九%、産科であってもお産を扱っていない医師が三五%いた。

(20) NPO法人お産サポートJAPANは、二〇〇〇年に浮上した男性助産婦導入問題を契機にその活動を始め、二〇〇二年により良いお産環境を考えるためのNPO法人となっている。男性助産婦導入問題については「現代社会と民俗学―男性助産士導入問題をめぐって―」(佐々木　二〇〇〇)および「第三次お産革命―男性助産婦導入問題その一―」(佐々木二〇〇一）を参照。

(21) 日本助産師会によると、このネットワークに助産所が組み込まれているのは、二〇〇八年一一月で一六自治体（三四％）であり、二〇〇九年三月の時点でも増えていないという。

(22) 東京都立墨東病院での妊婦死亡事件を受け、東京都においても周産期母子医療センターにおける救急搬送患者の円滑な受け入れについての協議の場が設けられ、搬送システムの現場での見直しが進められた。

(23) また、生殖医療によって生まれた極小未熟児が新生児集中治療室を満床としていることも、妊産婦の搬送をスムーズに行えないことの一つの原因であるが、それについての議論もなされなかったのは、残念なことである。

(24) 石村あさ子　二〇〇五「少子化と看護の現場―地域で働く助産師からの報告―」『季刊ナースディ』一八―一
石村によれば、一九九六年から二〇〇四年度の家庭出産累計二六五名のうち、初産一九・六％、二人目四三・三％、そして三人目以上の場合は三五・一％を占めている。また、家庭出産を実践する人が二人目のお産から急激に増える理由として、①初産でお産に対する自信ができたこと、②初産では実現できなかったことを改め、よりよい態勢で赤ちゃんを迎えようという気持ちが起こること、③家庭環境や経済的要因から悔いが残らないよう自分で産みたいという意識が表れている、と分析している。

(25) 一九四六年（昭和二一）に産婆は保健婦・看護婦とともに保健師という新たな概念を提示した保健師法案が提示される。翌年五月に産婆は助産婦に改称され、七月には保健婦助産婦看護婦令が公布され、一九四八年七月に保健婦助産婦看護婦法が制定交付された。

(26) オープンシステムとは、大病院の設備を個人医院や助産所が利用できる仕組みである。

(27) 院内助産院とは、病院内で助産師が医師とは別に診察やお産のできるシステムである。

(28) 日本民俗学会による「会員情報の収集」の分類項目一つをとっても、現代を対象とした民俗研究への対応に限界を感じる。

(29) 多摩ニュータウンは、一九六五年(昭和四〇)から都市計画が始まり、一九七一年に最初の団地入居が始まった。東から西への開発で、八王子みなみ野駅完成まで、長い年月を要した。

(30) 小山家には、近世初期の比較的古いものが多く残され、中国の医学書『傷寒論』や『金匱要略』の翻訳本も所蔵されていた。また、近世後期には、都市部では町人文化が発展したが、多摩では医師や上層農家が文化の担い手であったという。

(31) 杉田武義は、多摩村東寺方の最も古い家の出身。明治時代後半から一九五七年(昭和三二)に亡くなるまで、公衆衛生や学校衛生の発展に努力した。多摩村にも開業したが、都区内に開業していた時期もあり、日本医師会議員、東京府学校衛生会幹事などを歴任。政界との繋がりもあって、多摩の村医として活躍する傍ら中央とのパイプ役を務める存在として活躍したという。

(32) 産科を主とする開業医沼田元章は、一八九三年(明治二六)から一九三三年(昭和八)までの四〇年にわたり多摩の医療を支えた。元章は小湊(千葉県鴨川市)の代々が産科医の家に生まれ曾祖父玄昌の著した『産則全書』の残本と版木も残されている。

(33) 特別展「村医者と医者村―多摩の医療奮闘記―」では、第二次世界大戦の前後、より多くのお産に立ち会ったという産婆も登場する。戦前戦中と活躍した市川みよと、戦後活躍した小林タケ・辻野政子の三人である。地域の人々と「お産婆さん」との関わりは深く、名前をつけてもらうなど地域の人々から信頼される存在であった。現在七、八〇代のほとんどの人が、彼女たちに取り上げてもらったという。団地の中まで取り上げに入ったという小林タケと辻野政子はともに東京大学附属助産学校の出身で、互いに連携を取り合い、それに杉田武義医師が協力していた。産婆は地域の人々との関わりが深く、人との関わりという点で医療をめぐる問題との距離が近いとして特別展の企画に加えたという。

(34) 佐々木勝　一九九三「誕生のコスモロジー―禁忌からの視点―」『日本民俗学フィールドからの照射』雄山閣

(35) 第三章第一節「『産む性』と産育儀礼」などを参照。

（36）佐々木美智子　一九九九「助産婦の現代―永沢寿美の記録―」『日本民俗学』二一九　日本民俗学会

（37）東京足立区本木に大正時代より開業し、足立の産婆会の副会長をしていた永沢寿美の姑。

（38）腰枕は、綿を入れて作る。いくつか作っておき、産婦に合わせて使用する。

（39）東京足立区古千谷の開業産婆。足立区産婆会会長を務め、弟子を何人もかかえていた。

（40）ラマーズ法の普及に尽力した杉山次子が、一九九八年東京高田馬場にオープンした博物館である。前掲註（15）

（41）佐久間兼信　一九二六『産婆学教科書』二〇版　南山堂書肆

（42）長尾肱齋・酒井春吉共纂　一九二六『産婆実地試験答案集　一名　産婆臨牀講義』克誠堂書店・吐鳳堂書店

（43）前掲註（7）参照。

（44）緒方病院は一九〇五年（明治三八）に緒方正清が大阪玉造に産婦人科病院として設立し、一九二七年（昭和二）には淀屋橋に当時としてはめずらしい鉄筋コンクリート四階建ての病院を設立した。

（45）緒方祐将　一九三七『助産婦学』丸善

（46）白木正博　一九二八『白木助産婦学』第一四版　南山堂書店

「例言」には、「助産婦学と云う敢て奇を衒ひしにあらず、従来の産婆は助産婦と改むるの至当なるを信ずればなり」と記され、法律上は「産婆」の時代に「助産婦」という名称を意識して使っている点が興味深い。一九二二年（大正一一）に第一版が、一九五二年（昭和二七）には第六六版が出版されている。

（47）大林道子　一九八九『助産婦の戦後』勁草書房

（48）加藤尚美は、一九九〇「会陰保護術の文献学的考察」『助産婦雑誌』四四―一一　医学書院　において、『白木助産婦学』の会陰保護法は、その後の助産婦教育においても継承され、その域を脱していないであろうとし、会陰保護術は助産婦の手によって行われていたのにもかかわらず、その記述は医師によるものであったとする。

（49）大林前掲書（47）

（50）宮里和子らによる一九九〇「会陰保護術の科学的実証を求めて」『助産婦雑誌』四四―一一　医学書院　においても、先輩助産婦の経験から学ぶ「コツ」「カン」の科学的実証を求めて検証している。

（51）千村哲郎　一九九〇「会陰切開―その歴史と概観―」『助産婦雑誌』四四―九　医学書院

（52）仰臥位のお産を介助するには、正面介助と側面介助がある。

（53）一九九〇『助産婦雑誌』四四―九　医学書院

（54）世界保健機構の正式公文書として一九九六年に〝Care in normal birth : a practical guide〟として発行されたものを農村漁村文化協会に翻訳権が与えられ、バース・エデュケイターの戸田律子が全訳している。

（55）助産院で研修した助産師たちの活躍で、産む人に寄り添うお産へと院内がすっかり変わったという産院情報も複数の助産師から得た。また、女性に優しいとされる産院においても助産師資格を持つ師長の存在が、産婦に寄り添うことに貢献しているという。現場の声が反映された結果である。

（56）堀内成子他　二〇〇六「女性にやさしい助産ケア―会陰切開の適用を再考する―」『日本助産学会誌』二〇―一　日本助産学会

（57）山本令子は、一九八〇年代後半にイギリスに留学、帰国後、兵庫県神戸市の毛利助産所で修業の後、れいこ助産所を開設した。なお、大関信子の「英国での会陰保護術の一例」（一九九〇『助産婦雑誌』四四―一一　医学書院）によれば、各病院において会陰保護のマニュアルブックがあるようだが、日英の産婦の体力の違いや助産婦の器用さなどの違い、医師の関わり方などによって、実施されることは稀のようである。

（58）一九九〇年代にフランスに留学。帰国後、福井県敦賀市の瀧澤助産院に勤務している。

（59）田代和子は、東京都港区の虎の門病院に勤務の後、神奈川県横浜市のみやした助産院で研修、二〇〇七年（平成一九）一一月、港区初の有床助産院としてゆうき助産院を開業した。三田の慶應義塾大学の裏手にあり、都心の真ん中にある隠れ家のような助産院である。現在は日本赤十字社医療センターでのオープンシステムを活用している。

(60) 菅沼ひろ子　一九九〇「新人助産婦の「会陰保護術」経験」『助産婦雑誌』四四—一一　医学書院　においても、自然な児の娩出力や会陰の進展状況を介助する助産婦が体験し、産む人の個を実感することの大切さを論じている。

(61) 堀内他前掲論文(56)

(62) 第二章第一節から第三節参照。

(63) 第一章第五節「避妊ということ」参照。

(64) 産科文献読書会編　二〇〇八『平成版　産論・産論翼』岩田書院

(65) マーゴット・エドワーズとメアリー・ウォルドルフのふたりの著者による。河合蘭訳の日本語版(メディカ出版)が出版されたのは一九九七年であるが、アメリカでは一九八四年に出版されていた。

(66) 正常出産を医師が扱うようになったのは、日本においても同様で、第二次世界大戦後、アメリカの後を追うようにお産の場での医療介入が進んだ。

(67) アメリカの助産婦には、看護婦資格を併せ持つ者と看護婦資格を持たない者がいて、州ごとに制度も異なっているが、近年は医療費削減政策により、公認看護婦助産婦(Certified Nurse-Midwife＝C. N. M.)が増え、独立開業する者も多い。

(68) ドゥーラとは、出産する母親やその家族を支援する出産経験のある女性のこと。アメリカやカナダ等ではドゥーラが助産師とは異なる職業として確立され、活躍している。もともと地域社会における近隣の女性(出産経験者)や産婦の母親が行っていたことであるが、地域社会や家族構成の変化などにより、職業として確立された(M・H・クラウス他　一九九六『マザリング・ザ・マザー—ドゥーラの意義と分娩立ち会いを考える』メディカ出版)。

(69) イナ・メイ・ギャスキンは、カルフォルニア州からテネシー州の未開拓地に集団で移動し、「ザ・ファーム」というコミュニティを立上げ定住して、テクノロジーを控えた出産システムを作り上げた非公認助産婦である。アメリカには様々な助産婦がいて、看護資格を持つ公認看護婦助産婦には多くの州で投薬や切開の実施が認められ、独立開業している者もいる。一方、看護資格を持たない助産婦については、州によって資格制度がある場合とない場合があり、「非公認助産婦」が違法者であるか否かについての議論も分かれるが、ギャスキンの活動は、協力を求められた医師たちからも国外からも評価を得ているという。

(70) 通常の妊婦健診は助産院で行うが、お産の際には助産院の登録している病院の陣痛室や分娩室などを利用するシステムのこと。

(71) 東京都足立区の開業助産師永沢寿美は、産婦の身体を温めるとお産が進むという。かつて家の土間でお産をしているころ、産婦が冷え切っていることが多く、その対策として「安産になりますから」と、湯を沸かしている釜の蓋を借りて、産婦を座らせた。身体が温まるころには、いい陣痛が来たものだったという。また、茨城県多賀郡の加茂助産院では現在でも陣痛が始まった産婦が入院すると、破水していない限りはすぐに入浴させる。身体が温まるとお産の進みが早いという。

(72) 一九一二年(大正元)生まれの永沢寿美は、「お産の前に甘いものなんか食べると吐き気を催しますよ。おむすびでよかった。力がつきますからね。昔は、お産が近づくと新鮮な生卵を二つ、産婦さんに飲んでもらったものですよ」という。

(73) 排尿の量により子宮の回復具合を知ろうとしているのであろう。膀胱に尿が溜まっていると子宮の収縮が妨害されるため、日本においても産前産後に導尿をし、産後八時間は安静にさせている時期もあった。最近は導尿をできるだけ避け、産婦の尿意を促した上で、貧血が起こらないように注意しながらトイレに連れて行くことが多くなっている。また、江戸時代の産科書『産論翼』(賀川玄適著)には、難産で尿が滞る症例や分娩の後子宮が収縮せずに尿道をふさぐ症例に対する排尿の術が掲載されている。

（74）四八時間で退院というのは、日本では考えられない。第一子を日本でお産し、第二子をアメリカの麻酔でお産した知人は、「日本でのお産ではひどく疲れたけれど、麻酔を使ったアメリカのお産では疲れることなく、四八時間で退院しても不安はなかった」と話していた。イギリスに留学し、世界のお産事情に詳しい開業助産師山本令子も、「イギリスでも退院は早いですよ。欧米人は身体が大きく、東洋人に比べて体力があるから、産後の心配をあまりしないようですね。東南アジアでは日本のように産後を大事に過ごすようですが。産科費用の削減を入院日数からという発想も体力あってのことではないでしょうか」という。

（75）『国際医療保健情報』（二〇〇二年六月号）によれば、アメリカの二〇〇〇年の統計には、お産の九八・九％が病院で、大病院内では硬膜外麻酔が九〇％にものぼると記され、著者日高陵好の経験から推察すると、硬膜外麻酔の使用は総体的に六〇〜七〇％くらいだろうという。また、産科医への訴訟率が一番多いため、訴訟を恐れてじっくり待つというより、先手をうって四人にひとりは帝王切開になるとも述べている。

（76）法律上は、一九四七年（昭和二二）に「産婆」から「助産婦」に改称された。しかし、当時は「お産婆さん」と呼ぶことが多かったという。

（77）一人の女性に一生に産む子どもの数の平均。人口維持のためには、二・〇八が必要といわれている。

（78）鈴木由利子　二〇〇一「育てる意思のない子ども—避妊・中絶をてがかりに—」『東北民俗学研究』七　東北民俗の会

（79）柳田國男は一九三五年（昭和一〇）の愛育会での講演「我が国人の産育習俗について」（『成城大学民俗学研究所紀要』二六）において、「余り愉快な話ではないが、子供が生まれた時之を遺棄する習慣がある」として次の一節に続く。「私がまだ一三、四の時分でありますから、今から四十何年前の事ですが、自分ではまだ記憶がありますが、子供を殺すのではない、育てないのであって、子供にしないと云うので埋めるのです」。

（80）久保秀史　一九九七『日本の家族計画史』日本家族計画協会　によれば江戸時代には間引き・堕胎が、生活の苦しい農民の間で、子どもを増やさないために行われていた。「みす紙」や妊娠を防ぐ器具があり、江戸両国薬研掘では性具・堕胎・避妊の器具や薬品が売られていたという。

(81) 恩賜財団母子愛育会編　一九七五『日本産育習俗資料集成』第一法規出版

一九三四年(昭和九)に設立された恩賜財団母子愛育会が、全国都道府県在住の民俗研究者等に委嘱して、翌年より行った産育習俗調査の報告である。柳田國男の推薦を受けて、橋浦泰雄がこれらの資料を都道府県別にまとめ、一九三八年に完了。恩賜財団母子愛育会によりタイプライター印刷のカードとして保存されたままであったが、一九七五年に、橋浦泰雄・大藤時彦・大藤ゆきらの手によって、刊行された。当初の調査細目には「妊娠及避妊に関する祈願、その他の習俗等」とあり、「堕胎及間引」の項目とは区別されていたが、刊行にあたり「避妊・堕胎・間引き」が一項目として整理されている。

(82) 民俗学研究所編　一九七〇『改訂綜合日本民俗語彙』平凡社

(83) 菅江真澄は、「溢(あふ)れる」の意の東北方言「あぐる」の名詞形であるとして、「信濃、越後、出羽、陸奥などに、あぐりといへる女房の名あり。そは女子あまた産(もち)て女子に飽く〈秋田津軽詞に溢る事をあくるともいへり〉てふ意をもてしかいへり。かくてあぐりこと末なる女子を名づくれば、こたびは必ず男子生めりといふためしありけるとなん」「しののはぐさ」と言い、また喜田貞吉は「あまり」の意の転じた語「あぐりといふ名、あぐりといふ姓」という(『日本国語大辞典』)。

(84) 「2　呪術と避妊」における事例は、すべて恩賜財団母子愛育会編『日本産育習俗資料集成』(一九三四、第一法規出版)によるものである。

(85) 新村拓　一九九六『出産と生殖観の歴史』法政大学出版局

(86) 太田典礼　一九七六『日本産児調節百年史』人間の科学社

（87）サンガー（一八八三―一九六六）。米国の女性社会運動家。看護婦としてニューヨークの貧民街で働くうちにその貧困と非衛生の原因が多産にあることを知り、産児制限運動を提唱。一九二二年に来日するなど各国を訪問して世界中に運動を展開した。一九五三年に家族計画連盟初代会長を務める。

（88）荻野久作　一九二四「排卵の時期、黄体と子宮粘膜の周期的変化との関係、子宮粘膜の周期的変化および受胎日について」『日本産婦人科学会誌』一九―六

（89）久保前掲書（80）

（90）『千葉日報』（二〇〇三年二月二六日）。

（91）河合　蘭　二〇〇六『未妊―「産む」と決められない―』日本放送出版協会

第二章

（1）杉立義一　一九七七「賀川玄悦と賀川流産科」『賀川玄悦顕彰記念出版』出版科学総合研究所産科文献読書会編　二〇〇八『平成版　産論・産論翼』岩田書院

（2）増田知正・呉秀三・富士川游選集校定　一九五三（一九七一）『日本産科叢書』思文閣緒方正清　一九八〇（復刻）『日本婦人科学史』科学書院

（3）落合恵美子　一九八七「江戸時代の出産革命―日本版『性の歴史』のために―」『現代思想』一五―三

（4）お産のミニ博物館産科文献読書会　二〇〇〇『現代訳産家やしなひ草』私家版

（5）前掲註（2）参照。

（6）第三章第三節「着帯の風習と腹帯論争」参照。

（7）中村禎里　一九九九『胞衣の生命』海鳴社　七五―八四頁

(8) 沢山美果子　一九九八『出産と身体の近世』勁草書房
(9) 長谷川博子　一九八四「女・男・子供の関係史にむけて―女性史研究の発展的解消―」『思想』七一九　岩波書店
(10) 荻野美穂　一九八八「性差の歴史学―女性史再生のために―」『思想』七六八　岩波書店
(11) 首藤美香子　一九九〇「江戸時代の出産観・胎児観―賀川流回生術を中心とする分娩介助をめぐって―」藤原暹編『続・日本生活思想研究』生活思想研究会
(12) 沢山前掲書(8)
(13) 産婆のライフヒストリーを扱った研究に、以下のようなものがある。
宮坂靖子　一九八九「或る産婆の生活史―結婚、子育てと、働くこと―」『人間文化研究年報』一三　お茶の水女子大学人間文化研究科
落合恵美子　一九九〇ａ「ある産婆の日本近代―ライフヒストリーから社会史へ―」『制度としての〈女〉―性・産・家族の比較社会史―』平凡社
落合恵美子　一九九〇ｂ「聞書・産婆と産科医二代のライフヒストリー―京都と尾鷲における出産の変容―」『総合文化研究所紀要』七
長谷川博子　一九九三「〈病院化〉以前のお産―熊野での聞き取り調査より―」『思想』二　岩波書店
西川麦子　一九九七『ある近代産婆の物語―能登・竹島みいの語りより―』桂書房
(14) 西川前掲書(13)
落合前掲論文(13)
(15) 西川前掲書(13)
以下、著者が「近代産婆」なる語句を使用する際は、西川の概念にしたがった。

（16）大林道子　一九八九『助産婦の戦後』勁草書房
（17）駒井秀子　一九九六『助産婦さんに聞いたいのちにやさしいお産―性の解放を願って女から女へ―』自然食通信社
（18）中山まき子　二〇〇一『身体をめぐる政策と個人―母子健康センター事業の研究―』勁草書房
（19）助産院でいいお産を体験したグループ、自然に産みたいと願うグループ、母乳育児を推進するグループ、陣痛促進剤による被害を考えるグループ、主体的なお産を願うグループなど産む側の立場のグループが次々と誕生した。お産情報紙「REBORN」の創刊や、病院と助産院の双方に勤務した経験を持つ若い助産婦たち数人が発起人となった助産婦のネットワーク「JIMON」の創立も一九九三年のことであった。以後助産婦のネットワークも各地に生まれ、現在も活動を続けている。
（20）大林前掲書（16）
（21）大林道子　二〇〇一『出産と助産婦の展望―男性助産婦問題への提言―』メディカ出版　二四～二六頁
（22）第二章第三節「3　男性助産師導入問題の経過」を参照。
（23）佐々木美智子編　二〇〇一『二一世紀のお産を考える―二〇〇〇年男性助産婦導入問題から―』岩田書院
（24）浜辺千寿子　二〇〇二『私から明日へ―長崎・男性助産士についてのアンケート報告―』私家版
（25）二〇〇〇年第一五〇回国会に提出された「保健婦助産婦看護婦法の一部を改正する法律案」は、「「助産婦」とは、厚生労働大臣の免許を受けて、傷病者若しくはじよく婦に対する療養上の世話または診療の補助をなすことを業とする女子をいう。（第一章第三条）」の「女子」を「者」と書き換える議員立法により、男性の助産婦資格取得を実現しようとするものであったが、審議未了となる。そして、二〇〇一年通常国会においても「保健婦助産婦看護婦法の一部を改正する法律案」の提出が予定されていた（二一月五日付け日本助産婦会石塚和子会長宛南野知恵子議員文書）。しかし、二〇〇一年三月一九日には自由民主党清水嘉与子議員が、（男性導入ではなく）『助産師』への名称変更のみを法案化することで関係議員に協力を要請、二〇〇一年第一五三回国会において「保健婦助産婦看護婦法」を「保健師助産師看護師法」に改めることが決議され、二〇〇二年三月より施行された。

(26) 佐々木勝・佐々木美智子　一九八五『日光街道千住宿民俗誌—宿場町の近代生活—』名著出版
岩本通弥・倉石忠彦・小林忠雄編　一九八九『都市民俗学へのいざない』Ⅰ Ⅱ　雄山閣
倉石忠彦　一九九〇『都市民俗論序説』雄山閣
小林忠雄　一九九〇『都市民俗学—都市のフォークソサエティー—』名著出版

(27) 「生活者」については、「はしがき」を参照のこと。

(28) 恩賜財団母子愛育会編　一九七五『日本産育習俗資料集成』第一法規

(29) 井之口章次　一九八〇「産神そして厠神」『日本民俗学』一三〇　日本民俗学会
谷川健一・西山やよい　一九八一『産屋の民俗—若狭湾における産屋の聞書—』国書刊行会
大島建彦　一九八二「産神研究の諸問題」『西郊民俗』九八　西郊民俗談話会
佐々木美智子　一九八四「産神と穢れ」『女性と経験』九　女性民俗学研究会　など

(30) 中野　卓　一九七七『口述の生活史—或る女の愛と呪いの日本近代—』御茶の水書房

(31) 西川前掲書(13)
西崎いづみ　一九八六「朔北の小島に生きて—中山サワさんの半生—」『生活と民俗文化』北海道みんぞく文化研究会
宮坂靖子　一九八九「或る産婆の生活史—結婚、子育てと、働くこと—」『人間文化研究年報』一三　お茶の水女子大学人間文化研究科
落合恵美子　一九九〇「ある産婆の日本近代—ライフヒストリー—京都尾鷲における出産の変容—」『総合文化研究所紀要』同志社女子大学

長谷川博子　一九九三「〈病院化〉以前のお産―熊野での聞き取り調査より―」『思想』八二四　岩波書店
藤目ゆき　一九九三「ある産婆の軌跡」『日本史研究』三六六
駒井秀子　一九九六『助産婦さんに聞いたいのちにやさしいお産』自然食通信社　など

(32) 松岡悦子　一九八三「文化と出産―日本の自然分娩運動を中心として―」『民族学研究』四七―三　日本民族学会
松岡悦子　一九八五＝一九九一（増補改訂版）『出産の文化人類学』海鳴社
舩橋恵子　一九九四『赤ちゃんを産むということ―社会学からのこころみ―』日本放送出版協会　など

(33) 吉村典子　一九八五『お産と出会う』勁草書房

(34) 緒方正清　一九一四（一九八〇）『日本婦人科学史』科学書院　一五七～一五八頁

(35) 緒方前掲書(34)一五八～一六〇頁

(36) 厚生省医務局　一九七六『厚生省百年史』ぎょうせい　九〇～九四頁
明治初期における産婆の取締りから産婆規則の制定に至るまでの経過および内容について記載されている。

(37) 前掲書(13)で西川は、明治以降の国家資格を得た産婆を近代産婆と位置付けた。

(38) 恩賜財団日本母子愛育会前掲書(28)

(39) 大林前掲書(16)

(40) 二〇〇〇年当時は、すでに存在していた「看護士」「保健士」に対応する名称として「助産士」を用いることが多かった。以下、「助産士」を使用している集会やタイトルについては、そのまま表記している。

(41) 山崎裕二　一九九四「新しい思想としての「助産士」」『日本赤十字武蔵野女子短期大学紀要』
一九九六「新しい思想としての「助産士」」『助産婦雑誌』五〇―七　医学書院

(42) 以下、シンポジウムでの発表者名と題名を記す。

雨森良彦「産婦人科医と助産婦」
佐々木美智子「今日の助産婦と現代社会」
阿部真理子「出産介助にのぞむこと」
永松陽子「障害児を育てるひとりの母として」
山本令子「イギリス留学から学んだ助産のあり方の文化的差異」
熊手麻紀子「男性助産士の導入、今どうしても急がなきゃいけないの?準備は整っているのかな?」
梅内拓生「出産と助産」
毛利多恵子「社会に必要とされている助産をめざして」
矢島床子「女として産むことを援助し続けたい」
奥田由子「臨床心理の立場から」

(43) 阿部真理子編著　一九九九『産む側二二〇〇人が語る　お産って何だろう「グループきりん」のアンケート報告』私家版
(44) 朝日新聞に一九七八年一〇月二四日から三〇回連載され、藤田真一『お産革命』(一九七九、朝日新聞社)として出版された。
(45) 杉山次子・堀江優子　一九九六『自然なお産を求めて―産む側からみた日本ラマーズ法小史―』勁草書房　二五七頁
(46) 国際婦人年大阪連絡会編　一九七九「出産白書―三三六一人の出産アンケートより―」『国立歴史民俗博物館研究報告』二
(47) 主体的なお産を考える会編　一九九七『Naser』一二
(48) 阿部真理子　二〇〇〇「母親の声」『平成一二年度　日本助産婦会　助産所部会講習会』
(49) 「いいお産の日」in '96~97 実行委員会編　一九九六『いいお産の日ガイドブック』二六頁
(50) 本文中のシンポジウムのほか、一九九三年一一月「男性助産士について考えるシンポジウム」(主催　主体的なお産を考える会)などが開催される。また、一九九七年には、シンポジウム「性的プライバシーと助産婦」(主催　日本看護協会助産婦職能・日本助産婦会東京支部)開催。これを契機に、「男性助産士を考える会」発足。全国に向けて署名運動が展開され、翌年二月には厚生省健康政策局看護課へ二万六二六八名の署名を提出。議員立法による男性助産婦導入を阻止した。なお、この当時は「助産師」ではなく「助産士」と名称を変更する動きがあった。

(51) 大林前掲書(16)
大林前掲書(21)二四～三五頁

(52) 一九九九「社団法人日本助産婦会ニュース」『助産婦』五四―四　日本助産婦会出版部

(53) 佐々木前掲書(23)

(54) 前掲註(25)参照。

(55) 日本助産婦会有志　二〇〇一「男性助産婦について考える会　男性助産婦導入に関する日本助産婦会会員アンケート集計結果最終報告」『ペリネイタルケア』二四九　メディカ出版

(56) 「妊産婦の選択権」とは、男女の助産師のいずれかを選べるということであるが、具体的な方策はなかった。

(57) 二〇〇〇年三月三日付け一五日までの間に行われた「書面代議員会」、二〇〇一年六月一二日付け二〇日までの間に行われた「書面理事会」(二〇日の時点で一六支部が未返信)は、いずれも、書面で用意された選択肢の中から選ぶといった方法が用いられた。

(58) 「お産&子育てを支える会」「Welcom to 子育てワハハ」「男性助産士Q&A」「男性助産士導入を考える ONLINE ネットワーク」「良いお産と子育て環境を考える会」「つるがおっぱいの会ホームページ」などの関連サイトがある。また、Yahoo! の掲示板や朝日新聞のホームページの掲示板にも多くの意見が寄せられている。

(59) 「舎人の人」とは、永沢寿美が、一六歳で弟子入りした足立区古千谷の産婆藤井君子のことではないかと考えられる。

(60) 永沢寿美　一九九五『産婆のおスミちゃん一代記』草思社
(61) 「お産の学校」は、杉山次子が主宰したラマーズ式出産法の講習会のことである。一九八〇年から一九九六年までの一七年間に七五〇〇人以上の受講生を輩出した。閉校後は、東京都新宿区高田馬場にある杉山の自宅の一部を開放して、「お産の学校」で使用した資料に加え、各方面からの寄贈品を展示した「お産のミニ博物館」をオープンした。

第三章

(1) 一九九八年に著者が、当時の水天宮宮司植田茂氏から直接お話を聞いたものである。
(2) 大藤ゆき　一九四四『児やらひ』三國書房
なお、この著作に関する著者の見解は、序章第二節「お産に関する研究の成果と課題」において述べている。
(3) 緒方正清　一九一四(一九八〇)『日本婦人科学史』科学書院
(4) 恩賜財団母子愛育会編　一九七五『日本産育習俗資料集成』第一法規出版　二一九〜二二一頁
(5) 厚生省医務局　一九七六『医制百年史』ぎょうせい　九〇〜九四頁
明治初期における産婆の取り締まりから産婆規則の制定に至るまでの経過および内容について記載されている。
(6) 西川麦子　一九九七『ある近代産婆の物語―能登・竹島みいの語りより―』桂書房
西川は、一八七四年に規定された産婆資格によって国家資格を得た産婆のことを「近代産婆」と位置づけた。
(7) 厚生省医務局前掲書(5)四一五頁
(8) 厚生省五十年史編集委員会　一九八八『厚生省五十年史』中央法規出版
(9) 厚生省児童家庭局　一九九二『母子保健の主なる統計』母子保健事業団　三〇〜三一頁　第九表、第一〇表参照
(10) 杉山次子・堀江優子　一九九六『自然なお産を求めて―産む側からみた日本ラマーズ法小史―』勁草書房

また、毎年一一月三日を中心に開催される「いいお産の日」や「よいお産を考える会」の活動や良いお産を目指す助産婦のネットワークの活動などが盛んになってきている。

(11) 臍帯が胎児に絡まること。

(12) 第三章第一節「「産む性」と産育儀礼」参照。

(13) 産科文献読書会編　二〇〇〇『産家やしなひ草』私家版

(14) 一八八八年（明治二一）から一八九二年にかけて、ドイツに留学。帰国後、大阪に緒方病院を設立し、助産婦用雑誌の第一号となる「助産之栞」を発行したことで知られる。

(15) 緒方前掲書(3)

(16) 産科文献読書会前掲書(13)

(17) 荻原麻男・鴻巣隼雄校注・訳　一九七三『古事記　上代歌謡』小学館

(18) 産科文献読書会前掲書(13)

(19) 増田知正・呉秀三・富士川游　選集校定　一九五三（一九七一）『日本産科叢書』思文閣

(20) 史料大成刊行会　一九七五『小右記』（『史料大成』別刊）臨川書店

(21) 阿部秋生・秋山虔校注・訳　一九七五『源氏物語』五　小学館

(22) 市古貞次校注・訳　一九七三『平家物語』一　小学館

この注によれば、『嫁入記』に八尺の布を細くたたんだものとあるという。

(23) 宮内庁書陵部　一九八二『御産部類記』下　明治書院

(24) 宮内庁書院部前掲書(23)

(25) 緒方正清　一九一九（一九八〇）『日本産科学史』科学書院

(26) 増田・呉・富士川前掲書(19)
(27) 増田・呉・富士川前掲書(19)
(28) 増田・呉・富士川前掲書(19)
(29) 増田・呉・富士川前掲書(19)
(30) 産科文献読書会編　二〇〇八『平成版　産論・産論翼』岩田書院
(31) 緒方前掲書(25)
(32) 増田・呉・富士川前掲書(19)
(33) 緒方前掲書(25)
(34) 増田・呉・富士川前掲書(19)
(35) 恩賜財団母子愛育会前掲書(4)
(36) 松山栄吉・藤沢俊子　一九六八「腹帯の効用とその疑義」『助産婦雑誌』二二―九
(37) 龍ヶ崎市教育委員会編　一九八五『龍ヶ崎市史民俗調査報告書Ⅰ―馴柴・八原地区―』
一九八六『龍ヶ崎市史民俗調査報告書Ⅱ―長戸・大宮地区―』
一九八七『龍ヶ崎市史民俗調査報告書Ⅲ―北門間・川原代地区―』
一九八八『龍ヶ崎市史民俗調査報告書Ⅳ―龍ヶ崎地区―』
(38) 龍ヶ崎市馴馬町のオビシャは一月一五日で、この日は神明様の祭礼で矢が的を射れば豊作という歩射の神事が宿で行われる。

第四章

（1）杉山次子・堀江優子　一九九六『自然なお産を求めて―産む側からみた日本ラマーズ法小史―』勁草書房　一一一頁

（2）靍理恵子　二〇〇九「日本民俗学とフェミニズムの「距離」―ジェンダー視点の導入がもたらすもの―」『女性と経験』三四　女性民俗学研究会

（3）佐々木美智子　二〇一一「産む性の現在―現代社会と民俗学―」『日本民俗学』二六五　日本民俗学会　九三頁
佐々木はこの論文において、「産む性」とは「子というものを自身の身体を通して意識しつつ、お産環境に向き合う女性である」と定義した。

（4）佐々木美智子　二〇〇九「現代の民俗学の視点と方法」『女性と経験』三四　女性民俗学研究会

（5）荻野美穂　二〇一四『女のからだ―フェミニズム以後―』岩波新書
荻野は、アメリカと日本におけるフェミニズムについて論じている。その上で、現代が直面している少子化と女性の産む・産まない権利との問題や、生殖医療などの医療テクノロジーと女性の選択権の問題など、様々で複雑な思考や関係が存在することを丁寧に説明し、これらについての問題を読者に投げかけている。また、荻野は『ジェンダー化される身体』（二〇〇二　勁草書房）においても、フェミニズムのディレンマについて問題にしている。

（6）落合恵美子　一九八九『近代家族とフェミニズム』勁草書房

（7）長谷川博子　一九八四「女・男・子供の関係史にむけて―女性史研究の発展的解消―」『思想』七一九　岩波書店

（8）長谷川博子　一九九三「〈病院化〉以前のお産―熊野での聞き取り調査より―」『思想』八二四　岩波書店

（9）一八世紀のフランスにおける出産をめぐる係争問題を研究テーマとしていた長谷川は、熊野での聞き取り調査の後、ヨーロッパに伝わるお産椅子の歴史を紐解くことで、お産がヒトからモノへ、そして男性産科医の手へと委ねられていく過程を読み解く『お産椅子への旅―ものと身体の歴史人類学―』（長谷川まゆ帆　二〇〇四、岩波書店）を発表するに至った。

(10) 杉山・堀江前掲書(1)二〇一頁

(11) 二〇〇二年一〇月九日、NPO法人お産サポートJAPAN主催の勉強会において、日本家族計画協会参与芦野由利子が「産む環境とリプロダクティブ・ヘルス/ライツ」と題し、講演した。

(12) 出産専門ジャーナリストの河合蘭は、著書『未妊―「産む」と決められない―』(二〇〇六、日本放送出版協会)で、「身体の条件、社会的条件は整い心はもう産みたいのだが、頭が産ませてくれない」というような状況に置かれた産む性を「未妊」と名付けた。

(13) きくちさかえ　一九九二『お産がゆく』農文協
吉村　昭　一九九二『お産って自然でなくちゃね』農文協
杉山・堀江前掲書(1)　など

(14) 国際婦人年大阪連絡会を構成する四二の婦人団体によってまとめられた。『出産白書―三三六一人の出産アンケートより―』の出版は、市民のお産に関する意識の高まりを象徴する活動と位置付けられている。

(15) 女性民俗学研究会編　一九四六『女の本―若き友におくる民俗学―』朝日新聞社

(16) 女性民俗学研究会編　二〇〇〇『女性民俗学研究会例会小史』
これは、二〇〇〇年三月二六日に行われた女性民俗学研究会の第五〇〇回例会を記念してまとめられたものである。本会の機関誌『女性と経験』二五号にも収録されている。

(17) 鎌田久子　二〇〇〇「女の会ことはじめ」『女性と経験』二五　女性民俗学研究会

(18) 大藤ゆき　一九九六「柳田国男と女の会(女性民俗学研究会)(一)」『日本民俗学』二〇八　日本民俗学会

(19) 能田多代子宅で始まった女性たちの勉強会は、一九四七年(昭和二二)九月より、柳田國男宅の民俗学研究所において開催することとなったが、翌年は鷗友学園を借り会場とした。その後再び民俗学研究所を会場とした。一九五五年から一九五六年にかけては他所で例会が行われた記録もあるが、一九五七年には女性民俗学研究会事務所を瀬川清子方におき、その年から成城学園素心寮で例会を開催するようになった。その後、成城大学、世田谷婦人会館、馬場邦枝宅などを転々とし、下北沢ラプラスや東京ウイメンズプラザなどを会場として現在に至っている。

(20)　中村雄二郎　一九八五『術語集』岩波新書

(21)　二〇〇二年一〇月九日に行われたNPO法人お産サポートJAPAN主催の勉強会において、日本家族計画協会参与の蘆野由利子が「産む環境とリプロダクティブ・ヘルス／ライツ」という題のもとに話された内容の一部である。

(22)　瀬川清子　一九三四（一九七九）「舳倉島の海女」『島』覆刻版下巻　名著出版

(23)　女性民俗学研究会前掲書（15）

(24)　坪井洋文　一九八五「生活文化と女性」『日本民俗文化大系一〇　家と女性』小学館

(25)　倉石あつ子　一九九五『柳田国男と女性観―主婦権を中心として―』三一書房

(26)　中村ひろ子他　一九九九『女の眼でみる民俗学』高文研

(27)　靍前掲論文（2）一七頁

(28)　早川紀代　一九九一「女性史研究における方法的課題」『日本史研究』三四五　日本史研究会

(29)　佐々木美智子　二〇〇九「現代の民俗学の視点と方法」『女性と経験』三四　女性民俗学研究会

(30)　柳田國男　一九三五（一九七〇）「郷土生活の研究法」『定本柳田國男集』第二五巻　筑摩書房　二七九頁

参考文献一覧

阿部秋生・秋山虔校注・訳 一九七五 『源氏物語』一 小学館
阿部真理子 二〇〇〇 「母親の声」『平成一二年度 日本助産婦会 助産所部会講習会』
阿部真理子編著 一九九九 『産む側二〇〇人が語る お産って何だろう「グループきりん」のアンケート報告』私家版
天野 武 一九八二 「若狭のウブガミ（産神）―福井県遠敷郡名田庄村小倉の場合―」『西郊民俗』一〇〇 西郊民俗談話会
天野 正子 一九九六 「「生活者」とはだれか―自律的市民像の系譜―」中央公論社
あゆみ助産院 一九九六 『のびの会―性と生の学習会―五年間のまとめ』私家版
「いいお産の日」in '96～97 実行委員会編 一九九六 『いいお産の日ガイドブック』
飯島 吉晴 一九八二 「産屋の火―火の媒体機能を中心に―」『西郊民俗』一〇〇 西郊民俗談話会
石塚 尊俊 一九七八 「産の忌」井之口章次編『人生儀礼 講座日本の民俗 三』有精堂出版
石村あさ子 二〇〇五 「少子化と看護の現場―地域で働く助産師からの報告―」『季刊ナースディ』一八―一 桐書房
板橋 春夫 二〇〇二 「トリアゲジサの伝承―出産に立ち会った男たち―」『日本民俗学』二三二 日本民俗学会
板橋 春夫 二〇〇二 「赤子を取上げた男たち―群馬県における男性産婆の存在形態―」『群馬歴史民俗』二四 群馬県歴史民俗研究会
板橋 春夫 二〇一二 『出産―産育習俗の歴史と伝承「男性産婆」―』社会評論社
一志 茂樹 一九六九 「民俗学と地方史研究」『信濃』二一―五 信濃史学会

井上　輝子　二〇一一　『新・女性学への招待―変わる／変わらない　女の一生』有斐閣
井之口章次　一九七〇　『民俗学の方法』岩崎美術社
井之口章次　一九八〇　「産神そして厠神」『日本民俗学』一三〇　日本民俗学会
岩田　重則　二〇〇九　『〈いのち〉をめぐる近代史―堕胎から人工中絶へ―』吉川弘文館
岩本通弥・倉石忠彦・小林忠雄編　一九八九　『都市民俗学へのいざない』ⅠⅡ　雄山閣
上野和男・高桑守史・福田アジオ・宮田登編　一九七四　『民俗調査ハンドブック』吉川弘文館
上野千鶴子　一九八六（二〇〇六）『女という快楽』勁草書房
上野千鶴子　二〇一一　『不惑のフェミニズム』岩波書店
上野千鶴子編　二〇〇一　『構築主義とは何か』勁草書房
江原由美子　一九八五　『女性解放という思想』勁草書房
M・H・クラウス他　一九九六　『マザリング・ザ・マザー―ドゥーラの意義と分娩立ち会いを考える―』メディカ出版
大門　正克　二〇〇四　「聞こえてきた声、そして「聞きえなかった声」」『歴史評論』六四八　校倉書房
大島　建彦　一九八二　「産神研究の諸問題」『西郊民俗』九八　西郊民俗談話会
大島　建彦　一九八二　「唐松山の信仰」『西郊民俗』一〇〇　西郊民俗談話会
大関　信子　一九九〇　「英国での会陰保護術の一例」『助産婦雑誌』四四―一一　医学書院
太田　典礼　一九七六　『日本産児調節百年史』人間の科学社
大出　春江　一九八六　「産む文化―ある開業助産婦のライフ・ヒストリー（その一）―」『上智大学社会学論叢』一〇　上智大学社会学科
大出　春江　二〇〇六　「出産の戦後史」『都市の暮らしの民俗学3　都市の生活リズム』吉川弘文館

大出　春江　二〇〇八　「性と出産の近代と社会統制」『国立歴史民俗博物館研究報告』一四一
大藤　ゆき　一九四四　『児やらひ』三國書房　一九六八『児やらい』岩崎美術社
大藤　ゆき　一九七三　「産の忌についての問題―チボクはシボクより重い―」『日本民俗学』八五　日本民俗学会
大藤　ゆき　一九七九　「産神と産屋」『講座日本の民俗宗教1神道民俗学』弘文堂
大藤　ゆき　一九八二　「神奈川の産神」『西郊民俗』一〇〇　西郊民俗談話会
大藤　ゆき　一九九六　「柳田國男と女の会(女性民俗学研究会)(一)」『日本民俗学』二〇八　日本民俗学会
大林　道子　一九八九　『助産婦の戦後』勁草書房
大林　道子　一九九四　『お産―女と男と　羞恥心の視点から』勁草書房
大林　道子　二〇〇一　『出産と助産婦の展望―男性助産婦問題への提言―』メディカ出版
大間知篤三他編　一九五八・一九五九　『日本民俗学大系』第一巻・第二巻　平凡社
緒方　正清　一九一九(一九八〇)　『日本産科学史』科学書院
緒方　正清　一九一四(一九八〇)　『日本婦人科学史』科学書院
緒方　祐将　一九三七　『助産婦学』丸善
荻野　久作　一九二四　「排卵の時期、黄体と子宮粘膜の周期的変化との関係、子宮粘膜の周期的変化および受胎日について」『日本産婦人科学会誌』一九―六
荻野　美穂　一九八八　「性差の歴史学―女性史再生のために―」『思想』七六八　岩波書店
荻野　美穂　二〇一四　『女のからだ―フェミニズム以後―』岩波新書
荻原麻男・鴻巣隼雄校注・訳　一九七三　『古事記　上代歌謡』小学館
奥村　紀一　二〇〇八　『病院出産が子どもをおかしくする』洋泉社

お産のミニ博物館産科文献読書会 二〇〇〇 『現代訳産家やしなひ草』私家版
落合恵美子 一九八七 「江戸時代の出産革命―日本版「性の歴史」のために―」『現代思想』一五―三 青土社
落合恵美子 一九九〇 「ある産婆の日本近代」『制度としての〈女〉―性・産・家族の比較社会史』平凡社
落合恵美子 一九九〇 「ある産婆の日本近代―ライフヒストリー―京都と尾鷲における出産の変容―」『総合文化研究所紀要』七 同志社女子大学
落合恵美子 一九九九 『近代家族とフェミニズム』勁草書房
恩賜財団母子愛育会編 一九七五 『日本産育習俗資料集成』第一法規出版
加藤 尚美 一九九〇 「会陰保護術の文献学的考察」『助産婦雑誌』四四―一一 医学書院
鎌田久子他 一九九〇 『日本人の子産み・子育て―いま・むかし―』勁草書房
鎌田 久子 二〇〇〇 「女の会ことはじめ」『女性と経験』二五 女性民俗学研究会
鎌田 久子 二〇〇二 「柳田先生の産育研究」『成城大学民俗学研究所紀要』二六
河合 蘭 二〇〇六 『未妊―「産む」と決められない―』日本放送出版協会
河合 蘭 二〇〇九 『安全なお産、安心なお産―「つながり」で築く、壊れない医療』岩波書店
河上 一雄 一九七六 「一人前の人生へ・年祝いと少年期・成年式と若者組・婚姻・年祝い」竹田旦編集『日本民俗学講座二 社会伝承』朝倉書店
菅野 仁 二〇〇三 『ジンメル・つながりの哲学』日本放送出版協会
きくちさかえ 一九九二 『お産がゆく』農文協
木下 忠 一九七一 「縄文と弥生」『民族学研究』三六巻一号 日本民族学会
木村 博 一九八二 「安産信仰としての穴太寺観音」『西郊民俗』一〇〇 西郊民俗談話会

宮内庁書陵部『御産部類記』下　明治書院
久保　秀史　一九九七『日本の家族計画史』社団法人日本家族計画協会
倉石あつ子　一九七九「便所神と家の神」『信濃』三一―一　信濃史学会
倉石あつ子　一九八三「産屋・産神」『日本民俗研究大系　四　老少伝承』國學院大學
倉石あつ子　一九九五『柳田國男と女性観―主婦権を中心として―』三一書房
倉石　忠彦　一九九〇『都市民俗論序説』雄山閣
桑原　武夫　一九七二(二〇〇〇)「歴史と文学」『現代日本文学大系』七四　筑摩書房
厚生省医務局　一九七六『厚生省百年史』ぎょうせい
厚生省五十年史編集委員会　一九八八『厚生省五十年史』中央法規出版
厚生省児童家庭局　一九九二『母子保健の主なる統計』母子保健事業団
国際婦人年大阪連絡会編　一九七九『出産白書―三三六一人の出産アンケートより―』
小林　忠雄　一九九〇『都市民俗学―都市のフォークソサエティー』名著出版
駒井　秀子　一九九六『助産婦さんに聞いたいのちにやさしいお産―性の解放を願って女から女へ―』自然食通信社
小森　揺子　一九八三「誕生の周辺」『日本民俗研究大系　四　老少伝承』國學院大學
佐久間兼信　一九二六『産婆学教科書』二〇版　南山堂書肆
佐々木勝・佐々木美智子　一九八五『日光街道千住宿民俗誌―宿場町の近代生活―』名著出版
佐々木　勝　一九八八『厄除け―日本人の霊魂観―』名著出版
佐々木　勝　一九九三「誕生のコスモロジー―禁忌からの視点―」『日本民俗学フィールドからの照射』雄山閣
佐々木美智子　一九八四「産神と穢れ―小森・倉石論文を読んで―」『女性と経験』第九　女性民俗学研究会

佐々木美智子　一九九九　「産育儀礼の時代性」『母たちの民俗誌』岩田書院
佐々木美智子　一九九九　「助産婦の現代―永沢寿美の記録―」『日本民俗学』二一九　日本民俗学会
佐々木美智子　一九九九　「助産婦と儀礼」『女性と経験』二四　女性民俗学研究会
佐々木美智子　二〇〇〇　「着帯の風習と腹帯論争」『現代訳産家やしなひ草』産科文献読書会
佐々木美智子　二〇〇〇　「現代社会と民俗学―男性助産士導入問題をめぐって―」『女性と経験』第二五　女性民俗学研究会
佐々木美智子　二〇〇〇　「近代を駆けぬけた女性―ある助産婦の軌跡―」『女性と経験』二五　女性民俗学研究会
佐々木美智子　二〇〇一　「第三次お産革命―男性助産婦導入問題その一―」『女性と経験』二六　女性民俗学研究会
佐々木美智子編　二〇〇一　『二一世紀のお産を考える―二〇〇〇年男性助産婦導入問題から―』岩田書院
佐々木美智子　二〇〇二　「男性助産婦導入問題と出産観」『日本民俗学』二三二　日本民俗学会
佐々木美智子　二〇〇三　「近代化と地域度―茨城県龍ヶ崎市の産育儀礼をめぐって―」『明治聖徳記念学会紀要』復刊第三七　明治聖徳記念学会
佐々木美智子　二〇〇三　「児やらいのコスモロジー」『子産み・子育て・児やらい―大藤ゆき追悼号―』女性民俗学研究会
佐々木美智子　二〇〇四　「女人講における「聖」と「俗」―茨城県南地域の事例から―」『茨城県立医療大学紀要』九
佐々木美智子　二〇〇四　「出産環境と産育儀礼の変容―茨城県龍ヶ崎市の事例から―」『茨城県における女性の生涯にわたる健康支援に関する研究』プロジェクト研究報告書
佐々木美智子　二〇〇六　「避妊ということ」『女性と経験』三一　女性民俗学研究会
佐々木美智子　二〇〇七　「アメリカお産事情―異文化圏での出産に立ち会って―」『女性と経験』三二　女性民俗学研究会
佐々木美智子　二〇〇八　「現代民俗学の方途を求めて―助産における会陰保護術の成立と展開―」『女性と経験』三三　女性民俗学研究会

佐々木美智子　二〇〇九　「現代の民俗学の視点と方法」『女性と経験』三四　女性民俗学研究会
佐々木美智子　二〇一〇　「女の会の伝統と創造―六〇〇回記念例会を迎えて―」『女性と経験』三五　女性民俗学研究会
佐々木美智子　二〇一一　「産む性の現在―現代社会と民俗学―」『日本民俗学』二六五　日本民俗学会
佐々木美智子　二〇一一　「平成のお産環境づくり」『女性と経験』三六　女性民俗学研究会
佐々木美智子　二〇一三　「現代社会研究への道標―お産をめぐる研究史から―」『女性と経験』三八　女性民俗学研究会
佐々木美智子　二〇一四　「お産環境とフェミニズム―ラマーズ法の普及と「お産の学校」―」『女性と経験』三九　女性民俗学研究会
佐々木美智子　二〇一五　「近代民俗学と現代社会―民俗研究の立ち位置をめぐって―」『女性と経験』四〇　女性民俗学研究会
佐野賢治・谷口貢・中込睦子・古家信平編　一九九六　『現代民俗学入門』吉川弘文館
沢山美果子　一九九八　『出産と身体の近世』勁草書房
産科文献読書会編　二〇〇八　『平成版　産論・産論翼』岩田書院
シーナ・アイエンガー　櫻井祐子訳　二〇一〇　『選択の科学　コロンビア大学ビジネスマスタースクール特別講義』文藝春秋
ジーナ・コリア　斎藤千香子訳　一九九三　『マザー・マシン―知られざる生殖医療の実態―』作品社
篠原　徹　一九九〇　『自然と民俗―心意の中の動植物』日本エディタースクール出版部
女性民俗学研究会編　一九四六　『女の本―若き友におくる民俗学―』朝日新聞社
女性民俗学研究会編　二〇〇〇　『女性民俗学研究会例会小史』
白木　正博　一九二八　『白木助産婦学』第一四版　南山堂書店
史料大成刊行会　一九七五　『小右記』（『史料大成』別巻）臨川書店

新谷　尚紀　二〇〇五　『柳田民俗学の継承と発展―その視点と方法―』吉川弘文館
新谷尚紀・岩本通弥編　二〇〇六　『都市の暮らしの民俗学3　都市の生活リズム』吉川弘文館
菅沼ひろ子　一九九〇　「新人助産婦の「会陰保護術」経験」『助産婦雑誌』四四―一一　医学書院
杉立　義一　一九七七　「賀川玄悦と賀川流産科」『賀川玄悦顕彰記念出版』出版科学総合研究所
杉立　義一　二〇〇二　『お産の歴史』集英社
杉山次子・堀江優子　一九九六　『自然なお産を求めて―産む側からみた日本ラマーズ法小史―』勁草書房
鈴木　七美　一九九七　『出産の歴史人類学―産婆世界の解体から自然出産運動へ』新曜社
鈴木由利子　二〇〇〇　「選択される命―「育てようとする子ども」と「育てる意思のない子ども」―」『日本民俗学』二二四　日本民俗学会
鈴木由利子　二〇〇一　「育てる意思のない子ども―避妊・中絶をてがかりに―」『東北民俗学研究』七　東北民俗の会
鈴木由利子　二〇〇二　「間引きと生命」『日本民俗学』二三二　日本民俗学会
鈴木由利子　二〇一一　「自宅出産から病院出産へ―会陰保護と会陰切開―」『女性と経験』三六　女性民俗学研究会
首藤美香子　一九八九　「出産における近代―改正術の変容―」『舞々』一一
首藤美香子　一九九〇　「江戸時代の出産観・胎児観―賀川流改正術を中心とする分娩介助をめぐって―」藤原暹編『続・日本生活思想研究』生活思想研究会
首藤美香子　一九九一　「「産む」身体の近代―江戸における産科術の革新―」『現代思想』一九―三　青土社
瀬川　清子　一九三四（一九七九）「舳倉島の海女」『島』覆刻版下巻　名著出版
関　　敬吾　一九六〇　「大系の終りに」『日本民俗学大系』月報一三　平凡社
関　敬吾編　一九六三　『民俗学』角川書店

関口　允夫　一九九八『理想のお産とお産の歴史―日本産科医療史―』近代文芸社
関沢まゆみ　二〇〇八『現代「女の一生」―人生儀礼から読み解く』日本放送出版協会
千田　有紀　二〇一一『日本型近代家族―どこから来てどこに行くのか』勁草書房
竹田　旦編　一九九〇『日本民俗学の進展と課題』国書刊行会
舘　かおる　二〇一四『女性学・ジェンダー研究の創生と展開―』世織書房
谷川　健一　一九七五「産屋の砂」『古代史ノオト』大和書房
谷川健一・西山やよい　一九八一『産屋の民俗―若狭湾における産屋の聞書―』国書刊行会
千葉　徳爾　一九七六「民俗資料の認識とその操作」『歴史人類―西山松之助先生退官記念論文集(二)』筑波大学歴史・人類学系
千葉　徳爾　一九八五「総説―学会動向の一面」『日本民俗学』一六〇　日本民俗学会
千村　哲郎　一九九〇「会陰切開…その歴史と概観」『助産婦雑誌』四四―九　医学書院
柘植あづみ　一九九九『文化としての生殖技術―不妊治療にたずさわる医師の語り―』松籟社
坪井　洋文　一九七九『イモと日本人―民俗文化論の課題』未来社
坪井　洋文　一九八五「生活文化と女性」『日本民俗文化大系一〇　家と女性』小学館
靍　理恵子　二〇〇〇「「女性の視点」とは何か」『女性と経験』二五　女性民俗学研究会
靍　理恵子　二〇〇九「日本民俗学とフェミニズムの『距離』―ジェンダー視点の導入がもたらすもの―」『女性と経験』三四　女性民俗学会
寺出　浩司　一九九四『生活文化論への招待』弘文堂
洞院　公賢　古典保存会編『拾芥抄』東京大学史料編纂所所蔵

洞院　公賢選　一九九八　『拾芥抄（尊経閣善本影印集成）』八木書店
戸田　律子訳　一九九七　『WHOの五九ヵ条　お産のケア実践ガイド』農文協
中島　惠子　一九八二　「お産に立ちあう神―東京都大田区の事例―」『西郊民俗』一〇〇　西郊民俗談話会
中野　卓編著　一九七七　『口述の生活史―或る女の愛と呪いの日本近代―』御茶の水書房
長尾肱齋・酒井春吉共纂　一九二六　『産婆実地試験答案集　一名　産婆臨牀講義』克誠堂書店・吐鳳堂書店
永沢　寿美　一九九五　『産婆のおスミちゃん一代記』草思社
永田　典子　一九八二　「愛知県額田郡額田町の産神信仰と出産儀礼」『西郊民俗』一〇〇　西郊民俗談話会
中村　禎里　一九九九　『胞衣の生命』海鳴社
中村　伸子　一九八九　「「社会史」のためのオーラル・ヒストリとその方法―特に語り手の主観の問題を中心に―」『現代史研究』三五　現代史研究会
中村ひろ子他　一九九九　『女の眼でみる民俗学』高文研
中村雄二郎　一九八五　『術語集』岩波書店
中本　敦子　一九九八　『産婆・青柳かくいと一六〇〇〇の生命』清流出版
中山まき子　一九九二　「生活史からみた「子産み」―初めての妊娠を中心に―」『目白学園女子短期大学研究紀要』二八号
中山まき子　二〇〇一　『身体をめぐる政策と個人―母子健康センター事業の研究―』勁草書房
波平恵美子　一九八四　『ケガレの構造』青土社
新村　拓　一九九六　『出産と生殖観の歴史』法政大学出版局
西川　麦子　一九九七　『ある近代産婆の物語―能登・竹島みいの語りより―』桂書房
西崎いづみ　一九八六　「朔北の小島に生きて―中山サワさんの半生―」『生活と民俗文化』北海道みんぞく文化研究会

日本助産師会　二〇〇八　『第二二回日本助産学会学術集会　講演録　誕生―よりそう助産師の存在―』
日本助産婦会有志　二〇〇一　「男性助産婦について考える会　男性助産婦導入に関する日本助産婦会会員アンケート集計結果最終報告」『ペリネイタルケア』二四九　メディカ出版
野口武徳・宮田登・福田アジオ編　一九七五　『現代日本民俗学』Ⅰ・Ⅱ　三一書房
野本　寛一　二〇〇六　『民俗誌・女の一生―母性の力―』文春新書
野本寿美子　一九九八　『あたたかいお産―助産婦一代記―』晶文社
長谷川博子　一九八四　「女・男・子供の関係史にむけて―女性史研究の発展的解消―」『思想』七一九　岩波書店
長谷川博子　一九九三　「〈病院化〉以前のお産―熊野での聞き取り調査より―」『思想』八二四　岩波書店
長谷川まゆ帆　二〇〇四　『お産椅子への旅―ものと身体の歴史人類学』岩波書店
浜辺千寿子　二〇〇二　『私から明日へ―長崎・男性助産士についてのアンケート報告―』私家版
早川　紀代　一九九一　「女性史研究における方法的課題」『日本史研究』三四五　日本史研究会
久野　俊彦　一九八二　「マツドーという神」『西郊民俗』一〇〇　西郊民俗談話会
福田アジオ　一九八四　『日本民俗学方法序説―柳田國男と民俗学』弘文堂
福田アジオ　一九九二(二〇〇七)　『柳田國男の民俗学』吉川弘文館
福田アジオ　二〇〇九　『日本の民俗学―「野」の学問の二〇〇年』吉川弘文館
福田アジオ　二〇一四　『現代日本の民俗学―ポスト柳田の五〇年―』吉川弘文館
福田アジオ　二〇一四　『民俗学のこれまでとこれから』岩田書院
福田アジオ・菅豊・塚原伸治　二〇一二　『「二〇世紀民俗学」を乗り越える―私たちは福田アジオとの討論から何を学ぶか？―』岩田書院

福田アジオ・神田より子・新谷尚紀・中込睦子・湯川洋司・渡邉欣雄編　一九九九・二〇〇〇　『日本民俗大辞典』上・下　吉川弘文館
藤田　真一　一九七九　『お産革命』朝日新聞社
藤目　ゆき　一九九三　「ある産婆の軌跡」『日本史研究』三六六　日本史研究会
舩橋　恵子　一九九四　『赤ちゃんを産むということ―社会学からのこころみ―』日本放送出版協会
堀内成子他　二〇〇六　「女性にやさしい助産ケア―会陰切開の適用を再考する―」『日本助産学会誌』二〇―一　日本助産学会
牧田　茂　一九六九　『生活の古典』角川書店
牧田　茂編　一九七九　『評伝柳田國男』日本書籍
マーゴット・エドワーズ　メアリー・ウォルドルフ　河合蘭訳　一九九七　『出産革命のヒロインたち―アメリカのお産が変わった時―』メディカ出版
松岡　悦子　一九八三　「文化と出産―日本の自然分娩運動を中心として―」『民族学研究』四七―三　日本民族学会
松岡　悦子　一九八五(一九九一)(増補改訂版)　『出産の文化人類学―儀礼と産婆―』海鳴社
松岡　悦子　二〇〇三　「妊娠・出産　いま・むかし」『暮らしの中の民俗学3』吉川弘文館
松岡　悦子　二〇一四　『妊娠と出産の人類学―リプロダクションを問い直す―』世界思想社
松岡　悦子編　二〇〇七　『産む・産まない・産めない―女性のからだと生きかた読本―』講談社
増田知正・呉秀三・富士川游選集校定　一九五三(一九七一)『日本産科叢書』思文閣
松崎　憲三　一九九一　『現代社会と民俗』名著出版
松田シズエ(聞書艸場よしみ)　一九九七　『お産婆さんの知恵で安らぎのお産を』学陽書房

松山栄吉　藤沢俊子　一九六八「腹帯の効用とその疑義」『助産婦雑誌』二二―九　医学書院
丸山　久子　一九七八「石のおかず」井之口章次編『人生儀礼　講座日本の民俗3』有精堂出版
宮坂　靖子　一九九〇「或る産婆の生活史―結婚、子育てと、働くこと―」『人間文化研究年報』一三　お茶の水女子大学人間文化研究科
宮坂　靖子　一九九〇「「お産」の社会史」『教育―誕生と終焉』藤原書店
宮里和子他　一九九〇「会陰保護術の科学的実証を求めて」『助産婦雑誌』四四―一一　医学書院
宮本　常一　一九六〇『忘れられた日本人』未来社
民俗学研究所編　一九七〇『改訂綜合日本民俗語彙』平凡社
最上　孝敬　一九八二「産神としての火の神(上)」『西郊民俗』一〇〇　西郊民俗談話会
森岡清美・望月嵩　一九八三＝二〇〇九『新しい家族社会学』培風館
安井眞奈美　二〇〇七「トリアゲバアサンと近代産婆が共存する時代―『奈良県風俗誌』にみる明治後半から大正初期にかけての産婆と女性の身体―」『天理大学人間学部総合教育研究センター紀要』六
安井眞奈美　二〇〇八「「産む力」を引き出す助産婦―自宅出産から母子健康センターでの出産へ―」『天理大学人間問題研究室紀要』一一
安井眞奈美編　二〇〇九『産む・育てる・伝える―昔のお産・異文化のお産に学ぶ―』風響社
安井眞奈美　二〇一三『出産環境の民俗学―〈第三次お産革命〉にむけて―』昭和堂
安丸　良夫　二〇〇七『文明化の経験―近代転換期の日本―』岩波書店
矢島　床子　一九九七『助産婦』実業之日本社
矢島床子・三井ひろみ　二〇〇七『フィーリング・バース―心と体で感じるお産―』バジリコ

柳田　國男　一九二五（一九六九）「民謡覚書」『定本柳田國男集』第一七巻　筑摩書房
柳田　國男　一九二七「産婆を意味する方言」『民族』三―一
柳田　國男　一九二八「狐の難産と産婆」『民族』三―六
柳田　國男　一九三三（一九七七）「年中行事調査標目（一）」『旅と伝説』復刻版第一一巻　岩崎美術社
柳田　國男　一九三五（一九七〇）「国史と民俗学」『定本柳田國男集』第二四巻　筑摩書房
柳田　國男　一九三五（一九七〇）『郷土生活の研究法』『定本柳田國男集』第二五巻　筑摩書房
柳田　國男　一九三五（一九七〇）「実験の史学」『定本柳田國男集』第二五巻　筑摩書房
柳田　國男　一九三七（一九七五）『葬送習俗語彙』国書刊行会
柳田　國男　一九四七（一九七五）「日本民俗学の前途―近藤忠義氏への答―」『定本柳田國男集』第三一巻　筑摩書房
柳田　國男　一九四七（一九七五）「現代科学ということ」『定本柳田國男集』第三一巻　筑摩書房
柳田　國男　一九四九（一九七〇）「日本を知るために」『定本柳田國男集』第二四巻　筑摩書房
柳田國男講演筆記記録　二〇〇二「我が国人の産育習俗について」『成城大学民俗学研究所紀要』二六
柳田國男・橋浦泰雄　一九三五（一九七五）『産育習俗語彙』国書刊行会
山口麻太郎　一九三八「民俗学の対象」『民間伝承』三―七　民間伝承の会
山崎　裕二　一九九四「新しい思想としての「助産士」」『日本赤十字武蔵野女子短期大学紀要』
山崎　裕二　一九九六「新しい思想としての「助産士」」『助産婦雑誌』五〇―七　医学書院
山田八千代　一九八二「愛知県西尾市の産神信仰と産育儀礼」『西郊民俗』一〇〇　西郊民俗談話会
山本　節　一九八二「愛知県岡崎市の産神信仰と出産儀礼」『西郊民俗』一〇〇　西郊民俗談話会
山村　淑子　二〇〇四「地方女性史とオーラル・ヒストリー」『歴史評論』九四八　校倉書房

湯浅　照弘　一九八二「岡山県の産神」『西郊民俗』一〇〇　西郊民俗談話会
湯川洋司・古家信平・安室知編 二〇〇八―二〇〇九『日本の民俗』全一三巻　吉川弘文館
ユクスキュル／クリサート 二〇〇五『生物から見た世界』岩波書店
由谷　裕哉　一九九二『民俗研究の視角』秋山書店
吉村　昭　一九九二『お産って自然でなくちゃね』農文協
吉村　典子　一九八三「女性の生活と出産慣行の変遷―瀬戸内離島の事例より―」『季刊人類学』一四―二　京都大学人類学研究会
吉村　典子　一九八五『お産と出会う』勁草書房
吉村　典子　一九九二『子どもを産む』岩波新書
吉村　典子　二〇〇〇「出産は産む人のもの―地域共同体が支えた産む人の安心―」『助産婦雑誌』五四―一二　医学書院
吉村　典子　二〇〇八「四国山地・上須戒の出産民俗史―夫婦共同型出産習俗に見る安産への視線―」『国立歴史民俗博物館研究報告』一四一
吉村　典子　二〇一〇「やっぱりミッドワイフ精神の皆さんに期待したい！―フィールドが教えてくれた『いいお産』のキーワード」『助産雑誌』六四―四　医学書院
吉村典子編　一九九九『出産前後の環境―からだの文化・近代医療』昭和堂
リボーン編集部 二〇〇八『にっぽんの助産婦―昭和の仕事―』私家版
龍ヶ崎市教育委員会編 一九八五『龍ヶ崎市史民俗調査報告書Ⅰ―馴柴・八原地区―』龍ヶ崎市
龍ヶ崎市教育委員会編 一九八六『龍ヶ崎市史民俗調査報告書Ⅱ―長戸・大宮地区―』龍ヶ崎市
龍ヶ崎市教育委員会編 一九八七『龍ヶ崎市史民俗調査報告書Ⅲ―北門間・川原代地区―』龍ヶ崎市

龍ヶ崎市教育委員会編　一九八八　『龍ヶ崎市史民俗調査報告書Ⅳ―龍ヶ崎地区―』龍ヶ崎市
ロバート・メルデルソン　弓場隆訳　二〇〇〇　『それでも医者にお産を任せますか？』草思社
和歌森太郎　一九七〇　『新版日本民俗学』清水弘文堂

本書所収論文初出一覧

本書は既発表の小論を骨子としている。以下に初出一覧として列挙するが、一部を除いては、大幅に加筆訂正した。

はしがき　未発表稿

序　章　「産む性」と現代社会

第一節　二〇一五年　「近代民俗学と現代社会—民俗研究の立ち位置をめぐって—」『女性と経験』四〇　女性民俗学研究会

第二節　二〇一三年　「現代社会研究への道標—お産をめぐる研究史から—」『女性と経験』三八　女性民俗学研究会

第三節　未発表稿

第四節　未発表稿

第一章　「産む性」と当事者環境

第一節　二〇一一年　「産む性の現在—現代社会と民俗学—」『日本民俗学』二六五　日本民俗学会

第二節　二〇一一年　「平成のお産環境づくり」『女性と経験』三六　女性民俗学研究会

第三節　二〇〇八年　「現代民俗学の方途を求めて—助産における会陰保護術の成立と展開—」『女性と経験』三三　女性民俗学研究会

第四節　二〇〇七年　「アメリカお産事情—異文化圏での出産に立ち会って—」『女性と経験』三二　女性民俗学研究会

第五節　二〇〇六年　「避妊ということ」『女性と経験』三一　女性民俗学研究会

第二章　「産む性」と統制管理環境
第一節　二〇〇二年　「男性助産婦導入問題と出産観」『日本民俗学』二三二　日本民俗学会
第二節　二〇〇〇年　「現代社会と民俗学―男性助産士導入問題をめぐって―」『女性と経験』二五　女性民俗学研究会
第三節　二〇〇一年　「第三次お産革命―男性助産婦導入問題その一―」『女性と経験』二六　女性民俗学研究会
第四節一　一九八五年　『日光街道千住宿民俗誌―宿場町の近代生活―』　名著出版
二　一九九九年　「助産婦の現代―永沢寿美の記録―」『日本民俗学』二一九　日本民俗学会
三　二〇〇〇年　「近代を駆けぬけた女性―ある助産婦の軌跡―」『女性と経験』二五　女性民俗学研究会

第三章　「産む性」と生活環境
第一節　一九九九年　「産育儀礼の時代性」『母たちの民俗誌』岩田書院
二〇〇三年　「児やらいのコスモロジー」『子産み・子育て・児やらい―大藤ゆき追悼号―』女性民俗学研究会
第二節　一九九九年　「助産婦と儀礼」『女性と経験』二四　女性民俗学研究会
第三節　二〇〇〇年　「着帯の風習と腹帯論争」『現代訳産家やしなひ草』産科文献読書会
第四節　二〇〇四年　「女人講における「聖」と「俗」―茨城県南地域の事例から―」『茨城県立医療大学紀要』九

第四章　女性民俗研究のこれから
第一節　二〇一四年　「お産環境とフェミニズム―ラマーズ法の普及と「お産の学校」―」『女性と経験』三九　女性民俗学研究会
第二節　二〇〇五年　二月二三日　「お産の生む文化」共同研究「生老死と儀礼に関する通史的研究」第四回　於　国立京都

国際会館にて発表
二〇〇五年　五月二二日「お産が生むもの―立ちすくむ母親たち―」第三回子産み・子育て多摩らんなあ　於　立川市女性総合センターアイムにて発表
第三節　二〇一〇年「女の会の伝統と創造―六〇〇回記念例会を迎えて―」『女性と経験』三五　女性民俗学研究会
附論　二〇一五年　六月二七日「近代化・民俗・ヒト」伝承文化学会第一四回大会　於　國學院大學にて発表
終章　未発表稿

あとがき

本書には、一九九九年に発表した論文「「産む性」と産育儀礼」（原題「産育儀礼の時代性」）に始まり、二〇一五年の「近代民俗学と現代社会―民俗研究の立ち位置をめぐって―」に至るまでの約一六年間に発表した論文を収めている。お産を体験した女性やお産の介助者に対する聞き取り調査を始めてから、約二〇年が経過した。その間、江戸時代の産科書の現代語訳に費やした日々や、お産サポートＪＡＰＡＮというＮＰＯ法人の事務局としての活動に費やした日々もあったが、「産む」ということを多方面から捉える良い機会を得た貴重な体験であったと確信している。

この間、一貫して考えてきたことは、子を産む主体であるヒトの営みが、人々の暮らす社会の中でどのように考えられていたのか、そして、その実態がどのようなものであったのかという疑問を究明することであった。具体的には、現代のお産環境を「当事者環境」「統制管理環境」「生活環境」と三区分し、その中で生きる「産む性」のありようを自身の問題として考えるということである。

著者が、「お産」を通して「産む性」とその環境を研究対象としてきたその時期は、奇しくも産育に関する伝承が大きく変化変容していく時代であった。産育儀礼が近代化を背景として地域から家族のものへと変化していく移行期であり、お産や子育てにおいても、核家族の増加とともに母親と父親がともに協力していく時代となった。布おむつが使い捨ての紙おむつへと移行した時期でもある。

この折の調査対象者の子どもたちが、今、二〇歳から三〇歳前半までの成人となった。結婚し、中には子どもを授かった人もいる。その若い世代が子を産み育てるにあたり、現在がどのような環境にあるのかを追究する論考を本書と考えている。

先日、「五〇年ぶりにこんにちは」という書き出しの小学校のクラス会のお誘いを受けた。渋谷区にある小学校を卒業してちょうど五〇年が経ったのであるが、高度経済成長期を経た渋谷のマチもすっかり様変わりした。

私事で恐縮だが、一番年長の孫がちょうど小学校六年生になる。その子の住まいは世田谷区のほぼ中央に位置するが、家のまわりには畑がある。通学路には、自動精米機もある。その孫が、私の住む足立区に遊びに来て、近所を散策した際に、「ここは、田舎だね」とつぶやいた。「ここには畑もないのに、なぜ?」と聞くと、「何となく、そんな感じがする」という。マチの雰囲気が田舎っぽいというのである。

言われてみて、まわりを見渡すと、路地に軒下のある家が並んでいる。しかも瓦の屋根が多い。軒下が連なる路地や低い建物が多いため瓦が見えるという下町の光景に、古さと歴史を感じたのかと思われた。孫の自宅の周辺は、ほとんど軒下のある家は見当たらず、マンションなどの高い建物や、軒も瓦もない新築の家が多い地域である。軒と瓦のある路地が「田舎」という連想につながったのかもしれないと思わせる会話の一コマであった。「近代化」による変化は、小学校六年生の少女の目にも映るのであろう。

思えば、本書に収めた論考は、世の中が近代化に伴って、様変わりしつつあるちょうどその時期の調査研究の成果であった。小さな変化はいつの時代にもあるが、近代化によるような大きな生活の変化はそうあるものではない。このような時代の変化を、序章で述べた民俗学徒の第三世代に如何に伝えるかが、第二世代の尻尾にぶら下がった私の使命ではないかと感じる昨今である。

ところで、本書では「産む性」を、「子というものを自身の身体を通して意識しつつ、お産環境に向きあう女性」

を定義した。しかし、最近「産む性」を女性に限ったことに、心が揺らいでいる。なぜならば大学で「産育儀礼」を講じているうちに、男子学生も子を持つということに対して、身近なものと感じてきていることに気がついたからである。提出物などを通して、ことあるごとにそれを表現している。たとえば授業に積極的に関わって理解度を深め、自分だったら妻の出産時や子どもの産育にどう関わるかと考えたり、自分の生まれた時の様子を自発的に母親に聞いたり、昔の産育儀礼を祖父母に聞いたりと、「産む性」を自覚し始めた様子がうかがわれる。授業計画をたてているときには想像もできない姿であった。私の心の中では今、女子学生はもちろん男子学生のこうした自覚などを分析して「産む性の誕生」という形で報告する必要性を感じている。今後は男性をも「産む性」の対象として研究を展開させていきたいと考えている。

最後になるが、この著書をまとめるにあたり、貴重な時間をさいて面談調査に応じて下さった多くの方々をはじめ、適切なご指導を頂いた國學院大學の小川直之教授と新谷尚紀教授に感謝申し上げます。

なお、岩田書院の岩田博氏には長い期間お世話になり、今日に至りました。改めて御礼申し上げます。

二〇一六年一月一〇日

佐々木　美智子

著者紹介

佐々木 美智子（ささき みちこ）

國學院大學文学部史学科卒業
日本民俗学会会員
女性民俗学研究会前代表
専攻　日本民俗学
現職　國學院大學文学部兼任講師
著書　『日光街道千住宿民俗誌』（共著　名著出版　1985）
　　　『21世紀のお産を考える―2000年男性助産婦導入問題から―』（岩田書院　2001）
編訳　『現代訳産家やしなひ草』（産科文献読書会編　私家版　2000）
　　　『平成版産論・産論翼』（産科文献読書会編　岩田書院　2008）
論文　「産神と穢れ」（『女性と経験』9　女性民俗学研究会　1984）
　　　「近代化と地域度―茨城県龍ヶ崎市の産育儀礼をめぐって―」
　　　　（『明治聖徳記念学会紀要』復刊37　明治聖徳記念学会　2003）
　　　「今に生きる厄年・年祝い」（『悠久』112　おうふう　2008）他

「産《う》む性《せい》」と現代社会―お産環境をめぐる民俗学―

2016年（平成28年）2月　第1刷　300部発行　　定価［本体9500円＋税］
著　者　佐々木 美智子

発行所　有限会社岩田書院　代表：岩田　博　http://www.iwata-shoin.co.jp
〒157-0062　東京都世田谷区南烏山4-25-6-103　電話03-3326-3757　FAX03-3326-6788
組版・印刷：熊谷印刷　　製本：新広社

ISBN978-4-86602-947-4 C3039　￥9500E

索　　引

凡　　例

1）索引は、事項・人名・書名に分類した。
2）文中の引用部分、および註における引用資料の出典や編者などは、抽出しない。
3）人名は、実在の人物や故人について抽出する。また、例外的に腹帯に関する伝説上の人物は抽出するが、物語上の人物は抽出しない。
4）書名は、単行本・叢書、および雑誌名に限定した。

事項索引

あ行

か行

さ行

な行

は行

人名索引

か行

さ行

書名索引

あ行

か行

さ行

た行

な行

は行

ま行

や行

ら行

わ行